国外马克思主义概论

Introduction to Marxism Abroad

韩秋红　胡绪明　孙　颖　著

北京大学出版社
PEKING UNIVERSITY PRESS

图书在版编目(CIP)数据

国外马克思主义概论 / 韩秋红，胡绪明，孙颖著. —北京：北京大学出版社，2022. 11

（博雅大学堂. 哲学）

ISBN 978-7-301-33436-2

I. ①国… II. ①韩… ②胡… ③孙… III. ①马克思主义—国外—高等学校—教材 IV. ①A81

中国版本图书馆 CIP 数据核字(2022)第 186052 号

书　　名　国外马克思主义概论
GUOWAI MAKESI ZHUYI GAILUN
著作责任者　韩秋红　胡绪明　孙　颖　著
责 任 编 辑　张晋旗　王晨玉
标 准 书 号　ISBN 978-7-301-33436-2
出 版 发 行　北京大学出版社
地　　址　北京市海淀区成府路 205 号　100871
网　　址　http://www. pup. cn　新浪微博：@ 北京大学出版社
电 子 信 箱　pkuwsz@ 126. com
电　　话　邮购部 010-62752015　发行部 010-62750672　编辑部 010-62750577
印 刷 者　三河市北燕印装有限公司
经 销 者　新华书店
650 毫米 × 980 毫米　16 开本　26 印张　424 千字
2022 年 11 月第 1 版　2022 年 11 月第 1 次印刷
定　　价　79. 00 元

目　录

第一专题 导 论

20世纪可谓人类历史上斑斓驳杂的一个世纪，经济文明、政治文明、精神文明不断进步的同时，生产生活方式、社会结构关系也在发生剧烈的变化。面对世纪舞台上频频上演的新的冲突与融合、新的分化与对峙、新的竞争与较量，思想领域发出一声声振聋发聩的呐喊，不停地尝试批判与警醒时代精神与方向。诞生于20世纪初叶的西方马克思主义似乎是这一幕幕不断上演与延续的历史剧的剧中人。西方马克思主义一方面将20世纪思想文化的分化及其多样性的格局展开，一方面将自身流派发展流变的状况加以展陈，更重要的是将自身与马克思主义、与西方哲学、与后现代哲学的关系加以展现，逐渐确立起经典马克思主义作家之后的新马克思主义、后马克思主义、后马克思思潮阵营，形成20世纪以来的国外马克思主义思潮。随着时代变迁和社会变革的深入，以及资本主义发展的新变化，国外马克思主义不断调整批判内容与研究路向，实现理论内部的逻辑跃迁与范式转变，以回应时代问题与社会现实。在当代中国马克思主义、马克思主义中国化的引领下，共同构成21世纪世界马克思主义格局。

国外马克思主义主要指马克思、恩格斯之后，在我国之外世界其他国家与地区发展演变的、不同于苏联传统教科书体系的马克思主义理论形态。主要包括国外共产党的理论家对马克思主义的研究与创新，国外学者，特别是左翼学者对马克思主义的研究与阐释，以及“西方马克思主义”等。在广义上，“国外马克思主义”与“西方马克思主义”概念经常通用。

作为一种社会思潮，国外马克思主义大体经历了三个主要阶段：一是早期西方马克思主义阶段，代表人物有卢卡奇、葛兰西、柯尔施等人。以卢卡奇《历史与阶级意识》为标志，这一时期全面开启了不同于经典马克思主义作家，也不同于第二、第三国际教条主义马克思主义的马克思主义“第三条道路”，即西方马克思主义；二是社会批判理论阶段，以法兰克福学派为中心，代表人物有霍克海默、阿多诺、马尔库塞、哈贝马斯等人。以霍克海默和阿多诺合著《启蒙辩证法》为标志，这一时期，在法兰克福大学社会研究所所长霍克海默的带领下，研究所吸引与集聚了一批哲学家、社会学家、经济学家、心理学家、历史学家，针对现代工业文明中暴露的多重社会问题与现实矛盾进行资本主义现代性批判，全面展开了多学科交叉的综合研究范式；三是当代国外马克思主义思潮阶段，以思想流派的多元格局为特征，代表流派有结构主义马克思主义、后马克思思潮、生态学马克思主义、女性主义马克思主义等，代表人物有阿尔都塞、德里达、德勒兹、齐泽克、巴迪欧、阿甘本、高兹、奥康纳、佩珀、弗雷泽等等。1968 年“五月风暴”对西方思想界形成巨大影响，资本主义生产方式的新形式与新特征、无产阶级群众运动的新境遇与新发展、现代化进程带来的新挑战与新问题、后现代主义思潮的风起云涌等等，对经典马克思主义理论形成冲击，在现实与理论双重剧变的历史背景下，传统的西方马克思主义发生范式转向，由以往一体化、整体性的理论格局，转为散点化、分散性的多元并置格局。针对资本主义现代化进程在经济、政治、文化、社会、生态等领域造成的各种危机，当代国外马克思主义思潮从哲学思维方式批判、政治哲学批判、消费社会批判、生态危机批判等各个方面形成各有侧重点的思潮流派，从不同角度对当代资本主义社会展开揭批，抒发对社会危机的不满情绪。而各思潮流派彼此之间的理论联系不再像之前那样紧密，与马克思主义理论之间的关系也发生了质性变化。总的来看，当代国外马克思主义思潮在理论形态、政治主张、文化特征、马克思主义属性等各个方面都体现出马克思主义的世界性“群像”样式，既为丰富发展马克思主义提供了多维思路、多向选择、多元空间，也易带来对马克思主义基本立场、原理、方法产生曲解、误解、错解的“乱象”，需引起高度的理论警觉和提高理论甄辨力。

国外马克思主义的三大主要理论阶段反映出思想理论随着历史条件变迁而变化的特点。但在不同的理论发展阶段，国外马克思主义各思潮却在一定程度上体现出一致的理论特质，使各思潮流派虽各有侧重、各有角度、各有主张，却依然能共同汇聚在国外马克思主义的理论阵营中同仇敌忾、同气相求，为马克思主义理论的发展、对资本主义社会现实的批判各尽所能、各显神通。

一是现实性。国外马克思主义之所以能够在思想文化纷繁复杂的20世纪思想大潮中脱颖而出，对西方思想理论界形成重大影响，非常重要的原因在于其对社会现实问题的准确揭露与深刻批判，体现出现实性的思想特质。国外马克思主义自诞生之日起，便既保留与继承了西方哲学的思想特质和价值关怀，又生发出自身独具魅力的时代特征和现实品格。虽然国外马克思主义历经跌宕起伏的范式转变，形成多元并置的理论格局，但唯一不变的是强调自身与马克思主义的关联。其中贯穿始终的与马克思主义密切关联的理论扭结与问题情节便是对资本主义社会问题的现实性批判，即资本主义的现代性批判。

20世纪初期，资本主义从自由竞争资本主义发展到垄断资本主义（帝国主义）新阶段，资本主义在生产方式、组织形式、资本输出、资本积累、企业管理等方面体现出新形式、新特征，为社会经济结构与社会生活带来新变化与新问题。其中所蕴含的危机是较以往波及范围更广、破坏程度更深的资本主义经济危机，凸显了资本主义内部结构性矛盾的尖锐性。俄国十月革命的成功虽然开辟了人类历史的新纪元，在统一的资本主义世界体系中打开了第一个缺口，验证了马克思主义理论的科学性与革命性；但是，相继而生的其他各国的无产阶级革命运动与解放道路却无法复刻俄国十月革命的奇迹，纷纷陷入失败的境地，马克思主义理论阵营内部也长期受困于思想分化的迷茫中。社会问题频发、解放道路受阻、理论旨归不清的情况，催生了西方马克思主义对时局的反思与批判。早期西方马克思主义者站在维护马克思主义哲学、重视马克思主义方法、强调“实践”观点的立场上，从革命主体能动性问题出发，对资本主义的社会现实问题进行分析与批判，如卢卡奇以“商品形式普遍化”诊治资本主义社会的物化病症与病态机理，提出提升无产阶级阶级意识的主张；葛兰西在分析西方与东方的国家与市民社会结构差异的基础上，提出有机知识分子夺取文化领导权的革命策略；柯尔施主张以“总体性”原则看待马克思主义批判资本主义的社会革命理论整体，强调重视理论与实践相统一的马克思主义方法论，用革命的实践引领对资产阶级的经济秩序、国家、宗教、艺术、科学、文化批判等，体现了早期西方马克思主义通过摆脱第二国际教条化、庸俗化马克思主义的理论错误，诊治与批判资本主义社会现实问题、彰明无产阶级革命现状及历史使命、维护马克思主义的原理方法，寻求适合资本主义国家与地区劳动人民解放的“第三条道路”。

继承早期西方马克思主义的理论基础与批判旨趣，法兰克福学派直面资本主义发达工业文明的多重社会问题与危机，进一步探讨垄断资本主义时代的危机问题、异化问题、种族问题、历史文化问题、社群运动问题等，展开多而广、精而深的社会批判理论。他们对资本主义现代化进程造成的“创造与毁灭共生”的悖谬进行了现代性批判的理论审视，诊疗资本主义现代化过程中的物化问题、日常生活异化问题、消费异化问题、价值式微问题、人性堕落问题、性格压抑问题、环境恶化问题、性别平等问题、意识形态问题、大众文化问题等现代性病症，得出西方资本主义社会是一个“不健全的社会”“单面性的社会”“病态的社会”“总体异化的社会”“患了社会健忘症的社会”等诊断，以现实性的社会批判理论特征对资本主义现代性形成现代性批判的病理学分析，提出各式各样的诊治方案，从马克思主义的资本主义批判理论内容与方法中汲取大量理论支撑与思想养分，回应其关于资本主义时代弊病的切脉诊疗，找寻发达工业文明社会进一步发展的路径。国外马克思主义传承西方哲学的形而上精神，密切关注现代西方社会的社会现实，深切关怀现代西方人的生活状态与思想状况，追问现代人的价值意义、生存困境，自觉主动担负起现代人追索价值实现、自我解放与精神出路的时代任务与历史使命。他们是西方哲学从传统走向现代的逻辑传承者，更是揭露与批判现代社会现实问题与资本主义危机的生力军。他们对现代西方社会的全方位诊疗，对于认识资本主义新发展、新动态而言，在发现问题、分析问题、诊断问题等方面具有重要的思想启示；对于资本主义批判主题而言，在理论建构、话语创新、深化主题等方面也具有重要的当代价值。正如习近平指出：“当代世界马克思主义思潮，一个很重要的特点就是他们中很多人对资本主义结构性矛盾以及生产方式矛盾、阶级矛盾、社会矛盾等进行了批判性揭示，对资本主义危机、资本主义演进过程、资本主义新形态及本质进行了深入分析。这些观点有助于我们正确认识资本主义发展趋势和命运，准确把握当代资本主义新变化新特征，加深对当代资本主义变化趋势的理解。”①

二是辩证性。如果说国外马克思主义对人的价值关怀、对社会发展

---

①　习近平：《在中共中央政治局第四十三次集体学习时的讲话》，《人民日报》2017年9月30日，第1版。

的人文关注、对时代历史的精神关切是从西方哲学传统形而上精神中继承与发展而来，体现出西方哲学的理论逻辑转型，即从古至今、从传统到当代所历经的由关注思想的客观性、追求真理的普遍性转移到关注现实人的生存困境、生命意义，那么，国外马克思主义从马克思主义思想精髓与科学内涵中汲取的主要理论品质与思维特质便在于现实性立场、辩证性方法与创新性发展的观点等，辩证性也成为国外马克思主义不同于其他现代西方哲学理论阵营的独特思想特质之一。

首先，国外马克思主义自西方马克思主义创建伊始，就从马克思主义的理论方法中汲取了辩证法思想的精华，用辩证发展的眼光分析现实问题、把握历史规律。国外马克思主义的发展历程是一场命途多舛的社会和思想运动，浮浮沉沉，立场波动。但是如前所述，其唯一不变的立场就是强调与马克思主义之间的关联。国外马克思主义眼中的马克思主义，更多地体现为超越政治意义而具有思想内涵和学术价值的理论学说。因此，国外马克思主义从早期西方马克思主义开始，就是反对对马克思主义进行意识形态上的僵化诠释和官方哲学式的教条化规定。早期西方马克思主义者通过对马克思主义进行教条化的传统教科书（苏联意义上）模式的批评与批判，表明自己才是真正的马克思主义，以维护马克思主义的哲学内核、实践真理观、方法论精髓，并尝试冲破传统马克思主义哲学的樊篱，在一定意义上拓宽和发展了马克思主义哲学。在此过程中，国外马克思主义既是和传统马克思主义的断裂，又继承了马克思主义精神所具有和强调的否定性思维、辩证性方法、发展的观点等，在马克思主义的发展史中起到了承上启下、继往开来的作用。所以，马克思主义毫无疑问成为西方马克思主义的重要理论背景和思想资源。国外马克思主义在理论研究中自觉深入马克思、恩格斯的经典著作中，去找寻自我研究的思想资源与理论内容，形成与马克思主义之间的对话和交流。特别在其中形成了各自理论特质和思想主张，即促进马克思主义与国外马克思主义双方理论的融合和再生，更在对话与融合中彰显马克思主义作为时代精神的真理性力量与思想性智慧，使国外马克思主义愈发愿意接近、走进马克思；更加体现国外马克思主义努力在找寻突破口，试图创造出自己的不等同于马克思的一片天地，成为与马克思主义交相辉映的国外马克思主义。

其次，国外马克思主义开创伊始，便不同于西方近代认识论哲学对构建知识体系的执着，而着眼于对社会现实问题的揭批，以及着力于对危机的解决与对社会发展出路的寻求。国外马克思主义的理论史是随着时代变迁与历史发展而相应做出理论回应的社会解释学、现代性批判史，他们从不执着于知识论意义上对严密的思辨体系的建构，不偏执于自身学派内部的概念辩白或争论，更关心与关注资本主义社会的新变化、新特征，资本主义社会危机的新表现、新形式，资本主义社会解放出路的新可能、新空间。所以，与其说国外马克思主义是一种知识体系，不如说它们是一种叙事范式；与其说国外马克思主义是一个学术流派，不如说是一场社会运动或社会思潮。事实也是如此。国外马克思主义的理论内容推动与带动了西方发达资本主义社会的劳动人民解放运动、争取共同利益的社群运动、提出利益群体诉求的新社会运动等风起云涌的社会运动。同时，在西方社会发生的一系列群众运动、学生运动、新社会运动也进一步为国外马克思主义的流派扩建、理论发展提供现实依据与支持。在理论与现实的纠合缠绕中，国外马克思主义逐渐演化出多元多样的思潮流派，代表不同的利益阶层、不同的利益群体、不同的政治诉求，共同在资本主义批判的主题与解救社会危机的论题上寻找出路。

最后，国外马克思主义对资本主义社会的现代性批判，相较于其他西方哲学的现代转向，体现出辩证性的思想特质。当启蒙运动以来的理性秩序与世俗化社会陷入危机，意义问题成为现代社会追思的价值内核，现代西方哲学的问题主旨便离不开与人的生存意义、生命价值关涉密切的现代性批判。关于现代性这一核心概念，现代西方哲学更多地体现为对思辨传统的继承，强调现代性概念的“元叙事”含义，即从普遍真理的角度认为现代性是一项理性所做的人为的社会规划，以同一性的原理与准则将社会一切元素纳入可计算、可预测的规则规范中，资本主义工业文明不过是现代性“元叙事”的形式呈现。比如，非理性主义哲学特别强调理性之外的生命本性、生命冲动、权力意志，认为现代性的理性主义秩序就是造成现代性危机的一种“元叙事”，现代人追索生命价值与生存意义就要从打破理性主义的思维垄断、关注生命意志开始；存在主义哲学家通过强调存在的先在性，批判现代理性主义自命不凡的傲慢骄横，提出“存在先于本质”，为生活世界摇旗呐喊；语言学家则在理性之外找寻理性的载体，强调理性不是万能的唯一，不是证明存在的根本，不仅“语言是存在的家”，而且理性也要依靠语言的承载，才能施展自身与自我确证；后现代主义哲学则是现代性批判理论大军中最为激进的一支，正是他们将现代性归为一种形而上意义的“元叙事”，将现代西方资本主义的一系列社会病症直接归因于现代性“元叙事”的错误——否定主体、真理、解放等一切现代性特征。这样一来，现代性批判的指向就很容易滑向复古主义、相对主义、虚无主义的窠臼，得出一种非此即彼的结论，即剔除现代性元叙事，回归无现代性的时代，体现出一种非辩证、非历史的思想特征。

国外马克思主义在现代性批判的主题上充分彰显出从马克思主义那里汲取的辩证发展的思想智慧，体现出对现代性概念的社会历史性理解。他们不认可后现代主义哲学对现代性的解构主义理解方式，不赞同对启蒙以来的现代性精神持完全抛弃的态度；他们大都并不排斥现代性观念本身，也大都淡化现代性精神的历史断裂感；他们并不否认现代性观念本身的进步意义和人文价值，而是认为在现代性实现过程中出现了实践中的曲解，即曲解的是当代西方资本主义工业文明社会。因此，国外马克思主义对物化、异化、生态、性别平等、性格压抑等现代性问题的批判，很少直接对准现代性的字眼，但都离不开西方资本主义工业文明批判的叙事框架和问题视阈，也都离不开资本主义批判的理论语境。国外马克思主义针对西方发达资本主义工业文明的现代性危机所做的现代性批判，不只是停留在认识论内部的概念辨析，也不只是将现代性理解为一种封闭的叙事体系，而更具面向社会历史的现实性、辩证性特征。在他们看来，现代性不是一种不可逆的线性的时间意识，而是一种螺旋上升、“新旧交替的成果”①，其根本特征就是“重生”“更新”“革命”。也就是说，现代性被看作人类精神内在辩证发展的外化过程，是人类生存发展的一个形而上问题，与人类自觉的否定性的历史文化内涵相通，是一种无法超越的历史姿态。它是一个过程，且是一个永远无法完成、永无止境的运动过程；它是一个不断以否定自身取得进步经验和动力的、自己反对自己的运动过程；它不是凝固不变的模型，也不是业已完善的圆满的普遍规律，而是以自由贯穿始终，以科学和理性为前提，具有开放性、个性的自我超越的过程。因而，在国外马克思主义针对西方发达资本主义社会的现代性批判理论建构中，在一定意义上，现代性意指现代工业文明的社会特性，而资本主义工业文明则是现

① 哈贝马斯：《现代性-未完成的工程》，载汪民安、陈永国、张云鹏主编《现代性基本读本》，开封：河南大学出版社，2005年，第108页。

代性批判的主要对象。现代性观念本身并没有错误，错误的是现代性精神实现过程中西方资本主义工业文明的现实途径。因此，国外马克思主义常常通过现代性危机的资本主义制度归因，从制度批判切入，寻找现代性精神的当代出路，要求站在现代性内部对现代性实现途径进行修正，其体现的现代性批判理论或资本主义批判理论证明了“现代性批判永远在路上”的辩证精神。

三是交融性。国外马克思主义的发生、发展体现出鲜明的理论交融的特征。在传统的西方马克思主义阶段，作为西方哲学的现代转向（非理性主义、存在主义、语言学、后现代主义、西方马克思主义）之一，西方马克思主义根植于西方文化基因，背靠着深厚的西方哲学历史传统，受西方哲学思辨话语的充分滋养，继承与发展了西方哲学思辨性、逻辑性、分析性等思维方式与思考理路。同时，西方马克思主义又受益于马克思主义理论的传播、发展与社会影响，汲取了马克思主义理论的辩证思维、科学思维、历史思维等智慧养料，以此来弥补西方哲学思辨传统所残余的理论漏洞，形成了自身独具特点的理论体系与逻辑方式。西方哲学作为国外马克思主义诞生、发展的母体，为它提供了广泛而充分的话语支援、思想内涵、问题渊源和理论支持，是它得以独立生长的“源头活水”。马克思主义则为国外马克思主义的诞生与发展创造了不可或缺的历史性条件。国外马克思主义出现伊始便是基于马克思主义理论阵营内部当时出现的分化与矛盾、西欧无产阶级革命运动受挫的历史背景，在反对第二国际“经济决定论”，并对十月革命的成功经验进行总结的基础上，由早期的代表人物卢卡奇、葛兰西、柯尔施等人提出革命主体能动性问题而逐渐建立的。马克思主义对人类社会发展一般规律与资本主义社会发展特殊规律的科学发现，在实现思维方式革新的同时，也在理论与现实层面带来一系列翻天覆地的社会变革，为国外马克思主义的创生提供了重要的理论支撑与现实依据。因此，国外马克思主义从其创始人卢卡奇融合马克斯·韦伯和卡尔·马克思的思想精华开始，便一路披荆斩棘，不断将西方哲学的思想资源、分析意识、话语特征、逻辑特点与马克思主义的问题意识、思维方式、批判智慧相融合，形成诸如“人道主义马克思主义”“科学主义马克思主义”“存在主义马克思主义”“结构主义马克思主义”“后马克思主义”“历史-地理唯物主义”等等，充分体现西方哲学与马克思主义相碰撞、相比较而产出的“不结果实的智慧之花”，成为国外马克思主义的主要思想特质与理论标识。

除了理论上的交融性，国外马克思主义还体现出鲜明的学科交叉、交融的思想特质。这在卢卡奇对韦伯与马克思思想的融合所深蕴的社会学、哲学、政治学、经济学的学科交融中已初见端倪，但起初囿于体系意识，学科交叉的思维理念尚不成熟，这种学科交融的思想特质并不凸显。随着各大学科体系日臻完善，以及国外马克思主义理论体系意识、话语体系意识、学术体系意识的加强，发展到法兰克福学派时期，这一学科交融性特征便成为国外马克思主义的风潮。霍克海默在法兰克福社会研究所集聚了一大批优秀的哲学家、社会学家、经济学家、心理学家、历史学家展开学科交叉研究，围绕发达的资本主义工业社会的现实问题，在学科交叉的研究方向与思路上展开广而深的大众文化批判，形成影响力巨大的社会批判理论。霍克海默指出："当前的问题是把当代哲学问题所提出的那些研究系统地整合起来。哲学家、社会学家、经济学家、历史学家以及精神分析学家们因为这些哲学问题而集合为一个永远的合作团队，共同着手解决这些问题。"① 正是在这样理念的指引下，形成诸如"弗洛伊德主义马克思主义""新实证主义的马克思主义""分析哲学的马克思主义"等新流派，将社会学、心理学、精神分析学、历史学、人类学等学科元素与逻辑理路融入马克思主义，助益了马克思主义在新的时代条件中的持续创新发展。跨学科的交融性研究方法也成为法兰克福学派为马克思主义理论研究贡献的重要的思想遗产，这一理念与思路继续体现在当代国外马克思主义思潮当中，诸如"生态学马克思主义"将生态学与马克思主义相结合，将地理学与马克思历史唯物主义相结合形成的"历史-地理唯物主义"，一些激进左翼思想家运用文学艺术与马克思主义交融在一起试图对当代资本主义展开批判，等等，都充分体现国外马克思主义的学科交融性思想特质。

可见，国外马克思主义研究及对国外马克思主义产生的思想效应、现代性批判进行学习是具有当代价值与现实意义的。

一是理论意义。国外马克思主义在当代是21世纪世界马克思主义的一个重要组成部分，与马克思主义有着密不可分的理论关联和思想同异。长期以来围绕西方发达资本主义工业文明的现代性批判，使国外马

---

① Horkheimer M, *Between Philosophy and Social Science: Selected Early Writings* (Cambridge: The MIT Press, 1993), p. 9.

克思主义体现出一系列新变化、新特征，具有重要的理论参考、思想参鉴、问题参引、逻辑参比的价值意义。习近平指出："对国外马克思主义研究新成果，我们要密切关注和研究，有分析、有鉴别，既不能采取一概排斥的态度，也不能搞全盘照搬。同时，我们要坚持把自己的事情办好，不断发展中国特色社会主义，不断壮大我国综合国力，充分展示我国社会主义制度的优越性。"① 总书记高屋建瓴地指明了研究国外马克思主义理论的方向与目标，也说明了研究国外马克思主义的当代价值与现实意义：一方面肯定国外马克思主义研究的当代价值，另一方面强调国外马克思主义研究的中国意义。

具体来讲，研究国外马克思主义有助于明辨马克思主义真理。国外马克思主义既有理论贡献，也有理论局限。只要牢牢站在马克思主义原理立场，对国外马克思主义思潮及其理论学说进行客观辩证的分析研判，取其理论精华，革其理论误区，有助于在理论明辨中确证马克思主义真理。国外马克思主义所具有的面向社会现实、揭批社会问题、追思解放道路、饱含价值关怀、传扬人文精神等理论内涵与思想品质，以及体现出的现实性、辩证性、交融性等思想特质，都从积极方面对反思批判工业文明的现代性危机具有理论参考借鉴意义。同时，国外马克思主义也有自身的局限性，尤其表现在与马克思主义的关系中，也值得我们引以为戒。一方面，国外马克思主义的理论与工人阶级运动的现实相脱离，违背了马克思主义所强调的理论与实践相结合的原则，体现了其理论的自我局限性。（佩里・安德森在《西方马克思主义探讨》中曾指出，西方马克思主义既反对苏联正统马克思主义，又批判现实资本主义，但同时与工人阶级的实践日益分离，以致"退回到书斋"，学院化色彩明显。②）这种特征在当代国外马克思主义思潮中仍然是无法根除的理论弊病之一，他们的主体成员往往局限于国外共产党的理论家或西方左翼学者，而与广大的工人阶级及其革命实践相脱节，因此很大程度上限制了其理论的现实效力与理论功力，其理论归宿也经常走向乌托邦的遐想。另一方面，国外马克思主义在理论进程中愈发体现出与马克思主义的联系从紧密到松散的趋势，体现其理论性质的不彻底性，增加了

---

① 习近平：《深刻认识马克思主义时代意义和现实意义 继续推进马克思主义中国化时代化大众化》，《人民日报》2017年9月30日，第1版。

② 参见佩里・安德森：《西方马克思主义探讨》，高铦、文贯中、魏章玲译，北京：人民出版社，1981年，第132—133页。

马克思主义理论的分化的风险性。从早期西方马克思主义到当代国外马克思主义思潮，国外马克思主义理论阵营越来越大，思想流派越来越多，观点主张越来越丰富多元，不断对马克思主义理论进行时代解读、当代再释，在一定程度上丰拓与发展了马克思主义理论而产生一定的思想效应。但由于其政治主张不够坚定，不是偏离马克思主义的科学社会主义观，就是倒退回资本主义自我修复与自我完善的折中主义，导致流派之间主张各异、各说各话，甚至争论不休，难于达成在本质上对资本主义的一致批判。因而，国外马克思主义与马克思主义的关系由亲到疏，如分化与分流出后现代、解构主义及后形而上学等流派，又反过来对国外马克思主义产生比较重大的理论影响。这对回应 21 世纪如何坚持与继承马克思主义真理，如何认识与发展 21 世纪的马克思主义等重大理论问题，起着值得我们警觉与深思的意义。

研究国外马克思主义有助于思考中国问题。国外马克思主义研究的重要理论价值与现实意义在于从中国问题出发，最终落脚于中国问题。正如习近平指出，要坚持把自己的事情办好，不断壮大与发展中国特色社会主义。当代中国社会处于工业化、现代化、全球化的系统之中，面临与西方资本主义社会经历相似甚至相同的社会现实问题，如：工业生产将科学转化为技术，加快了整个社会产品的更新速度，也增加了社会阶层和社会权力更迭的频率；城市化进程使人们从祖先的固定居住地中不断地分离出来，被重新卷入城市的新生活中；各种新老大众传播系统生机勃勃，重新形塑新的人群共同体；多样化的价值观与生活选择催生了多样化的社会思潮，这些思潮又冲击着经济与政治等上层建筑；旧有的社会环境日益被新的环境所取代；人们欲求社会赋予健康而牢固的价值观，又不得不面对着社会消解和消除部分价值观的风险；人们形成对民族国家相对一致的较深的情感和理解，但仍然存在各种社会力量和政治力量的渗透，力图诱导人们进入思想和现实的冲突当中等。如何解决各种矛盾与矛盾内部的张力，如何审视各矛盾关系的内在机理，如何检省现代化发展的机遇与困境，国外马克思主义在问题启示与理论剖析等方面给出了较有借鉴性价值的理论论题与思考空间。我们可以通过国外马克思主义的空间批判理论反思城市规划的合理形式，通过消费异化批判理论反思当代生产与再生产关系，通过生态批判理论反思人与自然关系的当代建构模式，通过技术异化批判理论反思现代科技的作用效力，等等。国外马克思主义对西方发达资本主义工业文明现代性危机的

"照方抓药"，用"消费异化""性格压抑机制""技术意识形态""景观社会""空间生产""超真实""后真相""新帝国主义""生命政治"等核心词对现代化过程中共生的现代性问题的理论概括与话语表达，对我们认识与把握现代化规律，防范与规避现代性风险，确证与坚定中国道路的科学性与正确性，同样具有重要的理论价值。

二是现实意义。恩格斯曾指出："每一历史时代主要的经济生产方式和交换方式以及必然由此产生的社会结构，是该时代政治的和精神的历史所赖以确立的基础，并且只有从这一基础出发，这一历史才能得到说明。"[①] 任何理论研究只有立足于社会现实的物质需求和精神需求，才是真正关切现实，才能在思想中把握时代。习近平明确指出："我们依然处在马克思主义所指明的历史时代。"[②] 即仍然处于马克思主义所批判的资本逻辑主导的现代，这意味着马克思主义理论对时代的分析与历史的研判依然有效。从整体的世界格局与社会现实看，社会主义尚未取得完全胜利，仍然为资本主义所包围，世界话语仍被"西方中心主义"所占据，资本逻辑的全球性蔓延仍对人的生存发展发挥着主导作用，而世界格局和意识形态环境正呈愈发多元复杂的趋势……因此，在既与马克思所处的自由资本主义时代有着形式和现象的区别，又并未跳脱出马克思主义所指明的现代性时期的历史时代，如何定位我国的历史发展方位、如何树立我国的国际形象、如何打破西方话语霸权的不平等格局、如何彰显马克思主义的真理意义、如何发扬社会主义制度优越性、如何确证中国特色社会主义道路对资本主义现代性问题的克服与超越，这些问题的解决都离不开对资本主义的深入研究与当代剖析。国外马克思主义所能提供的重要的现实意义便在于其资本主义现代性批判理论面对社会现实所做出的思想回应。

研究国外马克思主义有助于参证中国道路的正确性。"以史为鉴，可以知兴替；以人为镜，可以知得失。"国外马克思主义如果可以作为中国马克思主义的一面他者之镜，就要求我们站在辩证唯物主义和历史唯物主义的立场方法上审视国外马克思主义。可以从国外马克思主义关于社会现实问题的揭批中，对我国现代化进程可能出现的现代性问题做到

① 《马克思恩格斯选集》第1卷，北京：人民出版社，1995年，第257页。

② 习近平：《深刻认识马克思主义时代意义和现实意义 继续推进马克思主义中国化时代化大众化》，《人民日报》2017年9月30日，第1版。

防微杜渐；可以在国外马克思主义的理论得失中，比照研判我国现代化进程之道路的优势性与制度优越性。国外马克思主义资本主义现代性批判理论所反映的问题是世界各国各地区现代化进程中都会面临的相同领域的相似问题，同时给每个现代化主体做出警醒与提示。但国外马克思主义在理论与现实中受自身局限而没有解决的方面，中国道路却能够有效应对与超越。比如国外马克思主义在现代化历史进程中，始终没有解决理论与现实相脱离的问题，理论总停留在乌托邦遐思中，而不能用实践检验理论的真理性。中国道路则始终强调理论与现实相结合的原则，不断用马克思主义中国化理论成果指导实践，用实践检验马克思主义真理。中国共产党团结带领广大人民群众坚持改革开放，不断建设与发展中国特色社会主义，坚持发展为了人民，发展依靠人民，发展成果由人民共享，取得脱贫攻坚及全面建成小康社会的胜利，逐步实现国家富强、民族兴旺、人民幸福的发展成效，兑现着马克思主义要求的人民立场、无产阶级历史主体的地位及人民群众是创造历史的英雄的历史承诺。历史与事实证明了中国道路的正确性，证实了中国现代化强国新道路的合理性，特别是以国外马克思主义、世界马克思主义、马克思主义三线为面，以马克思主义中国化理论为核心原点，形成围点打圆方可展开 21 世纪人类文明新形态的基本样式。而且，正是在理论比较鉴别中，通过实践的检验，才能不断辨识思想的真理性，增强理论的说服力，确证道路的正确性。国外马克思主义正起到了这样一种参照的镜鉴作用。

研究国外马克思主义有助于为中国模式的建构性创造提供理论参考。国外马克思主义不仅在社会发展道路上具有理论参比的现实意义，而且在社会发展模式的体系建构与话语创新上亦具有理论参比的现实意义。中国道路的正确性在当代迫切需要通过中国话语的创新性建构起中国模式的体系性；而国外马克思主义给出了一定的参考与对话空间。尤其是针对当代资本主义现代性批判主题，在国外马克思主义与当代中国马克思主义之间形成理论对话，能够碰撞出具有建设性价值的思想火花。国外马克思主义在关于当代资本主义现代性批判方面采用一系列形象、生动、鲜活的概念与核心词，有助于把握资本及资本主义新形态之规律，为具有原创性的当代资本主义新形态的中国式研究提供助益；国外马克思主义在关于马克思主义理论与其他学科交叉协同的交融性研究方法，为当代中国马克思主义的理论体系与逻辑体系建构提供经验；国外马克思主义在关于马克思主义理论同地区性文化相融合而生发新理论形态的理路特征，也为当代中国马克思主义建构思想体系提供借鉴。国外马克思主义将西方文化基因与思维范式同马克思主义的学说思想加以有效嫁接，寻找社会发展的新出路，其思路的新颖性与创新性值得我们分析深思，其理论的局限性与误导性值得我们检视研判。我们看到，正是地区差别生发出不同的解释马克思主义的路向印证着马克思主义"一切以时间地点条件为转移"的辩证法思想。这一方面要求我们应以求同存异的包容心态与之展开对话交流，互相增益；另一方面强调马克思主义真理的本土化传承与发展，认识到民族文化基因对于当代中国马克思主义发展的重要话语资源的支援作用，深入挖掘中华历史的文化资源对建构当代中国马克思主义的思想潜力，进一步发展马克思主义中国化，有助于建构中国特色社会主义思想的思想体系、学术体系、话语体系。

三是学科意义。习近平指出："这是一个需要理论而且一定能够产生理论的时代，这是一个需要思想而且一定能够产生思想的时代。""要按照立足中国、借鉴国外，挖掘历史、把握当代，关怀人类、面向未来的思路，着力构建中国特色哲学社会科学，在指导思想、学科体系、学术体系、话语体系等方面充分体现中国特色、中国风格、中国气派。"[①] 加快构建中国特色哲学社会科学的学科体系、学术体系、话语体系创新，需要坚持马克思主义在我国哲学社会科学领域的指导地位，因此马克思主义理论学科的建设发展在其中起着关键作用。马克思主义理论有马克思主义发展史的历史群，也有中国化马克思主义的中国群，还有国外马克思主义的世界群，这样的历史群像集合在马克思主义理论一级学科的大屋顶下，目的就是以历史为原点，以群为主体，以进一步深入阐释马克思主义思想理论为核心，以马克思主义在世界的发展为参照，结合中国社会发展的实际，发展中国化的马克思主义，实现马克思主义理论统一性与多样性的一致。国外马克思主义研究是马克思主义理论一级学科所属的一个二级学科，国外马克思主义则是国外马克思主义研究学科的研究对象。

反思马克思主义理论各二级学科之间的关系可以发现，马克思主义

---

① 习近平：《习近平在哲学社会科学工作座谈会上的讲话》，《人民日报》2016 年 5 月 19 日，第 2 版。

基本原理研究与马克思主义中国化研究构成马克思主义理论一级学科的核心，前者是对马克思主义基本理论、基本观点的系统研究，后者是对马克思主义理论与中国实践相结合生发出的理论成果的系统研究，这两个系统凸显马克思主义理论学科的“理论性”，构成了该学科的理论内核或“理论”维度。马克思主义发展史和中国近现代史基本问题分别是马克思主义基本理论和马克思主义中国化的历史维度，前者描述马克思主义理论产生发展的历史进程，后者表达中国社会近现代以来所面临的状况和问题，构成对基本理论的现实拓展，代表这一学科的“历史”维度。思想政治教育是马克思主义理论一级学科中最具实践色彩的学科，其目的在于实现马克思主义基础理论与马克思主义中国化理论的实践转化，实现从“批判的武器”到“武器的批判”，真正起到思想对实践的指导作用，真正实现马克思主义理论的思想教育功能，使这一学科体现为马克思主义理论一级学科的“现实”维度。国外马克思主义研究是马克思主义理论学科中集中研究马克思主义理论和马克思主义中国化理论之外的其他理论及其发展历程和实践方式的理论学科，其中探讨在对马克思主义理论不断发展和深化中具有借鉴和启示意义的国外各种学说、流派、思潮、人物等，从而形成这一学科的“比较”维度。理论维度、历史维度、现实维度和比较维度共同构成立体型、统一性、系统化的马克思主义理论整体框架。在整体框架下思考国外马克思主义研究的学科内涵和学科边界，既需要离析和甄别何谓马克思主义的正统与非正统问题，又需要认真引介国外各种思想学说和文本翻译，更需要具体分析国外马克思主义研究与马克思主义理论之间的区别与联系，在不同的二级学科之间找寻自身定力与思想张力。特别是新近的《关于加强新时代马克思主义学院建设的意见》，进一步强调了对高校马克思主义学院的建设以马克思主义理论一级学科建设为核心，以思想政治教育课程及教材建设为内容，再一次将马克思主义理论学科建设、学术建设、教学建设依赖于组织建设的重要性，彰显为马克思主义理论一级学科及各二级学科建设的必要性。

学习国外马克思主义，关键要站在马克思主义基本立场、原理、方法上对国外马克思主义进行研究性学习与批判性认识。通过对国外马克思主义思潮、流派、人物、文本及思想的知识性掌握与理解，深刻、全面理解现代西方资本主义社会出现的思想理论状况和社会现实状况，反思我国现代化进程所面临的社会问题，增强对现实生活的关注与反思意识，激发对人的生存境遇的思考。在马克思主义理论、国外马克思主义思潮、马克思主义中国化理论成果的对话比较中，把脉理论发展轨迹与逻辑，反思理论得失，学会运用马克思主义基本原理与方法认识问题、分析问题、解决问题，在专题学习中培养问题意识、使命意识，以及批判思维、历史思维、辩证思维等。比如，在早期西方马克思主义专题中，掌握早期西方马克思主义产生与发展的历史背景以及主要代表人物的核心思想观点，分析其对国外马克思主义思想特质的奠基性作用，反思国外马克思主义与马克思主义的关系问题，自觉运用马克思主义理论立场与当代国外马克思主义理论思潮及发展动态展开学术对话，彰显马克思主义的当代性质和真理力量；学习法兰克福学派批判理论专题，在准确把握法兰克福学派以工具理性批判、意识形态批判、大众文化批判为主题的现代性批判理论所蕴含的价值意蕴和方法论意义的基础上，坚定中国特色社会主义的文化自信，自觉以中华民族优秀传统文化、红色革命文化和社会主义先进文化旗帜鲜明地抨击与抵制腐朽文化、克服庸俗文化，践行社会主义核心价值观；学习生态学及马克思主义生态文明建设思想研究专题时，通过对生态社会主义的政治战略及其“绿色乌托邦”理论限度的反思检视，深刻把握中国道路之“五位一体”的民族性与世界性意义的辩证统一，坚定中国特色社会主义的“四个自信”；学习当代西方激进左翼共产主义思潮专题时，学会自觉运用辩证唯物主义和历史唯物主义正确分析当代西方激进左翼共产主义思潮的社会背景、理论特质及发展趋势并与其进行批判性对话，深化对共产党执政规律、社会主义建设规律和人类社会发展规律的科学认识，把实现个人理想与追求共产主义远大理想和中国特色社会主义共同理想有机结合起来；学习空间理论的现代性批判研究专题时，通过空间哲学的理论视角审视当代资本主义社会生产方式变迁，深刻把握现代化发展的全球化、城市化、区域化问题，增强对中国现代化治理模式的自信力。

国外马克思主义是当代世界马克思主义或 21 世纪世界马克思主义的重要组成部分，学习与研究国外马克思主义具有重要的当代价值与中国意义。它是马克思主义理论的另一种表现形态，需要我们做出理论认知、理论鉴析、理论甄辨、理论研判；它是当代中国马克思主义的一个他者镜面，需要我们做出理论参比、理论对话、理论反思、理论镜鉴；它是经典马克思主义之后的一个典型样式，需要我们做出何为真正的马克思主义的认真审视、认真对比、认真挖掘、认真洞察。因此，学习国外马克思主义，需要我们进一步强化对马克思主义基本原理方法的基础夯实，深化对习近平新时代中国特色社会主义思想是当代中国马克思主义、21 世纪马克思主义的丰富内涵及世界意义的认识，增强做时代新人的使命意识和历史意识。开拓理论视野、提升思想水平、培养思维方式、提高文化品位、升华思想境界，树立正确的世界观、人生观、价值观，是理论学习的价值旨归。

第二专题 早期西方马克思主义

第一次世界大战后，世界无产阶级革命运动在西方资本主义国家中燃起燎原之势，然而却呈现出不同的结果：列宁领导的十月革命取得伟大胜利并建立了世界上第一个社会主义国家；而在德国、匈牙利等国家的无产阶级革命却遭到挫败。在这种历史情境下，卢卡奇、柯尔施、葛兰西等一些马克思主义理论家、无产阶级革命领袖对西方国家无产阶级革命运动的失败展开反思与检省：为什么无产阶级革命首先在相对落后的俄国获得胜利，却在社会矛盾尖锐、社会危机严重的先进国家陷入失败？在他们看来，无论是第二国际还是第三国际所谓的“正统马克思主义”，既不能对西方国家无产阶级革命运动的失败原因做出正确回答，也不能深刻透视西方资本主义国家日趋严峻的“文明危机”。无论是对资本主义危机的深刻探揭，还是对无产阶级革命失败原因的总结、革命运动复兴的探索，以及对革命主体能动性问题的研判，都需在思想路线上展开一场同所谓正统马克思主义的论战，厘清马克思主义的“正统性”，重新激活无产阶级的阶级意识，从根本上获得无产阶级革命运动的复兴与成功。

以卢卡奇、柯尔施、葛兰西为代表的早期西方马克思主义者所开启的“西方马克思主义”，既是20世纪初马克思主义理论阵营内部发生的一场关于“何谓马克思主义正统性”的问题之争，也是马克思主义思想史上一次极为重要的思想路线斗争。这场问题之争和思想路线斗争最重要的结果和产物，就是开启了对第二国际所谓“经济决定论”的庸俗马克思主义和第三国际（列宁主义）“唯物主义反映论”的理论反驳。对此，柯尔施在1930年《〈马克思主义和哲学〉问题的现状——一个反批判》中就曾予以明确指认。在他看来，自20世纪20年代以来，围绕马克思主义的争论已不再是在第二国际和第三国际的理论家之间进行，而是在“正统马克思主义”和“西方共产主义”“西欧马克思主义”及“西方马克思主义”之间展开。他强调，正统马克思主义痴迷于把知识描绘为客观存在在主观意识中的反映，既破坏了存在和意识之间的辩证关系，也破坏了理论和实践之间的辩证关系。英国新左派理论家佩里·安德森在谈到西方马克思主义时指出，卢卡奇等早期西方马克思主义者不仅仅是对第二国际、第三国际的理论反驳，更重要的是实现了对马克思主义理论主题的转移。在他看来，马克思作为历史唯物主义的创始人，不断从哲学转向了政治学和经济学，而卢卡奇等人却不断从经济学和政治学转回到哲学，在一定意义上是对马克思主义思想发展的一种修正。

卢卡奇、柯尔施、葛兰西作为早期西方马克思主义的“三剑客”和创始人，努力从马克思主义特别是马克思恩格斯的经典著作中找寻自己的理论根据与思想方法，认真研究异化、整体性特别是无产阶级革命主体能动性等问题，在人的现实生存困境面前找寻出路而使其具有实践哲学之特点。早期西方马克思主义一方面结合马克思恩格斯的经典著作，一方面承继西方哲学传统思想与现代哲学思潮学说，将人类精神的终极追求与西方哲学的人文主义、科学主义思潮学说相结合，对20世纪以来无产阶级革命运动复兴的探索，对人类生活世界深度异化的焦虑，对资本主义文明危机的深刻揭批，对彰显马克思主义的实践性、批判性、革命性的理论特质和生命力，拓展20世纪马克思主义的时代意蕴和丰富内涵，无疑具有重要的理论价值和实践意义。

一、早期西方马克思主义产生的时代背景

20世纪初的早期西方马克思主义试图在资本主义和社会主义的发展中找寻第三条道路。资本主义大发展带来的社会矛盾的尖锐化和工人运动的大爆发，使早期西方马克思主义开始认真思考何为正统马克思主义，以及无产阶级革命命运与革命策略等问题，并提出自己的思想观点和实践方案。其形成的思想争鸣与百花齐放，刻画出20世纪初的时代文化景象。

资本主义大发展及社会矛盾的尖锐化　19世纪70年代西方资本主义国家开始了以“电气化”为特征的工业革命，这极大促进了生产力的发展，生产力和资本的集聚以及资本的组织化倾向越来越明显。进入20世纪之后，垄断代替自由竞争，垄断资本主义成为新的组织形式和形态。随着生产方式的变化，资本主义生产的社会性和组织性特点正如

恩格斯所说："由股份公司经营的资本主义生产，已经不再是私人生产，而是由许多人联合负责的生产。如果我们从股份公司进而来看那支配着和垄断着整个工业部门的托拉斯，那么，那里不仅没有了私人生产，而且也没有了无计划性。"① 资本主义不仅依赖科学技术提高生产力，更重要的是在相应的国家管理策略上做出改变，其目的就在于使资本主义从形式上不再像恩格斯所揭示的那样残酷冷漠。譬如施行如10小时工作制、改善生产条件、给工人加薪资等措施，缓和资本家和工人之间矛盾的同时，也壮大一种新的管理阶层——工人贵族，以此在工人阶级内部造成分化。这些因素都在加速资本主义的大发展大繁荣，而使资本主义新形态、新变化、新情况不断出现。尤其在马克思恩格斯逝世后，留给后人的就是面对这样的资本主义发展的新问题，如何理解马克思主义理论和资本主义现实的反差，何以秉承马克思主义理论的真精神，如何运用马克思主义的核心思想解决资本主义出现的新问题，成为后继马克思主义理论家所必须担负的理论使命。

同时，第二次世界大战改变了全球政治格局。欧洲大陆很快被资本主义和社会主义瓜分为两半，一半是苏联式工业主义的共产主义政权，另一半则是美国、英国的资本主义阵营。"然而，在法国和意大利，本国的共产党由于在抵抗运动中起了领导作用而第一次使得它们成为多数派的工人阶级组织。另一方面，在西德，由于无产阶级没有经历过类似的抵抗运动，而国家又遭到分割，致使复辟了的资产阶级国家在英、美占领军的庇护下成功地清除了无产阶级在战前的共产主义传统。……主要的西欧国家并没有倒退到军事或警察专政。在整个先进的工业化世界里，建立在充分普选基础上的议会民主，在资本主义历史上第一次变得稳定和正常了。"② 资本主义世界没有再像20世纪二三十年代那样出现经济大萧条现象，反而转向稳定和繁荣的发展时期。

工人运动的发展及对本国革命道路的探索 西方马克思主义产生的直接条件与"十月革命"后风起云涌的工人运动直接联系在一起。十月革命后，在德国、奥地利、匈牙利、波兰等国相继爆发了工人士兵起义，并一度建立起苏维埃政权。但时隔不久，各地的革命陆续遭到反动

---

① 《马克思恩格斯选集》第4卷，北京：人民出版社，1995年，第408页。

② 佩里·安德森：《西方马克思主义探讨》，高铦、文贯中、魏章玲译，北京：人民出版社，1981年，第35—36页。

当局的镇压而宣告失败，卢森堡、李卜克内西等人也惨遭杀害，革命迅速转入低潮。事实上，列宁写作《共产主义运动中的“左派”幼稚病》之目的，就在于“把布尔什维克主义历史上和当今策略上普遍适用的、具有普遍意义和必须普遍遵循的原则应用到西欧去”。列宁要求各国根据本国的具体形势采取适宜的斗争形式。例如在共产国际“三大”上的《关于意大利问题的讲话》中，列宁强调：“在意大利进行革命和在俄国进行革命不会是一样的。意大利的革命将以另一种方式开始。但究竟是什么方式呢？咱们大家都不知道。”① 正是在这种情况下，不少西方工人运动的领导人和理论家普遍觉察到在资产阶级力量强大的西欧，完全照搬俄国革命的模式是行不通的，于是，他们开始寻求一种“适合西方经济政治特点”的新的无产阶级革命战略，以及“西方的马克思主义理论道路”。作为西方马克思主义肇始者的青年卢卡奇即在列宁的批评下开始反思自己的“左倾”浪漫主义，试图从“正确地理解马克思的方法的本质”入手，与葛兰西和柯尔施一起，努力在马克思主义哲学的起源中找寻一种以主体能动性为核心的思想理论基础。

对第二国际“庸俗马克思主义”解释路向的反驳　19世纪末，随着资本主义过渡到帝国主义阶段，资本主义生产关系领域也发生着深刻变化，特别是随着如卡特尔、辛迪加和托拉斯等垄断组织的高度发展，资本主义经济发展出现了一派繁荣景象。在客观上使得马克思主义的资本主义经济危机理论、资本主义制度必然灭亡的科学社会主义理论遭到极大挑战，以“马克思主义”命名的历史唯物主义的科学性遭到普遍质疑。同时，资产阶级进行了不同程度的政策性调整，使得劳资之间的矛盾在一定程度上得以缓和，在客观上也淡化和模糊了无产阶级的革命意识。因而，马克思主义关于通过无产阶级政党进行无产阶级革命的理论似乎也“不合时宜”了，相反，主张阶级合作、利用议会来争取合法权利倒成为一种新的理论风尚。特别是自马克思、恩格斯相继逝世以后，第二国际理论家以“正统马克思主义”自居，以对马克思主义重新“检验”“修正”为理论使命，实际上进行的是背离马克思主义的理论操作。在第二国际理论家阵营中，伯恩施坦是高举修正大旗，对马克思主义进行庸俗化解释的始作俑者，而考茨基、梅林和普列汉诺夫等人在此基础上系统地阐发和深化了这一“庸俗马克思主义”的解释

① 《列宁全集》第42卷，北京：人民出版社，1987年，第24页。

路向。第二国际这种庸俗马克思主义的解释路向，在西方无产阶级革命运动普遍遭遇挫折的社会背景下，就不可避免地面临着一场极大的挑战。这场挑战首先发端于以卢卡奇、柯尔施以及葛兰西为代表的早期西方马克思主义者。卢卡奇在1923年发表的《历史和阶级意识》旗帜鲜明地提出“马克思主义问题中的正统仅仅是指方法”①，率先强烈表达了对第二国际理论家普遍“遗忘”辩证法的不满情绪，他说：“我力图超出资产阶级激进主义，但是社会民主党的理论（特别是考茨基的解释）又使我厌恶。”② 同时他也对第二国际理论家的历史宿命论的思想倾向表示了极度的反感：“首先是我对机械宿命论的极端厌恶，在机械唯物主义中，宿命论总是同反映论休戚与共。……关于实践优先性的观点都对这种机械唯物主义提出了强烈的抗议——这种抗议又不是完全错误的。”③ 柯尔施则以《马克思主义和哲学》为书名，批判了第二国际理论家们不约而同地以“随便的方式去对待黑格尔哲学”④，从而“剥夺了马克思主义理论的本质上革命的特征”⑤。在葛兰西看来，实践哲学是一种超越近代唯物主义与唯心主义的现代哲学，它既不是哲学家的纯思辨的产物，也绝非那种像第二国际理论家以实证主义知性科学建构的机械唯物论的哲学，实践哲学实际上是一种作为人的行动的和创造性的哲学。尽管这些早期西方马克思主义者之间的观点也存在着许多差异，但就他们抨击第二国际的庸俗马克思主义解释路向而言，其理论旨趣却颇为一致。

二、早期西方马克思主义产生的理论条件

列宁强调，脱离具体的历史环境来提出实践问题，“就等于不懂得辩证法唯物主义的起码要求”。十月革命的具体做法在西方并不具有普

---

① 卢卡奇：《历史与阶级意识——关于马克思主义辩证法的研究》，杜章智等译，北京：商务印书馆，1992年，第48页。

② 卢卡奇：《历史与阶级意识——关于马克思主义辩证法的研究》，杜章智等译，北京：商务印书馆，1992年，第2页。

③ 卢卡奇：《历史与阶级意识——关于马克思主义辩证法的研究》，杜章智等译，北京：商务印书馆，1992年，第20页。

④ 卡尔·柯尔施：《马克思主义和哲学》，王南湜、荣新海译，重庆：重庆出版社，1989年，第3页。

⑤ 卡尔·柯尔施：《马克思主义和哲学》，王南湜、荣新海译，重庆：重庆出版社，1989年，第63页。

遍性，因为它的策略是同俄国本土曲折的历史发展相适应的。列宁强调："必须承认，具有国际意义的是我国革命的某些基本特点。……如果忽略另外一点，同样也是错误的，那就是：只要有一个先进国家的无产阶级革命取得了胜利，就很可能发生一个大变化，那时，俄国很快就不再是模范的国家，而又会成为落后的（在'苏维埃'和社会主义的意义上来说）国家了。"[①] 或许正是在列宁思想的基础上，卢卡奇、葛兰西和柯尔施等人认为，只有列宁在最初的理论思考点上真正坚持了马克思主义的辩证法。从其主观意志上看，他们的确试图循着列宁的思想理论路线前行。同时他们在讨论何为正统的马克思主义过程中，从反对经济决定论的角度在"主体能动性"等问题上对列宁的思想又有一些批评与反驳。如葛兰西在《反对〈资本论〉的胜利》中认为，自称继承马克思衣钵的第二国际的经济决定论失败了，因为十月革命并没有在发达的资本主义国家成功，而列宁正是在克服了那种被"实证主义、自然主义水垢污染的"资本主义外部学说后，用革命阶级的意志打碎了"铁的法则"。由此，他进一步认为，"布尔什维克拒绝了马克思，他们的明确的活动证明了历史唯物主义的规则并不像可能被想象的和已经被想象的那样僵硬"。[②] 卢卡奇、柯尔施都从马克思主义哲学的辩证唯物主义与历史唯物主义方面论证自己论点。尽管这些思想观点同列宁自己的理解相去甚远，但在反对第二国际实证主义和经济决定论等问题上，具有相近性而成为早期西方马克思主义产生的重要思想条件。

伴随《共产党宣言》的诞生，马克思主义在与工人运动相结合的道路上，不断承担和实现着"改造世界"的共产党人的使命与担当。马克思、恩格斯逝世之后，第二国际面临着更加复杂严峻的理论和现实形势。在这种时代条件下，马克思主义出现思想新分化、历史新诠释不可避免。如第二国际的理论家们对马克思的历史理论和经济学说进行大力宣传，力图把马克思主义同当时工人运动的实践、同具体的社会历史与社会经济发展结合起来。但由于资本主义进入相对平稳的发展期，工人运动的发展只有量的扩张而无质的飞跃，加之科学主义思潮和达尔文主义的盛行，导致第二国际的理论家们普遍忽视马克思主义理论的完整性和革命批判本质，将马克思主义理论归结为一种纯粹的经验科学，把

---

① 《列宁全集》第 39 卷，北京：人民出版社，1986 年，第 1—2 页。

② 葛兰西：《实践哲学》，徐崇温译，重庆：重庆出版社，1990 年，序言第 26 页。

唯物主义思想混淆于一般的进化理论。对马克思主义的实证化理解，既不符合马克思恩格斯《共产党宣言》的基本思想主张，也不可避免地导致理论和实践、工人运动和科学社会主义相分离。

列宁在《唯物主义和经验批判主义》中，从党性原则的高度强调唯物主义是辩证的、历史的。列宁强调马克思恩格斯“所特别注意的不是唯物主义认识论，而是唯物主义历史观。因此，马克思恩格斯在他们的著作中特别强调的是**辩证**唯物主义，而不是辩证**唯物主义**，特别坚持的是**历史**唯物主义，而不是历史**唯物主义**。”① 捍卫和发展了作为整个马克思主义学说基础的辩证唯物主义和历史唯物主义，在哲学上对修正主义进行深刻的批判。其在实践上所进行的“十月革命”，有力证明了马克思主义基本理论、原理、方法所展现的思想智慧与真理力量。早期西方马克思主义者卢卡奇、葛兰西、柯尔施等人试图接过这一接力棒，力证马克思主义理论与方法的鲜活生命力，在时代和理论的双重变化中开启接近马克思主义理论又不同于马克思主义理论的西方马克思主义思想理论之先河。

三、早期西方马克思主义产生的思想资源

早期西方马克思主义的思想资源缘于两个方面，一方面将西方传统哲学和现当代哲学思潮作为其思想底色，一方面继承马克思恩格斯的人类解放思想、异化理论，并将其作为自己的批判武器与武器批判。

西方哲学的理性主义传统是早期西方马克思主义理论的文化基因
黑格尔历史哲学中的辩证法思想对卢卡奇、柯尔施、葛兰西等人产生较大影响。卢卡奇的总体性辩证法、柯尔施的辩证法与革命、葛兰西的实践辩证法，都以黑格尔的辩证法为理论模版，卢卡奇第一次将黑格尔辩证法中的整体性、主体性思想提升至黑格尔之后从未有过的高度。加之卢卡奇师从西美尔，受其“主客观文化”理论影响较深，在建立自己的物化理论时一方面使用黑格尔辩证法思想，一方面从西美尔那里套用人的物化也分为主观和客观两个方面，以此将马克斯·韦伯的“合理化”思想作为自己物化思想最重要的理论支援。在一定程度上，卢卡奇的物化批判就是把马克思商品拜物教思想“韦伯化”的理论结果。韦伯的合理化理论及其对现代性的“诊断”，在卢卡奇《历史与阶级意

---

① 《列宁选集》第2卷（第1版），北京：人民出版社，1995年，第225页。

识》中有鲜明体现，并由此确立以物化批判为主题的现代性批判的理论路径。

马克思的异化理论是早期西方马克思主义物化理论的直接思想资源 卢卡奇在马克思异化理论的基础上衍生出自己的物化理论。卢卡奇结合当时无产阶级革命的特征，针对无产阶级本身出现的现实问题，提出无产阶级被物化的事实，将物化现象、物化意识揭示出来，将无产阶级的阶级意识在与资产阶级的“二律背反”之比较中，体现着马克思异化理论的思想痕迹和自己的物化批判所展陈的资本主义工业文明社会中人的生存境遇与困境。尤其马克思《1844年经济学哲学手稿》和《资本论》提出的异化具有的两种形式：对象化的物化、异化的物化，使卢卡奇认真研究了马克思的“商品拜物教”——“人与人之间的关系获得物的性质，并从而获得一种‘幽灵般的对象性’，这种对象性以其严格的、仿佛十全十美和合理的自律性（Eigengesetzlichkeit）掩盖着它的基本本质、即人与人之间关系的所有痕迹”①，从而提出自己的主体客体化的物化理论。

马克思主义的现代性批判理论成为早期西方马克思主义批判理论的助推器 马克思的《黑格尔法哲学批判》《德意志意识形态批判》以及《政治经济学批判》等都是以深刻的批判精神作为指向资本主义的批判的武器与武器的批判。早期西方马克思主义的批判精神、批判理论，在卢卡奇、柯尔施、葛兰西等人那里都体现为针对当时资本主义发展状况所进行的现代性批判与对马克思主义批判理论的接续发展。他们对时代特殊性做出自己的理论判断和理论调整，即在马克思主义对资本主义的批判主要集中在经济、政治等方面的基础上，拓展到文化领域、社会领域等多维度的大众文化批判、意识形态批判、技术理性批判、心理机制批判等等。因此，早期西方马克思主义一方面选择西方哲学思想资源作为自己的思想支援，一方面在十月革命之后，比较一致地转向马克思主义理论而走近马克思，且又努力建构属于他们自己与马克思主义并非一脉相承的理论体系。

---

① 卢卡奇：《历史与阶级意识——关于马克思主义辩证法的研究》，杜章智等译，北京：商务印书馆，1992年，第143—144页。

第一章　卢卡奇：西方马克思主义的奠基者

正统马克思主义并不意味着无批判地接受马克思研究的结果。它不是对这个或那个论点的“信仰”，也不是对某本“圣书”的注解。恰恰相反，马克思主义问题中的正统仅仅是指方法。

——卢卡奇

格奥尔格·卢卡奇（Georg Lukács，1885—1971），匈牙利著名的哲学家和文学批判家，西方马克思主义的发端者与奠基人。卢卡奇出生在布达佩斯一个犹太银行的家族。大学期间曾先后修读法学、国民经济学、文学艺术和哲学，1906 年在科罗茨瓦大学获法学博士学位，1909 年在布达佩斯大学获哲学博士学位。1912—1917 年间，卢卡奇先后在德国柏林、海德堡等地学习德国古典哲学和现代西方哲学，其间与恩斯特·布洛赫是同学，对胡塞尔、李凯尔特、文德尔班、狄尔泰等哲学家的思想有很多接触，认真学习了西美尔的哲学、美学思想和马克斯·韦伯的社会学思想。青年卢卡奇写作和发表的作品大多涉及的是美学和文学批评领域，如《现代戏剧发展史》（1911）、《审美文化》（1913）、《小说理论》（1916）和《心灵与形式》（1919）等。卢卡奇于 1918 年 12 月加入匈牙利共产党，随着 1919 年 3 月匈牙利苏维埃共和国成立，卢卡奇担任主管文化和教育的人民委员会委员和红军第五师团政委。同年 8 月，由于匈牙利苏维埃共和国被推翻，卢卡奇流亡维也纳。在流亡期间，卢卡奇同第三国际的一些左派人物共同编辑出版左派刊物《共产主义》杂志。1918—1923 年期间卢卡奇将陆续撰写的 8 篇论文汇编成册，以《历史与阶级意识》（副标题为“关于马克思主义辩证法的研究”）为书名出版。1930—1945 年，卢卡奇在苏联莫斯科马克思恩格斯研究院潜心做理论研究，代表性著作有《青年黑格尔》（1963）、《存在主义还是马克思主义》（1962）、《理性的毁灭》（1988）等。“二战”结束后，卢卡奇回到匈牙利，任布达佩斯大学哲学、美学教授并当选匈牙利科学院院士。1963 年出版的《审美特征》和 1971 年的《社会存在本体论》是其“封关之作”。1971 年卢卡奇在布达佩斯去世。

卢卡奇作为西方马克思主义的创始人，《历史与阶级意识》无疑是其最重要的奠基之作。按照梅洛-庞蒂的说法，卢卡奇的《历史与阶级意识》复活了马克思主义的青春，是西方马克思主义的“圣经”。[①] 在《历史与阶级意识》中，卢卡奇以韦伯的合理化概念重新阐释了马克思的商品拜物教理论，认为在现代资本主义社会中，物化是与商品拜物教

---

① 梅洛-庞蒂的这一说法曾遭到卢卡奇本人反对。卢卡奇强调，他本人与所谓的“西方马克思主义”没有任何关系，梅洛-庞蒂重提自己这本“最好予以忘却的论文集”纯属“阴谋”和“伪造”。卢卡奇本人的申辩和反对并没有改变他作为西方马克思主义奠基者的地位，《历史与阶级意识》作为西方马克思主义的“圣经”也逐渐为学界所承认。参见陈学明：《西方马克思主义教程》，北京：高等教育出版社，2001 年，第 252 页。

联系在一起的，是现代资本主义社会中商品形式普遍化的结果。在此基础上，卢卡奇进一步将资本主义物化现象的产生根源归结为资产阶级思想的二律背反，即理性主义形而上学的二元对立。卢卡奇物化批判理论一方面深刻揭示了资本主义社会中现代劳动的抽象本质，将这种抽象劳动的根源与本质归结为理性主义形而上学，奠定了法兰克福学派在内的整个西方马克思主义对工具理性批判的路向；另一方面，其通过主客体统一的历史辩证法来克服理性主义形而上学的主客二元对立，重新恢复马克思主义辩证法因素以激活无产阶级的阶级意识，唤醒无产阶级革命主体自觉性。在一定意义上开启了西方马克思主义现代性批判的理论传统。

一、卢卡奇物化批判理论的思想缘起

卢卡奇的物化理论一方面从马克思的《资本论》有关商品拜物教的思想中汲取理论灵感，另一方面又融合韦伯的“合理化”理论因素以及在现代资本主义社会普遍采用的“泰勒制”管理模式，充沛其物化理论的思想支援。

马克思在《资本论》第一卷中的商品拜物教思想是卢卡奇物化理论重要的思想资源。在《历史与阶级意识》中，卢卡奇对资本主义物化现象的批判，就是直接从马克思的商品拜物教思想出发的。卢卡奇指出，“商品拜物教问题是我们这个时代、即现代资本主义的一个特有的问题”①。在他看来，对资本主义社会的批判必须像马克思那样从分析商品开始，因为在资本主义社会中，商品形式已经成为整个社会存在的普遍范畴，因此资本主义社会中每一个问题最终都可以追溯到商品，并且“没有一个问题的解答不能在商品结构之谜的解答中找到”。卢卡奇进一步强调，只有把商品领会为“资本主义社会生活各个方面的核心的、结构的问题”，而不是把它当作“个别的问题”或“仅仅表现为按专门科学理解的经济学的核心问题”②，我们才能真正洞察到现代资本主义社会中由于商品的普遍化而带来物化。对马克思来说，商品绝非可以当作一种“简单而平凡的”纯粹经济学范畴，因为资本主义社会作

① 卢卡奇：《历史与阶级意识——关于马克思主义辩证法的研究》，杜章智等译，北京：商务印书馆，1992年，第144页。

② 卢卡奇：《历史与阶级意识——关于马克思主义辩证法的研究》，杜章智等译，北京：商务印书馆，1992年，第143页。

为“商品经济时代”，不同于作为“自然经济时代”的古代社会之处，正是在于其从传统走向现代的本质。资本主义社会处于商品经济阶段，其根本特征在于通过劳动力的商品化而完成资本关系在现代社会的确立和统治。在现代资本主义社会中，社会一切现象都被商品所“中介”而必须依循商品的等价交换原则才能获得自我确证。因此，在现代资本主义社会中，一切存在物只有当它失去特殊的具体的规定性而成为普遍的抽象物即商品形式时才能存在。

马克思的商品拜物教思想对卢卡奇产生了重要影响。在卢卡奇看来，人与人之间的关系所具有的物的形式，主要是由于资本主义社会的商品化形式造成的，商品交换形式的普遍化最终使得人与人的关系表现为物化。“商品形式的普遍性在主观方面和客观方面都制约着在商品中对象化的人类劳动的抽象。……在客观方面，只是由于质上不同的对象……被理解为形式相同的，商品形式作为相同性的形式、即质上不同的对象的可交换性形式才是可能的。……在主观方面，抽象人类劳动的这种形式相同性不仅是商品关系中各种不同对象所归结为的共同因素，而且成为支配商品实际生产过程的现实原则。”[①] 物化的客观方面就是由于人的劳动物化为商品，商品交换关系形成了物化的世界；物化的主观方面就是商品交换所形成的物化世界不依赖于人，人应遵循和服从商品交换的客观规律，而使人也沦落为物。

卢卡奇较为正确地看到了资本主义社会商品交换关系导致劳动的抽象化。但在商品交换关系为什么会导致抽象劳动的分析上，却依循韦伯的合理化思想来解释。在他看来，造成资本主义社会中物化和物化意识的根源在于社会合理化及其困境，就其性质而言它是资产阶级思想的“二律背反”（现代理性主义形而上学及其二元对立）。对卢卡奇来说，批判和克服资本主义社会的物化现象，其根本途径在于诉诸在具体的历史过程中实现主客体辩证法，扬弃理性主义形而上学的二元对立。

韦伯的“合理化”成为卢卡奇物化思想最重要的理论支援，在一定程度上，卢卡奇的物化批判就是把马克思商品拜物教思想“韦伯化”的结果。在《新教伦理与资本主义精神》中，韦伯分别对新教的“理性伦理”观念和西方资本主义特有的理性精神加以考察，认为西方资本

---

① 卢卡奇：《历史与阶级意识——关于马克思主义辩证法的研究》，杜章智等译，北京：商务印书馆，1992年，第148页。

主义的理性精神产生于新教的“理性伦理”。在他看来，“清教徒的精神气质却是合乎理性地组织资本和劳动”，“清教徒的职业观以及它对禁欲主义行为的赞扬必然会直接影响到资本主义生活方式的发展……这种生活方式是在禁欲的新教伦理中找到了其坚实的基础的。它对资本主义发展的重要性已是显而易见的了”。① 韦伯认为，在新教那里所表现出来的禁欲主义及其系统而严格规划的、充分而自我控制的理性伦理，不仅构成了现代资本主义的理性精神或合理性原则——节制有度、精于谋划、纪律严明、分工明确，而且在制度层面形成了西方资本主义特有的理性主义的文化气质。以此，韦伯把人的社会行为区分为非理性行为（如传统行为与情感行为）和理性行为（如目的理性行为和价值理性行为）。在理性行为中，目的理性行为关注的是人的行为手段的合理性与有效性，价值理性行为则强调人的行为目的的合理性对于行为的价值意义；支配着目的理性行为的是“工具理性”，支配着价值理性行为的是“价值理性”。在韦伯看来，前者是一种“计算理性”，即人为制定某种目标，通过对它所采取的可能性手段以及手段产生的可能性结果等方面的精打细算，从而谋划和计算出实现尽可能高的效率和最大化效益的最佳有效手段和方法；而后者则要求通过目的理性行为，实现对人的生活价值和生活意义的关切。韦伯认为，在西方社会的现代化初始阶段，工具理性和价值理性之间存在一种相互推动、相互支撑的“亲和力”，新教徒们在新教理性伦理的“感召”与“规训”下，普遍具有一种“禁欲”“勤俭”的职业精神和理性化的生活态度，“这种理性化的生活态度，有力地推动了人类社会的‘现代化’过程，现代社会赖以成立的社会经济组织、科学技术、科层制度、法律系统等等，在深层都植根于这种理性化的精神气质中”②。然而，随着西方社会现代化进程的快速发展，特别是随着资本主义统治秩序的全面建立与扩张，工具理性和价值理性之间的“断裂”与“紧张”的冲突状态便取代了先前的那种相互推动、相互支撑的“亲和”状态。韦伯进而将工具理性与价值理性之间冲突所产生的后果称之为现代性“悖论”。韦伯认为的现代性悖论，一方面是由于技术和管理的合理化使得整个社会像机器那样有

---

① 马克斯·韦伯：《新教伦理与资本主义精神》，于晓等译，北京：生活·读书·新知三联书店，1992 年，第 130、134 页。

② 贺来：《边界意识和人的解放》，上海：上海人民出版社，2007 年，第 15—16 页。

条不紊地运转，社会生活节奏加快，工作效率的普遍提高，物质财富不断增多，这在形式上是合理的；另一方面，现代的“秩序与机械生产的技术和经济条件相结合，以其不可抗拒的力量不仅直接决定着当今与经济谋利有关的人，而且决定着一切生长在这个结构中的人的生活”，即韦伯认为这一切造成了今日生活在现代社会中的人的思想观念的变化，崇拜效率、崇拜金钱、崇拜商品成了一种新的拜物教。它窒息了人的精神灵性，降低了文化的水准，造成了人的自由的丧失和意义的缺失。[①]

韦伯以合理化理论对现代性的“诊断”，除了对工具理性将人类囚进冰冷的“铁笼”表示愤慨和悲观失望之外，最终没有也不可能替人类找到一把打开“铁笼”的钥匙。韦伯的思想对卢卡奇产生了极大的影响。在《历史与阶级意识》中，卢卡奇就是从韦伯的“合理化”思想出发来解释马克思的商品拜物教，从而建立起以物化批判为主题的现代性批判理论。

二、卢卡奇物化批判的内在逻辑

在《历史与阶级意识》中，卢卡奇大体沿着资本主义“社会结构的普遍商品化”—“现代劳动的分析合理化”—“物化意识”这一路径，对现代资本主义社会的物化现象展开批判。

首先，卢卡奇直接援引了马克思对资本主义社会中商品的“拜物教”性质的批判理论。其认为现代资本主义社会结构已经出现了普遍的商品化现象，这种商品化的社会结构及其社会关系的全面商品化，直接产生了社会关系的全面物化。在卢卡奇看来，要想获得对现代资本主义一切社会现象的本质认识，就得像马克思那样从分析商品拜物教的性质出发，因为“商品拜物教问题是我们这个时代、即现代资本主义的一个特有的问题”，这个问题就是“商品交换及其结构性后果在多大程度上能影响到整个外部的和内部的社会生活？……一个商品形式占支配地位、对所有生活形式都有决定性影响的社会和一个商品形式只是短暂出现的社会之间的区别是一种质的区别”。[②] 卢卡奇在此明显受到马克思

---

① 苏国勋：《理性化及其限制：韦伯思想引论》，上海：上海人民出版社，1988 年，第 240 页。

② 卢卡奇：《历史与阶级意识——关于马克思主义辩证法的研究》，杜章智等译，北京：商务印书馆，1992 年，第 144 页。

思想的启发。在马克思那里，前资本主义社会中的商品交换还只是表现为商品的物物交换形式，商品的交换价值与使用价值是直接统一的，还没有获得独立的形式。虽然商品交换对社会内部结构产生过某些影响，即使在特定时期这些影响力对社会内部结构也曾经产生重大的作用，但它也只因具有“短暂性质”而不足以使商品形式成为社会的基本形式，它也只因不具有“质”的意义而只能“作为量的问题来对待”。在卢卡奇看来，“商品只有在成为整个社会存在的普遍范畴时，才能按其没有被歪曲的本质被理解。只有在这一联系中，由于商品关系而产生的物化才对社会的客观发展和人对社会的态度有决定性的意义，对人的意识屈从于这种物化所表现的形式，对试图理解这一过程或反抗这一过程的灾难性后果，对试图从这样产生的‘第二自然’的这种奴役里解放出来，也具有决定性的意义”[①]。卢卡奇认为，资本主义社会商品的普遍化所造成的直接结果就是劳动的抽象化，“商品形式的普遍性在主观方面和客观方面都制约着在商品中对象化的人类劳动的抽象”。也就是说，现代资本主义社会中劳动抽象化表现在客观方面就是“质上不同的对象的形式相同性原则只能依据它们作为抽象的（即形式相同的）人类劳动的产物的本质”来理解才是可能的，毋宁说只有作为抽象的商品形式才能是现实的存在物；在主观方面则“成为支配商品实际生产过程的现实原则”[②]，毋宁说现代劳动依循其抽象的商品形式而获得支配现实商品生产的统治地位，抽象的原则获得了对现实生产过程的统治。正如马克思所说“个人现在受抽象统治”。

其次，卢卡奇深刻指证了由于现代资本主义社会的商品普遍化导致的这种劳动抽象化的根本特点，就集中表征为现代劳动的分析合理化原则，即根据可计算性来加以调节的合理化原则。卢卡奇指出：“一方面，劳动过程越来越被分解为一些抽象合理的局部操作，以致于工人同作为整体的产品的联系被切断，他的工作也被简化为一种机械性重复的专门职能。另一方面，在这种合理化中，而且也由于这种合理化，社会必要劳动时间，即合理计算的基础，最初是作为仅仅从经验上可把握的、平均的劳动时间，后来是由于劳动过程的机械化和合理化越来越加

---

① 卢卡奇：《历史与阶级意识——关于马克思主义辩证法的研究》，杜章智等译，北京：商务印书馆，1992 年，第 146—147 页。

② 卢卡奇：《历史与阶级意识——关于马克思主义辩证法的研究》，杜章智等译，北京：商务印书馆，1992 年，第 148 页。

强而作为可以按客观计算的劳动定额（它以现成的和独立的客观性同工人相对立），都被提出来了。”[①] 在卢卡奇看来，现代劳动的这种分析合理化原则已经成为现代资本主义社会的经济、政治和一切社会现象的基本前提。现代劳动的分析合理性原则消除了在工人劳动产品中原本就结合成一体的各种局部操作的有机联系，因而“作为商品的产品的统一体不再同作为使用价值的产品统一体相一致”。在卢卡奇看来，伴随自动化机器体系和肇始于泰勒制的现代管理体系的逐渐形成、推广普及与使用运用，资本主义社会的现代化生产方式在给人类带来快速发展的生产力的同时，也使得整个劳动过程分解为一些抽象合理的局部操作。这样的劳动过程就被表面看起来仿佛更趋合理的可计算性原则抽象为机械劳动，劳动及劳动过程被肢解化、碎片化，不仅切断了工人同其劳动产品的有机联系，而且工人同他自己的劳动过程也处于外部的对立状态。卢卡奇将这种状态称为工人“对劳动过程的态度上都不表现为是这个过程的真正的主人”[②]。卢卡奇认为，在现代劳动的分析合理化原则支配下，工人就会丧失其劳动的主观能动性而对其劳动及其产品采取一种直观的态度。“这种态度把空间和时间看成是共同的东西，把时间降到空间的水平上。……这样，时间就失去了它的质的、可变的、流动的性质：它凝固成一个精确划定界限的、在量上可测定的、由在量上可测定的一些‘物’（工人的物化的、机械地客体化的、同人的整个人格完全分离开的‘成果’）充满的连续统一体，即凝固成一个空间。”[③] 在此，卢卡奇以韦伯的合理化理论剖析了资本主义社会的现代抽象劳动的特点，指出了现代抽象劳动的分析合理化原则将直接导致劳动主体的碎片化。“随着对劳动过程的现代‘心理’分析（泰罗制），这种合理的机械化一直推行到工人的‘灵魂’里：甚至他的心理特性也同他的整个人格相分离，同这种人格相对立地被客体化，以便能够被结合到合理的专门系统里去，并在这里归入计算的概念。”[④] 卢卡奇进一步认

---

① 卢卡奇：《历史与阶级意识——关于马克思主义辩证法的研究》，杜章智等译，北京：商务印书馆，1992 年，第 149 页。

② 卢卡奇：《历史与阶级意识——关于马克思主义辩证法的研究》，杜章智等译，北京：商务印书馆，1992 年，第 150 页。

③ 卢卡奇：《历史与阶级意识——关于马克思主义辩证法的研究》，杜章智等译，北京：商务印书馆，1992 年，第 151 页。

④ 卢卡奇：《历史与阶级意识——关于马克思主义辩证法的研究》，杜章智等译，北京：商务印书馆，1992 年，第 149 页。

为，随着劳动主体即工人及其心灵的碎片化，特别是由于“生产的机械化也把他们变成一些孤立的原子，他们不再直接—有机地通过他们的劳动成果属于一个整体，相反，他们的联系越来越仅仅由他们所结合进去的机械过程的抽象规律来中介”①。这样，当工人和他的劳动过程及其产品被这种“抽象规律”所中介时，劳动对人们来说不再意味着作为一种确证人的生命本质的具体活动，它只表现为作为商品形式的抽象的“物”，而使得人的意识也发生了物化即“物化意识”。物化意识表现为人们只停留于对眼前事物的认识，只能通过直观的方法达到一些直接性的经验认识，人们无法深入下去把握真正的现实世界。人们所看到的只是物的世界，只有人与物的世界之间的无限对立，无法自觉到人与物的世界之间的相互生成。人与人之间的社会关系也只能表现为全面的物化关系，因为“在直接商品关系中隐藏的人们相互之间以及人们同满足自己现实需要的真正客体之间的关系逐渐消失得无法觉察和无法辨认了，所以这些关系必然成为物化意识的社会存在的真正代表”②。

最后，卢卡奇集中批判了作为资本主义社会意识形态的物化意识。在卢卡奇看来，由于物化意识使人们只看到现代资本主义社会的经济、法律、官僚政治体制等都似乎依循合理性原则，这样的社会仿佛是一个天然合理的、合乎规律的具有永恒的社会。在这样一个俨然合理化的社会中，人们除了作为一个“旁观者”之外将无能为力。所以卢卡奇认为：“在物化的意识看来，这种可计算性形式必然成为这种商品性质真正直接性的表现形式，这种商品性质——作为物化的意识——也根本不力求超出这种形式之外；相反，它力求通过‘科学地加强’这里可理解的规律性来坚持这种表现形式，并使之永久化。”③ 卢卡奇特别指出那些“没有气节”的新闻工作者就是资本主义社会物化意识的极端体现。因为他们进一步将现代劳动的分析合理化原则及其物化意识的根源指证为“现代科学活动的方法”即实证主义的知性科学方法，尤其是资产阶级的经济学方法。卢卡奇认为“正是经济学非常成功的完全合理

---

① 卢卡奇：《历史与阶级意识——关于马克思主义辩证法的研究》，杜章智等译，北京：商务印书馆，1992 年，第 152 页。

② 卢卡奇：《历史与阶级意识——关于马克思主义辩证法的研究》，杜章智等译，北京：商务印书馆，1992 年，第 155—156 页。

③ 卢卡奇：《历史与阶级意识——关于马克思主义辩证法的研究》，杜章智等译，北京：商务印书馆，1992 年，第 156 页。

化，即把它运用于一种抽象的、尽可能数学化形式的规律系统，才形成理解这种危机的方法论上的局限性”。这种从抽象的封闭的局部系统出发的现代知性科学方法的要害在于：由于它无法找到认识社会总体的途径，就“无法理解特有物质的产生和消失，无法理解它的社会性质以及对它可能采取的态度的社会性质和特有形式系统的社会性质”[①]。不仅如此，卢卡奇还发现，“由于现代资产阶级思想仅仅研究那些形式有效的‘可能条件’……它就自己堵塞了达到对这些形式明确提问题、弄清它们的产生和消失、它们的真实本质和基础的道路”[②]。在卢卡奇的思想语境中，现代科学活动的方法论前提就是现代资产阶级哲学，而“近代批判哲学是从意识的物化结构中产生出来的”[③]，要想真正克服和扬弃资本主义社会的物化意识，就必须深入批判资产阶级的哲学，才能从根本上消除以之为前提的现代知性科学方法及其意识的物化结构。

三、卢卡奇物化批判的“同构”性质

在卢卡奇看来，现代资产阶级社会结构的商品化所带来的普遍物化现象，特别是物化意识使得人们对于社会的认识只能采取直观的态度。这种直观的态度在哲学上，特别是在西方现代哲学上，鲜明地体现为主体与客体、形式与内容、理性与非理性之间的二元对立，这种二元对立又特别体现在康德哲学对“自在之物”的不可认识中。因此，卢卡奇从物化理论的视角得出“近代批判哲学是从意识的物化结构中产生出来的”基本判断，不消说，现代资产阶级社会的物化结构与现代形而上学（资产阶级思想的二律背反）之间具有内在的“逻辑同构”性质。质言之，卢卡奇洞察到资本主义社会普遍物化现象根源于现代形而上学之内在矛盾。

在卢卡奇看来，现代的理性主义哲学普遍是以数学的、自然科学的精确可计算性的形式理性来构造认识对象的，这种理性主义的方法尚滞留于物化意识领域，仍未发现和自觉认识到形式理性和非理性内容、主

---

① 卢卡奇：《历史与阶级意识——关于马克思主义辩证法的研究》，杜章智等译，北京：商务印书馆，1992年，第170页。

② 卢卡奇：《历史与阶级意识——关于马克思主义辩证法的研究》，杜章智等译，北京：商务印书馆，1992年，第176页。

③ 卢卡奇：《历史与阶级意识——关于马克思主义辩证法的研究》，杜章智等译，北京：商务印书馆，1992年，第177页。

体和客体、自由和必然等等之间的矛盾及其二元对立，是一种典型的理性主义的“独断论”。他指出：“从全面系统的怀疑论，从笛卡儿的我思故我在，经霍布斯、斯宾诺莎、莱布尼兹，走过了一条笔直的发展道路。它的一个重要的、变化多端的题目则是这样一种观点：因为认识的对象是由我们自己创造出来的，因此，它是能够被我们认识的；以及只要认识的对象是由我们自己创造出来的，那末它就是能够被我们认识的。数学和几何学的方法，即从一般对象性（Gegenständlichkeit）前提中设计、构造出对象的方法，及以后的数理方法，就这样成了哲学、把世界作为总体的认识的指导方针和标准。”① 卢卡奇觉得，现代形而上学的这种理性主义的独断论特点正是早期资产阶级充满自信的进步主义的意识形态在哲学上的反映。如果说笛卡尔的“我思故我在”命题以“我思”标识了现代形而上学的主体理性主义端倪，那么，斯宾诺莎则以“实体”概念充分表达了其致力于在观念（思想）中的联系和秩序与事物（存在）的联系和秩序相一致的基础上建立理性主义体系的强烈渴望。在这个意义上，主体性问题依循理性主义的原则要求就注定成为现代形而上学的基本建制，笛卡尔就成为现代哲学（一般说来也就是现代形而上学）的奠基者。对此，海德格尔的认识无疑是深刻而又精当的：“对于现代之本质具有决定性意义的两大进程——亦即世界成为图像和人成为主体——的相互交叉，同时也照亮了初看起来近乎荒谬的现代历史的基本进程。”② 因就人成为主体这一点来说，“对于现代形而上学的奠基工作来说，笛卡尔的形而上学乃是决定性的开端。它的使命是：为人的解放——使人进入新自由（作为自身确信的自身立法）之中的解放——奠定形而上学的基础。笛卡尔在一种真正的哲学意义上预先思考了这个基础”③。如此一来，卢卡奇认识到现代形而上学理性主义的独断论之作用在于，一方面人作为认识的主体，始终坚信通过理性的知性范畴能够把握、预见和认识对象和事物，但另一方面作为“非理性的偶然因素”或“概念内容的既定性”是不能为形式理性所“溶化”或“贯穿”的，因此，这种理性主义就以抽象的普遍必然的理性形式

① 卢卡奇：《历史与阶级意识——关于马克思主义辩证法的研究》，杜章智等译，北京：商务印书馆，1992 年，第 178 页。

② 海德格尔：《海德格尔选集》下卷，孙周兴选编，北京：生活·读书·新知三联书店，1996 年，第 902 页。

③ 海德格尔：《尼采》下卷，孙周兴译，北京：商务印书馆，2002 年，第 778 页。

遮蔽了非理性的具体对象和事物，思维与存在、主体与客体、形式与内容等方面的对立就被这种理性主义遮蔽掉了。其必然会形成人作为认识的主体无所不能，人依其理性主义的知性方法而使大自然中的一切认识对象都有所谓的“自然规律”可以被计算、被预见及其被创造的结论，正所谓“知性（人）为自然立法”。

在西方哲学史上，最早对理性主义独断论进行深刻反思和本质批判的当属康德。“自在之物”是康德《纯粹理性批判》的核心概念，也是康德在现代哲学认识论领域完成“哥白尼式革命”的理论标识。卢卡奇在《历史与阶级意识》中基本沿用了康德意义上的自在之物并以之标识现代形而上学之理性主义的内在矛盾，他称之为资产阶级思想的二律背反。

大体说来，康德从理性主义立场出发对其思想前辈们的这种现代理性主义体系及其内在矛盾做出了深刻地检审和批判。质言之，康德对早期资产阶级满怀信心地以知性科学方法（抽象的形式理性）去把握整个认识对象（世界）之“理性的狂妄”给予当头一棒。为此，康德费尽思量地以“自在之物”的不可认识为原因而为人的理性（知性）的认识能力明确划界。也就是说，一方面康德坚持以知性科学方法的（形式）理性主义作为人类认识和把握外部世界的唯一可能的方法，这种理性主义体系既然能够从一般对象前提中设计和构造（创造）出对象，这一对象就一定能够被我们所认识，这一点是确信无疑的；另一方面，康德认为运用知性科学的方法只能把握和认识理性范围的现象世界，而不能认识“非理性的因素”——自在之物。在康德看来，“我们所直观的事物不是自在之物本身，我们既不是为了自在之物而直观这些事物，它们的关系也不是自在地本身具有如同它们向我们显现出来的那种性状”，我们所表象的只是现象，它们“不能自在地存在，而只能在我们里面实存”。[①] 康德认为尽管自在之物不可认识，但这绝非意味着它不存在，因为自在之物始终在刺激着我们的感官，为我们的知识提供最原始的感性材料；自在之物虽然不能为我们的理性认识能力所把握，但它作为知识材料的最终给予者却是无条件存在着的，且必须是始终存在着的。

如果说康德之前的现代理性主义哲学以抽象的形式理性遮蔽了现代

---

① 康德：《纯粹理性批判》，邓晓芒译，北京：人民出版社，2004 年，第 42 页。

形而上学的内在矛盾，那么康德通过自在之物为人的理性认识能力划界而使现代形而上学中的内在矛盾公开化。这就是说，自在之物作为一个规定人的认识能力界限的范畴，即认识不能超越理性概念的范围去把握存在的内容和本质，因为作为认识对象的存在是先在既定的、非理性的。这样，自在之物在为认识能力划界时，也使得现实世界被分割为知性的现象世界和不可知的自在之物两部分，这是康德坚持从理性主义立场出发的必然结果。在卢卡奇看来，“自在之物的概念对康德的整个体系来说是不可或缺的”，因为人们无论对此作过何种理解，但有一点是共同的，这就是自在之物始终都作为那种“抽象的、形式的、理性化的‘人’的认识能力的一种界限或一种局限”的标识①。康德以一种严肃的现实主义精神发现并肯定了作为概念或范畴的“非理性因素”（内容）的存在，给予在他之前的那些伟大的哲学先驱们盲目的理性崇拜以迎面痛击，深刻揭示出运用知性科学的方法所把握到的所谓的“客观规律”不管表现得多么合乎理性的必然性，但由于理性的形式（概念或范畴）存在的非理性因素（物质的内容或根基）始终是先验地既定，非理性因素的内容根本就不能消融于理性的形式体系之中，二者仍处于外部的二元对立状态。卢卡奇将其领会为资产阶级思想的二律背反，认为康德将这种资产阶级思想的二律背反或现代形而上学内在矛盾公开化，但囿于其现代理性主义哲学的基本立场，却最终未能解决二元对立的问题，至多推进了现代理性主义哲学的主体同一性思想的要求，而佐证着文德尔班见解的合理之处。因为文德尔班认为，康德之后的所有哲学“全都从康德在阐述物自体概念中交织着的种种敌对思想发展而来”②，即康德之后的现代哲学就是以扬弃和消解这种自在之物，寻求理性的形式与内容，以及主体与客体之间最终统一的根据作为哲学纲领的。卢卡奇也不例外，他指出，尽管康德之后的哲学意识到了资产阶级社会的物化结构及其思想中的二律背反，并且决意要超越现代理性主义形而上学的内在矛盾，但仍没有真正走出其先辈们的理性主义哲学传统，结果不仅没有从根本上克服和解决矛盾，反而在主体性的思想范围内将这种二律背反的困境推到了极致。这也许是卢卡奇高度重视

---

① 卢卡奇：《历史与阶级意识——关于马克思主义辩证法的研究》，杜章智等译，北京：商务印书馆，1992 年，第 182 页。

② 文德尔班：《哲学史教程》下卷，罗达仁译，北京：商务印书馆，1997 年，第 778 页。

康德自在之物的基本意图。

物化批判理论是贯穿《历史与阶级意识》的一条内在逻辑，因为现代资本主义社会不仅表现为被商品全面物化的社会结构，而且人作为认识对象的主体也已经被物化。在卢卡奇看来，这种物化的意识是根本不可能认识普遍物化了的社会结构，而其表现在哲学上就是自在之物不可知的后果——资产阶级思想的二律背反问题，“资产阶级社会最突出的问题就是自在之物的问题”①。要解决自在之物问题，就必须对资产阶级思想的二律背反即现代理性主义形而上学的内在矛盾展开批判。

在卢卡奇看来，德国古典哲学在康德之后的出路就是不再把主体理解为单纯的纯粹的认识主体或“旁观者”，而是将其领会为历史的创造者，领会为参与历史的建构、生成过程中的“行动者”。所以“古典哲学——如同我们已经看到的——不得不向自己提出这样的任务：发现和指出那个‘行为’主体，现实的具体总体可以被把握为是这个主体的产物”②。卢卡奇将其理解为“方法论”问题的重大转变，方法论问题无疑是将辩证法因素介入。当然，将辩证法在理性主义形而上学哲学体系中真正确立起来的当属黑格尔哲学。黑格尔将辩证法因素真正介入客体中而把主客体统一起来，即将主客体之间的内在矛盾作为理性同一性原则的两个方面，在主体理性范围内消融了主客体之间的僵硬的二元对立。“只有当‘真理不仅被把握为实体，而且被把握为主体’；只有当（意识、思维）同时既是辩证过程的创造者又是产物；只有当主体因此在一个由它自己创造的、它本身就是其意识形式的世界中运动，而且这个世界同时以完全客观的形式把自己强加给它的时候，辩证法的问题及随之而来的主体和客体、思维和存在、自由和必然等等对立的扬弃的问题才可以被看作是解决了。”③ 在卢卡奇看来，康德之后特别是黑格尔哲学的深刻之处在于，它不仅以严肃的态度认真对待为康德所公开化了的资产阶级思想中的二律背反抑或现代理性主义形而上学的内在矛盾，而且它发现了被先前理性主义所忽视、遮蔽了的主体和客体、思维和存在、自由和必然之间的“中介”——辩证法因素的真正存在。“它

---

① 孙伯鍨：《卢卡奇与马克思》，南京：南京大学出版社，1999 年，第 37 页。

② 卢卡奇：《历史与阶级意识——关于马克思主义辩证法的研究》，杜章智等译，北京：商务印书馆，1992 年，第 213 页。

③ 卢卡奇：《历史与阶级意识——关于马克思主义辩证法的研究》，杜章智等译，北京：商务印书馆，1992 年，第 219—220 页。

不再——像斯宾诺莎那样——把每一个既定的事实当作不存在的东西，并让它们消失在由知性创造的理性形式的宏伟建筑后面，而是相反，其把握住了概念的既定内容的非理性特征，牢牢地抓住这种特征，超越和克服这种特征，力求建立体系。”因此，黑格尔哲学以辩证法作为“方法论基础”，超越了其前辈。

卢卡奇同时指出，黑格尔辩证法确实与现代理性主义的“独断论时期（即神圣的数学）相比，意味着跨进了一大步”，但黑格尔“这里找到的只是方法的样板，而不是方法本身”。[①] 在他看来，作为“方法的样板”，就是说在黑格尔的辩证法中，主体虽然作为活动的参与者或创造者，但这个主体的参与或创造活动本身只不过是在逻辑上规定了活动何以成为可能，黑格尔曾在《精神现象学》里将其形象比喻为“所有的参加者都为之酩酊大醉的一席豪饮”[②]，质言之，黑格尔辩证法只是在主体自身中，在概念中制造了主体与客体、形式与内容统一的“神话”，作为“方法样板”的辩证法，与其说是概念的辩证法，倒不如说是抽象的、逻辑的、超历史的辩证法。

在卢卡奇看来，作为不同于方法样板的“方法本身”——辩证法，就是在历史中的同一的主体-客体的辩证法，就是历史的辩证法。对于整个现代理性主义体系来说，“历史的变化是认识的障碍”。黑格尔辩证法中的主体就其本质而言则是逻辑主体，客体只是主体意识的“思想物”，是想象出来的作为对象的客体。这样，作为非理性因素的真正的客体（物质）就只能成为认识的不可克服的障碍了，如果说在黑格尔辩证法中“历史”确实存在，那么这种历史就只能是抽象的思辨的历史。在此，卢卡奇与马克思一样都发现了黑格尔辩证法具有抽象的、思辨的和非历史的本质。马克思在《巴黎手稿》中指出，黑格尔的辩证法“作为推动原则和创造原则的否定性”，虽然“抓住了劳动的本质”[③]，但由于辩证法的思辨性质，最终“只是为历史的运动找到抽象的、逻辑的、思辨的表达，这种历史还不是作为一个当作前提的主体

---

① 卢卡奇：《历史与阶级意识——关于马克思主义辩证法的研究》，杜章智等译，北京：商务印书馆，1992 年，第 187—188 页。

② 卢卡奇：《历史与阶级意识——关于马克思主义辩证法的研究》，杜章智等译，北京：商务印书馆，1992 年，第 223 页。

③ 《马克思恩格斯全集》第 3 卷，北京：人民出版社，2002 年，第 320 页。

的人的现实历史，而只是人的产生的活动、人的形成的历史”①。卢卡奇认为，黑格尔以辩证法介入认识对象并试图克服现代理性主义的内在矛盾，试图以能动的辩证法拯救被资本主义社会的商品化所全面物化了的人。但这种非历史的辩证法使得所有的思想尝试都化为乌有，本来以辩证法来统一主客体，结果重新陷入现代形而上学之二律背反中。卢卡奇指出：“因此古典哲学在发展史上处于这样一种自相矛盾的境地：它的目的是从思想上克服资产阶级社会，思辨地复活在这个社会中并被这个社会毁灭了的人，然而其结果只是达到了对资产阶级社会的完全思想上的再现和先验的推演。……那些二律背反是资产阶级社会存在的基础，是由这个社会——当然是以混乱和从属的形式——连续不断地生产和再生产出来的。因此古典哲学给以后的（资产阶级的）发展所能留下的遗产只是这些没有解决的二律背反。……把辩证的方法当作历史的方法则要靠那样一个阶级来完成，这个阶级有能力从自己的生活基础出发，在自己身上找到同一的主体-客体，行为的主体，创世的‘我们’。这个阶级就是无产阶级。”②

卢卡奇进一步证实了资产阶级思想的二律背反是由他们的阶级地位决定的，是资本主义社会意识形态的体现。“近代理性主义形式体系的主观和客观之间的矛盾，隐藏在它们的主体和客体概念中的问题的错综复杂和模棱两可，它们的作为由‘我们’创造的体系的本质和它们的与人异在的、与人疏远的宿命论必然性之间的矛盾，这一切无非是对近代社会状况所作的逻辑的、系统的阐述而已。”③ 这是卢卡奇对现代理性主义形而上学的总体认识，揭示了资产阶级现代意识形态的思想根源，揭穿了在现代资本主义社会中处于合理化、机械化生产体系中的人的劳动活动被分割，从而造成现代资本主义社会中物化现象普遍化事实的秘密。而将这一秘密遮蔽之目的在于更好地为资产阶级的统治合法性在哲学上作巧妙的辩护，“资产阶级由于其社会存在必须用这些思维形

---

① 《马克思恩格斯全集》第3卷，北京：人民出版社，2002年，第316页。

② 卢卡奇：《历史与阶级意识——关于马克思主义辩证法的研究》，杜章智等译，北京：商务印书馆，1992年，第227—228页。

③ 卢卡奇：《历史与阶级意识——关于马克思主义辩证法的研究》，杜章智等译，北京：商务印书馆，1992年，第200页。

式来思维世界"[1]；其结果将直接导致资产阶级现代形而上学的各种虚构学说。这些虚构学说集中体现在资产阶级形而上学的"绝对观念"体系中："从同一的主体-客体（identische Subjekt-Object）出发，把每一种既定性把握为同一的主体-客体的产物，把每一个两重性把握为从这种原初统一中派生出来的特殊情况。"[2] 这就是说，黑格尔绝对观念中的主体-客体的同一，是以数学和几何学的方法将既定的客体提炼为十分纯净的概念来作为认识的对象为逻辑前提的，这样一来，主体-客体只是作为纯粹形式的主体-客体而同一，作为人的认识活动，仅仅只是纯粹形式上的直观的联系抑或康德伦理学意义上的道德行为而已，而作为人的感性对象性活动的主体-客体关系的意义同时被消解得干干净净。这是卢卡奇较为深刻的地方。但是，卢卡奇以历史的辩证方法把"同一的主体-客体"这个哲学方法问题安顿于无产阶级这个实现社会革命主体身上时，他就不自觉地将无产阶级革命这个"改变世界"的现实问题转化为致力于通过历史的辩证法来扬弃资产阶级思想的二律背反的哲学问题上。尽管卢卡奇本人一再坚持强调"为了解决自在之物问题的非理性，试图超越直观的态度是不够的；而且在作为更具体的问题提出来时，实践的本质就在于消除自在之物问题在方法论上所反映的形式对内容的无关紧要性。因此作为哲学原则的实践……实践的原则作为改造现实的原则必须适应行为的具体物质基础，以便能由于自身发生作用而对这个物质基础发生影响，而且是以适应这一基础的方式来发生影响的"[3]，但是一旦他把实践当作"哲学原则"——通过"创造一种具体的总体"[4] ——以达到在辩证的历史的过程中主体-客体的统一来领会，无产阶级作为改变世界的革命主体就立即转化为通过所谓的"方法问题"（辩证法）以实现在历史过程中达到主客体统一的纯粹方法论问题了。卢卡奇在这里确实又折回到曾经被他激烈批判过的黑格尔哲学的

---

① 卢卡奇：《历史与阶级意识——关于马克思主义辩证法的研究》，杜章智等译，北京：商务印书馆，1992 年，第 189 页。

② 卢卡奇：《历史与阶级意识——关于马克思主义辩证法的研究》，杜章智等译，北京：商务印书馆，1992 年，第 193 页。

③ 卢卡奇：《历史与阶级意识——关于马克思主义辩证法的研究》，杜章智等译，北京：商务印书馆，1992 年，第 197 页。

④ 卢卡奇：《历史与阶级意识——关于马克思主义辩证法的研究》，杜章智等译，北京：商务印书馆，1992 年，第 212 页。

基地上来，这又是卢卡奇较为肤浅的地方。

四、卢卡奇物化批判理论的现实指向

基于总体性原则和主客体统一的辩证法，卢卡奇将阶级意识的觉醒视为无产阶级革命的关键。在此基础上，他提出基于无产阶级阶级意识的政党组织理论，是其阶级意识及主客体统一的辩证法理论在政治领域的进一步发挥和历史性阐释。正如浮士德的胸中藏有两个灵魂，这一时期卢卡奇的思想也有着明显的“二重性”，既承继着马克思主义的政治观与行动观，也彰显着德国古典哲学的伦理关照，而进一步发展为卢卡奇理论兼具救世主热情与现实关照的基本形态。这种二重性在其政党理论中则表现为合法性与非法性的矛盾：一方面，以正统马克思主义为指导的西欧社会主义革命屡屡受挫，资本主义的蓬勃发展并未带来无产阶级革命的契机，反而在福利国家的建设中进一步削弱无产阶级的革命斗志。无产阶级政党获得在资本主义默许的范围内存在的空间，以议会斗争等合法形式养精蓄锐，仿佛成为无产阶级政党不得不选择的“权宜之计”。另一方面，以十月革命为参照，卢卡奇始终以列宁所建立的无产阶级政党为理想摹本，强调政党思想的纯洁性与纪律的严明性，不愿放弃马克思主义政党以推翻资本主义、解放全人类为目标的基本取向。而卢卡奇给出的解决之道则是使政党顺应反抗理性叙事的大潮流，以文化批判的形式与资本主义决裂，同时从意识形态引领发达资本主义国家的无产阶级事业，特别是无产阶级自我教育的阶级意识自觉的事业，这实际上依然呼应着以黑格尔式的总体性对无产阶级革命理论与现实之间的罅隙的缝合。

（一）政党概念：从暴力革命的主体转向辩证视野下的中介性政治单位

卢卡奇在 1967 年再版的序言中提道：“我的思想一直在这样的两端徘徊：一方面是吸收马克思主义和政治行动主义，另一方面则是纯粹唯心主义的伦理成见不断增强。”“……任何希望和出路都带有纯粹海市蜃楼的空想性质。只有俄国革命才真正打开了通向未来的窗口……”由此，卢卡奇将列宁领导的无产阶级政党融合黑格尔主义的辩证视野与伦理关怀，糅筑成《历史与阶级意识》中带有中介性质的政治单位。将危机限定为非人化的现代性之后，卢卡奇全景刻画了无产阶级主体从被资本主义生产方式束缚走向解放斗志“自动”消解的危机图景，并基于此以无产阶级政党为基本立场进一步廓清克服物化的具体路径。**（1）与阶级意识的交织**。一方面，政党补充着资本主义经济危机带来的阶级意识成熟的客观可能性，以具体的组织领导方法为阶级意识的具体生成提供了现实可能性；另一方面，政党发展与意识成熟又是不可分割的统一过程，更确切地说，政党从形式上例证了无产阶级意识的成熟。**（2）中介作用的发挥**。一方面，政党组织连接了理论与实践。“国际中所有俄国以外的激进派别的弱点是，当它们的革命立场与公开修正主义者和中派的机会主义发生分歧时，它们既不能够也不愿意给它们的革命立场以任何具体的组织形式。”① 理论通过政党组织的运用摆脱纯粹思辨的状态，具备面向当下情境的现实性、面向大众需求的整体性。与此同时，政党组织使作为偶发性事件的个体实践融入总体性的历史进程，迸发出连接过去、现代与未来的社会力量。另一方面，政党组织连接了个体与阶级（主要在意识形态领域体现）。只有在代表最广泛人民利益的政党内部，才能真正化解个人意识与阶级意识间的冲突，才能最大限度地发挥主体参与历史、推动历史的积极力量。**（3）集体意志的表征**。无产阶级政党保证了个人与集体最良性的交互关系。一方面，政党独特的自身性质和纪律体系使得自发性与有意识的控制、党员意志与领导人意志、党员与组织相互制衡；另一方面又以党内民主的具体形式既保证党内成员的个体利益与自由，又以整体视角实现阶级意志的有效施行。

（二）政党职责：从阶级斗争的胜利转向普遍异化的克服

“我们在这里的目的是指出，无产阶级的阶级意识并不是和客观经济危机平行，在整个无产阶级中以同样的方式发展的。”② 同样面对人类生存的普遍困境，卢卡奇在对现实的阐述中将马克思以特殊社会条件（资本主义）下的无产阶级异化，普遍化为形而上维度的全人类的“痛苦境遇”。普遍物化带来的最深刻危机就是无产阶级意识的消磨，“结

---

① 卢卡奇：《历史与阶级意识——关于马克思主义辩证法的研究》，杜章智等译，北京：商务印书馆，1992 年，第 392 页。

② 卢卡奇：《历史与阶级意识——关于马克思主义辩证法的研究》，杜章智等译，北京：商务印书馆，1992 年，第 395 页。

果是，无产阶级的态度、它对危机的反应远不及危机本身的激烈程度"[①]，人参与现存秩序对自我的规制。物化问题表明资本主义危机已经扩展到所有阶级，政党面临的问题不再是阶级问题，而是现代人的问题，是如何解决现代人的非人状态的问题。卢卡奇认为这种非人状态的解决，需要主体培养出一种意识，从而使其认识到真正的历史，而这里的意识则是卢卡奇所提出的阶级意识。需要说明的是，卢卡奇是在"被给予的阶级意识"这一维度上使用"阶级意识"一词的，而给予行为的主体则是政党所代表的"组织"。他指出，历史已经证实"纯粹经济"的领域因其"自然性"而导致的群众的"自发性"难以生长出面向阶级斗争的现实的路径，政党作为阶级意识最高阶段的历史形象应发挥其推动内在意识形态革命的职能。这一职能所指向的对象是所有物化主体，所蕴含的内容是革命的自我意识的生长，既包含无产阶级对自身作为历史主客体统一体地位的自我认知，也包含其他中间阶层对资本主义剥削的自主反抗，使推动革命的因素从"外在因果"的"偶发性"转向内在本质的"自觉性"。去经济基础、去阶级划分的意识形态生成使主体对现实的把握、对自我困境的认知成为可能，社会危机的描述获得历史维度的总体性，社会运动的开展获得历史维度的现实性，以此达到社会范围内权力的再构。事实上，卢卡奇文化视域下普遍异化、意识重构代替物质生产、阶级分析的非阶级性或者说次阶级性的政党思想理论，奠定了之后西方马克思主义政党思想理论的基本形态。

（三）政党策略：从替代性制度的建构转向文化、智识的宣传

"如果说孟什维主义的党是无产阶级的意识形态危机的组织形式，那么共产党就是对这种飞跃的有意识态度的组织形式，从而是走向自由王国的第一个有意识的步骤。"[②] 面对以文化霸权为载体的新型权力关系，卢卡奇将政党视为"有意识的集体意识"，将政党领导下无产阶级阶级意识的培养视为克服物化的主要途径，在实践层面则刻画出反霸权的智识和文化手段。形成统一的政党意识与阶级意识。"结果，在理论、党和阶级之间的这种经常不断的辩证的相互作用、理论的这种对

---

① 卢卡奇：《历史与阶级意识——关于马克思主义辩证法的研究》，杜章智等译，北京：商务印书馆，1992 年，第 395 页。

② 卢卡奇：《历史与阶级意识——关于马克思主义辩证法的研究》，杜章智等译，北京：商务印书馆，1992 年，第 407 页。

阶级的直接需要的关注，决不意味着党被融化在无产阶级群众中。”① 无论是对无产阶级政党与阶级意识辩证关系的强调，以组织的严密性与策略的灵活性保障党的发展成熟、阶级意识的发展成熟的同一过程；还是视政党为知识分子的温床，以干部队伍的自我建设获得党内建设的内聚力、获得群众的追随与认可，都是以辩证的、发展的立场刻画无产阶级政党、无产阶级和群众之间生动、能动的相互关系，以此促进资本主义奴役下日渐物化的主体由被动向自觉地发展。卢卡奇希望以阶级意识的生成、发展与成熟为切入点，既确保客观经济条件下无产阶级作为被压迫阶层代表的统一性，又始终以阶级意识的成熟度保证自身的先进性与独立性，从而发挥洞见社会规律、制定科学政策的政党优势。追寻以阶级意识为主要形式的价值认同。这一特征回应着资本主义现代霸权的运行方式。资本主义一方面以机器应用、福利国家来制造“自由幻影”；另一方面通过市民社会的全方位渗透，将带有阶级性和剥削性的统治阶级意识形态塑造成社会广泛认可的“常识”。为反抗资本主义日渐祛魅、世俗化的意识统治，无产阶级政党必须重视自身的意识形态建设与推广，以日常生活的切入取代宏大的制度设计，争取最广泛的基层认可。卢卡奇所提出的具有同一性的阶级意识与政治意义上的“合法性”内涵不同，后者致力于阐释政治系统或体系的规范性，从价值层面基于某一价值体系来评判政治系统的合理性、正当性，而前者只是从主体意识的层面描述民众对资本主义现实的厘清与反抗，更倾向于一种自为的描述。随着早期西方马克思主义者对上层建筑的高度重视和深度分析，其也将无产阶级政党的功能从暴力革命转向非暴力的教育和智识，政党的合法性也由制度层面的“选举正义”、绩效层面的“需求正义”转向文化层面的“承认正义”，从而筑牢独属于无产阶级的文化阵地。卢卡奇在对资本主义社会结构的分析之下提出物化概念，不再以物质生产或阶级分析揭露资本主义矛盾，而是通过主体对“物性”现实的认清、自我意识的生成来打破结构本身，实际上是试图以韦伯的合理性理论对资本主义所做的理想描述来恢复被经济决定论遮蔽的主体价值。在统治方式上，具有绝对优势的西方霸权国家，通过将本国的文化和观点塑造为全人类共同的理念，将其他国家被动纳入自己建构的价值

① 卢卡奇：《历史与阶级意识——关于马克思主义辩证法的研究》，杜章智等译，北京：商务印书馆，1992 年，第 421 页。

体系和运行规则，以广泛的理念共识提供种族、阶级统治的坚实基础，从而实现自身霸权行为的合理化，推动资本主义霸权的全球蔓延。在传播方式上，统治阶级通过设立统一的语言规范，并以工会、学校、教堂为载体进行规模化、周期性的宣传，使得其范围内的民众被牢牢包裹在资产阶级的话语方式和认知方式中，以隐形的方式对民众进行塑造和规训，以此巩固资产阶级霸权。对资本主义整体的、持续的霸权叙事必须以足够统一、连贯的言语规范，以广泛、持续的文化输出来予以反击，这意味着无产阶级政党在坚守马克思主义基本原理的前提下，还要创设出一种以无产阶级阶级性为主要特征的文化范式与文化氛围，从而有效对抗资本主义侵蚀世界的价值观，这其中既包括以规则形式固定的规范引导，也包含群众以信仰方式进行的无意识遵从。

“西方马克思主义是第一次世界大战后欧洲资本主义先进地区无产阶级革命失败的产物，它是在社会主义理论和工人阶级实践之间愈益分离的情况下发展起来的。”① 卢卡奇始终未能逃离黑格尔理性叙事的理论框架，甚至从某种程度上来说卢卡奇的政党思想理论只是作为其物化理论和阶级意识理论在实践维度上的佐证，并非基于对社会和历史规律的探寻而建构的科学体系和现实路径。具体来说，在政党理论方面显露出意识形态，或者说文化的转向。以卢卡奇为代表的西方马克思主义将政党从马克思主义的阶级框架中抽离，使其重新置于黑格尔式的辩证体系之中，通过阶级意识的培育，完成主体黑格尔式的自我扬弃（其成为历史的主体与客体的统一），将政党塑造为处于物质基础决定的、被资本主义制度自觉宰制的保守社团之中的“亚集团”。这种对无产阶级运动无望态度的理论描绘在之后的左翼运动，尤其是在激进的新左翼政党中得到进一步的发展，在后结构主义对叙事的解构中，政党从文化、智识的组织走向唤醒非理性“共感”的伦理共同体，这种激进政治的呼吁与抽象情感的展望撕裂出更为骇人的“二重性”鸿沟。

卢卡奇的物化批判理论是深刻的，其对现代资本主义社会的批判也是极富成效的。这集中体现在他对资本主义社会物化现象与资产阶级形而上学之间同构性的深刻揭示并由此而展开对现代资本主义双重维度的批判。特别是卢卡奇最终诉诸主-客体统一的历史辩证法以解决资本主义

① 佩里·安德森：《西方马克思主义探讨》，高铦、文贯中、魏章玲译，北京：人民出版社，1981年，第117页。

社会物化现象及其形而上学根源，从而无产阶级依其辩证法的逻辑就能够作为“同一的历史的主体-客体”——“行为的主体”“创世的我们”——并最终获得无产阶级革命的主体性自觉。当卢卡奇把无产阶级阶级意识的形成、主体性的自觉等重要的历史任务落实到所谓的“方法问题”即辩证法本身的时候，我们有理由做出这样的追问：如果说马克思主义问题中的正统仅仅就是卢卡奇所谓的方法问题，即“辩证的马克思主义是正确的研究方法”，并且这种方法据说“只能按其创始人奠定的方向发展、扩大和深化”的话，这是卢卡奇与马克思主义具有的“同”[①]；那么卢卡奇精心以“纯粹黑格尔的精神”打造的辩证法——“在历史过程中自我实现的同一的主体-客体”的历史总体性辩证法，与马克思主义的实践的革命的辩证法毫无疑问具有了“异”。当其再以无产阶级政党组织来承接无产阶级的“我们”时，此“我们”已不是马克思主义政党思想的“我们”。

所以，按照马克思历史唯物主义来分析，不难发现卢卡奇的物化批判理论存在着一定程度的内在限度：其一，正如卢卡奇本人所承认的，既然现实存在对于无产阶级与资产阶级来说都是一样的，既然社会的整体结构和人的心理结构已经完全物化了，那么无产阶级对自己的社会地位也就不可能产生自己的阶级意识，因为“不是意识决定生活，而是生活决定意识”[②]；既然产生意识的物质生活基础不存在了，那么无产阶级的阶级意识何以可能会产生呢？这就是卢卡奇面临的实实在在的理论悖论。而在这种理论情境中来解决问题，除非只有这样一种可能，那就是必须立即纵身跃出历史唯物主义“樊篱”，预先给意识安顿在某个特设区域，而且必须保证意识在这个被预先给定的（先验的和抽象的）区域里“绝对安全”，时刻不受来自其他领域特别是来自物质生活领域的骚扰和袭击，这样，问题似乎变得简单明了起来，意识在这个抽象的先验的因而是“安全的”区域里，它既是主体，也可以通过意识的想象运动设定自己的对象因而也可以成为客体。毫无疑问，这是典型的黑格尔唯心主义辩证法的伎俩。因此，当卢卡奇求助于历史的主体-客体统一的辩证法来解决无产阶级的阶级意识问题时，它是在自觉

---

① 卢卡奇：《历史与阶级意识——关于马克思主义辩证法的研究》，杜章智等译，北京：商务印书馆，1992 年，“新版序言（1967）”第 21 页。

② 《马克思恩格斯选集》第 1 卷，北京：人民出版社，2012 年，第 152 页。

地以“纯粹黑格尔的精神进行的”（在1967年新版序言中卢卡奇自己明确承认这一点）；当他全然以黑格尔唯心辩证法来阐释马克思的唯物辩证法的时候，他却又不自觉地无意识地偏离了马克思的历史唯物主义的正确轨道。

其二，即使是无产阶级获得了阶级意识，并以此来改变这个世界，但问题在于，改变世界的物质基础何在？卢卡奇的解决方案是：“如果对于每一个生活在资本主义社会中的人来说，物化是必然的直接的现实的话，那末它的克服也只能采用这样的形式：不断地、一再地努力通过与具体表现出的全部发展的矛盾具体联系起来，通过认识到这些矛盾对于全部发展所具有的固有意义，从实践上打破存在的物化结构。”① 在卢卡奇的语境中，人的心理意识结构已经普遍溶化于整个社会结构的物化状态之中，即使无产阶级获得了革命的阶级意识，也无法真正地将这种阶级意识在实践中得以落实。因为尽管卢卡奇强调无产阶级通过实践的阶级意识克服资本主义普遍的物化现象，但是这里实践的实质是主-客体、思维-存在达到历史的具体的辩证同一，即在于它们都是同一个现实的和历史的辩证过程的环节，这个环节就是从抽象的可能性变为具体的现实的实践的无产阶级意识，而这个意识仅仅是一种超越直观的、单纯认识的态度，归根结底是一种有别于资产阶级直接性经验特点的认识结构的变化，是一种“实践的理论”，根本没有揭示出无产阶级实践的阶级意识与实践的组织方式、领导方式的真正的社会物质基础。

① 卢卡奇：《历史与阶级意识——关于马克思主义辩证法的研究》，杜章智等译，北京：商务印书馆，1992年，第290页。

第二章　葛兰西：西方马克思主义的行动者

政党在完成该职能时严格地依赖于其基本职能，即培养自己的组成部分——一个作为“经济”集团产生和发展起来的社会集团所具有的那些成分——并且把他们转变成合格的政治知识分子、领导者以及一个完整的社会（市民社会和政治社会）所固有的一切活动与职能的组织者。

——葛兰西

安东尼奥·葛兰西（Antonio Gramsci，1891—1937），出生在意大利撒丁岛名叫阿莱士的村庄里。他自幼家境贫寒，父亲在当地小村庄的土地登记处工作，收入微薄。十八岁时，葛兰西进入德托里高中读书，完成了学业。1911 年，葛兰西获得阿尔贝托基金会奖学金，进入都灵大学文学系修习现代语言学。大学期间，葛兰西结识了陶里亚蒂、塔斯卡等优秀学生，并受到克罗齐思想影响，但由于身体原因不得不中断大学生活。1913 年葛兰西加入意大利社会党，1916 年在都灵《前进报》担任编辑工作，在《前进报》《人民呼声报》上发表了众多文章，遂渐渐声名大噪。1919 年，与他相处甚好的陶里亚蒂和塔斯卡等人服役归来，葛兰西经常与他们一同探讨社会现实问题。在十月革命的影响下，他们不再满足于意大利社会党的社会改良倾向，强烈要求创办一个能自由讨论问题的新刊物。《新秩序》于 1919 年 5 月 1 日正式创刊，此刊主要介绍苏联革命和建设的状况及其进展，对意大利的工人运动产生了深刻影响。

1920 年 10 月，葛兰西和意大利社会党中的共产主义派别代表人物波尔迪加等人共同在米兰召开会议并发表宣言，主张将意大利社会党改造成为意大利共产党。1921 年 1 月 21 日，“意大利共产党”正式成立，葛兰西成为意大利共产党第一届中央委员会委员，波尔迪加等左翼人士是领袖。1922—1924 年，葛兰西在莫斯科和维也纳为共产国际工作。1924 年 4 月意大利举行议会选举，葛兰西在意共担任总书记，与其他 18 名党员一同成功入选议会，享有所有议员都具有的豁免权。1926 年以后意大利接连发生几起刺杀墨索里尼的事件，意大利法西斯以这些事件为由取消了议员的豁免权。同年 11 月 8 日，葛兰西被法西斯分子抓捕，被流放到西西里海滨的一个小岛上，后被移送至米兰监狱。不久意大利法庭判处葛兰西犯有“煽动内乱”罪，监禁 20 年 4 个月零 5 天。从 1929 年 2 月，葛兰西开始在狱中撰写《狱中札记》。迫于国际舆论压力，意大利法西斯不得不对葛兰西做减刑处理，刑期减至 1937 年 4 月 21 日，但仅在刑满释放之后不到一周的时间，葛兰西因病去世，享年 46 岁。

葛兰西生前发表的众多文章，多是后人编辑整理出版的，其中最重要的著作是《狱中札记》，现已翻译成多种文字广为流传。葛兰西的其他著作还有：《青年葛兰西论历史、哲学和文化》《政治著作选》《狱中书信选》《现代君主和其他著作》等。

一、葛兰西的文化领导权思想

葛兰西在重要著作《狱中札记》中围绕文化领导权思想，就文化领导权的思想前提基础、中坚力量、实施场所及其获得方式等方面进行了较为深入系统的研究。

（一）文化领导权前提和基础——“自愿的”同意

与著名的政治学家霍布斯班的观点相似，葛兰西也表述了自己对如何确立政权合法性的观点。“任何一个历史集团，任何一个确立的秩序，它们的力量不仅仅在于统治阶级的暴力和国家机器的强制性能力，而在于被统治者接受了统治阶级的固有世界观。”① 也就是说，合法的统治身份和稳定的统治秩序是要通过被统治阶级自愿、自觉的认同来获取的，而非简单地凭借国家暴力机关的强制镇压。在葛兰西看来，对统治阶级如何确立政权合法性的论证便转移到对如何获取被统治阶级“自愿的”同意的论证上来。葛兰西指出：“人们既没有忽视这种‘自发性’，更没有鄙视它。相反，人们对它进行教化、引导，并消除不良的外来影响。”② 同时，葛兰西还认为参加运动的领袖们之所以积极提倡“自发性”是有理由的。由于他们充分认识到“这是群众参与的政治，而不仅仅是自称群众代表的人进行的政治冒险”③，并且“这种‘自发性’和‘领导觉悟’或‘纪律’正是被统治阶级真正的政治行动”④，所以他们才能够尽最大努力去培养群众的这种“自发”意识，才能够全心全意“帮助群众树立创造历史和公共机构的价值观、建立国家的‘理论’觉悟”⑤。葛兰西已经明确地将被统治阶级所应具有的自发性觉悟指出来，即一种统治阶级的威信，这种威信建基在人民群众“自由”的同意之上，使得统治阶级的政策方向能得到大多数人的信任与支持。不难看出，这种纪律、领导觉悟和自发性才是被统治阶级的真正的政治行动。只有在被统治阶级中形成“自愿的”同意，形成积极主动且自觉的同意，统治阶级才能获取合法的统治身份和稳定的统

---

① 朱塞佩·弗里奥：《葛兰西传》，吴高译，北京：人民出版社，1983 年，第 256 页。
② 葛兰西：《狱中札记》，曹雷雨等译，北京：中国社会科学出版社，2000 年，第 160 页。
③ 葛兰西：《狱中札记》，曹雷雨等译，北京：中国社会科学出版社，2000 年，第 161 页。
④ 葛兰西：《狱中札记》，曹雷雨等译，北京：中国社会科学出版社，2000 年，第 161 页。
⑤ 葛兰西：《狱中札记》，曹雷雨等译，北京：中国社会科学出版社，2000 年，第 161 页。

治秩序，才能使得文化领导权具有更加合理的话语权，因而“自觉的”同意构成葛兰西文化领导权思想的前提基础。

（二）文化领导权的“战斗堡垒”——“有机知识分子”

葛兰西依据生产方式的历史性特点——知识分子在社会关系中所处的地位和作用——划分出“传统知识分子”和“有机知识分子”。在葛兰西看来，每个人都可以成为知识分子，“应该看到，农民群众虽然在生产界起着必不可少的作用，但并未创造出自己的‘有机的’知识界；他们也没有‘同化’任何‘传统的’知识分子阶层，尽管其他社会集团正是从农民中间吸收了许多自己的知识分子，而且传统知识分子中很大一部分都是农民出身”①。葛兰西以农民群众为例对知识分子做了“传统知识分子”与“有机知识分子”的划分：所谓“传统知识分子”，是指那些凭借传统文化的相对稳定而不使自身随社会变动而发生变化的知识群体，他们虽然代表着“一种历史延续性”，但最终因为他们来自落后的生产方式或经济结构（如封建的生产方式、小资产阶级的生产方式等）而被历史发展的潮流所湮没；所谓“有机知识分子”，是指在社会变动的过程中，那些能够代表先进生产关系的，能够在理论与实践统一的基础上与统治集团、人民群众保持密切联系的知识分子阶层。所以相对于传统知识分子葛兰西更重视有机知识分子。他指出，每一个社会集团在产生之时都会制造属于自身的一个或者多个知识分子阶层，这些知识分子阶层无论在政治领域还是在经济领域都会运用自己的功能，同化其他集团，使之为自己的集团服务，都会在许多方面对自己的集团产生重大影响，并且“任何在争取统治地位的集团所具有的最重要的特征之一，就是它为同化和‘在意识形态上’征服传统知识分子在作斗争，该集团越是同时成功地构造其有机的知识分子，这种同化和征服便越快捷、越有效”②。可以看到，葛兰西重视有机知识分子在为统治集团争取统治的过程中所发挥的同化和征服传统知识分子的作用。

葛兰西进一步指出，有机知识分子要想实现“战斗堡垒”的功能，必须扮演好三种角色：“社会调和剂”“传道授业解惑者”和“共同意志构建者”。把有机知识分子视作“社会调和剂”，是使其成为“传道授业解惑者”和“共同意志构建者”的承担者的第一步。所谓

---

① 葛兰西：《狱中札记》，曹雷雨等译，北京：中国社会科学出版社，2000年，第2页。

② 葛兰西：《狱中札记》，曹雷雨等译，北京：中国社会科学出版社，2000年，第5—6页。

“社会调和剂”，就是有机知识分子通过自身所传播的思想来缓和社会矛盾，努力为社会树立统一的、符合统治阶级要求的思想观念，从而使社会成员都能够认同，或者至少不反对这种统一的主流意识形态，而避免造成思想多元、混乱和社会矛盾尖锐、一触即发的紧张状态。成为社会调和剂——缓和社会矛盾——是做好“战斗堡垒”的第一步，也是重要的一步。所谓“传道授业解惑者”，就是要充分发挥有机知识分子的教育功能。有机知识分子可以在多种场所（比如学校、社区、行会、教会等）通过采取多种方式（如宣讲、辩论等）来对被统治阶层进行教育，即不仅要维护其所代表的统治阶级的意识形态，更要把这种意识形态传播开来，使之为被统治阶级所接受，而实现这一目的必然要借助教育手段。因此有机知识分子也要扮演好传道授业解惑的教育者角色。传道授业解惑的教育者角色又是迈向“共同意志构建者”的重要一步。所谓“共同意志构建者”，就是在有机知识分子的带领下，通过一系列的理论学习与实践活动，使被统治阶级开始认同统治阶级的意识形态，并逐步将其“内化”到自身之中，在全社会构筑起统一的意志。而这种统一的意志不是在单个人、单个地方或某个时间偶然发生的，而是借助于有机知识分子在更大范围的被统治阶级中形成这种共同意志。

（三）文化领导权的实施场所——市民社会

葛兰西指出，“对国家的基本认识离不开对市民社会的认识（因为人们可以说国家＝政治社会＋市民社会，即强制力量保障的霸权）”①。在这里，葛兰西是在广义的国家视角下看待市民社会的，市民社会是国家的重要组成部分，被包含在国家之中。政治社会是保护市民社会的盔甲，国家就是在市民社会中实现霸权，即在市民社会中完成文化领导权。葛兰西认为：“为了使我们的分析更加准确，必须考虑到国家在特定时代的语言和文化中所呈现的两种形式，一是市民社会，二是政治社会。……在日常生活语言里，我们通常用国家生活形式一词表达这里的政治社会，而国家一般也被理解为整个国家。可以把国家看做个人（某一社会集团的个人），是积极文化的因素（即创造新文明、新人类和新公民的运动），必须通过这一认识明确意志，在政治社会的外衣下建设环环相扣的复杂市民社会，使个人达到自治，但又不至于与政治社会发

① 葛兰西：《狱中札记》，曹雷雨等译，北京：中国社会科学出版社，2000年，第218页。

生冲突，相反却成为它的正常延续和有机补充。”[①] 葛兰西看到，国家以政治社会为主要形式，而市民社会处在与国家、政治社会并列的地位。政治社会借助国家的军队、法庭、监狱以及警察等机关实施强制性统治；市民社会借助于学校、工会、社区及新闻媒体等传播意识形态，使人民自觉获取对统治集团的“世界观”“价值观”的认可，统治集团方可夺取文化领导权和话语权。无产阶级可以借助市民社会对资产阶级的伦理道德、思维方式、行为方式以及其他更多方面产生影响而达到夺取文化领导权的目的。这主要表现在两个方面，从国家统治角度看，文化领导权一定是借助政治社会的“甲胄功能”，在市民社会中推广实施，即市民社会是文化领导权的主要实施场所。从市民社会角度来看，统治阶级凭借政权的力量，肯定会在意识形态的思想观念、价值观传播等方面具有先在的天然的优势。同时，被统治阶级也具有相对“自由”的表达与交流的机会与可能，从而形成统治阶级与被统治阶级双方均可借助市民社会进行博弈的局面。

(四) 文化领导权的获取方式——“分子入侵式”的“阵地战”

“阵地战”一词是葛兰西在分析印度反对英国的政治斗争中提出来的。“印度反对英国的政治斗争（相对说来德国抗击法国，或匈牙利反对小协约国的斗争也是如此）采取了下列三种形式的战争：运动战、阵地战和地下战。”[②] 不难看出，“阵地战”虽然是军事术语，但葛兰西在这里是从政治领域看待“阵地战”的。“军事领导，不应该仅仅理解为狭义的、技术意义上的军事领导……应该在更加宽泛的意义上来理解军事领导，准确地说，它与政治领导的关系更为密切。”[③] 所以在葛兰西眼里，“阵地战”就是指无产阶级借助市民社会这个平台不断对资产阶级的思想阵地发起进攻，并逐步攻克市民社会中对资产阶级来说至关重要的许多机构（例如学校、公会、家庭、出版社以及群众性的宣传工具等）的长期进攻策略。而“运动战”则指直接对国家政权实施正面的武力进攻，暴力夺取国家政治领导权的策略。[④] 葛兰西同时也是在总结

---

① 葛兰西：《狱中札记》，曹雷雨等译，北京：中国社会科学出版社，2000 年，第 223 页。

② 葛兰西：《狱中札记》，曹雷雨等译，北京：中国社会科学出版社，2000 年，第 186 页。

③ 葛兰西：《狱中札记》，曹雷雨等译，北京：中国社会科学出版社，2000 年，第 59 页。

④ 潘西华：《文化领导权：无产阶级政权合法性的基石——葛兰西文化领导权思想研究》，北京：人民大学出版社，2012 年，第 90 页。

西欧无产阶级革命失败的教训、考察东西方市民社会差异的前提下提出“阵地战”的。列宁在俄国领导十月革命取得了胜利，但西欧国家无产阶级革命却相继遭遇了“滑铁卢”。葛兰西在认真反思革命失败的教训之后谈道：“然而伊里奇无暇解释自己的公式，虽然我们应当牢记在心的是他也只能从理论上进行解释。而根本任务是全国性的，因此它要求领土侦察、认清市民社会中起着堑壕和堡垒作用的要素等等。”[①] 葛兰西在考察了东西方市民社会的差异后又指出：“在俄国，国家就是一切，市民社会处于原始状态，尚未开化；在西方，国家和市民社会关系得当，国家一旦动摇，稳定的市民社会结构立即就会显露。国家不过是外在的壕沟，其背后是强大的堡垒和工事。”[②] 很明显，葛兰西已经认识到东西方国家与市民社会之间的不同关系以及西方国家市民社会对国家起到的强大的堑壕配系作用。“这些国家的‘市民社会’已经演变为更加复杂的结构，可以抵制直接经济因素（如危机、萧条等等）‘入侵’的灾难性后果。市民社会的上层建筑就像现代战争的堑壕配系。在战争中，猛烈的炮火有时看似可以破坏敌人的全部防御体系，真实不过损坏了他们的外部掩蔽工事；而到进军和出击的时刻，才发觉自己面临仍然有效的防御工事。”[③] 经过对东西方国家市民社会的认真分析后，葛兰西看到了西方国家市民社会与“伊里奇模式”的不同。西方国家的市民社会发展程度较高且与国家紧密相连，组成强大的堑壕配系，一方遭受攻击另一方会立刻挺身而出；而俄国的市民社会，不仅发展缓慢而且程度很低，与国家之间的关系不像西方那样密切。在这样的国家采取运动战是存在有利条件的，更是切实可行的。但是对于市民社会发展程度较高又与国家紧密相连的西方国家来说，如果不认真分析国情就贸然采取运动战，必然要遭受失败。正是基于这样的正确判断，葛兰西才提出了对西方国家的市民社会只能采取“分子入侵式”的阵地战，用阵地战的方式逐步攻克资产阶级市民社会中的重要机构。当然，阵地战和运动战并不是绝对对立的，从革命策略的角度来说，通过阵地战的策略获得无产阶级的文化领导权，能够为凭借运动战最终夺取国家政权做好准备。

---

① 葛兰西：《狱中札记》，曹雷雨等译，北京：中国社会科学出版社，2000 年，第 194 页。
② 葛兰西：《狱中札记》，曹雷雨等译，北京：中国社会科学出版社，2000 年，第 194 页。
③ 葛兰西：《狱中札记》，曹雷雨等译，北京：中国社会科学出版社，2000 年，第 191 页。

二、葛兰西的实践哲学思想

（一）对唯物主义哲学的批判

一切新事物都是在对旧事物的客观批判与辩证否定中诞生的，葛兰西实践哲学的出场也是如此。其对以布哈林为代表的常识哲学和以黑格尔为代表的思辨哲学进行了系统批判，认为这些哲学都属于“过去哲学”①，要么沉溺于个体经验，要么将主观性奉若神明。借此，要进一步传播作为无产阶级意识的实践哲学，必须揭示“过去哲学”的思想性局限，使实践哲学成为指导大众行为的新规范。

布哈林撰写的《历史唯物主义理论：马克思主义社会学手册》是葛兰西批判的主要对象。葛兰西认为，该书中提出的“唯物主义”在第三国际时期被认为全面继承了马克思主义哲学传统，但事实上这种看似简单、大众的唯物主义哲学已经退回到常识立场，甚至染上了宗教主义的色彩。葛兰西也由此奏响了自己的哲学批判序曲。

首先，葛兰西批判布哈林为代表的唯物主义哲学退回到了常识立场。一方面，葛兰西对大众和知识分子进行了划分，认为前者处于常识立场，后者则采用思辨立场，二者处于无法互释的对立之中。事实上，常识立场是资本主义为推行自身统治而规训大众的整合性力量。在这种整齐划一的常识之中，人们对世界的认知以及自主性的发挥都受到限制，导致大众根本无法从抽象层面对现实进行把握。这种对霸权统治的归顺以及对经验性现象的复述，使得大众常识不仅没能超越唯心主义哲学，甚至在某种程度上将哲学的解释性转移到功能性上去了。申言之，与其将这种唯物主义哲学视为一种常识，毋宁说它是一种统治阶级的意志，或者说一种阶级统治的意识形态工具。借此，葛兰西认为要批判现存统治就要从现存统治的意识形态——大众常识——入手。另一方面，葛兰西指出常识立场与宗教交织在一起。葛兰西认为唯物主义与宗教共享着对某种事物的信仰，在唯物主义那里是原始知觉，在宗教那里则是虚幻的上帝。“常识的主要要素是由宗教提供的，因而，常识和宗教的关系要比常识和知识分子的哲学体系之间的关系密切得多。”②“在常识中居于支配地位的，是‘实在论’的、唯物主义的要素，原始感

---

① 葛兰西：《狱中札记》，曹雷雨等译，北京：中国社会科学出版社，2000 年，第 366 页。
② 葛兰西：《狱中札记》，曹雷雨等译，北京：中国社会科学出版社，2000 年，第 335 页。

觉的直接产物。这决不同宗教要素相矛盾，远非如此。但在这里，这些要素是‘迷信的’和非批判的。”①

其次，以“外部世界的现实性问题”进一步揭示唯物主义的宗教立场。在布哈林看来，在常识领域，诸如世界现实性等问题是不需要被探讨的，所以唯心主义对哲学问题的思考是一些无用且荒谬的“表演”。葛兰西则不认同这一点，他认为对常识本身做出基源性考察和批判性审思是非常必要的：“公众甚至认为诸如‘外部世界是否客观地存在’这样的问题是不应该提出来的。谁只要一提这个问题，就会引起一阵抑制不住的哄堂大笑——他们‘相信’外部世界是客观真实的。但是问题在于：‘相信’的根源是什么，‘客观’一词的决定性价值是什么？事实上，这种信仰有其宗教根源，即便是持这种信仰的人对宗教本身并无兴趣。因为一切宗教都曾经而且还在训导说，世界、自然、宇宙都是在上帝造人之前创造的。所以，人发现世界上所有的一切都是现实的，被规定好了秩序，上帝一劳永逸，我们无须劳神。这种信仰变成了‘常识’的铁的事实，即使宗教感情溘然长逝或者已然休眠了，这个信仰还同样顽固不化。”② 通过宗教与唯物主义之间交叉性的澄明，葛兰西犀利地指出：布哈林为代表的哲学家将上帝替换为常识，兴起了以唯物主义为外壳的新一轮崇拜。

那么，究竟何谓“外部世界的现实性问题”？葛兰西将客观性定义为一种“普遍的主观性”，并借由对唯心主义哲学“主观主义”存在论的批判澄明了这一概念。唯心主义作为近现代文化的集大成者，对存在问题、现实性问题做出了形形色色的回应。葛兰西认为唯心主义意识到人的能动性，重视人的主观性，在对主体自觉的强调中进一步凸显出人在现实维度的创造力和实践力，开启了理性与科技并行发展的新时代。但葛兰西并不赞同这种将现实世界归结于人的精神创造的哲学观点，“所以，存在着为客观性而进行的斗争（把自己从片面的、虚幻的意识形态中解放出来），这个斗争和人类为文化统一而进行的斗争是同一个斗争。唯心主义者称之为‘精神’的东西，并不是一个起点，而是一个终点，它是朝着具体客观的普遍统一运动发展的上层建筑的总和，它

---

① 葛兰西：《狱中札记》，曹雷雨等译，北京：中国社会科学出版社，2000 年，第 335 页。

② 葛兰西：《狱中札记》，曹雷雨等译，北京：中国社会科学出版社，2000 年，第 357—358 页。

不是一个一元论的前提"[①]。申言之，纵然葛兰西认为没有与人无涉的纯粹客观性，但客观性的场域并非抽象化、普遍化的精神，而是在历史的实践与斗争中不断生成的、具体的辩证运动，其对唯心主义哲学的批判也由此展开。

（二）对唯心主义哲学的批判

葛兰西一方面肯定唯心主义的思辨性是对现象界和宗教哲学的突破，开启了以理性为特征的人类新征程，另一方面指认唯心主义"内在性"原则的不彻底性，即其未将思辨的内在性扩展至历史的内在性，依然停留于抽象的精神性刻画。

葛兰西认为作为唯心主义集大成者的德国思辨唯心主义哲学，已经突破了宗教哲学的超验性或超越性[②]，将哲学问题放置于"现实"问题上。唯心主义哲学家们在对"现实性"的解答中纳入了人的维度，将世界理解为内在于人的精神创造的过程。由此，现实性问题变成了内在性问题，人与世界的关系变成了人与自我的关系。这种主观主义的内在性存在两方面的问题。其一，其本质依然是思辨形式的超越性。如果说以布哈林为代表的唯物主义哲学以常识替换了上帝，那么唯心主义哲学则以精神替换了常识。将绝对的神圣性赋予人的精神，使其具有了超越个体、历史和空间的主动性。对精神的盲目崇拜使唯心主义哲学忽略对真实历史的考察以及对现实实践的介入，使其在对人的困境的指认中不会制定出建基在阶级之上的，以领导权为目的的斗争策略。"这个问题和国家从'经济-团体'阶段过渡到'领导权'（主动同意的）阶段的发展相类似而且相互联系。也就是，可以说每一种文化都有其思辨的和宗教的时机，这种时机和这种文化所体现的社会集团的完全的领导权时期相吻合……正因为如此，人们才可以看到，每一个所谓的衰败时期（在这个时期发生旧世界的瓦解），都是以一种精致的、高度'思辨的'思想形式为特征的。"[③] 由于对以精神为核心的普遍性的过分强调，反而使其失去了真正容纳特殊性的、现实的普遍性，沦为一种游荡在抽象

① 葛兰西：《狱中札记》，曹雷雨等译，北京：中国社会科学出版社，2000年，第362页。

② 在葛兰西看来，超越的哲学有两种不同的表现形式，一种是直接关于上帝的哲学，另一种是关于物质的形而上学，它既包括常识，也包括所谓的唯物主义哲学（如布哈林的唯物主义哲学）。

③ 葛兰西：《狱中札记》，曹雷雨等译，北京：中国社会科学出版社，2000年，第284—285页。

性中的浪漫乌托邦。其二，将普通大众排除在语境之外。当现实与精神画上等号，那么常识范围内的普通大众则被褫夺了“主体”的称号。哲学家以精神创造的绝对优势成为世界的主宰，而大众的劳动则不被认可，至少是不能与精神创造比肩的“次等”实践。这样一来，这种思辨形式的哲学在脱离具体的历史语境和社会现实的同时，也未能逃离宗教将人分为三六九等的等级制框架。正如葛兰西所说：“必须证明，虽然‘主观主义的’概念不仅对于超验哲学的批判，而且对于常识和哲学唯物主义的素朴形而上学的批判，都有其自身价值，但它却只能在上层建筑中找到其真理性和历史主义解释。至于它的思辨形式，则无非是一个单纯的哲学罗曼司而已。”① 以维护统治阶级权力为己任的唯心主义，在超越经验性常识的同时又造成思辨内在性与历史内在性之间的鸿沟，而能够耦合这条鸿沟并且扬弃浪漫思辨性的，只有真正贯彻内在性的理论体系——实践哲学。

（三）超越“过去哲学”的“实践哲学”

“实践哲学”是葛兰西对马克思主义哲学的代称，这一称呼不仅基于当时所面临的特殊政治环境，也与葛兰西对马克思主义哲学的理解息息相关。在代表作《狱中札记》中，葛兰西强调马克思主义哲学是一种崭新的哲学体系，而其“新”就在于以辩证视野创造性地架构起理论与实践的桥梁，借此成为能够指导无产阶级革命的，具有独特性、科学性的思想体系。

葛兰西在《狱中札记》中明确指出“只有实践哲学才是唯一可靠的‘内在论’概念”②。那么，实践哲学究竟如何促成了思辨内在性向历史内在性的转化？葛兰西从转化的起源和转化的具体体现两个方面进行了论述。在转化的起源方面，葛兰西认为李嘉图的规律思想是促使实践哲学将内在性由思辨领域转向历史领域的思想动力。“在我看来，要把综合的整体环节和内在性的新概念、思辨形式的内在性概念等同起来。而内在性概念是由德国古典哲学提出来的，借助于法国政治和英国古典经济学，它被翻译成历史主义的形式。”③ 李嘉图的规律思想揭示了政治经济学与经济规律之间的关系，使得马克思认识到规律并非作为

---

① 葛兰西：《狱中札记》，曹雷雨等译，北京：中国社会科学出版社，2000年，第361页。
② 葛兰西：《狱中札记》，曹雷雨等译，北京：中国社会科学出版社，2000年，第286页。
③ 葛兰西：《狱中札记》，曹雷雨等译，北京：中国社会科学出版社，2000年，第313页。

纯粹的理性成果被创造，而是与现实交织在一起的，是历史的总结与发现，即规律并非先验或超验的存在，而是一定社会历史条件下的产物。资本主义的经济学家将资本主义社会中现实的经济现象抽象为被规定的经济社会，人被规定为“经济人”，确定经济规律的同时也使人们形成固化的规律意识。社会性、历史性的规律与人为形成的规律意识相互作用，形成社会运行的闭环，也使得规律和规律意识在这一历史阶段中成为一种“必然”。然而，其本质依然是服务于市场规律运行以及资产阶级霸权实施的工具。规律并非“圆满”的理性产物，这种历史性的揭示为马克思以资本主义政治经济学为对象的批判理路开启了空间，并逐渐意识到资本主义在时间和空间范围的有限性。这使实践哲学以“规律”为切入，实现了思辨形式到历史形式的内在性转化，提出了具有实践内涵的新哲学概念。

在转化的具体体现方面，葛兰西指出上层建筑就是替代思辨形式的现实承担者。通过揭示市场规律的历史性，马克思进一步指出“有规定的市场”蕴含着本身无法克服的矛盾，而这些相互冲突的力量使得市场规律的消解成为必然。即是说，市场规律起源于历史性，也将终结于历史之中。这些以规律为基本形态的“必然”是历史的必然，是一个个交替出现的意识形态。这种内化于历史的必然为特定阶段的“知识客观性”提供着基础，展开为与经济基础相对应的上层建筑，并以此为“客观性”提供制度性、伦理性等多重保障。上层建筑作为社会力量、信念和行为的总和，也成为思辨内在性转向历史内在性的具象化例证。

在对实践哲学进行阐述的同时，葛兰西也对“客观性”做出了自己的回答，即实践哲学的“客观总是指‘人类的客观’，它意味着正好同‘历史的主观’相符合，换句话说，‘客观的’意味着‘普遍地主观的’。人客观地认知，这是在这个意义——对被历史地统一在一个单个的一元文化体系中的整个人类来说，知识是实在的——上来说的”[①]。通过将思辨内在性向历史内在性的转化，实践哲学建构起作为统一文化系统的上层建筑，彻底取代了作为先验存在的上帝和精神，使哲学的抽象语境最终回落到历史的具体性、现实性之中。也正是基于这种历史主义立场，葛兰西指明实践哲学与无产阶级领导权之间的关联：实践哲学是指导无产阶级提升历史自觉、把握社会规律、解决现实矛盾的理论前提；

---

① 葛兰西：《狱中札记》，曹雷雨等译，北京：中国社会科学出版社，2000年，第362页。

无产阶级革命是实践哲学的根本指向，是实践哲学建构和发展的落脚点。“但从一个下等集团变成真正自主的、有领导权的集团的时刻起，就产生一个新式的国家，我们体验到构造一种新的智力和道德秩序即构造一种新型社会的需要，以及进一步发展普遍的概念和更精致的、决定性的意识形态武器的需要的具体诞生。这就是需要回过头去使拉布利奥拉传播开来，使他提出哲学问题的方式占据支配地位的原因。”[1] 申言之，无产阶级要进行革命，建立一个新社会，必须有实践哲学的加入。

三、葛兰西的无产阶级政党思想

葛兰西在带领意大利无产阶级进行革命实践的同时，对政党问题进行了积极探索，认识到无产阶级政党在革命实践中的重要作用，形成了有关无产阶级性质、职责和原则等方面的政党组织学说。

（一）政党的基本性质：凝聚意志的“现代君主”

早在《里昂提纲》中，葛兰西就已经对政党问题进行了集中探讨。入狱之后，葛兰西又在“现代君主”的概念下进一步研究无产阶级政党的本质性内核与外延性策略。现代君主概念的使用一方面出于现实原因，即为了躲避严格的狱中审查；另一方面也是通过理论对比，以独创性的词汇生动形容无产阶级事业中政党所彰显出的鲜明形象与独特作用。葛兰西分析马基雅维利和索列尔[2]的“神话”概念，认为前者强调有组织性的集体意志，但其集体形象是基于唯理论而创设出的一种抽象的理想统帅；后者则拒斥集中性和组织性，希望在无政府主义的倾向中爆发出民族或国家层次的革命冲动。葛兰西肯定索列尔神话概念所指明的意识形态功能，这种行动意志的凝聚给予无产阶级坚定的社会主义期望与参与革命的激情，但其所体现出的盲动性与无序性，与马基雅维利神话概念中的抽象性一样，需要被辩证剔除。

在此基础上，葛兰西创造出耦合神话概念的“现代君主”，以期突破其传统形式的建设性局限。现代君主不再代表盲目、自发、松散的群体集聚，抑或观念上的作为个体英雄存在的圆满想象，而是在具体行动中获得集体认可的作为社会复杂要素集合的共同意志与共同体。“历史

---

① 葛兰西：《狱中札记》，曹雷雨等译，北京：中国社会科学出版社，2000 年，第 300 页。

② 法国工团主义者。

已经提供了这个有机体，那就是政党。”① 葛兰西具体分析到，历史已经发生了变化，原本繁杂的社会力量得到整合又逐渐分裂为两个阶级（无产阶级与资产阶级）。在这种情景下，以往力量分散的混乱时期发挥革命主导作用的童话般的个人英雄行为再难出现。在相对稳定的阶级分化中，新的社会体系的诞生必须诉诸强有力的组织将分散的社会意志再度集中，并将其导向合理的、科学的革命预设。唯有政党才具有这种面向现实的可行性。这样一来，政党不再是某种或某些意志的集合，而是契合现实行动和历史发展规律的必然产物。

葛兰西在对现实社会结构与情景的细致分析中将现实主义与历史主义相结合，尝试图绘出意大利无产阶级政党面向未来的政治形象与政治道路。一方面，葛兰西指认无产阶级政党的历史性特征。他认为无产阶级政党既是历史的必然产物，又伴随历史的发展不断生成而预先的存在。党的任务和政策要以时代需求为基准，在把捉规律和顺应规律的历史性流变中不断形成自己。另一方面，呼应着经典马克思主义，葛兰西也指认阶级对政党性质的决定作用。他认为无产阶级政党不仅代表着无产阶级的利益，也承担着领导无产阶级革命的任务，这些都是无产阶级政党制定自身纲领与策略的基本依据。葛兰西重申无产阶级政党与无产阶级之间的紧密联系，但其凸显的不再仅仅是政治管理的功能，而是在同质性的肯认下作为无产阶级先进的智囊团，为无产阶级事业提供源源不断的智慧参考与借鉴。

（二）政党的基础职责：发挥文化与意识形态功能

葛兰西关于政党职责的论述以其文化领导权为理论基石。西欧无产阶级革命的屡次失败无疑消减了无产阶级革命的热情，悲观迷茫的乌云笼罩在西欧上空。此时，葛兰西开始积极反思欧洲无产阶级革命失利的原因。首先，他提出先进资本主义国家统治阶级的新样态。葛兰西分析到，资本主义国家有着比俄国更完备的组织结构和政治体制，形成了市民社会加政治社会的国家结构。巩固其统治的不再是以监狱、军队为主要载体的强权，而是建构起以“认同”为内核的智识体系。这种容纳文化、教育的多元统治模式使得无产阶级政党不能再采取简单的暴力革命形式，必须探索一种新的斗争方式——文化领导权的争夺。其次，他

① 葛兰西：《狱中札记》，曹雷雨等译，北京：中国社会科学出版社，2000年，第91页。

进一步阐述无产阶级政党所应采取的具体策略。一方面，葛兰西强调这种文化领导权的总体性特征，认为其标志着政治、经济和文化领域的相互依存、相互交织，是一个综合性概念。它的实现形式也是多领域的交互，既需要历史性的认同，也需要政治性的强制，这两种因素在领导权的实现过程中相互渗透、互为补充。政党权威性政治的强制性和文化、意识形态的引领不可分割，应当警惕在战略制定中将强制性因素与协商因素分离的倾向。伴随资本主义自身的发展与完善，文化与意识形态所发挥的认同性体系在资产阶级统治中所起到的作用将逐步增加，而基于权威的强制性政治统治在人民对自愿性的重视与民主程序的广泛运用中逐渐消解。

另一方面，葛兰西凸显文化和意识形态在领导权争夺中的特殊地位。为打碎资产阶级通过文化宣传所建构起来的文化和意识形态屏障，无产阶级政党必须同样通过文化机构的占有和文化观念的输出建立具有无产阶级性质的“文化战壕”。而在文化输出和价值培养的过程中，有机知识分子发挥着重要作用，他们既是阶级意识的表达者和引领者，又是面向大众的教育者和宣传者。实际上这种有机知识分子区别于传统的历史性划分，与现实社会紧密结合，与所处的阶级紧密结合，是葛兰西对知识分子自身转型的一种创新性思考，旨在新的历史条件下助力无产阶级政党文化领导权的建构。在这一框架下，无产阶级政党成为无产阶级有机知识分子中最“有机”的部分。这种阶级、政党与知识分子的同质性使得有机知识分子同时获得了理论与组织双重维度的先进性，具有社会管理和政治管理的双重任务。通过对群众进行认识体系和思维观念上的形塑，在认同氛围中形成牢固的无产阶级“集体意识”，使群众在认知的变革中意识到资产阶级对大众的压迫从未消失，而是借助文化形式对人民生活进行全面渗透；同时认同和遵循无产阶级的组织原则与实践纲领，在文化和意识形态领域拥护无产阶级的文化领导权。

在政党职责中，葛兰西重视以文化和意识形态为主要形式的平台教育与宣传，希望在价值观塑造与影响中赢得大众的认可，但也从未放弃政治领导权在无产阶级政党革命过程中的旨归性地位以及经济领导权的基础性地位。将政党领导权的获得诉诸强制与协商的结合，更重要的是强调一种在统治与反抗的交织中不断进行协商与妥协，这是一个不会停歇的动态过程，这也为在资本主义社会构筑的西方民主体系中获得政党领导资格开拓出一条兼顾合法和变革的政治道路。

（三）政党的组织原则："有机的"民主集中制

"'有机的'民主集中制"概念是葛兰西在批判官僚主义所代表的"'有机的'集中制"基础上形成的。首先，葛兰西批判"有机的"集中制，认为这种组织原则实质上是基于某一个代表"绝对真理"的个人为核心，再通过吸纳增补而构筑的。这一原则所代表的关于规律和方向的观念都是核心个体某种源自理性的天启。所以有机的集中制所整合的共同体是一种抽象的共同体，在共同体中个体与整体或是群众与政党之间的关系是二元的。表面上人民遵循的是某种被认可的契合规律的组织原则，但这种原则维护的是统治阶级少数人的意志，以一种人为预设的"必然性"和被迫的"自愿"维持狭隘集团的政治特权。当这种打着民主旗号的官僚集中制在党内占主导地位时将会给党自身发展带来前所未有的危机，在类宗派主义的氛围中导致政党与群众的分裂。其次，葛兰西提出新的组织原则——"有机的"民主集中制。葛兰西指认到，官僚主义集中制出现的原因在于政党以一种僵化的组织原则抑制群众参政的权利与热情，所以新的组织原则重点在于弥合政党与群众之间的关系。一方面，葛兰西区分两种"有机性"。他指出，官僚集中制中的有机性是一种虚假概念，以抽象民主形式维系着统治阶级的固化统治结构。而新组织原则中的有机性与辩证唯物主义相呼应，既表征着联系性与运动性，又表征着生成于现实的实在性，与官僚主义的抽象僵化相区分。另一方面，在概念阐述的基础上葛兰西进一步分析新组织原则中的有机性，认为其集中彰显于民主和集中之中。"民主"成为协商基础上政党与人民的良好互动，是人们基于生活实践的充分表达，是在自由平等氛围中形成的积极共识。"集中"也不再是奴性地服从，而是政党通过民主商议和民主程序对充分采集的众意的整合，贯彻平等基础上的少数服从多数原则，实现真正地民主指导。总之政党应该更多以教育和宣传的方式，推动群众政治意识与政治能力的增强，通过这种教育和情感联系增强政党与群众之间的联结，以此在群众的认同与共识基础上获得政权的合法性和权威性。

除此之外，葛兰西还强调在组织原则具体事实中的"弹性"，这一点也是与辩证唯物主义在组织原则中的贯彻有关。一方面，葛兰西认为组织原则中的实质不会变更，即组织原则的核心问题始终是党的领导核心与党员以及群众之间的关系问题。但另一方面，组织原则的实行应该以具体的历史背景、社会环境为依据进行调整。“民主的中央集权提出了一个富有弹性的公式，它可以体现为许多不同的形式；可以根据需要不断解释和改动，它就照样行得通。”[①] 实事求是的灵活性取代固化、静止的必然性。组织原则的具体形式是因地制宜的、多样的，并不存在统摄一切的、适应任何历史时期的、绝对正确的党的工作模式。葛兰西在关于意大利无产阶级革命与经典马克思主义继承中对政党问题进行了新一轮思考，提出一种呼应卢卡奇无产阶级意识的、以文化和意识形态为主要特征的政党理论，在当时的历史与政治范畴内积极构建无产阶级政党的建设问题。他对西方资本主义社会的结构性分析和对政党功能、身份的动态性转换，不失为在当时历史条件下对马克思主义政党理论的一种发展。

从文化领导、实践哲学再到政党理论，葛兰西的思想彰显出一种明显的历史主义立场。葛兰西的历史主义立场实际上依然是有关于“历史终结”而预设的，同时也有卢卡奇政党学说的影子。对此，葛兰西有明确论述：“现在，哲学家——实践哲学家却只能提出这种一般的论断，而不能走得更远；他不能逃离现存的矛盾的土地，如果不直接造成一个乌托邦的话，那么，除了泛泛而论之外，他不能断言一个没有矛盾的世界。”[②] 葛兰西似乎明白，对历史规律、社会矛盾的把握是需要做出一种理论预设的前提铺垫，方可进一步实现卢卡奇对无产阶级阶级意识的提升任务，方可彰显无产阶级作为社会历史主体的价值。

---

① 葛兰西：《狱中札记》，曹雷雨等译，北京：中国社会科学出版社，2000 年，第 152 页。

② 葛兰西：《狱中札记》，曹雷雨等译，北京：中国社会科学出版社，2000 年，第 319 页。

第三章　柯尔施：西方马克思主义的演变者

马克思主义理论是一种把社会发展作为活的整体来理解和把握的理论，或者更确切地说，它是一种把社会革命理论作为活的整体来理解和实践的理论。

——柯尔施

卡尔·柯尔施（Karl Korsch，1886—1961），1886年出生于德国汉堡附近托兹泰特的一个银行官员家庭。作为早期西方马克思主义主要奠基者之一，与卢卡奇、葛兰西一起被誉为西方马克思主义创始人。柯尔施一生经历三个阶段：（1）求学、反战与最初的政治活动时期（1886—1919）。柯尔施就读于慕尼黑、柏林、日内瓦和耶拿等地的大学，主修法学、经济学和哲学，期间参加过“自由学生运动”组织。1910年，柯尔施以题为“关于认罪的举证义务问题”论文获得耶拿大学法学博士学位，次年，该论文在柏林出版。1912年柯尔施到伦敦继续从事博士后研究，参加了“费边社”，深受工团主义影响。1913年他和赫达·加莉亚结婚，共同养育了两个女儿并白头到老。“一战”结束后，1919年柯尔施获得耶拿大学讲师教职。1919年《什么是社会化?》一书出版，该书核心思想是主张用社会主义公社取代资本主义私人经济，其思想已比较接近马克思主义。（2）参加德国共产党时期（1920—1926）。1920年柯尔施加入“德国共产党”（KPD）。1922年先后出版《唯物史观原理》《马克思主义的精华》和《〈哥达纲领批判〉导言》，系统介绍和阐发马克思主义基本思想。1923年发表重要著作——《马克思主义和哲学》，该书因基本观点和理论旨趣而被视为卢卡奇《历史与阶级意识》的姊妹篇，共同成为西方马克思主义奠基性著作。1923年已是耶拿大学法学教授的柯尔施担任《国际》杂志的编辑和驻德国议会的共产党代表。1925年柯尔施的《国际》杂志的编辑职务被撤销，柯尔施开始较为激烈的反对台尔曼政策，1926年4月柯尔施被开除出党。（3）退出政治生涯和迁居他国时期（1926—1961）。在此期间，柯尔施专注于马克思主义理论的研究工作。1929年发表了题为《唯物主义历史观》的长篇论文，系统批判考茨基的《唯物主义历史观》。1930年柯尔施重新出版《马克思主义与哲学》，并在书后增加了《〈马克思主义和哲学〉问题的现状——一个反批评》一文，对列宁的哲学思想提出公开批评。1933年希特勒上台后，柯尔施先迁居丹麦，1936年迁至美国。1943年至1945年在图拉纳大学社会学专业工作，1945年至1950年在纽约国际社会研究所工作。先是与马克思主义分道扬镳，后对苏联和中国的马克思主义感兴趣。柯尔施1961年病逝于美国马萨诸塞州的柏尔蒙。柯尔施的一生大致经历了从马克思主义者到马克思主义批判者，再到放弃经典马克思主义的西方马克思主义者的过程。

一、批判庸俗马克思主义的“柯尔施问题”

《马克思主义和哲学》一书的核心议题是“马克思主义和哲学的关系问题”。在柯尔施看来，现代马克思主义遭遇最严重的危机就是马克思主义正在被庸俗化，辩证法的革命本质被形而上学的实证主义阉割，理论和实践之间的辩证关系被割裂，而以伯恩施坦、考茨基为代表的第二国际理论领袖则是这场危机的始作俑者。柯尔施进而指出，在马克思主义和哲学关系这一决定性的问题上发生的分歧最终使得马克思主义阵营内部分裂为“马克思主义正统派”和“马克思主义批判派”——前者主要是“考茨基的旧马克思主义”和“新的俄国‘列宁主义’”之间的联盟，后者则是卢卡奇和柯尔施，他们代表着“当代无产阶级运动中所有批判的进步的理论趋向”。①

首先，揭示将马克思主义当作现代知性科学附属品的庸俗化思潮。在《马克思主义和哲学》一开始，柯尔施旗帜鲜明地指出他与第二国际庸俗马克思主义理论家关于“马克思主义和哲学之间的关系”问题上的原则分歧。在柯尔施看来，马克思主义和哲学之间的关系问题之关键恰恰就在于“哲学方面”，不消说，正是由于马克思主义与哲学方面的本质关联，马克思主义才能作为无产阶级革命的科学社会主义理论。倘若在马克思主义和哲学关系之间采取“纯粹否定的观点”即完全无视马克思主义理论的哲学方面，或者在较好的情况下认为，由于马克思主义理论本身缺乏哲学内容而需要给予适当补充“哲学营养”的话，这在柯尔施看来都是于事无补的。因为这些观点都缺乏对马克思主义哲学的认识，与“纯粹否定的观点”没有什么实质区别，本质上依然将马克思主义作庸俗化（实证主义科学化）处理，其直接结果就是彻底褫夺了马克思主义的革命性质，将作为科学社会主义理论的马克思主义被庸俗地当作经济学、政治学、社会学等现代知性科学的理论装饰品了。

其次，指证黑格尔哲学中的辩证法因素与马克思主义之间的本质关联。需要指出的是，柯尔施在问题的提出和分析的路径方面与卢卡奇不尽相同。正如我们已经阐述过的，卢卡奇是从分析现代资本主义社会结

① 卡尔·柯尔施：《马克思主义和哲学》，王南湜、荣新海译，重庆：重庆出版社，1989年，第57页。

构的普遍商品化而导致的物化现象，进而论证资本主义社会物化现象的思想根源在于资产阶级思想的二律背反即现代形而上学的内在矛盾和困境。柯尔施则是从分析马克思主义和哲学方面的本质关联出发，提出任何否定马克思主义的哲学方面都将最终导致马克思主义的庸俗化或实证主义阐释，而这种“庸俗马克思主义”在本质上无论如何都是资产阶级的意识形态表现。由此可见，尽管柯尔施与卢卡奇在问题的提出和分析路径上确实存在着一定的差异，但他们都深刻洞察了庸俗马克思主义的解释路向在其理论特质上属于实证主义——资产阶级的现代性意识形态——来消解马克思主义的哲学方面（革命的批判的辩证法方面），因此，他们都通过揭示黑格尔哲学中的辩证法因素与马克思主义之间的本质关联，来分析马克思主义作为科学社会主义的革命理论。

柯尔施通过考察19世纪资产阶级革命的实践运动与资产阶级哲学（尤其是德国古典哲学）在意识形态上的不同表现之间具有的内在的紧密关联，来说明德国唯心主义特别是黑格尔哲学和马克思主义之间的“本质的和必然的联系”。柯尔施颇有见地指出，德国唯心主义哲学（特别是黑格尔哲学）是资产阶级革命运动的意识形态，因此这种意识形态就要求在观念中把握思想与现实、哲学与革命之间的辩证关系；但是到19世纪中期以后，随着资产阶级在实践上不再作为一个革命阶级，其哲学意识形态也体现出相应的衰退和终结，特别体现在黑格尔唯心主义辩证法的解体上。柯尔施指出：“资产阶级的哲学史家们至今或者是全然无视在德国唯心主义和马克思主义之间的这一本质的和必然的联系，或者只是不适当地和不连贯地想象和描述它。为了真正地把握它，必须抛弃现代哲学史家们的常规的抽象的和观念形态的方法，而代之以一种不必专门是马克思主义的，但一定是在黑格尔和马克思的意义上直接辩证的方法。如果我们这样做了，我们就一下子不仅看到德国的唯心主义哲学和马克思主义哲学之间的相互关系，而且也看到它们的内在必然性。”[①] 在这段论述中，柯尔施强调马克思主义与黑格尔哲学中革命辩证法因素之间的本质关联，马克思主义哲学方面的真实内涵就在于其黑格尔辩证法因素所具有的能动的、革命的和批判的性质。

再次，正确理解“消灭哲学”。庸俗马克思主义仅仅抓住马克思恩

---

① 卡尔·柯尔施：《马克思主义和哲学》，王南湜、荣新海译，重庆：重庆出版社，1989年，第13页。

格斯在不同场合提出要求“消灭哲学”“哲学科学化”等诸如此类的“纯粹术语学”的词句不放，却从未领会这些说法的真实内涵。他指出，尽管马克思恩格斯本人“总是否认科学社会主义还是哲学”，但是在革命导师们那里的“哲学的对立面所意味的东西，根本不同于后来的庸俗马克思主义者所意味的东西”，这个根本不同就在于作为“科学社会主义”的马克思主义与作为“资产阶级社会的纯粹科学（经济学、历史学或社会学）”之间的原则对立，不消说这种原则对立的根本之点就集中表现为“革命的辩证法”与“抽象的和非辩证的实证科学的体系”之间的根本对立。对此，柯尔施指出：“因此，最近的马克思主义者已被几个众所周知的马克思的词句和恩格斯后来的几个词句所迷惑，把马克思主义废除哲学解释为用抽象的和非辩证的实证科学的体系去取代这种哲学。人们只能对这些马克思主义者的洞察力之低感到惊奇。马克思的科学社会主义与全部资产阶级哲学和科学之间的真正矛盾，完全在于科学社会主义是革命过程的理论表现，这个过程将随着这些资产阶级哲学和科学的全部废除，以及在它们之中找到了其意识形态表现的物质关系的废除而终结。”[①]

最后，在“发生学”意义上确证“辩证唯物主义原则”贯穿了马克思主义自诞生以来所经历的三个主要发展阶段。[②] 柯尔施指出，“仅仅因为马克思的唯物主义理论具有不只是理论的，而且也是实践的和革命的目的，就说它不再是哲学，这是不正确的”，就像德国唯心主义特别是从康德到黑格尔，并非因为执迷于理性的实践活动或自我意识的“行动主义”就不再是哲学一样，而是恰恰相反，“马克思恩格斯的辩证唯物主义按其基本性质来说，是彻头彻尾的哲学”，而且不仅如此，“它是一种革命的哲学，它的任务是以一个特殊的领域——哲学——里的战斗来参加在社会的一切领域里进行的反对整个现存秩序的

① 卡尔·柯尔施：《马克思主义和哲学》，王南湜、荣新海译，重庆：重庆出版社，1989年，第32页。

② 柯尔施依循马克思主义的辩证唯物主义原则将马克思主义的整个发展历史区分为三个阶段：第一个阶段开始于1843年的《黑格尔法哲学批判》，结束于1848年的《共产党宣言》；第二个阶段开始于1848年“巴黎六月起义”的失败，大体结束于19世纪末；第三个阶段从19世纪初开始到现在，并延续到一个还不能确定的未来。参见卡尔·柯尔施：《马克思主义和哲学》，王南湜、荣新海译，重庆：重庆出版社，1989年，第22页。

革命斗争"①。

柯尔施指出，要正确地理解马克思恩格斯提出所谓的"消灭哲学"，绝对不能像庸俗马克思主义者那样仅仅从纯粹术语学的层面上来领会，因为他们根本不了解"马克思主义的唯物主义从一开始就是辩证的唯物主义"，也就是说，他们不了解马克思恩格斯在唯物主义世界观形成之前就已经是"辩证法家"。因为不了解这一点，任何一种对马克思主义的理解和阐释就注定难逃"抽象-科学的唯物主义"的理论窠臼，这一点马克思大约在1845年春天就已经对此做过批判和清算了。对此，柯尔施指出："马克思主义的唯物主义首先是历史的和辩证的唯物主义。换言之，它是这样一种唯物主义，它的理论认识了社会和历史的整体，而它的实践则颠覆了这个整体。因此，对于马克思和恩格斯来说，在他们的唯物主义的发展过程中，哲学成为社会-历史过程的一个较之开始时不重要的组成部分，这是可能的，而且在事实上也的确如此。但是，真正的辩证唯物主义的历史观（肯定的说，马克思和恩格斯的唯物主义）不可能不认为哲学意识形态，或者一般的意识形态是一般的社会-历史现实的一个实在的组成部分——即，一个必须在唯物主义理论中把握住并由唯物主义实践消灭的现实部分。"②

二、继承总体性理论的马克思主义观

如果说卢卡奇将基于主体客体辩证法的总体性理论定义为《历史与阶级意识》的核心主题，那么，作为《历史与阶级意识》的"姊妹篇"，贯穿柯尔施《马克思主义和哲学》一书中的主线也是这种"总体性"理论。在卢卡奇那里，总体性理论体现为"主体客体辩证法"（历史辩证法）；在柯尔施这里，总体性理论的枢轴则是围绕理论和实践辩证关系展开。总体性理论成为柯尔施"马克思主义观"的秘密和诞生地。

首先，马克思主义是一种"辩证的革命的"哲学。"马克思主义是哲学"是柯尔施马克思主义观最鲜明的命题。在他看来，马克思主义之

① 卡尔·柯尔施：《马克思主义和哲学》，王南湜、荣新海译，重庆：重庆出版社，1989年，第37—38页。

② 卡尔·柯尔施：《马克思主义和哲学》，王南湜、荣新海译，重庆：重庆出版社，1989年，第38—39页。

所以是“哲学”，根本之点在于它是一种“新的唯物辩证法：一种与革命实践直接联系的革命理论”。因此，与第二国际所谓的“马克思主义正统派”不同，“《马克思主义和哲学》提出一种马克思主义观，认为马克思主义是完全非教条和反教条的、历史的和批判的，因而是最严格意义上的唯物主义”①。柯尔施的观点很明确，马克思主义的根本特质是一种批判的、历史的关于社会革命的理论，而这一点从根本上来说是源于马克思主义哲学本身所具有的特质。质言之，在整个马克思主义理论体系中，哲学是内在的贯穿于“经济的、政治的和思想的要素”之中，马克思主义的全部要素之间是一个有机统一的总体性理论，即马克思主义“是一种把社会发展作为活的整体来理解和把握的理论；或者更确切地说，它是一种把社会革命作为活的整体来把握和实践的理论。……任何把这一整体的经济的、政治的和思想的要素划分为知识的各个分支的作法，甚至在每一个分支的具体特征被把握时，都是以历史的忠实性去分析和批判的。当然，不仅经济、政治和意识形态，而且历史过程和有意识的社会行动，都继续构成了‘革命的实践’（《关于费尔巴哈的提纲》）的活的统一体”②。

在柯尔施看来，庸俗马克思主义由于根本不了解马克思辩证唯物主义方法的这一特质，尽管他们在理论上和方法上承认历史唯物主义，但他们总是痴迷于对马克思主义作“纯粹的科学考察”，因而在事实上他们把原本作为活的整体的社会革命理论割裂成了“经济学”“地理学”“生物学”等分支学科孤立的知识碎片。结果，“马克思的唯物辩证法的流动的方法论冻结成了一些关于不同的社会领域里的历史现象的因果联系的理论公式”③，批判的辩证法一旦被实证科学范畴所替代，那么，作为一种社会革命理论的马克思主义最终蜕变为僵硬的、教条的实证主义，这就是现代马克思主义最大的危机所在。柯尔施指出：“这些歪曲或扭曲可以用一个包容一切的公式概括起来：一个统一的关于社会革命的一般理论被变成了对于资产阶级的经济秩序、资产阶级的国家、

① 卡尔·柯尔施：《马克思主义和哲学》，王南湜、荣新海译，重庆：重庆出版社，1989年，第58—59页。

② 卡尔·柯尔施：《马克思主义和哲学》，王南湜、荣新海译，重庆：重庆出版社，1989年，第22—23页。

③ 卡尔·柯尔施：《马克思主义和哲学》，王南湜、荣新海译，重庆：重庆出版社，1989年，第27页。

资产阶级的教育体系、资产阶级的宗教、艺术、科学和文化的批判。这些批判按其本性来说，不再必然发展为革命的实践；它们同样地能够发展为各种各样的改良企图，这些企图基本上仍保持在资产阶级社会和资产阶级国家的界限之内，并且在实际的实践中，通常也确实如此。”①

其次，关于马克思主义与意识形态内在关系的分析。在柯尔施这里，马克思主义之所以是哲学，一方面是因为“哲学关联于无产阶级的社会革命”，也就是说，马克思主义哲学的本质属性是无产阶级社会革命运动的理论形态；另一方面，“无产阶级的社会革命关联于哲学”，因为无产阶级的社会革命绝不是与哲学割裂的实践行动。基于此，柯尔施进而提出马克思主义的唯物主义实际上与意识形态之间是辩证统一的，作为无产阶级社会革命理论的马克思主义就是无产阶级的意识形态。为了说明这个问题，柯尔施从哲学基本问题的视角深入分析“意识与现实”之间的关系。在他看来，意识和现实的关系在马克思恩格斯那里始终都是辩证统一的。柯尔施指出：“因为意识和现实的一致，是每一种辩证法，包括马克思的辩证唯物主义的特征。它的推论是，资本主义时代的生产的物质关系，仅仅是它们与它们在那个时期的前科学的和资产阶级科学的意识中得以反映的形式相结合的东西；没有这些意识形式，它们在现实中无以生存。把任何哲学的考虑放在一边，就会明白，没有这种意识和现实的一致，政治经济学的批判根本不可能成为社会革命理论的主要组成部分，而是必然得出相反的结论。那些认为马克思主义实质上不再是社会革命理论的马克思主义理论家们，看不到对这种现实和意识相一致的辩证概念的需要：在他们看来，它必定在理论上是虚假的和非科学的。”②

对柯尔施来说，“意识和现实的一致”之所以是极其重要的，因为“理论上的批判与实践上的推翻”从来都不是抽象的思辨活动，“而是具体地和现实地改变资产阶级社会的具体和现实的世界”。③ 他还强调指出，意识和现实的一致性问题，无论是对于无产阶级革命前还是无产

① 卡尔·柯尔施：《马克思主义和哲学》，王南湜、荣新海译，重庆：重庆出版社，1989 年，第 28 页。

② 卡尔·柯尔施：《马克思主义和哲学》，王南湜、荣新海译，重庆：重庆出版社，1989 年，第 47—48 页。

③ 卡尔·柯尔施：《马克思主义和哲学》，王南湜、荣新海译，重庆：重庆出版社，1989 年，第 53 页。

阶级夺取政权后的历史时期都是至关重要的：在无产阶级革命前的时期内，如果认识不到这一点，势必会犯第二国际理论家那样的机会主义错误；如果无产阶级夺取政权后还认识不到这一点，将会产生“灾难性的政治后果”，这将“严重地妨碍迅速而有力地解决当时在意识形态领域产生的问题”。在他看来，19世纪末至20世纪初期以来，资产阶级对无产阶级的统治不仅是经济上的剥削和政治上的压迫，它们更加注重在意识形态领域对无产阶级实行全面的思想控制和文化操纵。资产阶级的这种“总体性统治”对无产阶级革命运动提出了新的挑战，无产阶级既要在经济领域和政治领域中同资产阶级进行激烈交锋，更要善于同资产阶级在意识形态领域里做长期而复杂的斗争。而无产阶级要在意识形态领域的斗争中获得胜利，必须展开对资产阶级意识形态的批判，这个批判的武器就是马克思主义哲学——作为一种社会革命理论的辩证唯物主义。

由此观之，在柯尔施那里，马克思主义之所以被视为一种社会革命理论，一方面是马克思主义唯物辩证法本身所具有的历史的、批判的因而是革命的理论基质，它才是在本质上异质于一切资产阶级的“纯粹的批判哲学和不偏不倚的科学”；另一方面是无产阶级只有发动“总体性革命”，才能获得反对资产阶级意识形态专政、夺取国家政权的胜利。“应当由作为工人阶级的哲学的革命的唯物辩证法去同这种意识进行斗争。只有当整个现存社会和它的经济基础在实践上完全被推翻、这种意识在理论上全部被取消和被废除的时候，这一斗争才会结束。”①

三、囿于经院化困境的批判理路

作为共产国际运动中的一个重要的历史事件，“柯尔施问题”（在一定意义上也包括卢卡奇）距今虽然时隔近一个世纪了，但这场由所谓的“马克思主义正统性问题”引发的理论分歧及其效应不应随时间的流逝而从每一个马克思主义者的头脑中淡出，这不仅仅是由于这场争论发生在马克思主义阵营内部及其导致了所谓“正统马克思主义”和“西方马克思主义”之间的路线对立，真正说来，柯尔施问题及其引发的争论的重要性关系到在坚持和发展马克思主义问题上的方法论问

---

① 卡尔·柯尔施：《马克思主义和哲学》，王南湜、荣新海译，重庆：重庆出版社，1989年，第54页。

题——坚持马克思主义和发展马克思主义的辩证统一。

第一，“批判的马克思主义”打破僵化的“正统马克思主义”框架。坚持马克思主义并不简单等同于固守马克思主义的每一个词句，罔顾具体的现实而机械复制马克思主义实则是把马克思主义教条化。恩格斯曾指出：“马克思的整个世界观不是教义，而是方法。它提供的不是现成的教条，而是进一步研究的出发点和供这种研究使用的方法。”① 卢卡奇在恩格斯思想基础上进一步指出：“正统马克思主义并不意味着无批判地接受马克思研究的结果。它不是对这个或那个论点的‘信仰’，也不是对某本‘圣’书的注解。恰恰相反，马克思主义问题中的正统仅仅是指方法。”② 这个“方法”在柯尔施那里，就是关于“理论与实践之间的辩证统一关系”。以伯恩施坦、考茨基为代表的第二国际理论家们却教条地固守经济决定论，以科学的实证主义阉割了马克思主义的辩证法，这种对马克思主义庸俗化的理解从根本上褫夺了马克思主义历史的、能动的革命本性，这就是第二国际理论家们反复被卢卡奇和柯尔施诟病的根本所在。尽管第二国际理论家们以正统马克思主义自居，但他们不仅在理论上是地道的教条主义、本本主义，而且在实践中往往会犯机会主义错误。就此而论，卢卡奇和柯尔施对第二国际理论家的批评无疑是正确且深刻的，因为他们的批评恰恰触及了在坚持马克思主义方法论问题上的“痛点”。

第二，“批判的马克思主义”未能逃离思辨性的牢笼。发展马克思主义必须以坚持马克思主义基本原理为根本前提，运用马克思主义的世界观、历史观和方法论观察、分析和解决社会现实问题。实践性是马克思主义的根本特征和活的灵魂。坚持马克思主义辩证唯物主义的世界观，实际上就是坚持一切从具体的现实的实践出发；发展马克思主义也必须以马克思主义的实践性为基础，结合具体的社会实践创造性地丰富和发展马克思主义基本原理。从这个意义上讲，发展马克思主义在本质上就是真正坚持马克思主义，二者统一于马克思主义的实践性。作为西方马克思主义的主要奠基者，卢卡奇和柯尔施虽然深刻抨击了第二国际理论家们由于剥离马克思主义辩证法最终将马克思主义庸俗化、实证

---

① 《马克思恩格斯文集》第10卷，北京：人民出版社，2009年，第691页。

② 卢卡奇：《历史与阶级意识——关于马克思主义辩证法的研究》，杜章智等译，北京：商务印书馆，1999年，第47—48页。

化，但他们始终囿于黑格尔主义框架中阐发主体客体统一的“总体性”（卢卡奇）和理论与实践统一的“总体性”（柯尔施），因而他们提出的总体性辩证法仍未从根本上摆脱黑格尔主义之抽象的、思辨的和非历史的性质。从这个意义上说，卢卡奇和柯尔施——作为“批判的马克思主义”——所开启的西方马克思主义理论路向从一开始就带有一定程度的“先天不足”。如果说第二国际理论家们天真地因而是十分错误地将辩证法从马克思主义抽离出去，那么，作为“批判的马克思主义”的卢卡奇和柯尔施，由于他们始终未能真正领会马克思早在19世纪40年代在存在论意义上所发动的那场哲学革命的原则高度，因而他们提出的“总体性辩证法”的意义就不可能在马克思主义的实践基地上绽出，因为离开实践的辩证法根本不可能是马克思的辩证法，它在本质上是一种抽象的、非历史的思辨活动。从这个意义上说，在21世纪坚持和发展马克思主义，就是要立足当代中国的具体实践，用鲜活的马克思主义指导实践。习近平指出：“马克思一再告诫人们，马克思主义理论不是教条，而是行动指南，必须随着实践的变化而发展”，因为“理论的生命力在于不断创新，推动马克思主义不断发展是中国共产党人的神圣职责。我们要坚持用马克思主义观察时代、解读时代、引领时代，用鲜活丰富的当代中国实践来推动马克思主义发展，用宽广视野吸收人类创造的一切优秀文明成果……不断开辟当代中国马克思主义、21世纪马克思主义新境界！”①

① 习近平：《在纪念马克思诞辰200周年大会上的讲话》，http：//www. xinhuanet. com/politics/leaders/2018-05/04/c_1122783753. htm，访问日期：2022年3月30日。

第三专题　法兰克福学派

法兰克福学派是由德国法兰克福大学社会研究所的西方马克思主义知识分子组成的跨学科的研究团体。法兰克福学派以“批判理论”闻名于世。“批判理论”在哲学和社会科学史上有狭义和广义之分，狭义的“批判理论”即法兰克福学派的社会批判理论。实际上，社会批判理论所唤起的不仅仅是社会科学中某一特定范式，它将引发人们对一系列主要代表人物与名称的记忆，这些人物与名称包括第一代学者霍克海默、阿多诺，第二代学者马尔库塞、哈贝马斯，第三代学者霍耐特、弗斯特等，以及启蒙思想、跨学科研究、20世纪60年代学生运动、“实证主义争论”、文化工业批判、精神分析等学说。很明显，社会批判理论不仅仅构成法兰克福学派的理论范式与内容叙事，也开启了西方马克思主义乃至整个20世纪西方哲学研究的学术史图谱。

1923年，西方国家共产党人和左翼人士开始重新反思社会主义革命在东方取得胜利和在西方惨遭失败的不同命运。一位年轻而富有的马克思主义者赫尔曼·威尔（Hermannn Weil，1868—1927）在德国法兰克福成立了社会研究所，该所隶属于法兰克福大学。该研究所的目的是促进和深化马克思主义研究，尤其是为了促进当时在德国的知识界被忽视的劳工运动和反犹太主义起源的研究。第一任所长是格律伯格（Carl Grunberg，1861—1940），他是维也纳大学的法律和政治学教授，他对该研究所的贡献是创办了主要用于研究劳工运动的《社会主义和工人运动史文库》杂志。格律伯格的理论活动并不局限于学术领域，他也是维也纳成人教育中心和社会主义教育协会的创始人之一。在他领导的这一时期，社会研究所特别强调广泛的研究性和学术性，因而相当一部分工作具有强烈的经验性特征。格律伯格在1924年的就职演说中总结了他的作为社会科学的马克思主义概念。在他看来，马克思主义不是政党政治意义上的，而是纯科学意义上的。马克思主义作为一种纯科学的经济学和社会学体系，在很大程度上被德国的大学所忽视。格律伯格宣称，在社会研究所里，马克思主义从现在起将有一个家，就像自由主义、历史学派和国家社会主义等理论在其他国家的大学里一样。当然，在格律伯格领导下的这种对社会存在转化为科学规律的经验主义研究风格，尚不属于法兰克福的社会批判理论的思想理论范畴。所以，从属于法兰克福社会批判理论学派的整体情况看，可以将法兰克福学派分为三个主要时期。

创立时期为 1930 年至 1949 年。这一时期法兰克福学派及其成员思想的提出与主要的活动是在美国进行的，算作该学派的美国时期。1931 年 1 月，霍克海默成为格律伯格的继任者，正式就任社会研究所所长。在霍克海默发表的就职演说中，他明确表示，社会研究所即将走向一个新的方向，即强调哲学，而不是历史或经济学，哲学现在开始在社会研究所的工作中占据突出的地位。这场演说可谓是一部经过深思熟虑的风格化杰作，在其中他呼吁社会研究所由实证分析转向哲学理论，试图发展一项跨学科的社会研究，该研究融合了哲学、社会学、心理学、经济学、政治理论等学科，随后更广泛地融合了音乐和文化，目的是深入人类社会生活关系中，以产生能够指向更加理性和公正的社会发展的哲学社会学批判理论。也就是说，社会哲学现在成为社会研究所的主要关注点，它将提供一种对于社会生活意义的卓越洞察，而不是作为专门的社会科学结果的某种综合，而是作为这些科学要研究的重要问题的理论来源，这一方向性的转变为社会批判理论的诞生奠定了基础。霍克海默以康德到黑格尔的德国古典哲学为思想依托，将自己提出的这种社会哲学勘定为 20 世纪“决定性的哲学任务”。[①] 鉴于此，霍克海默一方面将弗洛伊德的精神分析理论拟定为研究所工作的一个重要思想组成部分，试图调和正统马克思主义和精神分析理论，在对《超越快乐原则》《自我与本我》以及《文明及其不满》等作品的批判继承基础上开启现代性的激进批判，使之成为社会研究所后来的一个突出的致思径路；另一方面，他为这一研究引进和募集了大批著名的学者，如阿多诺、马尔库塞、弗洛姆、本雅明等人，这些人或是作为法兰克福大学社会研究所的

① 霍克海默：《社会哲学的现状与社会研究所的任务》，王凤才译，载《马克思主义与现实》2011 年第 5 期。

成员，或是作为研究所新创办的《社会研究杂志》的撰稿人，使法兰克福学派具有了强有力的智力支撑。值得注意的是，此时，法兰克福学派还尚未形成一个独特的理论流派，而这一独特理论流派直到社会研究所被迫离开法兰克福后才逐渐发展起来。德国法西斯上台之后，社会研究所在 1933 被纳粹政府关闭后被迫迁往美国。霍克海默努力创造外部和内部条件，使社会研究所的学术研究不但没有中止而且得以继续发展。在霍克海默的指导下，法兰克福学派主要成员开始以更系统的方式阐述他们的理论观点，逐渐将自身凸显为独具特色的理论流派。流亡期间，批判理论和实证研究之间的对立关系以更尖锐的形式出现。到 20 世纪 40 年代末，这种新的社会理论或社会哲学的轮廓已经出现在《启蒙辩证法》和马尔库塞的《理性与革命》这两本主要著作中，并出现在许多相关文章中。

鼎盛时期为 1949 年至 20 世纪 60 年代末。此期间因法兰克福学派的大部分成员回到德国，成为法兰克福学派的鼎盛时期或称黄金时代。他们在 1950 年回到法兰克福后，社会研究所受霍克海默和阿多诺的思想影响较大。霍克海默在 1954 年至 1959 年间由于担任芝加哥大学的客座教授并于 1959 年退休。在这一时期，法兰克福学派呈现出愈发清晰明确的思想学派的特征，尤其在哲学和美学理论上颇有建树，这与阿多诺密切相关。此一独特的理论取向在法兰克福学派第二代思想家如哈贝马斯、施密特、维尔默的作品中也有体现。在留美的研究所老成员中，马尔库塞可以被视为学派的领袖人物。法兰克福学派进一步强调辩证法的否定性与革命性的大众文化批判力量，使之作为推动当代资本主义批判与文化批判的引擎，勠力揭示现代人的生存状态和现代社会的物化结构，特别是意识形态、技术理性、大众文化等异化力量对人的束缚与统治，制定了发达资本主义条件下的革命战略。随着新左派的出现，法兰克福学派的影响遍及欧洲大部分地区，尤其是 20 世纪 60 年代末，学生运动和青年造反运动迅速发展，大众文化批判理论迎来了最具学术与政治影响力的时期。法兰克福学派成为社会文化批判理论的汇聚地，霍克海默、阿多诺、马尔库塞、弗洛姆、哈贝马斯等主要代表人物已成为非常著名且影响力甚大的社会思想家。

解体时期为 20 世纪 70 年代之后。这一时期为法兰克福学派的主要代表人物相继去世，学派开始走向解体的时期。20 世纪 60 年代末席卷欧洲的学生运动使法兰克福学派的声誉达到顶峰，但此后法兰克福学派很快开始了衰落与解体的进程。导致此现状的原因大抵有二：其一是随着1969年阿多诺和1973年霍克海默的去世，法兰克福学派逐渐由鼎盛走向衰落；其二，法兰克福学派每一代主要核心人物之间都存在着一定的分歧。比如，哈贝马斯从20世纪60年代开始就主张以规范研究与经验研究相结合的“新批判理论”取代霍克海默、阿多诺的“老批判理论”。因为第一代批判理论家主要致力于黑格尔辩证法的功能和概念再定性，而哈贝马斯转向支持言语行为的有效性条件和优先理解行动协调的条件。之后，第三代核心人物霍耐特转向了黑格尔的“承认”概念，认为这是一个以主体间性为基础的认知和前语言领域。研究范式与研究路径的分歧打破了法兰克福学派成员之间的密切合作联系，致使不同代际的批判理论家之间出现了“各自为战”的局面，而出现“终结”的迹象。当然，这并不意味着法兰克福学派的理论影响力退出了历史舞台。实际上，法兰克福学派的一些核心概念已经进入许多社会科学家(包括马克思主义者和非马克思主义者）的工作中，比如，哈贝马斯以极具创见的方式对社会知识的可能性条件进行了新的批判，并以其晚期资本主义理论重新审视了马克思的历史唯物主义。在今天，除哈贝马斯之外，内格特、维尔默、霍耐特、奥菲、杜比尔、德米洛维克、弗斯特、罗萨、杰基等人的社会批判理论依然活跃于国际学术界，在不同方向不断铺展着法兰克福学派的话语影响力，引导着社会批判理论第二期、第三期甚至可能出现的第四期的最新发展趋向。

现代性及其现代性概念缘起于对现代以来的历史事实的历史叙事，一度也成为法兰克福学派社会批判理论家们的思想基地。如法兰克福学派的技术理性批判、大众文化批判是对现代化以来支撑整个西方工业文明的现代性价值体系的质疑与批判。现代化虽然给人类带来了比较丰厚的物质生活，但技术的理性化、理性的工具化所赋予人们的文化商品化，使得人们屈从于以技术理性为代表的资本主义的现代生产方式、管理方式、文化方式与生活方式。正是基于现代人对如此这般的自由和解放的追求，法兰克福学派对技术理性展开了系统而有力的文化批判。加之整个法兰克福学派呈现“代际相传”的特点，每一代对技术理性的批判都是在继承前一代批判的基础上进行新的总结与完善，使得每一代的代表人物，虽然对技术理性有一个共同的基本判断，但每个人的论证以及批判方式却各不相同。总体上看，他们对于技术和科学的认识是与自身所处的社会发展情况相联系，呈现出渐进发展的形式。在霍克海默和阿多诺看来，本应该帮助人们实现自由并获得解放的启蒙走向了另外一个极端，即人类并没有因为启蒙就“进入真正的人性状态，反而深深地陷入野蛮状态”，这就是“启蒙的不断自我毁灭”。[①] 这一毁灭过程的形成大致是，启蒙导致科学精神的高涨，但片面强调理性的科学主义很快便实证化和实用化了，人们将科学对真理的追求与对美和善的追求割裂开，科学研究转而变成了技术研发，因而与真理渐行渐远，而工具性本身就是一种支配形式，对控制对象进行侵犯和压制。总之，包括统治术在内的技术理性已经开始成为一种丧失了否定性和批判性的力量，这是启蒙自我毁灭的直接根源。霍克海默和阿多诺在充分吸收马克思早期思想的基础上，对“启蒙”这个在现代社会占主导地位的现象进行了深刻分析。霍克海默通过对启蒙的技术理性的批判而指出，现代科学技术并非价值中立的，它也并非必然为人类造福，相反，技术理性只是一种统治理性，技术制造出来的世界是一个异化的世界，而“被彻底启蒙的世界却笼罩在一片因胜利而招致的灾难之中”[②]，社会进步和人性完善不但不一致，反而南辕北辙。阿多诺经由对否定辩证法的强调和发挥，将法兰克福学派的现代性批判理论发展到一个新的阶段。基于否定的辩证法，“非同一性”和“绝对否定”成了阿多诺的两个最核心的概念。他正是看到了现代资本主义社会的弊端，确立了“非同一性”在辩证法中的基础地位，试图用“绝对否定”对社会文化进行彻底批判，旨在实现人的自由的终极价值取向。霍克海默和阿多诺的思想或许是悲观的，但他们对启蒙理性及现代性危机的批判是发人深省的。

第二次世界大战以后，资本主义越来越发达，工人阶级的革命意识日渐淡漠，逼迫着人们从工人阶级及整个西方人的心理过程入手去找原因。马尔库塞遵循霍克海默和阿多诺《启蒙辩证法》的思路，认为在现代资本主义社会中，内在的自然和外在的自然都受到压制。这一状况意味着，即使不要求人与自然的原始统一，至少一些与人类需求相一致的自然力量也在现代性历史进程中被牺牲了。马尔库塞认为，这是由于技术思维已经渗透到人们的生活、人际关系以及政治等各个领域之中。科学技术在现代社会中逐渐具有官僚化趋势，进而成为一种全新的社会

---

① 霍克海默、阿多诺：《启蒙辩证法》，渠敬东、曹卫东译，上海：上海人民出版社，2006年，（导言）第1页。

② 霍克海默、阿多诺：《启蒙辩证法》，渠敬东、曹卫东译，上海：上海人民出版社，2006年，第1页。

统治形式而出现。在其中，技术理性过度扩张使人类生活大规模改变，一切社会关系成为片面的、单向的技术关系，人们丧失了宝贵的否定与批判向度。不过，马尔库塞对于技术的未来并没有过分的悲观。他指出，技术即便不是人类自由的保证，也至少是它的必要条件。他相信在一种新的社会、政治、人道和艺术的条件下，新的技术与科学是可能的。他最终将新的技术与科学的生成托付于“审美救赎”的实践，提供了一种转变科学技术之工具性规定的有力模式。但是，该理论在对马克思和弗洛伊德两者之间所做的“综合”工作，对马克思主义的理解在许多方面是不能让人赞同的，它之所以最终宣告失败，“是因为它既曲解了马克思主义，也曲解了心理分析”①。

第一代法兰克福学派对资本主义现代性的批判主要是从认识论和方法论的角度进行的，但由于对当代哲学的忽视而弱化了自身的哲学基础。这一问题显然需要哈贝马斯来解决。尽管哈贝马斯进入法兰克福社会研究所的过程一波三折，但他对法兰克福学派的发展却做出了难以替代的贡献，其广阔的学术视野和敏锐的问题意识为“超越老一代法兰克福学派的限制，将法兰克福学派发扬光大奠定了深厚基础”②。哈贝马斯广泛吸收系统理论、弗洛伊德精神分析学、实用主义和符号互动理论、认知发展理论、解释学、现象学等，其作品中的批判性讨论便反映了这些多样性的思想渊源。基于此，他重建社会批判理论的基础，摆脱因意识哲学的局限导致的对现代性的悲观主义倾向，超越意识哲学主客二分的认识论框架，建构一种认识论层面的规范基础——交往行为理论。在这一理论中，哈贝马斯不仅试图说明理性话语的构成条件，还试图阐释社会文化存在模式的根本依据。交往行为理论作为社会批判理论的发展，仍然继承了霍克海默和阿多诺等人确立的现代社会批判的主题，并且提出了独树一帜的技术批判理论。但是，交往行为理论要有建设性，要对社会化做出解释，哈贝马斯认为就必须关注马克思的历史唯物主义。他试图用交往行为理论为历史唯物主义提供规范性的理论基础，提出以规范性重建历史唯物主义，并在此基础上进一步从社会哲学和政治哲学维度拓宽和深化其以规范性为核心的交往行为理论，再度回

---

① C. 克莱芒、P. 布律诺、L. 赛弗：《马克思主义对心理分析学说的批评》，金初高译，北京：商务印书馆，1985 年，第 128 页。

② 艾四林：《哈贝马斯》，长沙：湖南教育出版社，1999 年，第 8 页。

归历史唯物主义，使哈贝马斯对晚期资本主义现代性危机的分析与批揭具有一定的合理性。这样的合理性被哈贝马斯同时代或晚近时期的社会批判理论者加以承续，以加速主义批判、数字资本主义批判等批判理论，使法兰克福学派的批判理论活跃至今。所以，法兰克福学派对现代性的批判是建立在对发达资本主义社会发展现状考察的基础上，并充分认识到资本主义社会的社会功能、阶级构成、统治形式等均由于科学技术的发展而发生了深刻变化，现代社会已经由过去那种暴力压迫的统治转变为全面的意识形态的操控等思想，使得法兰克福学派的现代性批判理论在众多批判理论中最具代表性。当然其批判理论的思想限度也是很明显的。

第四章　霍克海默、阿多诺：社会批判理论

哲学的真正社会功能在于它对流行的东西进行批判。

——霍克海默

马克斯·霍克海默（Max Horkheimer，1895—1973），法兰克福学派的创始人、批判理论的奠基者。1895年2月14日出生于斯图加特，是实业家莫里茨·霍克海默的独子。1922年以一篇关于康德《判断力批判》的论文获得博士学位，霍克海默不仅将此篇论文视为理论哲学与实践哲学之间有机联系的学术训练，而且借助它获得了法兰克福大学的一个助教职位。以此，霍克海默决定以哲学家的身份从事学术生涯，并决定放弃对父亲从商事业的继承。1931年起担任社会研究所所长、法兰克福大学社会研究所哲学教授，1932年创办学术刊物《社会研究杂志》。在此期间，其确立了社会研究所的社会批判理论的基本方向，促成法兰克福学派的问世。1933年社会研究所被纳粹关闭，被迫流亡于美国的社会研究所能够相对完好无损，得益于霍克海默敏锐的政治嗅觉和卓越的领导才能。霍克海默的卓越领导不仅成为法兰克福学派在特殊时期平稳过渡的良好保障，而且使得后来回到法兰克福重建的社会研究所迎来发展的鼎盛时期。1951—1953年霍克海默出任法兰克福大学校长。其主要著作有：《意识形态与乌托邦》（1930）、《资产阶级历史哲学的开端》（1930）、《黑格尔与形而上学问题》（1932）、《真理问题》（1935）、《理性之蚀》（1947）、《启蒙辩证法》（1947，与阿多诺合著）、《工具理性批判》（1967）、《传统理论与批判理论》（1970）、《社会哲学研究》等。

精神的真正功劳在于对物化的否定，一旦精神变成了文化财富，被用于消费，精神就必定会走向消亡。

——阿多诺

西奥多·阿多诺（Theodor Adorno，1903—1969），法兰克福学派第一代核心人物，霍克海默的密切合作者。阿多诺出生于德国的法兰克福，18 岁时进入法兰克福大学学习，研究哲学、心理学和社会学。此外，音乐批评和音乐美学也是阿多诺关注的重点领域，发表了诸多相关方面的文章。1924 年凭借以胡塞尔现象学为主题的论文获得法兰克福大学哲学博士学位，1931 年起受聘为法兰克福大学专题讲师。纳粹上台后，他被剥夺了在大学讲课的资格，先后在牛津大学、纽约社会研究所和加利福尼亚大学伯克利分校等机构任教。1938 年，阿多诺从伦敦前往纽约成为社会研究所正式成员。1949 年返回德国，同霍克海默一起重建社会研究所，1959 年出任社会研究所所长。1968 年，他因哲学理论的激进、批判特征与对待学生运动的保守态度之间的明显“断裂”痕迹，遭受强烈精神刺激。1969 年，在郁郁寡欢中阿多诺客死瑞士。阿多诺的主要著作除了与霍克海默合著的《启蒙辩证法》之外，还有《独裁的个性》（1950）、《最低限度的道德》（1951）、《三棱镜：文化批判与社会》（1955）、《认识论的元批判：胡塞尔与现象学矛盾研究》（1956）、《黑格尔哲学》（1963）、《介入：新批评模式》（1963）、《否定辩证法》（1966）等。

从 1937 年 11 月霍克海默的文章《传统理论与批判理论》开始，“批判理论”便成为霍克海默圈子的理论家用来叙述自己理论的主要标签。这一批判以法兰克福学派的人本主义文化批判为基本哲学立场，在人本主义的角度实现了形而上学范式的翻转，为现代性的分析提供了大量的理论术语。如在《启蒙辩证法》《否定辩证法》等著作中以“大众文化”“技术理性”等特定范式与“非同一性”“绝对否定”等具体概念对现代资本主义社会展开了较为激进的现代性批判，较为鲜明地尝试回应与解决当代西方社会的现代性危机，较为清楚地从启蒙理性批判开启了现代性批判的新维度，主题凸显地敞开了 20 世纪人类生存危机与人类命运问题的文化批判。

一、批判的社会理论

霍克海默、阿多诺从人本主义文化批判的基本哲学立场出发，在实现西方传统形而上学范式的翻转，以批判理论的标新立异冲破传统理论关于先验范畴的预设的基础上，把社会批判理论指向现实、面向现实，也努力改变现实，从而展现出批判理论与传统理论的不同在于将哲学的社会功能定义为对社会现实一切不合理存在的理性批判。

（一）基本哲学立场：人本主义文化批判

法兰克福学派的社会批判理论不同于传统的哲学理论形态，它并非陷入纯粹思辨的超感性世界中的形而上追问，而是对人的现实生存境遇的一种文化批判。这是由法兰克福学派社会批判理论的人本主义文化批判的哲学立场决定的。这种人本主义的哲学批判理论的解读范式之主要特色在于：在实体主体化的基调上，认定主体等同于理性，由于主体的社会-历史情境和文化模式，严谨地说，认定主体等同于辩证理性，从而主体等同于总体。因此，一切在理论上和实践中对于主体地位的剥夺或理性的丧失，都被视为“异化”，所以应该在文化层面上重新确立人的主体性和否定性思维，以冀通过哲学和革命方式实现人的文化解放，这些成为法兰克福学派社会批判理论的要旨所在。

现代西方哲学中的人本主义是法兰克福学派社会批判理论的源流与基本生发点。自19世纪始，“批判”已成为西方哲学的普遍特征，批判意识已成为许多哲学流派共同强调与褒扬的文化精神。不过，不同哲学流派的批判理论可以呈现出相去甚远甚至相互对峙的理论旨趣或价值取向，区分的关键就在于各流派不同的哲学基础。在20世纪思想史上，主要以两种奠基于不同哲学基础的批判意识为划分，形成了两大哲学阵营对峙的局面：一种是人本主义或人道主义的哲学批判理论，它是关于人性或人类本质的理论，主张维护人的价值与尊严，批判分析人的历史文化境遇，并从人的对象化、超越性的实践活动中找寻扬弃异化与超越现存的现实推动力；另一种是科学主义的哲学批判理论，其强调从科学研究中剔除一切价值判断的实证分析，将人类历史文化的文明进程理解为一个合规律性的必然性的进程，从客观自然规律与社会历史必然性相统一的角度面向现实社会与批判社会现实，追寻人类历史文化的进步意义。法兰克福学派的社会批判理论属于前者毫无疑问。他们一方面极力弘扬人的实践活动的创造本性以彰显人的存在的现实意义与历史价值，凸显人的现实实践对于人的存在的基础性地位，另一方面必然从批判一切束缚人的自由与发展的物化力量和异化力量为入口展开其社会批判理论。

法兰克福学派社会批判理论在继承和借鉴青年马克思的异化理论和卢卡奇的物化理论的基础上把对资本主义制度、现代性文明的控诉与批判进一步引向深入。在法兰克福学派看来，尽管异化理论是马克思针对19世纪人类的生存状态提出的，但它在20世纪并没有过时，它不仅对于社会主义运动具有重要指导意义，而且对20世纪人类的存在与发展都具有重要价值。甚至可以断言，异化状况在20世纪成为更普遍、更突出的人类困境，20世纪的现代人生活于普遍异化的世界之中，甚至连马克思本人也没有预料到，异化在当代会成为普遍的现象和现代人的命运。卢卡奇在马克思资本批判的基础上，进一步将异化理论尤其是商品拜物教的问题继续向前推进，对现代资本主义社会中的"物化"和"物化意识"问题进行了更为细致的分析和批判，其物化理论是对青年马克思的异化理论的进一步丰富。但是，法兰克福学派仅仅是在概念层面热情接受了马克思的异化理论和卢卡奇的物化理论，但在对其内容的取舍上却表示出了拒绝的态度。按照法兰克福学派的观点，异化现象在20世纪发生了形式上和内容上的翻转。他们认为这种转变具体表现在以统治人、束缚人、扼杀人性为特征的异化机制从传统政治统治和经济压迫转化为技术、理性、意识形态等无形的文化力量对人不知不觉的操控。这种新的统治形式由于具有技术主义和消费主义的"合理化的"外观，更加深入社会生活和个人日常生活的各个领域。申言之，在20世纪，异化对人的束缚和统治已从政治压迫和经济剥削转向各种普遍的、异己的文化力量对人的自由的束缚。因此，法兰克福学派致力于将科技异化理论和文化意识形态理论进一步结合，对资本主义社会展开更为深入的批判，这种批判从本质上讲是以异化理论和物化理论为依据的文化批判理论。可以说，法兰克福学派的社会批判理论是在对青年马克思的异化理论和卢卡奇的物化理论的继承基础上，对异化问题的发展与变迁问题所进行的新的阐释径路的转向。这一转向不仅彰显了法兰克福学派社会批判理论在新时代境况下对现代性的批判与重建进行的新路径的开拓，也凸显了其社会批判理论在整个西方马克思主义理论流派中的重要影响力与独特代表性。

(二) 批判理论与传统理论的本质差异

霍克海默对实证主义和经验主义的批判，以及为社会批判理论制定的认识论和方法论的尝试，不仅为法兰克福学派的社会批判理论提供了基础，也是社会批判理论的重要内容。这得益于他对青年马克思主义的人本主义批判立场的继承与发扬。霍克海默认为，青年马克思强调的以变革现存世界、“使现存世界革命化”为宗旨的、立足于人类实践本性之上的批判理论，试图超越前人对于意识形态的理解范式，实现意识形态理解与批判的存在论革命。霍克海默也在相似意义上区分了传统理论与批判理论。在《传统理论与批判理论》一文中，他对法兰克福学派的社会批判理论与传统社会理论作了多维度对比，以此凸显批判理论的基本特征。在他看来，传统理论主要指涉以传统分工为前提、以分门别类形式进行科学研究的各种理论。这里所说的传统理论的内涵非常广泛，其中包括经济学等社会理论，其本质特征是缺少对现存世界的超越与批判维度，表现为单纯的“知识理论”。相较而言，批判理论则首先是一种批判的现实活动，强调人类是自己历史的创造者。批判性理论致力于将经验性社会调查与规范性哲学论证相结合，为当前社会和政治哲学提供一种可行的选择。概括起来，两者的本质区别如下：

其一，从理论的内在性质层面讲，传统理论是一种关注服从于现存秩序的沉默的顺世哲学，而批判理论是一种否定与超越现存秩序、能够获得对社会生活的真正理解的实践性的批判哲学。霍克海默对传统理论和批判理论的对比始于作为一种社会实践的科学概念。霍克海默认为传统理论类似于学者在科学领域中进行知识产出，它与社会的其他所有活动同时发生，但与它们没有直接的明确联系，即科学真正的社会功能没有得到体现。在社会研究所外围成员诺伊曼看来，传统哲学是“自由主义时代资产阶级学者的错误意识”，这种错误意识表现在各种各样的哲学中，尤其表现在马尔堡学派的新康德主义中。与此相反，根据霍克海默的界定，批判理论只有在满足三个标准时才是充分的：它必须同时具有解释性、实用性和规范性。也就是说，它必须能够解释当前社会的现实状况，确定对其进行变革的行动者，同时为批评提供明确的规范，为社会转型提供可能的目标。任何真正具有批判性特质的社会理论，正如霍克海默所说，“其目标是［人类］创造自己的历史生活形式”。批判理论促使人们认识到“社会整体的当前形势两面性”，认识到其中阶级冲突的矛盾对立而揭示了这样一个事实，即当代社会正与一种排除人类参与的自然过程、一种纯粹的机制相等同，因为受到战争和统治支配的文化形式并不体现为自由意志的产物。因此，批判性理论的内在性质和目标表现为社会变革和人类解放。这种综合知识与价值、理论与实践的尝试体现了法兰克福学派一以贯之的人本主义文化批判的基本哲学立场，也是其批判实证主义的事实与价值二元分离的理论基础。

其二，从理论的社会方位层面讲，传统理论是一种独立于社会历史进程的纯粹知识理论，而批判理论是社会发展与革命进程的内在组成部分和核心。霍克海默有一段非常清晰的论述："科学专家研究的客体根本不受他本人的理论的影响。主体和客体是严格分开的。即使事实证明客观事件最后终究会受人类干预的影响，对科学来说，这也不过是另一个事实而已。客观事件是不依赖于理论的，而这种独立性正是它的必然性的组成部分：观察者本身不能在客体中造成变化。可是，有意识地进行批判的态度是社会发展的组成部分：对历史进程的解释是经济结构的必然产物，它同时既包括由这种秩序产生出来的对这种秩序的抗议，也包括人类自决的观念，即关于人的行动不再由外在机制决定而由他自己来决定那样一种状态的观念……批判理论的每个组成部分都以对现存秩序的批判为前提，都以沿着由理论本身规定的路线与现存秩序作斗争为前提。"① 从霍克海默的论述中可以清楚地看到批判理论和传统理论在社会方位和社会功能上是有较大差别的。立基于传统分工之上的知识形态理论往往外在于历史进程或研究对象而进行反映和描述。这种理论往往追求与主体活动无关的"纯客观的"知识，是传统理论主客二分模式的再次体现，使传统理论缺乏对现存世界的超越维度和对未来的预见功能。而批判理论以人的解放为导向，试图将哲学上对真理和道德普遍性的主张内化于人类历史进程中。对于现代社会来说，这样一种"内在批判"是可能的。唯有这样，变革现存世界的实践活动才能与批判理论的哲学活动相一致。

（三）哲学的社会功能：批判现存

霍克海默在《论哲学的社会功能》中从哲学角度对社会功能展开进一步解释。他基于马克思《关于费尔巴哈提纲》的名言："哲学家们只是用不同的方式解释世界，问题在于改变世界。"② 而认为马克思明确把哲学的社会功能理解与界定为对现存世界的实践批判。

其一，霍克海默指出，哲学的社会功能不在于与现实的认同，而在于对现实的批判与超越。哲学作为立足在人类活动的实践本性、超越本性基础上的形而上学，同现存世界、现实社会处于紧张关系之中实属常态。才更需要哲学社会功能的批判性特点。霍克海默看到青年马克思在

---

① 霍克海默：《批判理论》，李小兵译，重庆：重庆出版社，1989 年，第 217 页。

② 《马克思恩格斯文集》第 1 卷，北京：人民出版社，2009 年，第 502 页。

致卢格的信中，曾经毫不含糊地表明，要对现存的一切进行“无情的批判”，而试图承继马克思的这种批判精神。他指出：“哲学的真正社会功能在于它对流行的东西进行批判……这种批判的主要目的在于，防止人类在现存社会组织慢慢灌输给它的成员的观点和行为中迷失方向。必须让人类看到他的行为与其结果间的联系，看到他的特殊的存在和一般社会生活间的联系，看到他的日常谋划和他所承认的伟大思想间的联系。”[①] 即只能从“批判性思维”和“辩证性思维”的发展中找到哲学的真正的实践的社会功能。

其二，霍克海默为揭示自己批判理论的思想意涵，特别对“批判的哲学”进行阐释。他认为，批判不在于简单的否定或谴责，而在于为人类的现存与未来之间建立起一种超越的维度，形成人类发展的内在自我意识。霍克海默指出：“就批判而言，我们指的是一种理智的、最终注重实效的努力，即不满足于接受流行的观点、行为，不满足于不加思索地、只凭习惯而接受社会状况的那种努力；批判指的是那种目的在于协调社会生活中个体间的关系，协调它们与普通的观念和时代的目的之间的关系的那种努力，指的是在上述东西的发展中去追根溯源的努力，是区分现象和本质的努力，是考察事物的基础的努力，简言之，是真正认识上述各种事物的努力。”[②] 霍克海默显然强调的是，哲学批判是以人的发展和社会进步为宗旨的哲学理论分析与批判活动。

如此一来，霍克海默必然呼唤具有批判意识的批判理论，一方面区别于传统理论，一方面凸显批判理论的现代转向，即转向对现存的批判与实践上来。霍克海默分析道：“在目前这样的历史时期中，真正的理论更多地是批判性的，而不是肯定性的，正如相应于理论的社会不能叫做‘生产性的’一样。人类的未来依赖于现存的批判态度；这种态度当然包括传统理论要素和普遍衰退的文化要素。人类已经被一种虚幻地、自我满足地考虑实践构造的科学遗弃了；这种科学所从属并为之服务的实践，就好象某种在科学界限之外的东西一样；这种科学满足于思想与行动的分离。”[③] 可以看出，霍克海默对于哲学功能的理解，特别是对批判功能的理解反映了时代的精神特征，突出了时代的问题意

---

① 霍克海默：《批判理论》，李小兵译，重庆：重庆出版社，1989 年，第 250 页。

② 霍克海默：《批判理论》，李小兵译，重庆：重庆出版社，1989 年，第 255—256 页。

③ 霍克海默：《批判理论》，李小兵译，重庆：重庆出版社，1989 年，第 229 页。

识，彰显了批判理论在解决时代精神的鲜明问题上的哲学功能与价值，而使法兰克福学派对技术理性、大众文化、心理分析等异化方面的批判体现为人本主义的文化批判哲学立场，更体现为典型的现代性批判理论。

二、启蒙辩证法

霍克海默、阿多诺二人于 1948 年合作出版的《启蒙辩证法》因其对现代性的深刻批判，成为西方马克思主义的经典之作，一定程度上也代表了西方马克思主义现代性批判理论的理论高度。在《启蒙辩证法》中，霍克海默、阿多诺在对启蒙精神的基本内涵及其“自我摧毁”倾向的深入离析基础上，通过启蒙的概念图谱，揭示技术理性统治的必然及大众文化批判之必然，因而以此为代表兴起了法兰克福学派大众文化批判的思想核心与理论主题。

（一）启蒙的概念图式

一般来说，启蒙及启蒙运动是指西方近现代社会以来新兴的资产阶级反对封建专制统治的思想解放运动。霍克海默、阿多诺在《启蒙辩证法》中所论说的“启蒙”确与 17 世纪至 18 世纪的启蒙运动有关。他们承认启蒙运动不断确立的理性原则、自由平等思想及其倡导的普及科学知识，这些理念在西方世界获得普遍价值之明确地位。以此为基础，《启蒙辩证法》更进一步将“启蒙”指向人类社会在近现代的理性化进程中所发生的一切强调理性至上和人对自然的技术征服的启蒙运动。认为这样的启蒙运动之价值取向在不断实现中却走向了自己的反面，启蒙及启蒙运动走出自己的辩证法路线，成为走向自身反面、走向自我毁灭的悲剧运动。也就是说，启蒙辩证法是要揭示以理性和技术为核心、以人的自由和对自然的统治权为宗旨，成为启蒙运动以来的永恒追求，可时至今日，这样的启蒙却在走向自己的反面，走向启蒙理性的自我毁灭和理性对人的统治的悲剧。如此一来，启蒙的概念图式包括启蒙精神的基本内涵与启蒙的自我毁灭两个方面。

其一，从启蒙精神的基本内涵看。启蒙精神实质上是现代科学技术发展而不断产生的技术理性主义构成西方工业文明和现代社会的主导性的文化精神。霍克海默、阿多诺继承韦伯等思想家的基本观点，在《启蒙辩证法》中将启蒙精神或启蒙理性的思想内涵指证为三点：第一，启蒙精神强调理性万能、理性至上，将人类从迷信、愚昧中解放出来。理性万能和理性至上的观念是启蒙精神或技术理性主义文化精神的核心命题，也是近现代社会理性化进程的文化精神的升华，其最为本质的特征就是技术理性统治世界。经过启蒙的社会不再呈现为自然历史进程，而是按照理性法则和社会契约原则进行社会的经济政治文化活动。所以，霍克海默、阿多诺指出，在启蒙进程中，理性统治世界的信念已牢固的确立起来："人们从自然中想学到的就是如何利用自然，以便全面地统治自然和他者。这就是其唯一的目的。启蒙根本就不顾及自身，它抹除了其自我意识的一切痕迹。这种惟一能够打破神话的思想最后把自己也给摧毁了。"① 第二，启蒙精神的宗旨是确立人对自然界的无限统治权。霍克海默、阿多诺指出，面对大自然，人们总要做出选择，要么使自然界受自己支配，要么使自己从属于自然界。他们认为，现代人选择了前者，他们"把从内部和外部支配自然界变成了他们的绝对的生活目的"。应当说，在希腊古典理性主义中，也包含着人运用技术手段征服自然界的思想，但是在那里，主要强调的是人作为理性的存在对世界本质和事物结构的理性把握。而在启蒙精神或技术理性主义中，由于找到了现代技术这一强大的支撑力量，所以强调的重点不仅是人对自然的理性把握，更重要的是人对自然界的征服。因此，霍克海默、阿多诺断言："千百年来，男人们总是梦想去获得对自然的绝对占有权，把整个宇宙变成一个大猎场。正因为如此，男人的这种观念最适合于男权社会。这就是男人们竭力鼓吹的理性的意义。"② 第三，启蒙精神坚信理性的发展将确证人的本质力量。启蒙精神在以知识取代神话、以科学战胜愚昧中不断确立人自我的形象，确立人是宇宙中心的地位与明确人的理性至上，使人作为一个独立的主体、一个自我决定的主体而自主自由地进行活动，不再是被动的臣服于神灵或依赖自然。霍克海默、阿多诺援引"人为自然立法"的思想认为在康德那里，启蒙就是使人摆脱自我"原先的未成年状态"，这种未成年状态意味着"无他人指导不能运用自己的悟性"。霍克海默、阿多诺指出，在启蒙精神的信念中，理性法则在社会运行机制和在人征服自然的活动中普遍运用的结果，将会增

① 霍克海默、阿多诺：《启蒙辩证法》，渠敬东、曹卫东译，上海：上海人民出版社，2006年，第2页。

② 霍克海默、阿多诺：《启蒙辩证法》，渠敬东、曹卫东译，上海：上海人民出版社，2006年，第231页。

强人的本质力量，实现人的“普遍的自由”和“自决的权利”①。

其二，启蒙的自我摧毁。霍克海默、阿多诺说，“天堂和地狱是连在一起的”“进步转化成了退步”。他们认为，启蒙的悲剧性在于，其所设想的人对自然的无限的统治权和人的普遍的自由权等目标非但没有实现，却导致相反的结果，走向了启蒙的自我摧毁。“人类不是进入到真正合乎人性的状况，而是堕落到一种新的野蛮状态”——启蒙的世界不是一个人性全面发展的世界，而是一个普遍异化的世界。霍克海默、阿多诺从四个方面揭示了启蒙精神的异化现象。第一，启蒙以消除神话为己任，意欲以知识来代替想象，而在现实中，实证化的启蒙理性却走向了反面，走向了新的迷信，退化为一种新的神话。第二，启蒙理性的宗旨是确立人对自然的无限统治权。然而，人征服自然的结果并未能使人成为自然的主人，也没有使自然成为属人的存在；相反，人对自然的统治导致人与自然关系的破坏，导致自然对人类的报复。第三，在完全被技术理性统治的世界中，不但人与自然相互异化，而且人与人也相互异化，人普遍物化，人们在普遍异化的世界中相互冲突。第四，在技术理性统治的世界中，理性和技术的发展并没有像启蒙精神允诺的那样，增强人的本质力量，实现人的普遍自由；相反，技术本身成为自律的、总体性的统治力量，成为扼杀人的自由和个性的异化。

显然，在霍克海默、阿多诺看来，“就进步思想的最一般意义而言，启蒙的根本目标就是要使人们摆脱恐惧，树立自主。但是，被彻底启蒙的世界却笼罩在一片因胜利而招致的灾难之中”②。

（二）技术理性批判

霍克海默在《批判理论》《理性之蚀》《启蒙辩证法》等论著中对科学技术的批判产生重大影响。他揭示了科学技术的负面效应，指出：“当面临作为一个整体的社会进程的问题时，科学却逃避着它的责任。”③“工艺的基本原理就是统治的基本原理。”④“技术合理性已经变

---

① 霍克海默、阿多诺：《启蒙辩证法》，渠敬东、曹卫东译，上海：上海人民出版社，2006年，第81页。

② 霍克海默、阿多诺：《启蒙辩证法》，渠敬东、曹卫东译，上海：上海人民出版社，2006年，第1页。

③ 霍克海默：《批判理论》，李小兵译，重庆：重庆出版社，1989年，第3页。

④ Horkheimer and Adorno, *Dialectic of Enlightenment* (New York: Herder and Herder, 1972), p. 121.

成了支配合理性本身，具有了社会异化于自身的强制本性。”① 即科学技术本身并没有从实质上增强人的本质力量，相反却成为一种总体性的统治力量。进而，霍克海默指认科学技术在现代社会中俨然已经开始具有意识形态的异化性质和统治功能。他写道：“不仅形而上学，而且还有它所批评的科学，皆为意识形态的东西；后者之所以也复如是，是因为它保留着一种阻碍它发现社会危机真正原因的形式。说它是意识形态的，并不是说它的参与者们不关心纯粹真理。任何一种掩盖社会真实本质的人类行为方式，即便是建立在相互争执的基础上，皆为意识形态的东西。认为信仰、科学理论、法规、文化体制这些哲学的、道德的、宗教的活动皆具有意识形态功能的说法，并不是攻击那些发明这些行当的个人，而仅仅陈述了这些实在在社会中所起的客观作用。”②

霍克海默用“启蒙辩证法”这一范畴对现代社会中技术理性所具有的意识形态异化性质和统治功能做出比较激进与深刻的批判。因为，霍克海默将其对科学技术的批判与对启蒙的批判结合在一起的，强调启蒙虽然使人类从神学统治和封建专制下解救出来，用人性取代了神性，但却又受制于技术理性，使人臣服于科学技术的权威，形成一种普遍的服从意识并失去对资本主义社会否定和反抗的维度，形成一个“没有反对派”的社会。在《理性之蚀》一书中，霍克海默将理性区分为主观理性和客观理性。其中，主观理性就是工具理性，客观理性则指理性所决定的人类生活的价值和内容。但是，在科学技术飞速发展的同时，客观理性却被忽视了。工具理性被抬到很高的位置，成为衡量事物有用性的标准，任何事物在工具理性面前都可以被用来实现某种目的，进而被操纵和控制。如资本主义文化工业的媒体宣传已然成为意识形态以及技术理性的一整套价值体系；由于技术理性逻辑的渗透，文化工业生产贯穿的是标准化、齐一化、模式化，即文化工业的出现，为技术理性对人的统治提供了一种实际的有效手段。

以上不难看出，霍克海默和其合作者阿多诺一样，都把资本主义社会中出现的各种问题归结为技术异化，进而对启蒙进行批判的做法存在着很大的理论缺陷。一方面，在分析资本主义社会弊端时，他们没有从

---

① 霍克海默、阿多诺：《启蒙辩证法》，渠敬东、曹卫东译，上海：上海人民出版社，2006 年，第 108 页。

② 霍克海默：《批判理论》，李小兵译，重庆：重庆出版社，1989 年，第 5 页。

生产关系的层面对资本主义社会进行彻底的批判；另一方面，他们片面强调技术理性对人的宰制，没有进一步分析技术理性所导致的背反之所以出现的深层社会原因，无法从资本的视角分析技术不再是社会生产力，反而成为统治阶级维护自身统治的工具的根本原因。所以，当我们认真研究霍克海默技术理性批判的基本内涵和理路逻辑时，既要注意到其思想的价值与限度，更要看到其思想的影响力。霍克海默的技术理性批判思想直接影响了马尔库塞的《单向度的人》一书和哈贝马斯的科学技术观、凯尔纳的技术资本主义理论，甚至20世纪70年代以来的生态学马克思主义都受其深刻的影响。

（三）大众文化批判

霍克海默在《批判理论》以及与阿多诺合著的《启蒙辩证法》中，经由对文化工业的分析开辟了法兰克福学派大众文化批判的主题。关于大众文化的异化特征和消极功能的解读与理解，他们是从本真意义上的艺术本质的规定性入手。

本真的文化（艺术）：自由与超越　由各种审美形式构成的艺术领域一旦取得独立性，就成为人的最神圣、最崇高的存在领域，它超越了为生存压力所困扰的、琐屑的日常生计和程式化、常规化的社会运动，成为最具创造性的领域，即人在艺术创作和审美意境中，能够最大限度展示人的创造性本质。具体说来，本真意义上的艺术之创造性主要体现在两个维度：一是自由，二是超越性。真正的艺术其首要本质特征便是自由，它是人的自由本质的实现和体验，无论是艺术品的创作还是审美，都在展示人特有的本质规定性，即自由。霍克海默认为，美在某种意义上是“一种没有利害关系的愉快存在”，因为，在这里人往往是在不顾及社会价值和目的性的前提下，单纯在美的判断中表现自己的特色。艺术工作是一种愉快的工作，根本原因在于它体现了自由原则和创造性原则，是独立个体不可替代、不可重复的创造。真正的艺术品总是具有不可复制、不可重复的个性，这种个性从本质上来讲就是自由。真正的艺术的另一方面的本质规定性便是超越性，即对现存和给定性的否定。虽然艺术的自由本质往往具有内在性，审美活动往往表现为独立个体的内在的自由创造或内在的自由体验，但是，这并不意味着艺术活动和审美活动不具有现实性。实际上，在艺术和审美活动中开展的自由创造和自由体验一经发生，就已经在理想与现实之间形成了一种张力，形成对异化的、物化的、分裂的现存世界的超越和否定维度。因此，真正的艺术既是一种自由的创造，也是一种变革现存的力量。霍克海默对此有深刻的论述。在《批判理论》中他提出："反抗的要素内在地存在于最超然的艺术中。"① 在艺术中，个体摆脱了他作为社会成员的现存责任，又依据人的自由本性设定了与现存的异化世界截然对立的理想境界，因此，艺术成为具有超越性与否定性的革命力量。从上述两个方面的论述来看，真正的艺术作为最精致的文化创造，是人自由自觉的本质最深刻的体现，以及人类社会进化的重要内在动源。然而，在现代发达工业社会的背景中，艺术也不可避免地走向了异化。异化的、非升华的齐一性的商品化艺术失去了创造性，失去了个性和自由的特征。这种异化的艺术集中表现为大众文化。

大众文化：欺骗与操纵　一般说来，大众文化是指借助大众传播媒介而流行于大众中的通俗文化，如通俗小说、流行音乐、艺术广告、批量生产的艺术品等。它融合了艺术、商业、政治、宗教与哲学，在闲暇时间内操纵广大群众的思想与心理，培植支持统治和维护现状的顺从意识，行使社会欺骗的功能。霍克海默、阿多诺所使用的"文化工业"概念是"大众文化"的另一种表述。他们在《启蒙辩证法》中关于文化工业的分析，核心思想是揭示大众文化作为一种异化力量的消极功能，并认为大众文化对于人存在负面影响。第一，大众文化的商品化。在技术世界中，通俗化、大众化的文化已经丧失了真正的文化的本质规定性，即丧失了艺术品的创造性，创造性的丧失必然呈现出商品化趋势，具有商品拜物教的特征。第二，大众文化的模式化——个性的虚假。现代技术的批量生产、无限复制，使大众文化具有明显的标准化、齐一化、模式化特征。第三，大众文化的欺骗性。大众文化具有很强的欺骗性，其旨在迎合在机械劳动中疲惫的人们的休闲需求，通过提供越来越多的承诺和越来越好的娱乐消遣来消解人们内在的超越维度和反抗维度，使人们失去思想深度和主体创造，在平面化的文化模式中逃避现实，沉溺于无思想的享乐，趋于对现实的认同。第四，大众文化的操控性和统治性。技术时代的大众文化成为一种新的统治形式，尽管它在表面上不具有强制性，但对人的操纵和统治更为深入，具有无所不在的特征。这种操控性和统治性对于现存社会秩序的稳定起到十分重要的作

① 霍克海默：《批判理论》，李小兵译，重庆：重庆出版社，1989 年，第 259 页。

用，造成人们面对一个不合理的社会，在思想层面意识不到其不合理性，也无法在实践中形成现实反抗或者造成反抗无效的局面。

可见，将技术理性的异化力量和大众文化批判结合起来，使人们更为清晰、更为深刻地认识到当今资本主义工业文明社会的文化异化之普遍与必然。

三、否定辩证法

霍克海默批判理论所表达的对20世纪人类异化的生存困境的现代性批判，在阿多诺那里，以“否定辩证法”的形式体现。阿多诺于1966年发表的《否定辩证法》是该思想的经典之作。在黑格尔、马克思及马尔库塞对否定辩证法阐释的基础上，阿多诺对“否定”的彻底性方面作出更为突出的强调和发展。其独特性在于，他是在与马克思否定辩证法截然不同的基础上建构自己的否定辩证法之系统。该系统紧紧围绕“非同一性”和“绝对否定”的理论逻辑与“奥斯维辛集中营之后”的现实逻辑的两个方面展陈。

（一）核心概念：非同一性

非同一性是构成否定辩证法的核心概念，否定辩证法的其他命题和观点均从这一核心概念展开。与非同一性概念相对峙的概念是同一性，同一性在某种意义上构成了传统哲学的理论内核。一般说来，各种传统哲学流派尽管在研究主题方面存在诸多相异之处，基本见解也各不相同，但是，它们往往自觉或不自觉地以某种方式追求同一、统一、和谐、一致等。因此，非同一性和同一性的对立并非简单为两个哲学范畴的对立，而表征着哲学思想、哲学立场、哲学观念的区别。从哲学上看，非同一性和同一性之间的不同规定性如下：

第一，以非同一性取代同一性，这是哲学思维的根本维度。阿多诺认为，非同一性与同一性相比具有优先性，他断言，“没有非同一就没有同一性”①。从这样的理解出发，阿多诺认为，辩证法的核心范畴应当是非同一性而不应是同一性。辩证法是关于矛盾的学说，矛盾就是非同一性。他指出：“由于意识自身的内在本质，矛盾性就具有不可避免的、命中注定的法则性特征。思维的同一性与矛盾被焊接在一起。矛盾

① 阿多诺：《否定辩证法》，王凤才译，北京：商务印书馆，2019年，第139页。

的总体性不过是总体的同一化的不真实，正如它体现在总体的同一化中一样。矛盾就是法则魔力中的非同一性，这个法则也刺激了非同一物。"[①] 基于上述关于非同一性之优先性的论析，阿多诺强调，辩证法是关于非同一性的学说，它倾向于非同一性，而拒斥同一性，这是否定辩证法的根基与核心所在。"辩证法是一以贯之的非同一性意识"，"辩证法走向不同的东西"，"按其主观方面来说，辩证法主张这样思维，以至于思维形式不能使思维对象变成不可改变的、保持自身不变的东西"。[②] 如此一来，阿多诺将辩证法奠基于非同一性基础上。

第二，对同一性的批判，拒斥传统哲学本体论，反对第一哲学和基础主义。拒斥同一性是阿多诺否定辩证法的基本出发点。他指出："在现代哲学史上，'同一性'一词是多义的。从前，它被设计为个体意识的统一体：一个在它的所有经验中作为自身而获得的'我'。这意味着康德的'我思考，一切应该能够伴随我的观念的东西'。然后，同一性又应该是在所有具有理性天赋的本质中同样合乎规则的东西，即作为逻辑一般性的思维。接下来，同一性是指每一个思维对象的自我同一性，即简单的 A＝A。最后，在认识论—理论上，它是指主体与客体重合在一起，正如它们无论如何总是相互中介一样。"[③] 即无论同一性意味着与自我的自在同一，或是还原于主观性，或是对立双方的和谐一致，它都是应当被哲学思维拒斥的因素。他甚至断言："与自身保持相同的东西，即纯粹的同一性是坏的东西。"[④] 阿多诺从笛卡尔的怀疑出发，又从自己的怀疑一切的同一性出发对传统哲学的体系化、本质主义进行反对第一哲学和拒斥本体论的分析，为非同一性扫清了地盘，也为否定辩证法奠定了基础。

第三，非同一性的具体内涵是坚持差异与异质性，强调个别性和特殊性、强调非概念性。阿多诺断言，矛盾就是非同一性，因此，差异与异质性在非同一性和在否定辩证法中占据十分重要的地位。如果没有差异的存在，没有异质的东西，一切都会变成自在同一的纯存在，那样就不会有非同一性存在的根据。对于差异与异质的坚持，就是对个别性和特殊性的强调，意味着个别意识、个别主体是与普遍性相对立的。阿多

① 阿多诺：《否定辩证法》，王凤才译，北京：商务印书馆，2019 年，第 7—8 页。
② 阿多诺：《否定辩证法》，王凤才译，北京：商务印书馆，2019 年，第 7、174、175 页。
③ 阿多诺：《否定辩证法》，王凤才译，北京：商务印书馆，2019 年，第 162 页。
④ 阿多诺：《否定辩证法》，王凤才译，北京：商务印书馆，2019 年，第 141 页。

诺批评黑格尔在个别性与一般性问题上的失误，认为黑格尔过分强调整体与群体，厌恶个别意识，使个别意识几乎总是一种不幸的意识。阿多诺以此强调非概念性的重要性。在他看来，非概念性构成非同一性的重要内涵。概念化或概念的生成本身就代表着思维的同一性，它是认识主体排除了规定性中的各种差异性和个别性，趋于一体化和普通化的结果。因而在概念的生成中没有非同一性的地位。要确立非同一性的地位，就必须指出概念的空洞性，使非概念性占据主导地位。

（二）本质精神：绝对否定

从非同一性这一核心概念出发，阿多诺把否定辩证法的本质精神界定为“否定”，一种不带有任何肯定要素的彻底的否定。阿多诺认为，这种否定辩证法是同黑格尔导致肯定的辩证法相区别的，他指出：“这种辩证法是否定的，它的观念被黑格尔命名为差异。在黑格尔那里，同一性与肯定性重叠在一起，将所有非同一和客观的东西纳入被扩展、被提高为绝对精神的主观性中就能实现和解。与此相反，在每个规定性中起作用的整体的力量，不仅是它的否定而且本身就是否定、不真实的。”① 阿多诺把否定辩证法的“绝对的否定”从以下几个方面加以理解。

第一，否定辩证法所阐释的否定不是导致肯定的否定，不是否定之否定，而是彻底的否定，即“绝对否定”。黑格尔的否定是强调对现存的扬弃，是包含肯定的否定，是一种以肯定为旨归的否定。否定之否定成为黑格尔辩证法的核心。但是在阿多诺看来，否定之否定并不是真正的否定，而是肯定，或者说，否定之否定的结果导致肯定。辩证法不应停留于这种肯定的否定，而应坚持一种与否定之否定相对立的彻底的否定。即“被否定的东西直到消失时还是否定的，这个说法就与黑格尔彻底地决裂了。通过同一性平息了辩证矛盾，即不可消解的非同一之表达，意味着尽可能地无视辩证矛盾所表明的东西，而退回到纯粹的推论思维中。”② 可见，阿多诺的否定辩证法不承认否定与肯定的共生、共存、共发展及其发生、发展的可能性，而是对肯定的反叛。如果将黑格尔的辩证法及其发展道路表述为“肯定—否定—否定之否定”的话，那么，阿多诺的否定辩证法则可表述为“否定—否定—再否

① 阿多诺：《否定辩证法》，王凤才译，北京：商务印书馆，2019 年，第 162 页。

② 阿多诺：《否定辩证法》，王凤才译，北京：商务印书馆，2019 年，第 182 页。

定”，才可见其否定的彻底性。

第二，否定辩证法的深度体现在它的革命性、批判性以及破坏性，即“瓦解的逻辑”或“崩溃的逻辑”。阿多诺反复强调否定辩证法的否定观的深度与彻底性，意味着这种否定性并非单纯理论上的否定，而是一种现实上的超越，集中体现在阿多诺的“瓦解的逻辑”（或“崩溃的逻辑”）方面。阿多诺指出，否定辩证法与黑格尔的辩证法不一样，“它的运动不是趋向于对象与概念之间差异中的同一性，更多地是怀疑同一。它的逻辑是一种瓦解的逻辑：这种瓦解拥有（认识主体本身首先直接面对的）概念已经准备好的、对象化的形态”[①]。“瓦解的逻辑”强调的是否定辩证的革命性和实践力量，其宗旨就是超越一切现存的事物，无论是传统，还是现存的进步，无论是陈旧的东西，还是刚刚生成的东西，一切都要经受“瓦解的逻辑”的检验，即“对现存的一切进行无情的批判”，即对给定性的破坏与瓦解就是对现存的革命。

第三，否定辩证法所阐释的否定是人之生存和人类历史的重要维度，它既体现于人的自由本质之中，也体现为世界历史精神。按照阿多诺的理解，彻底的或绝对的否定并不是从人的活动之外加诸人之存在的一种理论态度，而是人之生存不可或缺的维度，它根植于人的实践活动的超越本性，即自由。否定是自由的本质。阿多诺反对“自由是对必然的认识”，主张从否定的意义上理解自由，把自由理解为“对压抑的抵制”、对现存的否定。“一个人，只有当他不必屈从于二难选择时，才是自由的；而且，在现存条件下，只要能够拒绝二难选择，那就具有自由的迹象。自由意味着状况的批判与改变，而不是通过强制结构中的抉择而确证状况。”[②] 阿多诺断言：“世界精神既是又不是精神，而是否定精神的东西”，“将世界精神体验为整体，便意味着体验世界精神的否定性”。[③] 这样一来，阿多诺不仅从否定性来理解个体的自由与存在，而且从否定性来释读作为整体的人类历史运动，揭示其自我超越和进步的机制与内在精神，将否定辩证法贯穿于人类的一切存在领域。

---

① 阿多诺：《否定辩证法》，王凤才译，北京：商务印书馆，2019 年，第 165 页。

② 阿多诺：《否定辩证法》，王凤才译，北京：商务印书馆，2019 年，第 254 页。

③ 阿多诺：《否定辩证法》，王凤才译，北京：商务印书馆，2019 年，第 343、345 页。

（三）现实维度："奥斯维辛集中营之后"

阿多诺《否定辩证法》的最后一章"关于形而上学的沉思"就是"奥斯维辛集中营之后"，在此进一步说明这些罪行和苦难并非与形而上学的理性无关的偶然的历史插曲，而是理性同一性的必然后果。

第一，"第二自然的灾难"集中反映了同一性哲学的实践后果。阿多诺借用黑格尔、卢卡奇关于"第二自然"的概念，将奥斯维辛集中营这类罪行称为"第二自然"的灾难。这种灾难不是外在自然的直接产物，而是"社会的灾难"，是理性文化的灾难，是人类自己制造出来的灾难，制造这种灾难和邪恶的主要动力恰恰是人类一直引以为豪的理性统治的力量及其技术宰制的手段。其可怕的是，在奥斯维辛集中营实施的"科学的""理性的"屠杀中，理性同一性的邪恶力量充分展示出自己的威力。这种绝对的同一性和一体化，导致历史对个体生命的漠视，导致对个体差异、种族差异的否定，任何不能被理性同一化的差异和个性都要通过种族灭绝或个体消灭的方式被抹杀。因此，阿多诺明确断言，面对这些惨无人道的暴行，理性同一性文化绝对不是清白无辜的，传统形而上学绝对不是一种超然的"旁观者"，相反，"种族灭绝是绝对的整合"，"奥斯维辛确证了纯粹同一性就是死亡这个哲学原理"。[①] 这种断言把历史演进中隐藏的深层文化机制的力量暴露出来，使人类充分认识到自己对历史、对自己行为后果的深刻反思的必要性所在。

第二，奥斯维辛集中营的出现，导致形而上学能力的瘫痪。阿多诺明确提出奥斯维辛集中营之后，"趋向形而上学的能力瘫痪了"[②]。这里的"形而上学"（metaphysics）是指哲学中的元理论层面，是关于事物、存在、现象乃至世界的本质与根据的理论思考。阿多诺借此谈及其形而上学意指理性时代的核心文化精神，即技术理性主义文化精神。如《启蒙辩证法》所谈论的那样，现代科学技术背景下的一体化的理性并非天然至善的力量，如果脱离了内在的价值维度，成了一种偏离人的生存目标的自律的力量，它完全可能走向启蒙的"自我毁灭"，走向理性的暴虐和罪恶。以奥斯维辛集中营为代表的现代科学技术和理性管理条件下的残暴罪行，无情宣告了理性主义形而上学关于绝对真理、理性自由、普遍解放等"宏大叙事"的落空，揭示了丧失价值内涵的理性同一性

---

① 阿多诺：《否定辩证法》，王凤才译，北京：商务印书馆，2019年，第413页。
② 阿多诺：《否定辩证法》，王凤才译，北京：商务印书馆，2019年，第413页。

哲学的敌视人的本性。阿多诺所谓的形而上学能力的瘫痪意指这种一体化的理性的深刻危机。

当然，阿多诺在这里并不是一视同仁的反对一切理性，而是反对那种丧失了人的内在价值维度、漠视人的生命存在的绝对的一体化的绝对理性，以呼喊尝试觉醒人的历史责任：首先，每个人必须深刻反思自己的行为后果，必须警惕以崇高为华丽外衣的绝对一体化的理性和科学何以导致人的异化的消极后果。如“奥斯维辛之后你是否还应该活着？特别是那些偶然逃脱、但依法必须被处死的人是否还可以继续活着？”[①] 其次，哲学自身必须深刻反思自己“理所当然的”理论前提。哲学再也不能不加反思地颁布普遍的理论原则，不能脱离人的存在和人的价值去抽象地构造关于绝对真理、理性自由、普遍解放等“宏大叙事”，不能不加分析和批判地迷信“绝对的一体化”的理性和科学，不能用抽象的和普遍的同一化范畴来否定人的个体存在和人的价值。

阿多诺的否定辩证法作为20世纪较为激进的现代性批判理论，特别是毫不妥协地、与肯定和同一势不两立的批判理论，在一定程度上背离了马克思主义革命的、实践的辩证法。而背离辩证法本身的革命性，其彻底性也必受影响。这是因为，辩证法所包含的“否定”，其目的并非单纯的否定，而是为重建社会奠定哲学基础。真正的“否定”应该是“否定之否定”，是“对资本主义生产的否定”[②]，最重要的是克服资本主义私有制，重建社会所有制。阿多诺的绝对否定本质上缺少一种历史视角，否定的“绝对性”阻碍了其在理论上向前发展的可能，窒息了辩证法本身的批判性和革命性。即便如此，否定辩证法对一种发自人类实践本性的现代性批判的热情倡扬，使其一直占据整个西方马克思主义现代性批判理论逻辑的制高点。

---

① 阿多诺：《否定辩证法》，王凤才译，北京：商务印书馆，2019年，第414页。
② 《马克思恩格斯文集》第9卷，北京：人民出版社，2009年，第141页。

第五章　马尔库塞：大众文化批判理论

单向度的人即所谓的丧失否定、批判和超越能力的人。这样的人不仅不再有能力追求，甚至也不再有能力去想象与现实生活不同的另一种生活。

——马尔库塞

赫伯特·马尔库塞（Herbert Marrse，1898—1979），是法兰克福学派的左翼代表人物，美国德裔哲学家、社会学家。1898 年，马尔库塞出生于德国柏林的一个犹太人家庭。他从小一直在父母身边长大，受到良好的教育。第一次世界大战爆发后，他应征入伍，此后又经历了德国革命等重大事件。在此期间，其政治态度一直是偏向激进，年轻时曾参加过德国社会民主党，不久退党。德国革命失败后，他在柏林大学和弗赖堡大学学习哲学，完全退出了政治活动，入胡塞尔和海德格尔的门下。弗赖堡大学典雅幽静的环境仿佛有点与世隔绝，无论世界发生怎样的政治的、经济的事变，弗赖堡大学依然保持着德国民族所特有的精神凝聚力，在纯粹的玄思天地中翩翩舒展着抽象思辨的翅翼。那里有胡塞尔、海德格尔等闻名于世的哲学家，一切政治革命的风暴和民主运动的浪潮以及战争的满天阴云，都被他们以逻辑的方式收摄在晦涩艰深的哲思之中，在这里继续着康德和黑格尔之后的理论上的深入进军，享有哲学荣誉的无上冠冕。弗赖堡大学以它的精神魅力吸引着世界各地的思想家，马尔库塞就是其中的一位。1922 年获得博士学位后他当上了海德格尔的助手，但不久因观点分歧，两人分道扬镳。1932 年他与霍克海默相识，参加法兰克福社会研究所。1934 年随研究所前往美国，先后在美国的一些研究机构和高等院校任职任教，1942—1950 年受聘为美国政府的研究分析员，起初在战略情报局工作，后来进入国务院。离开政府工作后，在哥伦比亚大学和哈佛大学担任研究员。20 世纪 60 年代末，他因积极支持西方青年学生的造反运动被誉为“新左派之父”“青年造反者的明星和精神领袖”。1963—1964 年任耶鲁大学历史系客座教授。1954—1965 年担任布兰代斯大学政治学和哲学教授，并取得终身教授的职务，此间还在法国巴黎高等师范学院任过职。他从布兰代斯大学退休后，担任加州大学圣地亚哥分校的哲学教授。1966 年荣获柏林大学荣誉教授称号。1979 年 7 月 29 日，在赴联邦德国讲学期间，逝世于施塔恩贝格，终年 81 岁。

马尔库塞的思想发展大致可划分为三个阶段：20 世纪 30 年代受存在主义影响较深；40 年代致力于解释“马克思主义与黑格尔主义的紧密联系”；50 年代以后则主要是从弗洛伊德的精神分析学出发解释马克思主义。他的主要著作有《理性与革命》(1941)、《爱欲与文明》(1955)、《苏联的马克思主义》(1958)、《单向度的人》(1964)、《论解放》(1969)、《反革命与造反》(1972) 等。

马尔库塞的“单向度的人”的理论所揭示的是技术理性统治和技术异化的世界中现代人异化的生存境遇与生存状态。从理论逻辑上看，马尔库塞“单向度的人”所阐述的技术理性统治理论是其关于现代人的性格结构异化问题分析的理论基础，人的单向度生存方式已经是性格异化的突出表现。从“单向度的人”分析入手，可以从以下几个方面阐释法兰克福学派的大众文化批判理论。

一、单向度的人：技术理性批判

技术发展的两重性是马尔库塞技术理性批判的基本出发点。按照传统的理解，科学与技术，在某种意义上主要具有工具和手段的特征，就其同人的生存的关系而言，也具有中性或中立的特征。马尔库塞进一步认为，现代科学技术的发展正在改变这种观念。科学技术在获得越来越大的发展空间的同时，科学技术的本质精神，即技术理性已逐渐渗透到社会生活和社会结构的方方面面，形成新的统治形式。马尔库塞指出，在现代工业文明条件下，“面对这个社会的极权主义特征，技术‘中立性’的传统概念不再能够得以维持。技术本身不能独立于对它的使用；这种技术社会是一个统治系统，这个系统在技术的概念和结构中已经起着作用”①。由此，马尔库塞说：“我的目的是阐明它内在的工具主义特征，从这一特征看，科学是一种先验的技术学和专门技术学的先验方法，是作为社会控制和统治形式的技术学。”②

在破除了关于科学技术中立的传统观念之后，马尔库塞明确表述了科学技术发展的两重性的思想。在他看来，所谓科学技术发展的两重性，即技术理性的两重性。以科学技术发展为背景的现代社会，通过对事物的客观秩序和理性结构的把握取代了传统的人身依赖和自然依赖，在社会生活和社会结构中形成更高形态的技术理性的统治。技术理性一方面对现代社会的发展发挥着巨大的推动作用，能够“愈加高效地开发自然和精神资源”；但另一方面，这一理性的“险恶力量”主要“表现在人被生产手段的渐进奴役中”。马尔库塞如此描述技术理性统治的两重性：“社会是在包含对人的技术性利用的事物和关系的技术集合体中对自身进行再生产的。换言之，为生存而进行的斗争、对人和自

---

① 马尔库塞：《单向度的人》，刘继译，上海：上海译文出版社，2016 年，第 6 页。

② 马尔库塞：《单向度的人》，刘继译，上海：上海译文出版社，2016 年，第 136 页。

然的开发，日益变得更加科学、更加合理。‘合理化’的双重涵义在这种场合下是相互关联的。劳动的科学管理和科学分工大大提高了经济、政治和文化事业的生产率。结果，生活标准也相应得到提高。与此同时并基于同样理由，这一合理的事业产生出一种思维和行为的范型，它甚至为该事业最具破坏性和压制性的特征进行辩护和开脱。科学—技术的合理性和操纵一道，被熔接成一种新型的社会控制形式。”①

马尔库塞在《反革命与造反》中，把技术理性的两重性思想进一步明确概括为一个著名的命题：“资本主义进步的法则寓于这样一个公式：技术进步=社会财富的增长（即国民生产总值的增长）=奴役的扩展。”② 这一命题公式作为技术理性两重性的清晰表达，成为马尔库塞技术理性批判思想的理论凝练，必然在西方马克思主义的现代性批判思想中产生现代性共谋的思想效应。

（一）新的统治形式：技术理性统治

技术理性的双重性表明，科学技术的发展不仅改变了人的物质生存条件，也改变了社会结构和社会运行机制。技术体系本身变成一种带有极权主义特征的统治力量或操控力量。技术理性的统治使技术从人的解放的力量转变成为人的解放的桎梏。正如马尔库塞所说，“技术进步的持续动态已为政治内容所渗透，技术的逻各斯被转变成依然存在的奴役状态的逻各斯。技术的解放力量——事物的工具化——转而成为解放的桎梏；人的工具化”③。马尔库塞分析道，工业社会及其技术理性的原本目标是要通过技术的发展把人从必然性的王国中解放出来，确立人的“自决权”，使人能够“自由地发挥属于他自己生活的自主性”。但是，实际情形走向了反面。“当代工业社会，由于其组织技术基础的方式，势必成为极权主义。因为，‘极权主义’不仅是社会的一种恐怖的政治协作，而且也是一种非恐怖的经济技术协作，后者是通过既得利益者对各种需要的操纵发生作用的。当代工业社会由此而阻止了有效地反对社会整体的局面出现。不仅某种形式的政府或党派统治会造成极权主义，就是某些特定的生产与分配制度也会造成极权主义，尽管后者可能

---

① 马尔库塞：《单向度的人》，刘继译，上海：上海译文出版社，2016 年，第 125—126 页。

② Herbert Marcuse, *Counterrevolution and Revolt* (Beacon Press, 1972), p. 4.

③ 马尔库塞：《单向度的人》，刘继译，上海：上海译文出版社，2016 年，第 137 页。

与党派、报纸的‘多元论’以及‘对等权力牵制’等等相一致。”[①] 具体而言，技术理性的发达使现代社会在行使统治职能时较少运用暴力和强权手段，而更多求助于消遣、娱乐等现代消费手段，使人心甘情愿地而不是被迫地被纳入现存社会的体系之中。用马尔库塞的话说：“这种压抑不同于在我们的社会之前的较不发达阶段的压抑；它今天不是由于自然和技术的不成熟状况而起作用，而是依靠实力地位起作用。当代社会的力量（智力的和物质的）之大于以往，是无可估量的——这意味着社会对个人统治的范围之大于以往，也是无可估量的。我们社会的突出之处是，在压倒一切的效率和日益提高的生活水准的基础上，利用技术而不是恐怖去压服那些离心的社会力量。”[②] 进而，从现代科学技术的发展趋势看，这种技术理性统治的合法性基础会在相当长的时期内呈现稳固的状态。马尔库塞断言：“假定不会发生中断技术发展的核战争或其他大灾难，技术进步就会有利于生活水准的继续提高和控制的进一步放松。国有化经济可以利用劳动生产率和资本而不会遇到结构性的抵抗，同时又大幅度地降低工作时间并增加生活的舒适程度。它能够完成所有这一切而不放弃对人民的全面管理。……统治者能够投放的消费品越多，下层人民在各种官僚统治机构下就被束缚得越紧。”[③] 人就愈发成为单向度的人。

（二）单向度的人

马尔库塞认为，发达技术世界中的现代劳动通过技术理性的统治而建立起来的社会是一个消除了工人反抗性的一体化的社会，其主要发展趋势和特征为：“在作为促进性、支持性有时甚至是控制性力量的政府干预下，国民经济按照大公司的需要进行集中；这种经济与军事联盟、货币整顿、技术援助和发展规划的世界性体系相协调；蓝领工人和白领工人、企业中的领导和劳工、不同社会阶层的闲暇活动及愿望逐渐同化；学业成绩与国家培养目标之间的预定和谐得到促进；公众舆论的共同性侵入私人事务；私人卧室向大众传播媒介敞开。”[④] 这样一来，马克思所分析的传统意义上的作为革命主体的工人阶级已经不再存在，而

① 马尔库塞：《单向度的人》，刘继译，上海：上海译文出版社，2016 年，第 4—5 页。
② 马尔库塞：《单向度的人》，刘继译，上海：上海译文出版社，2016 年，第 1—2 页。
③ 马尔库塞：《单向度的人》，刘继译，上海：上海译文出版社，2016 年，第 38—39 页。
④ 马尔库塞：《单向度的人》，刘继译，上海：上海译文出版社，2016 年，第 18 页。

转变为与现存社会秩序认同的失去超越维度和批判维度的单向度的人。对于单向度的人的生成过程，马尔库塞从四个方面做了详细分析。

第一，以现代科学技术发展为背景的机械化和自动化程度的不断提高与加速，使劳动者体力的付出量与时间的占用量均处于减法中，劳动者的生存境遇、劳动态度与社会地位均发生变化。马尔库塞指出："标准化和常规同化了生产性与非生产性的工作，先前那些资本主义阶段的无产者的确是在劳役重压下的牲畜，当他生活于肮脏和贫困中时，他只得依靠身体的劳动来获取生活的必需品和奢侈品。因而他是对他那社会的活生生的否定。与此相反，技术社会发达地区的有组织的工人所过生活的否定性就没有那么显著了；同社会劳动分工中的其他人的目标一样，他正在被纳入由受到管理的人们所组成的技术共同体之中。不仅如此，在自动化最为成功的地区，某种技术共同体似乎在使工作中的人类原子一体化起来。"①

第二，劳动者的职业阶层划分出现新变化。在关键性工作中，"白领"劳动者增多，"蓝领"劳动者减少，而使"非生产性工人数量增加"。这一变化必然引起生产劳动价值构成的改变，机器在整个生产体系中的地位开始凸显，其"输出"影响着或决定着生产率和价值观的生成。马尔库塞认为，这种变化对马克思的剩余价值理论也形成了挑战。即人在以自动化为核心的技术或机械体系中，人在减轻体力劳动输出的同时，也开始失去原先在劳动生产中的中心地位，而被整合到机械体系中，失去了其自主权。

第三，工人地位的变化影响着工人对待生产体系或技术体系的态度和意识，工人开始主动参与到技术体系之中。或者说，工人自愿被整合到生产和技术体系中，不再作为现存生产体系的否定力量，而是作为其肯定的力量而存在。马尔库塞指出："人们注意到工人方面'渴望参与生产问题的决策'，'渴望在技术性的或适合于用技术来解决的生产问题上积极发挥他们的才智'。在一些技术最发达的企业中，工人们甚至夸耀他们在企业中得到的既定利益——这是人们经常注意到工人参与资本主义企业的一个结果。"②

第四，如此一来，工人丧失了否定性的维度，"不再表现为现存社

---

① 马尔库塞：《单向度的人》，刘继译，上海：上海译文出版社，2016年，第24页。
② 马尔库塞：《单向度的人》，刘继译，上海：上海译文出版社，2016年，第28页。

会活生生的对立”，劳动者由此成为与现存认同的单向度的人或单面人，其主导性的意识是缺少否定维度的“单向度的思想”或“单面思想”。马尔库塞对单面度的思想之生成做了描述：“公共运输和通讯工具，衣、食、住的各种商品，令人着迷的新闻娱乐产品……起着思想灌输和操纵的作用。它们引起一种虚假的而又免除其谬误的意识。然而，由于更多的社会阶级中的更多的个人能够得到这些给人以好处的产品，因而它们所进行的思想灌输便不再是宣传，而变成了一种生活方式，这是一种好的生活方式，一种比以前好得多的生活方式；但作为一种好的生活方式，它阻碍着质的变化。由此便出现了一种单向度的思想和行为模式，在这一模式中，凡是其内容超越了既定的话语和行为领域的观念、愿望和目标，不是受到排斥就是退化到这一领域。”①

马尔库塞比较深刻地揭示了现代科学技术和技术理性的发展及其在生产体系中的运用所带来的劳动者地位及其价值观念的变化。这一变化的直接体现就是单向度的人的出现。对于社会进化而言，单向度的人不是一种积极的现象，因为劳动者事实上丧失了人之为人的超越维度，即否定和批判的维度，使社会失去了自我超越的内在驱动力，人的基本生存由个人无法控制的异己力量所决定。因此，马尔库塞在揭示单向度的人的生存境况时，特别着力于对技术异化的原因之揭示和扬弃技术异化的途径之探讨。

二、压抑性心理：大众文化批判

马尔库塞认为，现代文明对人的压抑是一种具有“合理的”和“自愿的”更深层、更隐蔽的压抑。他断言，现代文明从总体上具有压抑性质，那么，现代人的心理机制和生存方式也具有压抑的特征。他在1955年发表的《爱欲与文明》一书中，把马克思的异化理论同弗洛伊德的精神分析结合在一起，对现代人的压抑性生存方式或心理机制进行阐释。《爱欲与文明》成为弗洛伊德主义的马克思主义的代表作。

（一）弗洛伊德：无意识世界

无意识理论是与弗洛伊德的名字联系在一起的。虽然“无意识世界”并不是弗洛伊德第一个发现的，但是，弗洛伊德第一个以“无意

① 马尔库塞：《单向度的人》，刘继译，上海：上海译文出版社，2016年，第11—12页。

识世界”为中心，建立了一种全新的心理学-哲学体系，一种关于无意识活动的精神分析学说。

自笛卡尔以来，近代理性主义有一个根深蒂固的信念：人的精神世界是个有意识的世界。他们认为，意识是人的根本属性，有意识的活动统治着人类的精神世界。这种信念也同样支配着心理学家。他们认为“心理即意识”，心理学就是研究意识内容的科学。尽管在弗洛伊德之前，一些心理学家们已经注意到“无意识”，但并未使“无意识”从意识世界中独立出来。

弗洛伊德明确指出，无意识才是人的心理结构的核心，“心理过程主要是无意识的”。他把无意识理论作为自己精神分析学说的第一个基本理论前提和核心，并围绕无意识理论，建立了自己的独特的、在人类思想史上独树一帜的精神分析理论。

弗洛伊德把人的精神活动或心理活动分为三个不同的层次：意识、前意识和无意识。它们分别处于精神活动的表层、中间层和最底层。人的精神生活的这三个层次既紧密联系，又有各不相同的性质和特点。人的有意识活动包括感性、意志和思想等精神活动。意识的特点是自觉性、目的性和社会性。

无意识是潜伏在人的内心深处不为意识所感知的，是一种体验不到的精神活动。弗洛伊德把无意识解释为：一种历程活动于某一时间，而在那一时间内我们又无所知觉，便称其为无意识。在弗洛伊德看来，意识仅仅是人的整个精神活动中的很小一部分，无意识才是人的精神活动的主体。正像人的全部精神生活如同一座海上的冰山，意识是呈现在海洋表面上的山尖，无意识则是海洋下面的山体。他认为只用意识来解释人的精神活动是不完整的，只有充分注意到无意识存在的合理性，特别是无意识的被压抑性，才能有效解释人们的精神生活。

在意识和无意识之间还存在着一个前意识世界。前意识是无意识向意识发展的过渡领域。无意识要进入意识领域必须经过前意识领域，借助于前意识的某种形式才能实现。前意识与意识有别，它是临近意识的心理现象，是来自意识的东西，如想法、印象等暂时储存的地方。前意识也与无意识不同，无意识不能被意识到，而前意识是当下意识不到却可能被回想起来的东西，从本质上说，它属于意识领域。

弗洛伊德这样比喻意识、前意识、无意识三者之间的关系：无意识世界就好比是一个大前厅，各种本能冲动拥挤在这里，从这个前厅通向另一个较小的房间，类似一个接待室，意识就居住在这里。在房间门口有一个守门人，无意识的各种冲动接近意识门口时，要先受到守门人检查，如果得不到许可，就不能进入接待室，即使那些被允许进入意识房间的本能冲动也不一定都成为意识，它们只是前意识，它们只有在引起意识的注意时，才能成为意识。在三者的关系中，无意识处于基础地位，弗洛伊德的整个精神分析学说就是以无意识的心理过程与无意识被压抑为出发点的。

弗洛伊德进而研究了无意识向意识转变的机制和途径，提出了压抑、转移、升华等重要概念。所谓压抑是指把意识所不能接受的欲望、冲动、意念、情感和记忆等抑制在无意识之中。无意识的本能并不会因为被压抑而消失，恰恰相反，它的力量变得更大，渗透力更强，它或者顺利进入意识领域，或者在某种条件下通过伪装进入意识领域，这就是转移。弗洛伊德认为，理想的转移方式是把本能冲动转化到被社会所认可或赞许的目标、对象方面去，这就是升华。无意识的升华被弗洛伊德广泛应用到社会生活的各个领域，用来解释人们的各种创造性活动如艺术创作、科学发明等的动因。如果意识对无意识过分压抑，以至于本能的冲动找不到任何升华渠道，就会造成明显的心理问题的发生，人的心理机制问题由弗洛伊德以无意识的精神分析学说率先揭示。

（二）现代人的压抑性心理机制

马尔库塞认为，弗洛伊德关于以现实原则、操作原则、理性原则为核心的压抑性文明的理论对于认识发达工业社会也具有很大的价值。这是因为，在现代，虽然科学技术的发展和财富的增长在很大程度上缓解了由于匮乏所引起的生存压力。但是，文明对人的压抑并没有消除，反而有增无减，深入人的生存的各个领域，使人的存在方式和心理机制更加异化，更加具有压抑的性质。

第一，异化现象的普遍化。马尔库塞认为，在现代技术世界中，除了仅有的为数不多的真正的艺术活动外，绝大多数劳动都是异化的。真正的艺术活动能够提供高度的“力比多”满足，因此，它是人的本能的健康的升华，能够给人带来巨大的愉悦和快乐。而现代社会中的大部分工作则完全不同，它们属于痛苦和可怕的异化劳动，这种活动割断了同爱欲的联系，不能满足个体的需要，因此是“由残酷的必然性和无情的力量强加于人的”。马尔库塞对异化的普遍化做了十分形象的描述：

“劳动几乎完全异化了。装配线的整套技巧、政府机关的日常事务以及买卖仪式，都已与人的潜能完全无关。工作关系几乎变成了作为科学活动和效率专家的处理对象，成了可以互相替换的人与人之间的关系。……在这个虚幻的表面现象背后，整个工作世界及其娱乐活动成了一系列同样甘受管理的有生命物和无生命物。”①

第二，统治力量的非人格化和普遍化。发达工业社会条件下异化的加剧不仅体现在异化现象的普遍化，存在于人的几乎所有活动领域，而且还体现在统治人的异化力量也改变了存在形式，从人格化、个体化的有形的力量转化为非人格化、普遍化的无形的社会力量或文化力量。这种情况下，人对异化的反抗和超越更为艰难，更加无效。马尔库塞认为，现代家庭的社会功能的削弱深刻反映了非人格化力量对人的统治加强这一事实。在传统社会，无论如何都是家庭在行使抚养和教育个体的功能，人们所遵循的主要准则和价值标准都是由个人传递并通过个人的命运改变的，对个体的控制和约束也是由家长等各种人格化、个体化的父亲形象来行使的。而在现代性条件下，非个体化的社会教育，各种大众传播媒介取代了家庭的地位，把这种价值与准则灌输给个体，并对个人进行效率、意志、人格、愿望、冒险等方面的训练。与此同时，政治、经济、文化垄断集团等各种非人格化的力量取代了传统的人格化的父亲，通过“管理”的方式形成新的统治机制和统治形式。普遍的文化力量开始取代传统政治压迫和经济剥削而居于统治机制的核心。

第三，压抑性心理机制的生成。马尔库塞认为，正是由于异化现象的普遍化和统治力量或统治形式的非人格化，现代人的心理机制具有压抑性的本质特征。发达工业社会条件下的压抑性心理机制的两个突出的特征是：劳动（工作）异化为苦役；爱欲降格为单纯的性欲。关于劳动或工作异化为苦役，马尔库塞认为，在现实原则和操纵原则的支配下，人的身心都变成了异化劳动的工具。面对非人格化的力量通过“管理”的形式而行使的具有合理化外观的现代统治形式，现代人往往“自由地”经受压抑，把压抑视作自己的正常生活。他们往往不像早期资本主义时期的工人那样反抗机器、逃避劳动，而是能够忍受劳动的枯燥与痛苦，同时用劳动之外的娱乐消遣和消费来平息痛苦。

---

① 马尔库塞：《爱欲与文明》，黄勇、薛民译，上海：上海译文出版社，2012 年，第 89 页。

（三）关于非压抑性生存方式的设想

关于非压抑性的生存方式或非压抑性的文明，马尔库塞在《爱欲与文明》中专门分析了席勒的审美观点。席勒认为，文明的弊病是人的两种基本冲动，即感性冲动和理性（形式）冲动之间的冲突，是“理性对感性施以压抑性暴政”。席勒指出，要消除文明对感性的压抑性控制，“恢复感性的权利”。马尔库塞非常赞同席勒的观点，他从席勒的论述中概括出非压抑性文明的几个基本点：（1）消除匮乏，使“苦役（劳动）变为消遣，压抑性生产变为表演”；（2）调和感性与理性的冲突与对抗，实现“感性（感性冲动）的自我升华和理性（形式冲动）的贬值”；（3）克服有碍于感性持久满足的障碍。在此基础上，马尔库塞阐述了自己关于非压抑性生存方式的理解，并将其概括为两个要点：工作转变为消遣；性欲升华为爱欲。

第一，工作变为消遣。在马尔库塞看来，发达工业社会条件下，文明的压抑性机制并没有被改变，相反，在某种意义上，文明对人的本能更具有压抑性，其突出标志之一便是劳动的普遍异化。马尔库塞指出，要改变劳动的压抑性质和异化性质，就必须实现工作由苦役向消遣的转变。具体说来，这意味着感性实现自我升华，扬弃理性的压制，使劳动摆脱“生产和操作的价值标准”，即摆脱现实原则和操作原则的统治，获得“消遣和表演”的性质，为自由文化的出现奠定基础。为了阐释工作向消遣的转变，马尔库塞从爱欲的机制特点来探讨工作和消遣“同化”或结合的可能性。应当说，就其动力基础或深层机制而言，消遣和工作的确有很大区别。一般说来，决定着消遣的冲动是前性器（前生殖器）冲动，因为消遣表现了无目标的自体爱欲。相反，工作则是为自身之外的目的，即为自我保护的目的服务的。但是，随着匮乏的缓解和消失，人有可能改变自身的本能结构，从而为工作和消遣的同化提供条件。换句话说，要使工作变为消遣，必须以人的本能结构向原生形态的恢复为基础，这就要求性欲升华为爱欲。

第二，性欲升华为爱欲。马尔库塞认为，在文明的演进过程中，现实原则不断约束和缩小爱欲的活动范围，最终把前生殖器的泛化的爱欲转变为“生殖器至上的性欲”，从而确立起理性原则和操作原则对本能的统治和压抑，这是异化的深层机制。非压抑性生存方式的建立要求确立一种新的现实原则，一种以感性的解放和前生殖器的爱欲的恢复为基础的秩序，从而使本能摆脱“压抑性理性的暴政”，走向“自由的、持久的生存关系”。这种新的本能结构和机制为作为消遣的工作奠定了基础。马尔库塞对性欲升华为爱欲这一主题做了很多探讨，其核心是要把“生殖器至上的性欲”改造成“对整个人格的爱欲化”。通过性欲升华为爱欲，即通过原初多形态爱欲的复活，可以建立起理性与本能之间的非压抑性的新联系，建立起非压抑性的文明形态。在这种新的生存状态中，爱欲通过从单纯的生殖器性欲向多层面多维度的扩展，形成了以爱欲的升华为核心的新的本能结构，在此基础上，作为消遣和表演的工作得以建立起来。

可以看出，马尔库塞实际上是将马克思的异化理论同弗洛伊德的精神分析学说结合起来，揭示和批判现代性条件下人的深层异化问题。在他看来，发达工业社会条件下，马克思所揭示的异化现象非但没有消失，反而走向普遍化和深入化，从而他反复强调马克思异化理论的现实意义。不过，他也指出，发达工业社会的异化现象同马克思所处的资本主义时期又有不同，异化已经从人格化的力量（权威、主人、统治者）转变为非人格化的超我，即普遍化的文化力量。这方面马尔库塞接受了弗洛伊德的观点，从以理性原则和操作原则为核心的文明对人的生存的压抑出发去分析现代人心理的深层异化。因此，与马克思主要在社会层面上从阶级斗争等视角寻找扬弃异化的革命力量的做法不同，马尔库塞主要强调以人的感性力量的解放和人的内在爱欲的复活来反抗理性文明对人的压抑，以人的内在感性创造力的发挥为基础建立理性与本能的新联系。在此意义上，马尔库塞同卢卡奇等人一样，主要倡导一种文化革命，必然使之在对如此革命的手段与道路的思考上停留于一般的、抽象的分析上，而使其大众文化批判流于表面形式，无法实现马克思所说实践哲学的革命性与现实性批判。这在马尔库塞对扬弃异化的解放途径之探寻中可见一斑。

三、审美救赎：异化扬弃的解放路径

马尔库塞在剖析了技术的两重性、技术的异化、技术统治下的单向度的人等文化异化现象之后，重点揭示了技术异化的原因和扬弃异化的途径。他认为，导致技术理性成为一种极权主义的政治统治力量的根本原因在于，否定理性被肯定理性所取代，价值理性被工具理性所压倒。所以，要消除技术理性的操纵统治功能，扬弃技术异化，最根本有效的

途径是把价值整合到科学中，使科学向形而上学翻转，并同艺术相结合，形成科学、技术、艺术和价值相结合的新理性，才能实现人和自然的双重解放，达到人与自然的和谐美好。

（一）以感性消解技术异化

马尔库塞洞察到技术理性同前技术理性的共同点，就是都建立起对于人的外在统治。技术理性的局限性及其险恶力量“表现在人生产手段的渐进奴役中”。理性的主导性价值取向从否定向肯定的转变是技术理性异化的主要原因，其结果是技术体系或社会组织机制从根本上消解了社会内在的否定和超越维度，“驳倒、否证了替代”。这种历史发展所带来的社会结构的变革使得马尔库塞意识到革命的学说不应局限在暴力革命的范畴，应当将目光转向有意识的人，即从暴力革命转向观念革命。

何以进行观念革命？马尔库塞呼唤一种新的理性，即要求在技术理性之中纳入价值、艺术等人文要素，使之成为理性的灵魂。然而，在西方发达工业国家中，意识形态的性质使其助力观念革命的可能性微乎其微。所以，马尔库塞将观念革命的希望诉诸艺术，认为艺术作为一种独立的学科蕴藏着比哲学更多的人类未被现存秩序压制的潜能。因为艺术将人类社会高于生存的审美维度保留下来，由此其具备了双重任务：一是批判现存，二是呼吁解放。艺术拯救着被现存秩序僵化和封存的感性，使否定人性的科技理性能够被人们意识并被反过来拒斥。技术异化的克服必须依托新感性的诞生，艺术革命则是新感性诞生的前提。首先人们的原初感性经过审美形式的熏陶获得提升而变为新感性；其次这种新感性作为感性和理性的有机体，使得人和社会生发出全新的主客体关系，打破现有的单向宰制。马尔库塞强调，要扬弃艺术和技术各自的异化，就必须重新建立起科学技术和艺术的和谐统一，使艺术理性同科学理性结合，使艺术成为理性的重要因素。

这样一来，人们在艺术与科技的结合中再度纳入激情、渴望等属人的概念，人类解放的空间也再度开启。“感性”成为马尔库塞眼中作为人类前进动能的重要源泉。实际上他将马克思的实践概念与弗洛伊德的爱欲概念相结合，提出其社会本体论，认为感性包含着内在自然与外在自然的双重特征，既可以是作为个体的人，也可以是社会化、客体化的实践感性。

（二）以审美再构人与自然关系

按照马尔库塞的基本思路，如果能够把价值和艺术整合到科学和技术之中，使之作为科学和技术的内在要素，实现技术理性、科学理性同价值理性、艺术理性的统一，就可以扬弃技术的异化。而扬弃技术异化的目的是重建人与自然的和谐统一，实现自然的解放，这也就是人的解放。他指出："如果艺术还原成功地把控制与解放联结起来、成功地指导对解放的控制，那么在此时，艺术还原就表现在自然的技术改造之中。在此情况下，征服自然就是减少自然的蒙昧、野蛮及肥沃程度——也暗指减少人对自然的暴行。土壤的耕作本质上不同于土壤的破坏，自然资源的提取本质上不同于浪费性的开发，开辟森林空地本质上不同于大规模砍伐森林。贫瘠、病害和癌症的增加，既是自然的疾病，又是人类的疾病——它们的减少和根除即是解放。"①

马尔库塞认为，长久以来一种非科学的观念主导着人类社会，将包括自然在内的物质世界视为对象化的人类劳动。这种主体客体的二元关系使得压抑性社会诞生的同时也催生出丧失人性的自然环境。马尔库塞进一步对自然进行说明，认为自然并非人类社会的附属，而是主客体相统一的存在，即是说，应该同时重视自然的价值属性，它是一个自身就具有可能性、偶然性和必然性的存在。应在确证自然价值属性的基础上，搭建起人的解放与自然解放之间的关系。马尔库塞阐述了自然与自由、感性之间的关系。一方面，作为"理性调节"概念的自由。在马尔库塞那里自由不代表更多力量的获得，而是建立更加和谐的人与社会、人与自然的关系，并由此引导实践、激发潜能，使人们更加趋近真理。另一方面，作为"源动力"的感性。感性既使人们再度意识和把握到自身属人的特性，又使人们在潜能释放中改变外在世界。在感性进入实践的过程中，人的自由意志和自由实现也得到进一步发展，人与自然的关系也在把握现存和超越现存的动态前进中得到重构和改善。由此，人感官的解放不仅是社会解放的起点，也成为自然解放的起点，在消除审美压制中重组社会秩序，在超越性力量的发挥中自然也接受着革命的洗礼。

---

① 马尔库塞：《单向度的人》，刘继译，上海：上海译文出版社，2016年，第203页。

(三) 以艺术颠覆现存

马尔库塞提出，如果说当前西方发达工业社会所具象化的自由彰显为对人的劳动到意识形态的全面压抑，那么要在现存世界重新张开美的、自由的王国图景就必须依托于艺术的魅力。在马尔库塞看来，艺术是一种一尘不染又超越现存的存在，是一种兼具超历史性和普遍性的真理。它询唤特定的阶级意识，也唤醒人性被压抑的潜能，在自由与解放限度的拓展中实现主体自身、主体之间，以及主客体之间的统一。在诠释艺术自身固有的超越性内涵的同时，马尔库塞以艺术与政治的关联性为基点展陈出艺术在批判现存、建构未来上的有效性。

首先，作为激进文化革命特征的艺术。虽然西方发达工业社会中的艺术作品大都采取了商品的形式，但依然保留着艺术的实质。具体说来，就是通过内在逻辑和传达的形象、声音来展现与实际生活的语言、交往不同的内容，传递在现存秩序中开启新空间的可能性。艺术领域具有固定的批判传统和批判空间。这种否定已有事物的倾向和打破现存的解放性需求相应和。对现实的控诉使人们发觉加之于自身逻辑思维和认知观念上的霸权枷锁，揭穿科技理性营造的进步假象。艺术以与现实保持一定分离的独立姿态回归“直接的”艺术，使人们在艺术中暂时脱离资本主义意识形态的规训，重返感性知觉。这种对人自身经验与知觉的重申从表象的维度打破资本逻辑主导的生产生活秩序，在对资本主义社会的质疑声中重新释放文化革命在社会变革中的先导性力量。

其次，作为现实革命力量的艺术。一方面，艺术与现实的共通性。现实是艺术生长的土壤，也是艺术的真实写照。艺术从现实的社会环境中汲取养分，也随着社会革命的发生转化着自身的形式，在动态交互中呈现出和谐共生的场景。另一方面，艺术相较于现实的异在性。艺术和政治革命所代表的现实之间的冲突一直存在。纵然在现实的环境中生成发展，艺术却始终保持着自身的实践原则和价值指向，甚至可以说艺术本身就保留着与现实相异化的倾向，因为它总是在自身审美原则的坚持中透视到当前意识形态的不合理性，当这种异化显露到一定程度艺术会在现实中搭建起通往自身价值导向的道路。在审美与和谐规律的导向下，异化既使得艺术蕴藏着超现实的乌托邦维度，又在异化的彰显中使艺术宣泄出对抗现存的张力。由此，政治和艺术统一于改造世界的呼声之下，齐头并进，以超然于现实的姿态推进现实向高级审美形式的转变，艺术将始终保持着自身的革命性与对抗性。“假如艺术因其疏远化而不为‘大众’说话，这种情况正是创造和永远维护着大众的阶级社会自己造成的。只有当无产阶级的社会把大众改造成‘自由联合’的个体这一目标实现后，艺术才会失去其贵族的性质；然而，并不会失去其与社会的并在关系。”①

可见，马尔库塞关于“单向度的人”的论述对于现代性条件下的技术异化问题作了较深入的探讨，其对于技术双重性的分析和对人的生存单面性特别是对人的心理机制被压抑的揭示，以及对扬弃异化的途径探讨，具有其独特见解。尤其关于技术理性批判建立在当代文化批判思潮基础上，马尔库塞结合马克思主义思想、弗洛伊德学说同韦伯、西美尔、卢卡奇等人有着共同的思想基础与理论支援，而且与20世纪生态文化的兴起有着呼应关系，与西方马克思主义的现代性批判理论产生出现代性的思想的理路相同。

① 马尔库塞：《审美之维》，李小兵译，桂林：广西师范大学出版社，2001年，第162页。

第六章　哈贝马斯：交往行为理论

如果一个观念的构成是得自于人为造成的苦难经验，那么这个观念是能够而且也应该被取消的。

——哈贝马斯

尤尔根·哈贝马斯（Jurgen Habermas，1929—　），生于德国的杜塞尔多夫，是德国著名的哲学家、社会学家，法兰克福学派理论家，当代最有影响的思想家之一。著名哲学家阿克塞尔·霍耐特在祝贺哈贝马斯70岁生日的文章中写道："他无疑是当今世界最重要、最有影响的哲学家和社会理论家……没有他，德国的艺术文化将黯然失色，这个国家的哲学在国际上将缺少一位极其优秀传统的杰出代表。"哈贝马斯于1949年结束中学生活后，先后就读于哥廷根大学、苏黎世大学、波恩大学，主修过哲学、历史、心理学、德国文学及经济学等专业，1954年在波恩大学以《绝对性与历史：谢林思想的二重性》一文获博士学位。哈贝马斯在哲学、社会学、政治学、语言学、历史学及心理学等学科造诣深厚，独树一帜。其于1961年在马堡大学以论文《公众舆论的结构变化——对公民社会的一种范畴的研究》获大学教师资格后，便赴海德堡大学任教。这期间，哈贝马斯出版了第一部著作《理论与实践：社会哲学研究》。1964年之后的七年里在任法兰克福大学哲学社会学教授，协助阿多诺参与法兰克福社会研究所的工作的同时，其学术专著开始大量问世。1968年出版《作为"意识形态"的技术与科学》《认识与兴趣》等，并且经第四次扩充的《理论与实践》也在此间问世。哈贝马斯对20世纪60年代中期以后的学生运动持批评态度，反对马尔库塞提出的在发达工业社会搞"大拒绝"和迫使统治集团使用武力的斗争策略，主张采取"群众教育战略"；批评激进学生运动中的"活动主义"趋向，认为这种趋向或者导致反理性主义，或者导致堵塞具体的政治分析的独裁主义。对1967年和1968年的两次学生运动他都持批评态度，并指责激进学生的领导人是"左翼法西斯主义者"。激进学生运动也将哈贝马斯说成是"顺从主义"和"反革命"。于是，哈贝马斯离开法兰克福社会研究所，1971年到1980年在施塔恩贝格和慕尼黑任马克斯·普朗克社会研究所所长。这一时期哈贝马斯学术著作开始涉及众多理论领域，最具代表性的是1973年出版的《后期资本主义的合法性问题》，1976年出版的《历史唯物主义的重建》。之后直到1994年哈贝马斯一直执教于法兰克福大学。

哈贝马斯是一位多产的哲学家，同时，他的学术著作和理论观点也获得过许多奖项。早在读书时期，哈贝马斯就经常得到学校的奖学金，他的著述和文章更是得奖不断。《论社会科学的逻辑》一文首次发表于《哲学评论》杂志上就引起了重视，获得了斯图加特市颁发的黑格尔奖。《一种补偿损失的方式，政治短论集》（1978）获得哥本哈根市索宁奖，奖项颇多而无法一一列举。同时，哈贝马斯是一位积极的、重实践的哲学家，不吝与各国的理论家进行交流与探讨，2001年哈贝马斯的中国之行促发了我国学术界对其理论的研究热潮。

哈贝马斯认为，在现代发达工业社会中，科学技术对社会的发展有着很大的影响。一方面，科学技术成为第一位的生产力，对社会经济的发展起着巨大的推动作用；另一方面，科学技术又充当着一种“意识形态”，作为一种新的统治力量而存在。哈贝马斯断言，现代科学技术已经成为一种意识形态，一种为统治提供合法性的异化力量。这种意识形态区隔于传统的政治意识形态，却同样具有为统治辩护的功能。他进一步指认，以技术统治为目的的技术理性必然导致社会危机，表现为技术理性的膨胀对以交往理性为主的生活世界的侵占。因此，以“主体间性”和“对话”为核心的交往行为理论，可以消解科学技术与工具理性的自律性和异化性质，并以交往行为理论作为马克思历史唯物主义的规范性基础，实现对历史唯物主义的重建。

一、作为“意识形态”的技术与科学

关于发达工业社会中科学技术具有意识形态性质的见解，霍克海默、阿多诺、马尔库塞等人都曾有过论述，但是，对于这一理论的系统表述应当归功于哈贝马斯。1968年，为庆祝马尔库塞诞辰70周年，哈贝马斯写了题为《作为“意识形态”的技术与科学》的长篇论文，系统阐述了一种独特的技术理性批判思想。正是通过技术理性批判，哈贝马斯提出交往理性的合理化思想。而解决这一问题的基础方法论，是他在与《作为“意识形态”的技术与科学》同时发表的《认识与兴趣》中完成的，其中以其提出的以兴趣为导向的认识论为代表。因此，有必要将这两部著作的内容结合起来，阐释哈贝马斯的技术理性批判思想。

科学技术的两重性

哈贝马斯充分肯定科学技术对于社会经济发展的巨大推动作用。他认为，在当代，科学活动不再是一种封闭的、独立的学术研究，科学研究同技术之间的相互依赖日益密切，由此科学技术与经济社会发展有了直接关联，科学技术成为推动社会经济发展的“第一位的生产力”。科学技术同经济与社会发展之间的这种密切关系不仅极大改善了人们的物质生活水平，加速社会物质财富的增长，而且也对社会运行机制和社会历史理论产生深刻影响。正如哈贝马斯指出的那样："自十九世纪末叶以来，标志着晚期资本主义特点的另一种发展趋势，即技术的科学化（die Verwissenschaftlichung der Technik）趋势日益明显……随着大规模的工业研究，科学、技术及其运用结成了一个体系。在这个过程中，工业研究是同国家委托的研究任务联系在一起的，而国家委托的任务首先促进了军事领域的科技的进步。科学情报资料从军事领域流回到民用商品生产部门。于是，技术和科学便成了第一位的生产力。"①

然而，在发达工业社会中，科学技术不止成为第一位的生产力，同时还有另外一方面的属性，即它已经成为一种意识形态，一种为统治提供合法性的异化力量。哈贝马斯断言，科学技术在当代已经"具有了一种辩护的功能"，已经具有了意识形态的功能。由于科学技术的发展，产生了一种新形式的意识形态，即科学技术意识形态，它不同于传统的政治意识形态，但同样具有辩护的功能。作为"意识形态"的技术与科学，并非意味着科学技术在一般的意义上简单的转变为意识形态，而是说发达工业社会条件下的科学技术具有意识形态的性质。意识形态批判是20世纪哲学、政治学和社会学的重要主题之一，是新马克思主义（包括西方马克思主义和东欧新马克思主义）、新左派、其他人本主义批判思潮以及众多社会学家和哲学家共同关注的课题。围绕意识形态问题展开的争论几乎贯穿整个20世纪。在这些争论中，意识形态本身（而不是某一种特定的意识形态）开始成为许多思想家批判的对象，并由此形成哈贝马斯著名的意识形态批判理论。

关于科学技术是意识形态的论断，霍克海默早在30年代初已明确表述过，马尔库塞也在很多地方断言技术理性这个概念"本身就是意识形态的"，因而具有辩护和统治的功能。哈贝马斯继承霍克海默和马尔库塞等人的基本观点，例如，在分析科学技术飞速发展对当代社会所产生的影响时，他说："正像我所认为的那样，马尔库塞的基本论点——技术和科学今天也具有统治的合法性功能——为分析改变了的格局提供了钥匙。"② 在这一共同基础上，哈贝马斯对技术的统治功能和意识形

① 哈贝马斯：《作为"意识形态"的技术与科学》，李黎、郭官义译，上海：学林出版社，1999年，第62页。

② 哈贝马斯：《作为"意识形态"的技术与科学》，李黎、郭官义译，上海：学林出版社，1999年，第58页。

态性质的分析更加细致，因其不是一般地断言技术与科学的意识形态性质，而是做出许多限制与限度。首先，他认为，技术理性的统治和传统意识形态的统治是存在差异的。传统的统治是“政治的统治”，它是同传统的意识形态紧密联系在一起的；而今天的统治是技术的统治，是以技术和科学为合法性基础的统治。在这种意义上，不能一般地把技术与科学等同于意识形态，“因为现在，第一位的生产力——国家掌管着的科技进步本身——已经成了［统治的］合法性的基础。［而统治的］这种新的合法性形式，显然已经丧失了意识形态的旧形态”①。具体说来，同传统政治意识形态相比技术统治的“意识形态性较少”，因为它在某种程度上摆脱了“虚假意识”的某些成分，摆脱了由阶级利益制造的骗局、政治空想等，同时，它所涉及的范围更加广泛，更加难以抗拒。其次，哈贝马斯认为，在强调技术理性的统治和传统意识形态的统治之间的差异时，又不能否认技术理性所具有的意识形态统治功能。无论有多大差异，技术统治的意识依旧具有意识形态的本质属性，它同传统政治意识形态有着不可否认的共同点，即其功能都是替现存辩护，论证现存统治的合法性。

二、经验的兴趣和理性的兴趣

哈贝马斯早期致力于对康德先验哲学的研究及其批判与改造，在认识论意义上提出了“认知兴趣结构理论”，以此重建认识论，为其交往行为理论和技术理性批判奠定哲学认识论基础。

“兴趣”（interest）根据哈贝马斯解释，是指人的乐趣，是我们求得满足的乐趣，这种乐趣和某个对象的存在或某个行为的存在的观念相关联。哈贝马斯从康德的理论出发，把“兴趣”分为两类，即“经验的兴趣”和“理性的兴趣”或“纯粹的兴趣”。第一种兴趣受功利目的支配“来自需要”，它是由令人愉快的或有用的东西刺激感官而产生的一种嗜欲力。第二种兴趣超越了实用功利之目的，它是由理性原则所决定的，它不是“来自需要”而是“唤起需要”。在哈贝马斯看来，作为认识基础的不是“经验的兴趣”，而是“理性的兴趣”。他认为，这种“理性的兴趣”之所以能成为认识的基础，关键在于它同时又是实践的

① 哈贝马斯：《作为“意识形态”的技术与科学》，李黎、郭官义译，上海：学林出版社，1999年，第68—69页。

兴趣。他赋予这种兴趣以实践的品格，强调它不适用于客体的存在，而适用于卓有成效的工具行为和顺利进行的相互作用本身。

哈贝马斯反对把兴趣视为心理的东西而排斥在认识过程之外。他认为实证主义、科学主义最根本的弊病是把兴趣与爱好视为主观因素，将其驱逐出认识的宫廷。他把兴趣视为“认识的组成要素”，是内在于认识过程之中而不是从认识之外附加给认识的东西，人们无论如何不能为了认识的客观性而把兴趣“作为认识活动的外部诱因不得不加以排除的东西”。理性的兴趣和认识是高度统一的，两者处于一种独特的“交叉关系”：“兴趣先于认识，指导认识，是认识的基础，同时也是人类社会前进和发展的基础。”① 兴趣对认识具有基础的作用，它横亘在认识的“基底”中，从一开始就使认识“形成脉络”、认识所能遇到的某种“运用结构”之间“结成统一性”。兴趣本身必然包含着“适用于自己的知识范畴”，这就决定了它对认识具有的指导作用。

哈贝马斯认为只有“理性的兴趣”才是指导认识的兴趣，可是，这种兴趣是错综复杂的，根据不同的对象领域可分为三个不同的等级，由此分别引出了不同类型的科学。第一，人在用工具去改造自然界的时候，就形成了“技术的认识兴趣”。它指导着人们用工具和技术规范的知识去处理和认识自然。所涉及的对象领域是“关于事物和事件的现象领域”，所关系的只是对“客观化过程”进行技术处理。它对应着有目的的、合理的物质生产活动，引导出“经验的分析的科学”，即自然科学。第二，指导着人们对自身的交往活动进行处理和认识的就是“实践的认识兴趣”。它是通过“语言”这个媒介形成的，它所涉及的对象领域是“关于人及其表现的对象领域”，它所关心的是人与人相互间的“可能的理解”。对它来说，为形成“可能的认识”而凭借的基本范畴是“解释”，它引导出“历史的解释的科学”。第三，如果说第一种理性的兴趣以成功支配自然为目的，第二种理性的兴趣以取得人与人之间相互理解为目的，那么，第三种理性的兴趣即“解放的认识兴趣”，则“以自我的解放为目的”。它的作用在于产生自我反思。为了防止前两种理性的兴趣相互僭越，使它们各按其责顺利进行，“理性兴

① 哈贝马斯：《认识与兴趣》，郭官义、李黎译，上海：学林出版社，1999 年，第 12 页（译者前言）。

趣的实现也借助于解放性的自我反思的力量”①。亦即必须发展“解放的认识兴趣”。它对应着“反思批判性的科学”，指心理分析和意识形态批判科学等理论。

在西方哲学历史上，揭示兴趣对认识的作用的思想家大有人在，但明确把兴趣作为认识论的“基本范畴”，并以此作为整个认识过程之“基础”，来重建一种“作为社会理论”的认识论者，无疑首推哈贝马斯。他的“认知兴趣结构理论”把兴趣当作认识的基础，这对于强调主体在认识过程中的作用，把认知判断与价值判断结合在一起，反对机械的消极反映论，当然具有积极意义。但无论就哈贝马斯对兴趣在认识过程中的作用的论证，还是其关于认识兴趣结构的分类的论述，都可以看出这一学说具有一定的先验主义倾向，某种意义而言仍是康德的认识论路线，主要为交往行为理论奠定了哲学先验认识论的基础。

三、交往行为理论

交往行为理论亦即社会交往理论，是哈贝马斯对法兰克福学派社会批判理论的发展，也是其克服认识论上先验主义痕迹而彰显社会之客观痕迹的最有代表性、最有特色的学说思想。

交往行为理论的初衷是解决社会危机。哈贝马斯看到资本主义社会危机的“抗议力量”是大学生，他们抗议的动机不是出于经济利益、福利改善，而是对自由、合理交往的要求。在他看来，人类的目标是实现交往行为的合理化，但现实社会中，人类的交往行为往往被扭曲而不合理。那么，摆在面前刻不容缓的任务就是实现交往行为的合理化。哈贝马斯承认这种要求的合理性为合理化要求。因为，他看到在晚期资本主义社会，舆论成了消费性文化，成了国家控制的工具，个人之间的思想交流对行政机构与国家政权的批判已然成为不可能；福利补偿并不能消除人们在心理上的愤懑，只能产生“合法性”与“信念”的危机。

如何拯救危机？哈贝马斯把希望寄托于交往行为理论，并视之为对危机拯救的同时重建历史唯物主义的理论。原因在于，他看到马克思学说中有“交往关系”“社会关系”和“生产关系”的概念，强调物质生产和物质交往，马克思把物质关系视为最根本的关系。哈贝马斯试图用

---

① 哈贝马斯：《认识与兴趣》，郭官义、李黎译，上海：学林出版社，1999 年，第 211 页。

“合目的的理性行为”泛指生产、劳动和科学技术活动，指出它们的工具性、目的性和策略性等特点，以此来替代马克思的物质关系。哈贝马斯认为劳动这种工具行为不能解释劳动的社会性，人们在劳动中产生的生产关系要用交往活动来解释，因此交往活动不能被视为附属于劳动的行为，交往行为是在语言符号的协调作用下，所履行的规范、规则。规则、语言和交往合理性是交往活动的三个要素，交往活动的规则是对一切社会活动规则的总结。为了说明这些规则，哈贝马斯把社会活动划分为四种形式：与客观世界相联系、以认识的“真实性”为标准的“目的活动”；与“社会世界”相联系、以共同价值的“正当性”为标准的“规范调节活动”；与个人的逐个世界相联系，以个人在公众面前的“真诚性”为标准的“戏剧活动”；以及交往活动。这其中，交往活动是最普遍、最重要的活动，因为它与人的生活世界相联系，而生活世界与其他三个世界都相关联，交往活动以另外三种活动的标准为准则，要求真实性、正当性和真诚性的统一。

社会交往行为是语言的理解和交流的过程。哈贝马斯认为只有通过语言的交往才是人区别于动物的特质。他注意吸收英美分析哲学的成果，利用奥斯汀、塞尔等人的语言行为说，强调语言的交流、对话功能，说明语言是说者与听者之间的交往行为。哈贝马斯还结合美国实用主义者莫里斯的语用学思想，认为语用学不是探讨个人与语言的关系，而是在合作语言过程中，探讨人与人之间的关系。语言的规范性在于它的普遍性特征，语用学必须是普遍的原则。普通语用学说明了语言行为的可能条件，它是先验的学说，语言的规范性也是真理的基础，因此，它又是关于真理的学说。

交往行为理论的一个关键问题是论证交往规则的普遍有效性。哈贝马斯赞赏康德提出了普遍的道德规范的可能性这一先验的问题，但认为康德的错误在于依靠个人的善良意志和主体性来解决这一问题。哈贝马斯把主体性转化为“交互主体性”，把纯粹理性转化为“交往合理性”，把先验性转化为程序性的概念，交往的先验性意味着每一个交往的参与者不可避免地要接受一定的规则作为活动的前提条件。交往的规则不能单方面地在个人意识中决定，它必须是所有交往者共同商谈讨论的结果。但是，作为一切交往活动的先决条件的普遍的规则又不能是实际的交往活动的产物。在一切可能发生的交往活动之前，我们必须设定一个理性的交往活动，用以论证交往规则的普遍有效性和必然性，即交往的合理性。

交往的合理性便是“理想的交往行为”，这种行为是在没有任何强制条件下的平等、自由的对话。对话各方遵守的规则类似于康德所说的“绝对命令”，即按照那些能够普遍为人所遵守的规则进行交往活动。按照理想的交往规则，任何有活动和语言能力的人都可以参加商谈，参与者可以提出任何意见，可以对任何意见提出修改、批评、保留和赞同。这样的交往规则不但具有普遍必然性，而且具有人类其他活动所要求的真实性、正当性和真诚性原则。违反理想的交往规范意味着对不平等及其被控制地位的认可，这不仅关系到是否能达到交往的目的（取得认识一致性）的认识论问题，更是关系到人们生活方式的伦理学问题，即交往行为理论实际上是一种“商谈伦理学”。我们的日常口语接近这种理想，但在更为复杂的社会交往中，这些规范的普遍应用有待于理论和实践上的极大努力才能实现。

四、晚期资本主义与国家干预

作为法兰克福学派的一员，哈贝马斯继承了社会批判理论，提出关于晚期资本主义的理论，成为其社会批判理论的核心思想。哈贝马斯认为晚期资本主义社会有不同于自由资本主义的新特征：“第一，国家的干预活动增强了，而这种干预活动必然保障制度的稳定性；第二，科学研究与技术之间的相互依赖性日益密切，而这种密切关系使诸种科学成了第一位的生产力。”①

哈贝马斯认为晚期资本主义国家加强了对经济生活的干预，国家政权作为主要的政治力量已经越来越加强对经济过程的调整。晚期资本主义国家强化了对经济的干预，克服了自由资本主义时期的经济危机带来的不良后果，稳定了工人的工资和福利，使阶级矛盾和冲突得以缓和。可见，国家政治干预的目标是抵御危害资本主义制度的破坏性功能以维持现存制度，保持一个“没有反对派”的社会，保证现存政治秩序正常运转下去。而国家的政治干预活动就是“致力于预防行为而被限制于技术问题”，所以政治的目标“不是为了实现实践的目的，而是为了解决技术问题”。既然政治问题变成了解决市场功能失调的技术问题，那

---

① 哈贝马斯：《论晚期资本主义社会革命化的几个条件》，载《哲学译丛》1983 年第 2 期，第 1 页。

么“国家干预主义这一新的政策便要求民众的非政治化”，而使民众理解和相信非政治化的办法“是使科学与技术起到意识形态的作用”。哈贝马斯和马尔库塞一样，都认为在发达工业社会里，“科学技术充当了意识形态的角色”。关于这方面特别是关于科学技术的论述是哈贝马斯晚期资本主义理论中最具特色的部分。

哈贝马斯认为，构成晚期资本主义新特征的第二个发展趋势是科学技术成为第一生产力，并且科学技术日益取得了合法化的统治地位。借此，哈贝马斯对科学技术做了新的解释：“技术与科学今天具有双重职能：它们不仅是生产力，而且也是意识形态。”[①] 主要从“科学技术执行意识形态的职能”来说明在晚期资本主义社会中所起的作用。首先，科学技术通过它的客观强制性和合理性使发达资本主义的政治统治合法化。在晚期资本主义国家，由于科学技术成为头等生产力而显现为一种独立的社会因素，整个社会的经济增长都依赖于科学技术的进步，因此“社会制度的发展似乎是由科技进步的逻辑决定的”[②]。于是，科学技术进步的内在规律就产生了一种客观的强制性和合理性，统治者利用科学技术进步的强制性和合理性证明和保护了政治统治的合法性。这种合法性的实质不过是政治统治采取一种没有公开承认的新意识形态形式，即“奇特的技术决定论的意识”。其次，科学技术通过它的意识形态职能成为统治人的工具和人解放的桎梏。科学技术不仅合理地统治社会，更为重要的是对人的统治也成为合理的。科学技术的合理行为代替了人的全部生活，人的自我的全部生活“为一种科学的模型所代替”，人丧失了自由，不能成为自己的主人而变成“自我物化”，所以人不是自由的。但人的不自由不是受政治统治，而是受科学技术发展所控制，这种不自由就变成很合理的不自由，而逐渐深入人的内心意识，成为人解放的桎梏。

哈贝马斯批判晚期资本主义社会的统治阶级，利用掌握科学技术的技术统治权力与政治统治权力来统治社会和统治人，晚期资本主义社会发生新变化。他认为，这些变化使得马克思主义的许多思想理论观点不再有效有用而变得无效过时：首先，马克思的劳动价值理论的条件不存

---

① 哈贝马斯：《论晚期资本主义社会革命化的几个条件》，载《哲学译丛》1983 年第 2 期，第 3 页。

② 哈贝马斯：《论晚期资本主义社会革命化的几个条件》，载《哲学译丛》1983 年第 2 期，第 3 页。

在了。由于科学技术是第一生产力，它可以独立地创造剩余价值，所以剩余价值的来源不再是劳动者创造的。这样，似乎宣告了马克思劳动价值学说的“不合时宜”。毫无疑问，哈贝马斯的这个观点是错误的，因为科学技术的发展只是为生产提供越来越现代化、自动化的手段，这些手段、工具、机器归根到底是人操纵的，剩余价值的唯一源泉仍然是劳动者的劳动，不可能是科学技术本身。其次，马克思的阶级斗争和意识形态的理论也不能加以运用了。由于科学技术起着意识形态的作用，技术统治取代了政治统治，人们的意识受到异化，人人都得到科学技术带来的好处，人们不再反抗现存社会。社会的生产关系再难被辨认为充斥着矛盾和剥削的阶级关系，各个阶级也成为在合作与竞争中不断横跳的差异性集团。国家利用技术统治成功地平息了阶级冲突。但哈贝马斯并未否认“阶级对立的潜伏”及其“政治态度的根本差异”。这也表明晚期资本主义国家技术统治的实质仍然是政治统治。最后，马克思关于生产力和生产关系的理论及其概念也过时了。由于科学技术是第一生产力，它已由解放的潜力变成为保护资本主义统治合法化的基础，所以生产力失去了马克思所赋予它的意义。由于国家干预的加强，生产关系也失去了原来的职能。哈贝马斯提出用“劳动”和“相互作用”的概念来取代生产力和生产关系范畴，以此“重建历史唯物主义”。

同时，还需看到哈贝马斯晚期资本主义理论的一个明确论点，即“在由国家管理的资本主义中，社会的发展也是‘充满矛盾’，或曰蕴涵着危机的”①。晚期资本主义社会科学技术的飞速发展和国家干预经济，解决了市场职能上的漏洞，带来了社会一定程度的发展进步与繁荣景象，是需承认的。但也必须承认晚期资本主义社会面临着一些问题，特别是这三种危机：生态平衡受到干扰、个性系统受到破坏（异化）、国际关系所具有的爆炸性负担。所以，哈贝马斯认为这三种危机其实都是“意识形态的危机”或曰意识形态危机，这是最根本的危机。因为，晚期资本主义时期由于科学技术成为第一生产力，国家干预经济活动增强，马克思分析的社会经济危机产生的基础已不存在。晚期资本主义的社会危机虽然存在，但它已不是过去的经济危机和政治危机，危机的发展趋势已从经济领域转入社会生活的其他领域，特别是意识形态领域。这种意识形态领域的危机无法通过科学技术的进步加以改变，虽

① 哈贝马斯：《何谓今日之危机》，载《哲学译丛》1981年第5期，第56页。

可通过科学技术的进步得到缓和，使这些危机不会像过去的政治、经济危机那样会从根本上危及资本主义的统治，而使晚期资本主义国家的存在具有合理性，但这仍然是意识形态危机问题。

如何克服意识形态的危机？哈贝马斯认为学生运动已然成为革命的力量，如何对他们进一步教化是关键。哈贝马斯把希望寄托在教育上，用“活动动机的道德化”和“社会意识的改良”来对待意识形态危机，以实现历史唯物主义的重建。

五、历史唯物主义的重建

根据哈贝马斯的理解，传统历史唯物主义必须经历核心范畴的转换，即经历某种重建，即在哲学上用“主体间性结构”取代“主体-客体结构”，“主体-客体结构”应当从属于并服从于合理的“主体-主体结构”。哈贝马斯指出，历史唯物主义重建的关键在于，“生产力和生产关系之间的联系，似乎应该由劳动和相互作用之间的更加抽象的联系来代替”①。哈贝马斯关于历史唯物主义重建的基本构想主要体现在以下两方面：

第一，语言交往在人类生存与进化中的重要性。哈贝马斯认为，传统历史唯物主义的主要局限在于对历史客观主义不加反思而过分突出生产力、生产方式等对于历史发展的决定作用，忽略了道德规范结构在社会进化中的重要意义。因此，重建历史唯物主义的首要任务就是更为全面、合理地评价生产力在社会进化中的作用，理解社会发展的动力机制。哈贝马斯讨论这一问题的基本做法是：限定“社会劳动”“生产方式”“类的历史”“经济基础和上层建筑辩证关系”等范畴和命题在社会历史领域的核心地位，把它们限制在人类历史的早期；同时，强调人类社会进化的主要内涵不是与生产方式和技术密切相关的工具理性和战略行为的发展规则，而是建立在语言之上的交往行为和相互作用的规则。为了说明交往与生产、交往理性与工具理性的关系，哈贝马斯首先从关于历史唯物主义的基本概念和基本原理的分析入手，认为劳动与交往是人类的两种最基本的存在方式，换言之，人的存在就是从劳动和语言交往的出现开始的。因为一方面，同语言交往相比，劳动在某种意义

---

① 哈贝马斯：《作为“意识形态”的技术与科学》，李黎、郭官义译，上海：学林出版社，1999年，第71页。

上更为基本，因为由社会组织起来的劳动和分配所取得的进化成就显然先于“发展了的语言交往”的出现；另一方面，交往并不因此而变成附属的和被决定的因素，也不能简单还原为劳动活动的结构。不仅如此，语言交往在人类进化与生存中不但同劳动具有同样重要的地位，而且其重要性将随着人类社会的发展而不断增强。

第二，人类进化的内在动力之源为主体的学习机制与个体的自我同一性。社会进化的动力机制主要在于交往：行为主体在与外部世界的交往和主体间的交往中，把外部结构转变为内在结构，它属于思想、观点、道德、能力的学习过程。道德发展、自我同一性和社会（集体）同一性是一致的。因此，哈贝马斯试图在主体的学习机制和个体的自我同一性的层面来理解社会进化。主体的学习不仅包括认知与技术学习的过程，也包括道德和实践学习的过程，后一个维度的学习过程导致交往资质的获得和自我同一性的建立，这是社会进化的根本动力。他认为，传统的社会理论，包括马克思的社会历史理论，把主体的学习主要限定在技术与知识的获取上，而实际上学习也发生在道德实践领域，即在人的交往能力的进化方面。道德实践领域的学习具有十分重要的地位，它不但推动自我同一性的发展，而且反过来作用于工具性知识的学习，对工具理性行为进行限定，有助于消除工具行为或技术理性的异化性质。主体的学习机制导致主体的交往资质的获得，这其中最主要的是主体的自我同一性的形成。哈贝马斯在个体的道德发展和同一性的建立问题上，吸收了著名心理学家皮亚杰、科尔伯格等人的观点，将主体的交往性资质和自我同一性的发展归结为三个阶段：（1）在前习俗阶段或前操作阶段，交往参与者直接通过实践性行为来表达意象、做出反应，此时尚没有与行为相分离的规范体系，行为者停留在“自然同一性”的层次上；（2）在习惯阶段或具体操作阶段，交往主体能够形成交互机动系统，利用规范审视所采取的行动，但此时的规范还主要是“角度规范系统”，尚缺少普遍化的规范系统，因而行为者处于“角色同一性”的层次上；（3）在后习俗阶段或规范操作阶段，主体能够就规范本身进行论证，为主张和行为辩护，彼此之间的交互性行为是建立在对规范的普遍有效性的反思与商谈基础之上的，因此，行为者达到了“自我同一性”层次。在哈贝马斯看来，正是主体的这种学习机制（包括道德的学习和技术的学习）同社会运行的交互作用，成为社会不断在新的层面上面对新问题、解决新困境的内在动力机制。总之，哈贝马斯通过主体在道德层面建立认识论意义上的自我同一性并实施合理的交往行为，把交往作为纳入推动历史发展的动力机制，在一定程度上拓宽了传统社会历史理论的视野。

可见，哈贝马斯在一定程度上实现着对历史唯物主义的重建。但是，这种重建尽管是创造性的，却在很大程度上偏离了马克思的历史唯物主义。洛克莫尔对哈贝马斯和马克思理论之间关系的评价很中肯，他指出，哈贝马斯“已经不在历史唯物主义的理论框架内进行这项工作了，因为他认为已经不可能再对历史唯物主义进行修正。相反地，他开始试图在另一种也许是与历史唯物主义的理论范式不相容的理论范式，即他自己的交往行为理论的框架内来实现历史唯物主义的目标”。[①] 尤其哈贝马斯集中探讨商谈伦理学及其应用时，他确实已经成为一位自由主义者，而与马克思历史唯物主义渐行渐远。

---

① 洛克莫尔：《历史唯物主义：哈贝马斯的重建》，孟丹译，北京：北京师范大学出版社，2009年，第161页。

第七章　罗萨：社会加速批判理论

现代性的“纪律社会”将它的惩戒性力量和支配性力量非常有力地作用于时间结构的形成和内化。

——罗萨

哈特穆特·罗萨（Hartmut Roas，1965—　），德国当代著名社会批判理论家，法兰克福学派第四代核心人物，现任德国耶拿大学教授、社会系主任，埃尔福特大学韦伯学院客座教授。以“社会加速批判理论”和“共鸣理论”享誉国际，被盛赞为继提出“风险社会”的贝克（Ulrich Beck）之后最具原创性、最重要的社会批判理论家之一。罗萨师从法兰克福学派第三代领军人物霍耐特，但与霍耐特关注的社会承认情景相异，罗萨在政治哲学和社会批判的深入研究中将重点放在现代社会的加速现象，注重从历史唯物主义的视角对社会时间结构进行分析，揭露存在于社会结构中统摄人生存方式的加速逻辑，建基以时间情景为底色的社会加速批判理论，为法兰克福学派在新时代展陈出新的研究路向。

罗萨在历史唯物主义视角下对西方资本主义社会所呈现的以“加速”为特征的现代性进行诊断。一方面基于第三次工业革命带来的“加速矩阵”，罗萨从加速、波动的社会节奏中窥见投射在时间、空间、行动、物界和人本身的多维的“新异化”，认为这种“无声的速度”摧毁了主体与世界以及主体间的良性互动。另一方面，延续社会批判理论的文化路径，描绘出“共鸣”的未来愿景，认为这种模式建构起人与世界之间的同频交互以及对生活的超越性追寻。如果说哈贝马斯在法兰克福学派传统的工具理性批判理路上通过交往理性的建构解决了批判理论的规范性问题，使哲学意蕴的异化批判之内在性开始转向社会现实，霍耐特通过发展黑格尔主客体关系将“承认一元论”纳入，建构以承认为核心的正义理论，将现代批判理论引向实践，罗萨则以加速情景和实证研究开拓出一种以时间结构为基底的社会加速批判范式，在“加速”的“时间”中洞悉现代物界与主体被“社会加速逻辑”所统摄的异化样态，以时间情景架构超越传统经济、政治、文化等多维批判范畴的整全性空间。罗萨在“新异化”与“加速主义”的开创性联结中再度界定现代社会的运行法则、动力来源和对此开出诊疗方案，在变动性与偶然性的重申中为甄辨现代化进程中的机遇与挑战，建构真正呼应主体需求的社会结构与现实路径提供参鉴。其代表著作包括《加速：现代社会中时间结构的改变》《新异化的诞生：社会加速批判理论大纲》《社会学、资本主义、批判》《共同体理论》《加速时代的世界关系》《新社会批判概述》《共鸣：论世界关系的社会学》等。

一、新异化的诞生：加速主义对社会的统摄

社会批判理论所关注的现代化进程被广泛地认为是一种时间和空间交织的动态图景。罗萨指出，只有厘清时间的特性与结构，才能更加准确地把握当代发展的连续与断裂。他在《新异化的诞生》中从时间视域对后资本主义时代进行了一次有趣的描绘，在其中揭示现代社会以“加速主义”为内核的运行准则，并对社会加速以及社会加速批判进行内在意涵、外在形态、现实指向等多维度的阐释。

（一）加速主义中的“时间”概念

当今世界毫无疑问是一个纪律严明、规制清晰的世界。这些规范的制定和实施都通过一种具有内化惩戒性力量的时间结构推行，进而形成纪律化情景的构筑与发展。从国家发展、社会机构到个人规划、群体生活，时间逐渐成为一种“看不见的手”对社会以及生存其中的主体进行整合规训，成为保证社会高效运转的具有稳定性、集权性、隐蔽性特征的社会统治工具。时间是罗萨对现代社会进行诊断的理论视角，正是基于对时间结构的分析研判，罗萨得出“加速”这一现代社会的基本特征，并尝试对社会加速概念进行进一步澄明。出于对人生存境遇的关切，罗萨从时间维度对当下社会发展进行剖析，希望在时空交织的动态语境中更加精确地把握社会现实的发展变化，并由此得出结论：（1）只有把时间维度放在中心位置，才能从社会理论层面去理解在社会实践、机构与个体的自身关系中发生的变化；（2）以时间为基础建构的社会理论有优势——时间结构和时间维度是行为者和系统角度的连接点①。

罗萨首先对关于时间的研究进行分类。他指出，以往时间研究的成果可以大致分为三类：数量巨大的概览式；单一学科或分支学科的低水平研究；纳入哲学和社会科学时间概念的理论导向研究。罗萨总结到，这三类时间研究要么未能深入时间的内在结构之中，仅停留在重要性和现象的描述，要么在抽象凝练后缺乏总体性的概览和现实的场域。其次，需要构建起时间研究的文化路向。时间研究在哲学中往往被定义为主客观交织的产物，同之前的理论家一样，罗萨对时间的讨论并非想对其进行客观详尽的描述，而是试图厘清时间与主体间的关系，更确切

---

① 哈特穆特·罗萨：《加速：现代社会中时间结构的改变》，董璐译，北京：北京大学出版社，2015 年，第 6—7 页。

地说是与社会结构、社会行动相联系的主体的时间意识的问题。"'一切都越来越快'在现代化各个阶段都被作为基本体验，即一切都在不断地流动中，因此未来是开放的、未知的、不再能从过去和现在推导出来，而有意思的是，这个特点只是确定了当今所盛行的批判式时间诊断的一个方面。"① 他在《加速：现代社会中时间结构的改变》一书中指出："在一个社会中存在的时间结构同时也是与认知和规范有关的特性，并且能够深深地将社会的习性根植于个体的人格结构中。"即是说，人们对时间的观测研究大都依赖于文化形成的时间认知与时间意识，这正是罗萨所坚持的带有文化意味的时间规范概念。对时间的诊断，不论是静止还是加速，都需承认现代性的断裂问题，这种与时间相关的现代性发展随之带来一系列的结构上与文化上的后果。比如全球化时代，不可逆的现代化浪潮所体现出的同步化与第三世界边缘化地位所体现出的不同步化并存。唯有时间的视角才能对现代化中各式各样的"断裂"进行细微的观察集中，并在此基础上进行详尽的澄明。现代社会中的时间结构已经在现代性的干预下，尤其在资本逻辑所取得的新形式即加速逻辑的统摄中呈现出集权式的异化特征，并以隐蔽的形态全方位控制人们的生活。虽然罗萨在时间的澄明中谈及社会加速与社会停滞两种时间诊断，但依然将"现代化的经历就是加速的经历"作为自己研究的根本假设，架构起现代社会加速问题的核心范畴。

（二）全面动态化的现实世界

罗萨从整体性视野审视以加速为特征的现代时间结构，从纷繁复杂的现实经验性现象中剖析当下加速社会的三种主要加速范畴。首先，科技加速。科技加速是一种明显的、技术速度提升的过程，包括传播、生产、运输等目标导向过程有意的速度提升，甚至组织管理形式的优化而导致的速度提升也被囊括在内。尤其伴随着"互联网+"时代的到来，这种科技加速深刻改变了人们的生活方式和对时空的感知。以往从人类学维度所给予的空间相对于时间的优先性被颠倒。空间在通信和交通发达的后资本主义时代得到进一步的压缩甚至消弭。在科技加速的区域联结中许多点位失去原本的关联性和重要性，时间从空间中释放，在科技带来的飞速发展中主体对时空的观念甚至主体与时间之间的关系被

---

① 哈特穆特·罗萨：《加速：现代社会中时间结构的改变》，董璐译，北京：北京大学出版社，2015年，第20页。

重塑，架构出崭新的主体自我关系以及社会关系。其次，社会变迁加速。社会变迁加速是指社会结构、社会事物以及行动指针和行动方式的有效期缩短、不稳定性提升，以及与此同时社会组织模式、实践形式以及知识内涵的相应转变。如果说科技加速是一种发生在社会内的加速，那么社会变迁加速则是描述社会本身的加速。价值形式和实践形式都以成倍的速率增加，这使得“当下”的概念不断缩短，“换句话说，加速可以定义为经验与期待的可信赖度的衰退速率不断增加，同时被界定为‘当下’的时间区间不断在萎缩”[①]。罗萨以社会结构中的职业与家庭系统的变迁为依据，指证这种“当下”的坍缩。一方面，家庭的生命循环已经缩短到人类寿命之中；另一方面，职业的更替充斥着人们的工作生涯。由此，罗萨得出结论，社会制度与社会实践的稳定程度是社会变迁速度的有效参鉴。最后，生活步调加速。生活步调加速是基于“时间匮乏”这一基本认知而产生的人们对作为资源的时间被快速消耗的恐慌。即“时间都去哪儿了”的问题，“这种加速可以定义为，在一定时间单位当中行动事件量或体验事件量的增加”[②]。即是说，人们渴望在更短的时间内完成更多的事物。在罗萨看来，人们测量生活步调有主观和客观两种方式。前者通过对生活节奏加速方式的衡量来验证，测出某一行动所花费的时间区间的缩短，比如通过测量当下人们花费在散步、娱乐、谈心上的时间探究人们在时间上的支配情况。后者则是聚焦行动和体验时间的“压缩”，即在单位时间内进行“多任务”（multi-tasking）的行动。不难看出，生活步调加速与前面两种加速并非存在直接的因果关系。因为科技加速缩短交通、通信、生产的时间，相应应产出更多的主体自由时间。但事实上，后资本主义社会的事物增长量大大高于科技发展的速率，生活步调的飞速加快使得令人赞叹的科学技术依然不能良好地解决现代化发展中带来的关乎自由与解放的生存问题。

（三）社会加速的动力机制

前文已经提到，罗萨否定科技加速与生活步调加速之间的直接因果

---

① 哈特穆特·罗萨：《新异化的诞生：社会加速批判理论大纲》，郑作彧译，上海：上海人民出版社，2018年，第18页。

② 哈特穆特·罗萨：《新异化的诞生：社会加速批判理论大纲》，郑作彧译，上海：上海人民出版社，2018年，第21页。

关系。由此，罗萨试图对现代性进程所卷入的加速旋涡进行一番动力机制上的剖析与揭示。首先，作为加速动力的竞争。罗萨关于竞争逻辑的阐述正是基于对资本逻辑的一种揭批，他从一种接近历史唯物主义的立场对资本主义社会的经济领域进行分析。罗萨提出，这主要涉及三个方面的内容：一是资本主义为提高生产效率会尽力缩短工作时间以达到节省成本、提升竞争力的目的；二是资本主义为获取更多利润除了在生产领域加速外也会加速资本的整体循环过程；三是资本主义通常借助创新来让自身保持在行业生产的领先水平，维持自身优势。罗萨通过马克思在分析资本生产、分配、消费中的“工作时间”“资本循环”和“技术创新”概念展陈出社会加速与资本主义体系，尤其是资本逻辑主导下的生产体系之间千丝万缕的关系。除此之外，罗萨进一步指出这种竞争逻辑在现代社会已经从经济领域蔓延到社会生活的方方面面，乃至在现代社会关系的形成中主体自身也时时刻刻处于紧张的竞争之中，这种竞争的依据就是人们在现实生活中的成就。“成就被定义为每个时间单位当中的劳动或工作（成就=工作除以时间，像物理学的公式所做的那样），所以，提升速度或节省时间就直接与竞争优势的获得有关。”[①] 这样一来，既证实了竞争逻辑是社会加速的主要推动力，也侧面印证着决定现代社会主体竞争的时间，或者说加速逻辑，置于现代性分配模式的核心场域。其次，作为加速保障的文化。罗萨提出面对社会的全面加速，主体不是作为纯粹的受害者，恰恰相反，他们自身加入这种异化的加速之中。原因就在于现代社会文化逻辑的规训，更确切地说是一种着眼现实，消弭乌托邦维度和超越性的文化逻辑。一方面罗萨认为伴随现代社会的发展，宗教所发挥的人们向往彼岸世界的超验意识已经被大大削弱。主体以一生之中可获得和达成的成就，如财富、权力等作为测量自身幸福与否的标准。可知可感的经验性体验成为主体现实行动的最可靠依据，在这种注重现实的倾向中人们执着于在现世纷繁的可能性中实现更多的选择。另一方面，世界为主体提供选择的速度始终快于人们有限人生可经历的事物。在知觉时间与人生时间的悖论中，生活步调的加速成为人们化解张力的不二选择。“现代加速的时间应许，是一种（不言而喻的）观念，它认为‘生活步调’的加速，是我们面对有限与死

---

① 哈特穆特·罗萨：《新异化的诞生：社会加速批判理论大纲》，郑作彧译，上海：上海人民出版社，2018 年，第 33 页。

亡问题时，所作出的（亦即是现代性的）回答。”[1] 人们更快速地进行生活的体验，使生活的总量貌似在加速的生活步调和有限的生命时长中得到提升。但这种加速后生命的多样性和无限性只是人们的面对生与死，世界与自我之间罅隙的一场幻觉。对“快”与“多”的片面追求不仅未能使人们获得更多的自我满足与实现，反而在膨胀的渴望中屡遭挫折，陷入无尽的迷茫与悲观之中。最后，两种外驱力下的加速循环。罗萨在指明两种外力驱动的基础上进一步论述三种加速已经在当下发展为一种环环相扣的自助推动系统。罗萨提出虽然事物增长量与加速之间没有必然的因果关系，但科技加速和生活步调加速却吊诡地联结在一起。人们渴望通过科技的加速应对自身面对时间资源消耗的紧迫感，释放更多的自主时间，事实上这种科技加速并未对时间匮乏的现状做出良好的回应，反而成为加剧匮乏的驱动。这是因为科技加速造成了从宏观的社会结构、职业结构到个体层面的行动模式、身份认同的革新。科技加速作用于社会结构与生活模式，形成“当下”时态的不断压缩，这种从社会到个体层面的全面席卷使科技加速与社会变迁加速、生活步调加速紧密联系在一起。这种互相驱动的加速体系使个体仿佛置身“斜坡”，人们一边被裹挟在科技加速所造成的快速的社会变迁与生活步调之中，不断追赶一切可能性，以维持自我在严酷竞争中的生存；一边在资本逻辑和创造更多自由时间的希冀中投身科技加速的进程，由此造成互相联结、不断加速的闭合循环。

二、新异化的审视：“时间情景批判理论”

以加速为特征的现代社会，使得分配和承认模式偏离本体论样态的预先指派，取而代之的是一种与人们现实成就相关的动态结果。人们为了得到承认所进行的斗争变为在现实中以日为计算单位断裂的却又无休止的激烈竞争。人们陷入社会场景和日常景观流变带来的不确定性之中，恐惧自身的现实成就在偶然性与不确定性中遭遇贬值，“除了承认斗争的逻辑从‘地位’竞争转变为‘表现’竞争之外，它还用永恒的

---

[1] 哈特穆特·罗萨：《新异化的诞生：社会加速批判理论大纲》，郑作彧译，上海：上海人民出版社，2018 年，第 37 页。

不确定性、高度变迁速率，以及日渐增加的徒劳感威胁着主体"[1]。当代社会的集权力量已经采取时间这一抽象概念搭建自己的统治层级，这种加速形式的控制力量必须以批判的态度看待，以批判的方式斗争。这种承认斗争与加速主义相互交织的现代性境遇决定了针对当下现代性的批判理论势必是一种时间情景批判与承认情景批判的融合。

（一）功能批判：去同步化的病状

罗萨指出加速虽然成为现代社会的主要倾向，但不同实践、制度之间依然存在着速度上的差异，这种速度差异会导致不同事物发展过程中的摩擦。这种去同步化的现象既存在于自然与第二自然之间，也存在于社会各领域之间。首先，罗萨剖析了政治与科技、经济的去同步化病状。他认为在追求速度、效益的科技、经济发展中，与民主政治相关的政府决策却并未得到速度上的提升。这一方面因为民主政治本身的程序就是缓慢的，需要经历充分的商谈，才能达成共识、依法执行。另一方面，晚期现代社会呈现更加多元的情景，由于速度主义取代传统习俗，主体和团体的样态都愈发动态化、异质化。这种加速的现代社会情景反而使"民主的民意形塑和决策"缓慢下来，"而且最终会导致政治和社会经济生活演化之间的去同步化"[2]。在这种前设下，社会出现两种截然不同的声音："保守主义"希望降低政治的效能，使政治在功能的削减中不再作为对社会发展变迁起决定作用的整合、规范的力量，而成为被加速逻辑驾驭的，助力经济和科技加速的政治手段；"'进步'的政策"则认为应该从时间上控制政治、科技和经济的发展，通过政治手段干预社会加速的进程，"以及稳定或抵抗社会变迁的趋势"。[3] 其次，罗萨揭批文化生产与文化传承中的去同步化病状。文化的规范与传承本是一个耗费时间的长期过程，但加速社会对规范和习俗的冲击使得这种以文化象征维持社会传承和稳定的形式不复存在。不同世代之间的共性和共鸣消逝在加速主义的喧嚣之中，加速带来的断裂使得代际人群生活在截然不同的世界。主体之间的隔绝，主体丧失对世界的本体论维

[1] 哈特穆特·罗萨：《新异化的诞生：社会加速批判理论大纲》，郑作彧译，上海：上海人民出版社，2018年，第82—83页。

[2] 哈特穆特·罗萨：《新异化的诞生：社会加速批判理论大纲》，郑作彧译，上海：上海人民出版社，2018年，第96页。

[3] 哈特穆特·罗萨：《新异化的诞生：社会加速批判理论大纲》，郑作彧译，上海：上海人民出版社，2018年，第96页。

度的认知以及整体性的审视，这种以速度为先的创新社会实质上压抑着主体真正的能动性与创造性，动态加速的社会情景之下是日渐僵化的、去主体性的现代性网格。

（二）规范批判：意识形态再探

通过回顾古典社会学理论，罗萨指出社会学家们关注同一个现代性矛盾，即一方面现代社会拥有极长的互赖链和互动链，人们相互合作，共同参与生产、分配和消费，组成复杂的社会网络。为调节大规模的群体合作和交互，形成了相应的社会规范和社会伦理。宏观的社会规制服务于这种同步化与合作化的趋向，以保证现代社会主体之间的紧密联系。另一方面主体在现代社会中看似享有前所未有的自由，被给予充分的自主权与选择权。但现代社会呈现出个体化、多元化的特征，似乎没有道德伦理或行为规范对主体及其自由进行限制。罗萨做出的解释是，他指认隐匿在自由主义观念后的时间意识和竞争逻辑，使主体看似完全自由，由自我意志决定自我行为，但事实上主体的现实生活完全被加速逻辑所塑造的各式各样的社会需求所规制。不论是个体行为还是群体合作，都是顺应加速逻辑和竞争逻辑的时间规范结果，“现代社会满足这些需求的方式，乃是通过严格地实施时间规范，通过行事日程和截止期限的规制，通过临时通知和立即性的力量，通过迫切的满足与反应”①。这样一来，时间规制实际上取得了一种类宗教的统治，它以自己的结构和诉求规范主体，而日常生活中对规制的违背将生产“有罪主体”。这种统摄是从行为到思想的全方位管控，而更可怕的是现代社会的加速逻辑并不拥有宗教那样缓解现世罪恶的方式或指向幸福的乌托邦图景，人们只会在无尽的时间消耗中挣扎、焦虑，在无边的激烈竞争中伤痕累累。这些支配性时间规制披上伦理外衣，让人们舍弃自我需求和自我审视，只能顺从时间和速度的强硬命令。“因此，要批判潜藏的时间的社会规范，就应该从一个出发点开始，亦即指出时间规范破坏了现代社会最核心地对反思性与自主性的承诺。”②

---

① 哈特穆特·罗萨：《新异化的诞生：社会加速批判理论大纲》，郑作彧译，上海：上海人民出版社，2018年，第102—103页。

② 哈特穆特·罗萨：《新异化的诞生：社会加速批判理论大纲》，郑作彧译，上海：上海人民出版社，2018年，第105页。

(三) 伦理批判：违背了承诺的现代性

罗萨首先指出现代性的内在意涵。他通过对哈贝马斯、泰勒等人著作的考察，认为现代性从本质上应该是一种使主体享有自主性的承诺，既在共同作用和偶然性的交织中形成保障主体安稳生活的宏观力量，也展现为对自然束缚的不断战胜，对不利自然环境的克服。不论如何，应该是不断实现主体性与多元化的现代进程，但罗萨犀利地指出，现代社会的加速并未实现与主体自主性的相辅相成。加速的力量虽然一定程度上也是保障人们生活的必要需求，但更大程度上已经与人的幸福无涉，成为一种片面追求速度和利润的奴役人的力量。现代性原本具有文化内涵的人性指向逐渐被永续的竞争逻辑所取代。人们的理想、规划“都必须用于喂养加速机器”①。现代性承诺变为挑战，一切关涉主体的创新性、主体性、情感、技能都沦为灌溉竞争的养分，人们必须时刻保持竞争性并且不断奔跑在历史的滚轮之上。现代性一边继续向主体许诺，在科技和社会的高速变迁中制造自由的幻象；一边在加速逻辑的铺展中造成更为深重的异化状态，使人类解放的希望越发渺茫。

三、新异化的症候：空间异化到自我异化

罗萨一方面以速度批判为基础底色，另一方面继承霍耐特的文化批判路径，将速度批判引向一种意识形态批判，构筑起一条“超越内在世界”的路径来克服由加速带来的现实世界的异化病灶。这样一来罗萨将异化与加速相结合，通过情景主义的吸纳为批判理论注入新的活力，建构起自身极具特色的新异化系统。

以现代社会加速现象为切入，罗萨吸收耶吉的异化范式，创设出加速主义视角的新异化概念：“我们所做的事（即便是我们自愿做的事）并不是我们真的想做的事的状态。”② 与传统法兰克福学派在工具理性、文化萎靡、科技统治等本体论意蕴之上搭建异化理论不同，罗萨虽然依然保留了马克思所创设的资本主义情景下人与世界相互对立的异化内涵，但又抛去作为异化参照的“非异化”预设，只将其作为一种“缺

① 哈特穆特·罗萨：《新异化的诞生：社会加速批判理论大纲》，郑作彧译，上海：上海人民出版社，2018 年，第 111 页。

② 哈特穆特·罗萨：《新异化的诞生：社会加速批判理论大纲》，郑作彧译，上海：上海人民出版社，2018 年，第 127 页。

乏关系的关系”，是自我与外在世界关系的全面崩塌。罗萨将异化的具体导向划分为五个层面：

（一）空间异化

现代社会形成的加速系统造就了大量的流动性，割裂了主体与空间之间的联系，消退着人们意识中作为“自然”存在的空间概念。社会加速背景下，一方面科学技术带来的便利重新划定空间区隔，发达的交通与通信使得主体间的距离与沟通不再以物理距离作为凭证；另一方面，主体在空间范围的迁居变得空前频繁，再难形成对固定区域的情感依恋以及在此基础上的乡土文化。空间的“异变”使得人们坐落于世界的方式发生变化，造成主体与空间之间的良好互动消失殆尽，主体基于物理空间和物理距离产生的情感与认知也被逐渐消解。

（二）物界异化

罗萨提出的物界并非物质界的统称，而是特指现代社会的生产与消费领域。罗萨认为，一方面人类在频繁的生产物与消费物的过程中与物产生亲密联系。自我的一部分镶嵌于物之中，物的一部分也内化在主体之中。人与物的融合使得物界变成人栖居的场所甚至存在的方式，异化的状态也随之产生。另一方面，伴随科技加速带来的生产效率的提升，作为消费品的物自身更新换代的周期也不断缩短。在速度的裹挟下人们基于经验和理性的价值逐渐失效，对物的“道德消费”取代“物理消费”，即人们不再追求产品的使用价值，也逐渐丧失面对物的自主性与能动性，成为加速逻辑以及琳琅满目商品的追随者。传统人与物基于物理功能的相对稳定的亲密关系以及人作为主体掌控物界的能力，都在加速创新中遭到瓦解或失去意义。

（三）行动异化

“后现代当中的主体倾向于‘遗忘’自己‘真正’想做的是什么、想成为什么样的人。”[①] 主体与空间、物界之间的异化使得人在现实生活中必须遵循“必须如此”的加速逻辑，而丧失对自我需求的基本判断。人们行动的依据变为时间单位内做尽可能快和尽可能多的事情，无法审视事物带给自我的真正体验，也没有更多的时间和对象性世界产生

---

① 哈特穆特·罗萨：《新异化的诞生：社会加速批判理论大纲》，郑作彧译，上海：上海人民出版社，2018年，第132页。

稳定性的交互或者思考自身的真正需求。行动的标准变为更多地体验和占有，而基于人性本身的审美、艺术、交流等在不断加速的情景中被遗弃。在竞争逻辑造成的恐慌中，人们“自愿”地做着自己并不真正想做的事情，失去对自身行为的支配权，造就一种“去感官化”的异化状态。

（四）时间异化

罗萨在前面三种异化中已经铺设出一种主体“去感官”化的异化状态，这种“去感官”化往往伴随着“去背景化”，即人们在感官体验的消弭中难以使现实生活的行为与自身的生命历程发生内在交互。在传统的时间体验中，人们的体验时间与记忆时间往往成反比。但在加速社会中，一种新的时间模式悄然出现——人们体验时间与记忆时间都非常短暂。这是因为社会加速使得人们的日常生活碎片化，时间体验也随之碎片化。在这种支离破碎的生活中人们难以持续性地进行某一项活动，“孤立的片段”使得事件难以在脑海中形成深刻的印象。与此同时，刺激性的孤立片段也不断地被新事物的涌现所掩盖，短暂的行为模式与时间模式无法与主体产生内在共鸣，人们的总体性记忆也越来越淡薄。加速的规制使得现代社会中人类象征稳定性的“体验”越来越多地被象征变动性的“经验”所代替，以短暂的、不断波动、不断革新的机动模式去应对加速社会中不断出现的新事物与新问题。

（五）自我异化

主体在与物界、空间、行动、时间的异化关系中必然会导致自我的异化。罗萨这里的自我异化并非与马克思一样关注人和人本质的关系问题，而是依然聚焦人与世界的问题，指主体无法保持与外在世界的良好互动并内化为主体的自我成长与发展。一方面，加速逻辑使主体在行动与意志上与物界发生断裂。在快速的物界更迭与需求选择中使人们无法建构起稳定的自我生活的参照，短暂的经历使得事物无法与自身生命发生内在联系，抑或是内化为自我的一部分，相应的总体性的认知和感受无法形成；另一方面，与物界的割裂在使人无法形成整体认知的同时丧失面对现实的主体性。主体无法通过现实的经历和感受来确定自我存在的坐标，也无法在与外界的接触中确证和完善自我。人们丧失社会生存的稳定性，也无法对身边事物进行对错轻重的判断，自我关系被无限多的人生选择、无限快的生活节奏进一步解构。

罗萨通过五重异化建构起以时间结构为底色的加速批判。异化是社会加速的必然后果，它由科技异化带来的社会变迁直接产生，传统人与空间关系崩塌，在重置的空间坐标中人与物界的联系也被重塑，人们无法在碎片化的体验中搭建自我对人与世界关系抑或是自我内在关系的总体性图景，成为丧失感知世界、把握世界的主体性。这种抽离人性的时间规制形成现代社会中无处不在的控制网，一方面以时间的精确与加速操控人类的行为与思想；一方面在齐一化、制度化的范准中塑造主体圆满、社会进步的假象。在加速逻辑的诱导下，人们纷纷放弃对人性的追求、对自我的审视和对现实的超越，成为时间的奴隶。罗萨企图用这种时间异化的阐释呼应法兰克福学派一以贯之的社会批判的理论自觉，指向一种“有关的关系”的本体论建构。

四、新异化的克服：建构一种彼此联结的“共鸣”关系

美好生活的愿景似乎与以“加速”为核心的现代化特征相背离，那么我们还能否在此岸与外在世界产生内在共鸣，能否追问基于人性的需求与幸福？罗萨给出的答案是肯定的。他在《共鸣：一种世界关系的社会学》中提出作为异化对立面的“共鸣”范畴，在揭批加速主义带来的新异化基础上描绘出“适应性稳定”和“共鸣”概念为核心的后增长社会的基本面貌。

（一）经济层面

“为了控制资本主义经济这种不断加速却带有自毁性的内在趋势，西方社会应追求的是一种适应性稳定的模式和一种后增长的社会形态。”[①] 罗萨指出，现代社会已经变为一个抽离人性的加速器，其使社会生产与社会发展从“动态稳定”转向“动态不稳定”，更具体地说建构出一种以“创新”“增长”为基底的加速生长样态。必须以一种稳定性的生产与经济模式来取代这种近乎自毁的加速式的现代性发展。罗萨提出应追求一种“后增长”（postwachstum）的经济形态。这种“后增长”是一种基于社会发展内在需求的增长模式，其驱动不再是加速逻辑下片面的创新和增长，而是通过经济民主的引入，将主体尤其是工人主

① Hartmut Rosa, Klaus Dörre and Stephan Lessenich, “Appropriation, Activation and Acceleration: The Escalatory Logics of Capitalist Modernity and the Crises of Dynamic Stabilization”, in *Theory, Culture and Society* 34 (2017): 53—73.

体的自主性纳入被动升级的加速历程。经济增长从脱离人性的“客观必需”转向基于人性的“主体自觉”，以主体的情感自觉与理性自觉对抗顺应资本逻辑与加速逻辑的现代社会系统的自我升级。这种观点也呼应着当下左翼面对数字资本主义所提出的发挥工人自治的情感要素对资本逻辑动力机制的瓦解功能。罗萨进一步透视到与数字结合的资本主义市场所统摄出的漠视人性的加速趋势，必须注重全球治理能力的提升、全球性质民主机构的建构以及指向主体需求的现代经济规制的完善，并以此打碎加速主义规制下集权式的时间建构以及倒置的人与世界关系。

（二）政治层面

罗萨认为解决竞争逻辑主导的对时间资源的争夺和焦虑的心态需要以无差别的薪资收入和无差别的时间分配为政治保证。这种无条件的基本收入能有效遏制现代社会执着于加速增长的生产性动因，进而成为重塑“后增长”社会的社会政策与福利制度的政治基石，也是保障“后增长”社会脱离强制性增长、架构稳定存续样态的指导方针。无差别基本收入的优势不在于不断升级和改善政治承诺而是推进世界基本模式从斗争转向安全，从而消除生存的焦虑，重新发掘、靠近马尔库塞所描述的自由劳动条件的可能性。现代福利国家的基础就是通过不断再分配收益，给予日臻完备的政治承诺以对大多数人口进行整合和改善。罗萨认为，基本收入是保证个体参与世界活动的前提条件，在社会收入不平等的调节下保障人们占有近乎同等的世界份额。只有在这种基本生存的政治保障之下才能真正发挥劳动中水平与对角共鸣轴的质量，架构起体制改革与文化变革之间的桥梁。

（三）文化层面

罗萨的“共鸣”概念主要是在文化层面进行论说的，所以他对这一维度的阐释也最为详尽。在《共鸣：一种世界关系的社会学》一书中，罗萨以“如果加速是问题，那么共鸣可能是解决方案”[①] 的论说直接将“共鸣”放置到“异化”的对立面。这种“共鸣”事实上是一种主体与外在时间之间彼此倾听的良性互动，在呼应中保持二者的“和弦”状态。即既保持自我的存在与感知，又在与世界的良性互动中获得

---

① Hartmut Rosa, *Resonance: A Sociology of Our Relationship to the World*, trans. James C. Wagner (Polity Press, 2019), p. 1.

支持自我发展的正面关系。幸福生活的要旨不在于顺应强制性增长，而是保持与世界的良好关系、重构共鸣，以此构筑全新的社会评价体系。这种崭新的“共鸣”系统以“关系”的样态试图重释、重建人与世界、价值与存在之间的联系。实际上在凝视人与自由关系的基础上展陈出一种新的共同体存在，通过对工具理性的超越获得与世界、与他人再度“对话”的能力，耦合由于加速所导致的人与世界、人与人之间关系的罅隙，以主体间的良性共鸣打碎加速逻辑下制度化的无声规训。

同时，罗萨以三种“共鸣轴”划分主体与外在世界发生联结的场域差异。首先，象征人与他人的共鸣形式——“水平的共鸣轴”。友谊、家庭、政治参与等将我们与他者联结。相较于前两者发生于主体之间直接的情感交互，政治参与的共鸣过程显得更为复杂。罗萨强调，加速社会中基于资本竞争的驱动，政治也在加速主义的裹挟中或多或少回避完整的民主进程，民主行动陷入僵化或形式化的窠臼。而真正的民主体制需要实现政府与民主的良性呼应，即政府响应人们的诉求，同时在政府的回应中群众将支持的呼声赋予政府，给予其统治的正当性，并在此基础上形成社会层面的政治共识和共同行动。其次，象征人与世界的共鸣形式——“垂直的共鸣轴”。这里的世界代指先验世界与超验世界，发生联结的对象包括自然、宗教、艺术、历史等领域，是一种具有连续性、整体性的过程性交互。其中罗萨强调了作为共鸣关系的宗教存在，他指出宗教在现代性文化中是一种包含爱和意义的范畴，是一种推动人反思自身、凝视人性的先验秩序。这种脱离神授和权力灌输的宗教在加速社会异律规训、外部规制、加速运转的看似客观建构、历史必然的图景中打开一种面向人性的新的可能。最后，象征人与物体的共鸣形式——“对角共鸣轴”。对角共鸣轴是处于水平与垂直的中间环节，包括自然物也包括人造物。必须在代际更迭和周期运转中保持“生存共鸣”，才能保障主体现世生活的幸福。罗萨认为这三种“共鸣轴”所搭建的立体共鸣系统对建立人与外在世界的良性联结，复归主体的能动性至关重要。工具化的现代性模式塑造了竞争、优化、加速的社会趋向，而共鸣关系的建立打碎加速、封闭的现代化模型，释放加速循环所束缚的时间结构。在脱离“加速至上”理想的“后增长”模式中，“异化”与“共鸣”的对立关系也不复存在，取而代之的是一种“不断相互转化的辩证关系”，是一种以人与世界之间良好交互关系为基础的、面向丰富“共鸣经验”的美好生活的开启。

罗萨以时间分析为基点开启法兰克福学派社会批判理论的新方向，对以“加速”为特征的现代社会进行全方位的把脉与诊治，架构出一条从动态加速到适应性稳定的“共鸣”之路。他所建构的科技加速、社会变迁加速与生活步调加速的封闭加速循环系统，加速的动力机制分析，新异化等概念一定程度揭批了资本主义新症候中资本与加速之间千丝万缕的关系。但罗萨社会加速理论依然有其无法克服的局限，依然难逃法兰克福学派重批判、轻建构的经院主义窠臼。一方面，在全方位揭示现代社会病灶的同时不触及对资本逻辑的分析，尤其未在生产层面对加速进行成因性阐释，忽略价值规律在经济领域的决定性作用，将人们的加速行为归因为文化导向下的结果；另一方面，当他提及历史唯物主义时，却常常脱离历史唯物主义的分析视域，将解放路径的建构诉诸心理层面的分析和文化领域的开拓。罗萨在加速情景下努力创设的社会批判理论依然停留在思辨的层面，走向荒野的“共鸣”在具象问题的挑战中只会沦为乌托邦的幻象，在经验性的描绘和抽象性的旨归中势必无法实现从理论到现实的真正转化。

第四专题 生态学马克思主义

自英国工业革命拉开人类社会工业文明的现代化序幕以来，随着生产力快速发展，科学技术愈发成为第一生产力的同时，其所带来的资源匮乏、环境污染、气候灾难、粮食短缺等自然生态环境问题亦愈发成为现代化发展中亟待解决的全球性难题。1962 年蕾切尔 · 卡逊发表的《寂静的春天》、1972 年罗马俱乐部发表的《增长的极限》将自然生态环境恶化的根源指向“无限的经济增长”，伴随同年第一个绿党的出现，绿色运动就此兴起，生态学马克思主义作为国外马克思主义一大思潮亦由此产生。生态学马克思主义将生态学、系统科学等自然科学与马克思主义思想理论相结合，以马克思主义实践思维方式为思想方法，用马克思主义思想理论为思想基础，在对自然生态环境问题的理论与实践探讨上，将环境污染、生态失衡的生态危机视为当代典型的、具有全面爆发可能的现代性问题，提出当下的生态危机已是经济危机、资本主义危机乃至精神文化危机，即全面的社会危机。生态学马克思主义为探讨生态危机而展开的现代性批判或曰资本主义批判，给人类认识生态问题，解决生态危机及人类社会文明发展提供了现代性批判新视域。

一、生态学马克思主义的出场逻辑

一个时代的主题并不像它的表象显示的那样片面，更多的应从这个主题中预见时代的症结。生态学马克思主义者们无疑为解决这些问题提供了独特的问题视角并做出了卓越的贡献。生态学马克思主义作为西方马克思主义在当下发展的一支生力军，将西方马克思主义的理论主题——现代性批判的触角直指社会发展何以“生态”的实现，以马克思主义的思维方式和理论学说为思想方法和思想基础，重新探讨生态问题，将生态问题看作是一个全面爆发的现代性问题，更将生态危机视作社会危机，把探讨经济理性的非合理性作为还原生态问题的契机或内在前提，这些都是一种对探讨生态问题的意义之追寻。

生态学马克思主义的出场应景而生、应运而产，应的是现代资本主义工业生产方式对环境与生态的破坏之景，应的也是人与自然的紧张关系何去何从的时代之运。生态学马克思主义在生态学思潮与生态运动风起云涌的时期应时而生，集自然生态学与人文生态学于一身，在兼顾阐发历史唯物主义生态意蕴和构建生态社会主义双重任务的独特理论视域中，将这一时代生态危机的特殊性与建构理论新形态的必要性彰显。

严重的生态危机已然威胁人类生存的时代境遇。生态危机与人类文明的发展，尤其是工业革命以来人类文明的发展是相伴而生的。用约翰·贝拉米·福斯特的话说，“资本主义生态危机表现在方方面面，不胜枚举”。以20世纪八九十年代为界限，生态危机已经实现了两次飞跃：从自然供给范围内的发展到突破自然供给极值，再到不可持续道路的加速推进、各国生态赤字的不断加大、生态危机的频繁爆发。人类的发展似乎正以越来越快的速度与生态背离，生态也仿佛更高频次地以破坏性灾害、资源性短缺的样态威胁着人类社会的前进。在人类与生态不断扩大的罅隙中人类陷入发展的困境，生态问题已经逐渐演化为横跨自然与社会、关乎人类存亡的世界性危机。

生态危机已经成为典型社会危机的现实状况。上个世纪末，生态危机已经开启从自然领域到社会领域的蔓延态势。愈发激烈的以环境问题为主要载体的自然报复成为影响世界经济发展，甚至间接影响政治、文化乃至人类精神与心理状况的重要因素。很多国家政治上面临着经济、统治、管理等全方位的危机；经济上，经济建设中资源供不应求，使得自然资源存量锐减，甚至有些资源濒临枯竭，与此同时，大量资金被投入环境治理中，造成巨额支出。一方面，生态问题严重影响人们的日常生活。民众是生态危机的主要承担者，遭受着生态危机带来的政治、经济、文化等方方面面的负面后果。在这种困境下，20世纪末的欧洲人民意识到环境问题的严重性和保护环境的重要性。欧洲各国民众开始凝聚环保力量，自发形成绿色政治组织。这些绿色政治组织通过成规模的环保活动展现出极大的影响力，甚至借助参政议政的权力在国内和国际范围内有力传播环保意识、推动绿色运动，由此在欧洲大陆掀起一股绿色政治的风潮。另一方面，生态问题严重影响欠发达国家的发展。在利润逻辑和竞争逻辑的主导下，发达资本主义国家为确保本国的发展优势以及兑现本国“所有人都能享有美丽健康的环境的承诺”，向欠发达国家实行垃圾倾倒和资源掠夺的双轨剥削。欠发达国家被裹挟进全球化浪潮中，但由于其尚未形成完备的生态危机防控体系和成熟的现代化发展模式，相较于发达国家面临着更加严峻的生态危机和更加艰难的发展困境。申言之，欠发达国家在获得微小发展的同时付出了高昂的环境代价，致使其在国际体系中越发处于弱势。文化上，激起西方生态伦理思想的争鸣。关于生态伦理的争鸣可以说是人类面对生态危机投射在理论层面的至今尚未达成一致内部论争。不断加深的生态危机使人们开始反思工业革命以来占据西方伦理思想核心的人类中心主义，认为这种主客二分的侵略性价值观是致使人类与生态分裂的罪魁祸首，必须重新确立新的价值观以耦合人与生态之间的裂缝。20 世纪末新（现代）人类中心主义应运而生，并以势如破竹的态势打破了人类中心主义与生态中心主义双足鼎立的局面。在形形色色生态思想的交织中，生态社会主义以其独特的理论底色和分析理路，逐渐发展为体系成熟、派系庞大、影响深远的生态思潮。生态社会主义通过历史唯物主义的引入，将生态危机的剖析放置于以物质生产为基础，社会制度分析与文化形态分析并行的综合视域之中。用西方社会生态学创始人布克钦的话形容，“人与自然之间的矛盾是人与人之间的冲突的反映”。生态社会主义将局限于经验性现象和抽象性价值的生态问题导向对资本主义生产性矛盾和制度性危机的本源性分析，在马克思主义生态思想的挖掘与运用中再度发出对资本主义社会进行整体性革命的呼声。

各类生态思潮与环保运动应时而生的理论、实践回应。伴随生态危机向整体性社会危机的转型，人们也开始反思自身的文明进程的合理性，以及在此基础上建立的人与自然的关系。这种普遍性的生态反思使得具有不同理论背景和政治诉求的人群都开始将生态引入文明发展的基本立场，呼吁关注生态保护和人与自然关系的和谐，身体力行地推动着环保运动和绿色经济的蓬勃发展，共同绘制出异彩纷呈的生态图景。于是在 20 世纪六七十年代，形形色色的生态理论与生态流派如雨后春笋般涌现，出现“红绿交融”的繁盛景象，生态学马克思主义也正式亮相，展现为一种“绿色文化运动”，更确切地说呈现为西方现代工业文明社会的一场文化运动。这一运动的出场逻辑体现在从“深绿”走向“红绿”再到“浅绿”的流变之中。

“深绿”走向“红绿”　在各种生态理论与思潮中，“深绿”最先出场。所谓“深绿”是指以生态、生物中心主义的价值观为基本主张，包括当时已出现的生态哲学与伦理、深生态学、生态美学、生态自治主义和生态文明理论，均以承认和尊重自然生态系统及其构成要素之价值的重要性为理论中心，坚持认为这是生态运动、绿色变革得以实现的前提。“深绿”常常因自身鲜明的自然中心主义招致人类中心主义的诟病。在这场关于“人类与生态孰应占据中心”的理论博弈中，人类中心主义多以生态哲学与生态伦理、科技理性与价值理性、深生态学与生态美学等方面呈现，将人类对于自然界的另一种认知维度揭示，即何以善待自然，何以人化自然，何以美好自然。在“深绿”所要实现的绿色社会、还自然以纯真的主张上增加了人与自然平等、合乎人性对待自然的伦理主张。“深绿”走向“红绿”。

“红绿”再为“浅绿”　“红绿”的出场逻辑显然是以生态学马克思主义、生态社会主义、生态女性主义、社会生态学等为主角的。其都认为在生态危机的表现下藏匿着更为深刻的制度性问题，生态问题的根源在于以科学技术为介质的迅猛发展的资本主义体系。所以要解决环境问题与生态危机，单向度依赖环境本身、自然本身、科技本身是解决不了问题的。即环境问题、生态危机问题、科技异化问题等，归根结底是人类自身的问题，是人与自然的关系问题，对这些问题的回应需到马克思主义、社会主义、共产主义的理论与实践中寻找答案。这些具有革命与激进的主张伴随“可持续发展”观念的提出，导致了可持续发展理论、现代生态理论、环境公民理论、绿色国家理论与全球环境治理理论纷纷出现。这些理论是以现实生态环境问题的抑制或减缓为核心，更代表生态文化运动的基本主张：在经济上先发展再治理，在政治上发展资本主义生态民主，在文化逐渐进行全球环境治理。使生态学马克思主义不再以深与浅、红与绿为代表，而是在研究与探讨的理论内容上关注生态理性、经济理性、科技理性是一种怎样的理性正义；在研究与探讨的旨趣上关注人类社会的未来发展；在克服生态危机与科技异化方面坚持生态学马克思主义、生态社会主义，有力推进马克思主义与生态主义的有机结合。

正是由于在西方发达资本主义工业文明发展中不断暴露出新问题，理论界敏锐地捕捉到思维方式对人与自然关系和人与人之间社会关系的影响，生态危机与社会危机日趋严峻的条件和形势下，生态学马克思主义合历史逻辑、和时代呼唤、应理论要求而必然出场。

二、生态学马克思主义的历史分期

20 世纪 60 年代开始，生态运动飞速发展并衍生出一系列变化。一方面，绿色和平方面的组织更为激进，对于环境破坏采取直接行动，使得生态理念在实践维度得到有力的践行，甚至在日常生活领域形成了体系性、规范性的生态形式。另一方面，生态运动也备受挫折，运动形式的实用主义转换以及资本主义的政策调整，使得相当数量的绿色分子放弃了原本激进的政治立场，在整体的妥协氛围中放下了指向资本主义制度的刀锋，投身资本主义框架内的温和改良。生态学马克思主义在此时应运而生，历经萌生、发展、成熟，最终形成了较为成熟的理论体系以及面向现实、指向制度的生态社会主义意义上的变革实践，这标志着生态运动在指导思想上从绿色向红色转化，从生态学与马克思主义相结合转换。

20 世纪六七十年代为生态学马克思主义的萌芽时期。此时，生态学马克思主义只是作为生态运动中的一个派别存在，可将其称作“万绿丛中一点红”（陈学明语）。这一时期生态学马克思主义的代表人物有鲁道夫·巴罗、亚当·沙夫，二者先为共产党后入绿党。鲁道夫·巴罗被誉为“生态社会主义的代言人”，亚当·沙夫则被视为“真正意义上的第一个生态学马克思主义者”。这一时期的生态学马克思主义已经看到生态恶化与科学技术影响下的工业文明之间存在着千丝万缕的关联，但总体来说只停留在一些片段性、分散性的分析之上，没有基于二者关联性进行进一步探索导致危机的根源性因素，也未能形成系统性的理论体系。

20 世纪七八十年代为生态学马克思主义的形成时期。这一时期又被称为“红绿交融”阶段，出现了“绿色”理论被引入“红色”理论的情况。在这个阶段，生态学马克思主义者开始通过马克思主义的分析方法透视资本主义的生态问题。他们拨开环境问题的重重表象，洞悉到潜藏在生态危机之下的制度性根源。代表人物有威廉·莱斯、安德烈·高兹等。莱斯著有《自然的控制》《满足的极限》，他在文中指出资本主义生态危机是资本逻辑统摄自然界的直接后果，人们将自然纳入商品范围并企图实现对自然的完全掌控。必须通过消除自然的商品化，恢复、尊重自然的非商品本性来克服现存的生态危机，这种尊重自然、祛除异化的经济模式被其称为“稳态经济”。高兹则在代表作《作为政治的生态学》中聚焦工人阶级在生态运动中所发挥的重要作用，强调作为生态危机根源的资本主义制度必须且必然被推翻，而社会主义本身具有生态性和科学性，有机融合生态与社会主义的生态社会主义是遵循客观规律的唯一可行的现实道路。这一时期的生态学马克思主义思想逐渐成熟，逐渐建构起以推翻资本主义、实现生态社会主义为内核的完整体系，其红绿交融的理论特色吸引了大批追随者，成为引领这一阶段生态运动的鲜明旗帜。

20 世纪 90 年代以来为生态学马克思主义的成熟时期。这一时期，生态学马克思主义发生方向转化，又称“绿色红化”。绿色运动分化为“绿色绿党”和“红色绿党”，分别代表生态学马克思主义的不同流派。冷战格局伴随苏联解体而结束，世界形势的巨大变化使得国际范围内的社会主义运动跌至谷底，而生态主义者则在褪去红色的历史浪潮中意识到苏东模式并非解决生态危机的不二之选。由此，他们加强对经典马克思主义的研究，在处理人与自然关系的问题上，既反对传统的人类中心主义，又反对自然中心主义，提出现代人类中心主义理论，即既承认人改造自然的积极性和主动性，又指出人应当顺应自然法则，对自然予以尊重和保护。具体来说主张架构一种“经济公有”和“管理民主”的基层民主，在这种扁平化的民主结构中实现经济的适度增长，在社会发展的过程中实现人类与生态的调和。这一时期出现了众多颇具代表性的人物和著作。格伦德曼在 1991 年出版的著作《马克思主义与生态学》中分别批判了传统的生态中心主义与人类中心主义，认为马克思的人类中心主义主张在尊重自然的前提下进行改造自然的活动，囊括人类与生态双重视野的同时打破了生态与人类二分的格局，为人与自然的共存共续提供了理论支撑。佩珀则在代表作《生态社会主义：从深生态学到社会正义》中聚焦社会主义与生态学的结合。他指认资本主义在生态危机中的根源性作用，生态危机的克服必须实施社会革命与生态革命相结合的替代性方案，社会主义是实现现代生态文明的不二选择，是与新人类中心主义理念交相辉映的科学的实践指南。《自然的理由——生态学马克思主义研究》是奥康纳生态理论的经典文本，他以生态立场对历史唯物主义进行改造，认为生态危机与社会危机的交织实际指证着资本主义存在双重矛盾。资本主义以资本积累为目的的制度本性决定了资本主义体系内的改良只是隔靴搔痒，生态危机的克服必须通过以生态社会主义为目的的彻底的社会革命。这一时期的生态学马克思主义已经较为成熟，形成了涵盖生态理念、现实剖析和未来建构的多维体系，也逐渐显现出颇具特色的理论特征：在理论建构上以马克思主义唯物辩证法为主要资源，推崇既尊重自然又承认人主观能动性的新人类中心主义；在实践推进中重视政治、经济和生态维度有机统一的整体性视野，主张以生态社会主义为根本指向实行多轨并行的社会改革。

三、生态学马克思主义的关键话题

生态学马克思主义将生态危机直指资本主义生产方式，以及以此为基础的社会结构与生存方式，透视到生态问题的制度性根源中去。由此，生态学马克思主义挖掘出生态道路与社会主义道路在价值内涵与实践路径上的一致性，在生态语境下释放出辩证唯物主义以及科学社会主义的科学性与革命性。呼应着马克思主义的生态危机溯源、生态价值理路与生态实践指向构成了生态学马克思主义的核心论题。

（一）生态危机根源的指认：对资本主义制度的生态批判

生态马克思主义致力于对资本主义不正义进行多元、立体的揭批，整体上形成了资本主义基本矛盾—资本主义生产方式—资本主义政治合法性的三元范式，所以在此种意义上，生态马克思主义的理论也可以被视为一种聚焦生态的资本主义批判理论。

奥康纳对历史唯物主义进行改造，引入“生产条件”概念，使之成为生产力与生产关系之外的第三种元素，其在《自然的理由：生态学马克思主义研究》一书中对此进行了详尽阐述。奥康纳认为生产力与生产关系的矛盾是资本主义的第一重矛盾，除此之外还存在着生产力、生产关系与生产条件之间的矛盾。前者导致的必然后果是供需失衡之下生产过剩危机，后者则是生态危机诞生的根源性因素。两种矛盾相伴而生，两种危机互相助力：资本主义的逐利本性决定了其机制运行始终服务于利润最大化的目标，这种利润导向加剧着资本主义对资源的开采和对环境的破坏，由此导致生态危机；生态危机的加重迫使资本主义付出更加高昂的发展成本，加剧经济危机。由此奥康纳准确揭批了资本主义的反生态本质，表明在资本体系内开拓生态友好型的可持续发展道路是不可能的。福斯特则以资本主义生产方式为切入揭露资本主义的反生态性，他在《马克思的生态学：唯物主义和自然》中对马克思主义生态思想进行了全面挖掘，以“物质变换裂缝理论”为标志，福斯特认为马克思高度重视人与自然关系，尤其关注人与自然之间能量和物质的转换过程。由此福斯特得出结论：马克思思想中蕴含着丰富的生态理念，体现为一种独特的生态唯物主义历史观。在《反对资本主义的生态学》中，福斯特从生产维度对资本主义不正义本质进行全方位剖析，认为从组织目的到组织形式、从生产实践到文化价值，无不侵染着与生态相对的逐利色彩。

以历史唯物主义揭批生态危机的本质，即剖析资本主义的反生态本性，指认生态危机正是源自利润导向下资本主义的制度性局限，正是生态学马克思主义与其他绿色思潮相区分的显著标志。绿色思潮自诞生起就将对生态危机的探讨作为自身理论建构的重要话题，但长期以来生态学家们倾向于将生态危机简单归纳为人类中心价值观所产生的恶果，其解决办法也是引导人们认可“自然权利”与“自然价值”。这种不涉及政治经济维度、不触及社会制度和社会结构的生态方案注定无法对生态危机做出客观判断，更无法搭建出具有科学性和实践性的解放道路。生态学马克思主义则在生态问题的分析中引入马克思主义的立场与方法，并在此基础上提出了以生态政治哲学为主要样态的颇具马克思主义特色的生态体系。正如本·阿格尔指出：“生态学马克思主义之所以是马克思主义的，恰恰因为它是从资本主义的扩张动力中来寻找挥霍性的工业生产的原因。它并没有忽视阶级结构。”[①] 因此，必须抓住生态马克思主义对资本主义的制度性揭批，才能真正理解其理论特质。

（二）理性运用异化的批驳：对技术和消费的批判

将技术理性批判与消费批判相结合是生态学马克思主义理论的又一核心论题。在工具理性批判方面，生态学马克思主义贯彻了对资本主义的制度性揭批，提出被反对的应该是操控科技的权力，而非科技本身。由此开启两种批判的综合视域，重新审视现代社会日渐合理化的非理性的“理性运用”过程。因此，生态学马克思主义的技术批判和消费批判一方面来自对法兰克福学派的批判理论继承与发展，另一方面更是服从于制度批判需要的。

针对技术理性的批判，生态学马克思主义展现出两种基本路向：对技术理性本身的批判和对技术理性非理性运用的批判。《自然的控制》

---

① 本·阿格尔：《西方马克思主义概论》，慎之等译，北京：中国人民大学出版社，1991年，第420页。

是前一种路向的典型代表，威廉·莱斯在文本中基于时间的线性过程系统分析技术理性的诞生、发展和随之而来的社会后果。他认为“控制自然”作为理性启蒙以来西方哲学文化的主导思想，对技术理性的诞生，以及其宰制自然的倾向起到了决定性作用。这一方面源自基督教上帝创世说“宣布了上帝对宇宙的统治权以及人对地球上具有生命的创造物的派生统治权”①，另一方面则是资本主导的历史发展的必然。除此之外，生态马克思主义者们还着力凸显资本主义制度与技术理性异化之间的关联性，本·阿格尔和福斯特是其中的典型代表。前者认为，在资本逻辑主导下资本主义必然建立起逐利的生产形式和集中化、官僚化的组织形式，为实现资本积累通过包括无节制的资源开采在内等各种手段不断扩大生产规模、加速生产周期的运转。伴随社会的发展，科学技术越来越成为生产领域保持优越性的关键变量，也越来越被运用为服务于资本积累、竞争逻辑的逐利工具。对操控科学技术的权力关系的分析是构建科学的工具理性批判理论的基石，必须精准捕捉到工具理性背后的制度性根源。《反对资本主义的生态学》是后一种路向的典型代表，福斯特在其中通过对生产目的的揭示控诉资本主义制度的不正义性与反生态性。福斯特指出资本主义组织生产的目的是满足物质生产的需求亦或曰资本增值的需求，而非人的需求。在这种利润导向下人们为了生产而生产，为消耗人们需求之外的庞大数量的商品，资本制造出虚假的消费需要和“为消费而消费”的价值观念，由此在现代资本主义制度下作为使用价值和交换价值统一体的商品形式逐渐消解。申言之，生态问题解决的关键并不在于科学技术进步所塑造的更高效的世界，而是指认资本主义始终以牺牲生态作为自身发展前提的反生态本性，进而从制度层面予以粉碎，借此真正开启生态化现代文明的建构空间。“将可持续发展仅局限于我们是否能在现有生产框架内开发出更搞笑的技术是毫无意义的，这就好像把我们整个生产体制连同非理性、浪费和剥削进行了‘升级’而已。……能解决问题的不是技术，而是社会经济制度本身。”②

上层建筑是经济基础的生动投射，在资本主义生产方式之上形形色色的文化和价值观念也以各种各样的精神样态助力着非理性的工具理性

① 威廉·莱斯：《自然的控制》，岳长龄等译，重庆：重庆出版社，1993 年，第 27 页。

② 约翰·贝拉米·福斯特：《生态危机与资本主义》，耿建新等译，上海：上海译文出版社，2006 年，第 95 页。

运用。生态马克思主义者指出统摄现代社会的消费主义是一种新型的异化形态，人们在这种观念的主导下异置了消费的根本目的，将自身需求的满足替换为周期更快、范围更广的消费活动本身。这种将幸福的标准与消费等同的价值观无疑呼应着资本主义无休止扩大生产的制度需要。生态马克思主义理论家们重申“人的满足最终在于生产活动而不在于消费活动”的命题，强调必须在生态异化与消费异化的直接关联中进一步洞悉资本主义生态危机本质，即是资本主义生产方式内在优先性的必然结果。由此，必须通过对马克思主义需求理论的再释而建立破除“劳动—闲暇”二元论的科学的劳动观，使服从于利润原则和消费原则的异化劳动向体现人本质的创造性劳动复归，即“从创造性的、非异化的劳动而不是从以广告为媒介的商品的无止境的消费中得到满足”①。借此，生态学马克思主义通过对马克思主义经典文本的深度挖掘将劳动与阶级维度纳入生态主义变革的理论建构与现实运动中。

（三）新社会的构想：生态政治哲学的创建

生态政治哲学是生态学马克思主义的理论基点，其内容主要划分为理论构建和政治策略两个部分，前者刻画生态社会主义的基本路向，后者铺设生态社会主义的具体路径。

在政治策略层面，生态马克思主义重视在经济基础与上层建筑的辩证视野中推进社会结构变革，即制度变革与价值变革双轨并重。但在具体的理论延展中，生态学家们各自有侧重的阐释倾向。威廉·莱斯在其代表性著作《满足的极限》中提出生态危机是追求无限经济增长的资本主义生产方式的必然结果，在这种经济模式下人们的需求从生产领域异置到消费领域，以消费行为本身取代主体的真实需要。必须重视对马克思需要理论的再释，对需要和商品关系的再构，改变人们对虚假需求和工业生产体系的盲目跟从，以此实现真实需求和创造性劳动的复归。本·阿格尔则着重凸显文化价值观变革与工业生产体系变革并重的辩证视野。他一方面强调以追求利润为本质的资本主义工业生产体系，借助科学技术形成了高度集中的生产模式和官僚化的管理体制，以此规制着现代社会的生产生活模式；另一方面强调在越发彰显为社会危机的生态危机中，文化价值发挥着不可比拟的主体塑造作用，必须以体现真实需

① 本·阿格尔：《西方马克思主义概论》，慎之等译，北京：中国人民大学出版社，1991 年，第 488 页。

要的需要观、彰显创造性的劳动观、以人为本的幸福观来改变目前物性统摄人性的资本主义现状。申言之，要以应对社会危机的样态迎战当下的生态危机，既用“分散化”和“非官僚化”的生产组织改变社会结构，又用“全球性地思考，地方性地行动”和“地方性地思考，全球性地行动”相结合的形式铺设生态战略的现实方针。福斯特尤其强调人与自然协调的“公平”环境，指出这种正义的基础就是满足穷人和环境保护的双重需求，并在此基础上建立新的社会形态。和福斯特注重新社会形态的描述不同，高兹则聚焦于剖析生态危机的本质，认为效率至上的资本逻辑催生出“经济理性”，架构出现代社会以利润为主导，以计算为核心的生产体系。这不仅带来了人与人之间关系的物化，也剥离人与自然的有机关联，使二者之间的联系变为单向度的工具关系。由此高兹得出结论，要克服经济理性带来的生态危机，必须从制度层面改头换面，而关键就在于使生态理性取代经济理性。

在生态主体层面，生态学马克思主义理论中存在着两种典型解答。其一是借鉴历史唯物主义的框架，凸显阶级运动，尤其是工人阶级运动在生态运动中举足轻重的作用。福斯特强调不应忽视生态问题中的政治经济学维度，必须透视到生态危机中的利益问题，并将问题的解决诉诸工人运动与环保运动的结合，开拓出崭新的指向可持续发展的政治权力体系；本·阿格尔重视工人阶级运动对生态问题的纳入，提出马克思主义指导下合理的阶级斗争策略势必是朝向生态革命的、有组织的现实运动；高兹一方面继承马克思主义劳动分析之下的革命主体视域，另一方面指出以生态危机为主要表征的社会危机已经演变为全人类生存的威胁，在新的生产条件和历史条件下必须促进产业工人和新左派的主体融合，发动一场解决生态危机的劳动运动，才能将现代人从生态问题和社会问题相互交织的困境中彻底解放出来。

借此，生态社会主义希望架构出人与自然和谐相处的可持续发展的经济增长模式；塑造主体直接参与民主过程的非官僚化、分散化的政治体制；凝聚以生产领域的创造性劳动而非无限交换的消费活动为核心的价值观念，以完备的涉及经济、政治、文化等多重维度的生态社会主义体系满足人与自然的双重需求。由此可见，生态社会主义不失为一种现代性批判理论，抑或曰资本主义批判理论，其以制度批判、技术批判、消费批判和生态政治哲学为思想基柱，铺设出问题前瞻、论域广博、维度多元的生态学马克思主义有机整体。

第八章　高兹：经济理性与生态理性的张力

我们当今所经历的并不是现代性的危机，我们当今所面临的是需要对现代化的前提加以现代化。

——高兹

安德烈·高兹（Andre Gorz，1924—2007），法国左翼思想家，他是萨特的学生和《新观察家》周刊创始人，1924年出生于奥地利维也纳，其父是犹太人。1938年奥地利被纳粹德国吞并后，高兹和全家移居瑞士，并在那里开始学习哲学，深受萨特存在主义哲学影响。1948年，高兹移居法国，1954年加入法国国籍。作为生态学马克思主义的重要代表人物之一，高兹的生态理论对生态学马克思主义的发展产生重大影响。根据他对资本主义生态危机根源的揭示和对如何实现生态社会主义等问题的不断升华，可以把他的生态学马克思主义理论划分为理论形成期、理论发展期和理论成熟期三个阶段。高兹的生态学马克思主义理论一方面较为全面、系统地揭批了资本主义的制度性缺陷，另一方面也因大胆的、脱离现实的生态社会主义设想使其理论染上了不可避免的乌托邦色彩。

高兹生态马克思主义思想可被视为众多哲学和社会学理论的综合。但在思想的众多支援之中，萨特和马克思无疑对高兹的影响最为深刻。高兹全方面继承了存在主义哲学的方法论，甚至可以说其思想就是存在主义在生态领域的一次大胆地运用。面对马克思主义，高兹则进行了批判性借鉴，一方面其高度赞扬马克思的政治经济分析与阶级分析法，从生态视域对马克思的资本主义危机理论和异化理论进行扩充；另一方面，高兹竭力反对马克思中立的科技观以及暴力革命的政治路线。高兹奉行“小规模、分散化”的交互，其贯穿理性的理论建构和社会批判临摹着法兰克福学派的批判理路，又在其中加入了舒马赫、阿尔文·托夫勒和伊万·伊里奇等人纷繁各异的现代性批判思想。

写于1964年的《劳动战略》一书集中体现了上述思想对高兹的影响。从对资本主义经济理性的分析到生态理性的确立，从有限发展到无限和谐的提倡，从工人运动形式及运动纲领的谋划与改变到工人运动仍需要领导力量的再度提及，高兹打开了把政治生态学作为研究批判资本主义生态危机的通道。

一、剖析生态危机：资本主义的经济理性批判

生态学马克思主义思想家中，高兹对生态危机的批判及其将生态危机与资本主义联系在一起的研究批判无疑是具有代表性的，因为高兹直接深入工业文明现代化出现的现代性问题，找到引起生态危机的内在原因——资本主义经济理性。或者说，高兹以经济理性与生态理性关系的

探讨承接着法兰克福学派的技术理性批判，开启了一条生态学马克思主义路向的解放可能。

在历史的生成与比较中分析经济理性的产生 他首先分析了前资本主义现实的经济理性形态："经济理性发端于计算和核算……从我的生产不是为了自己的消费而是为了市场那一刻起，经济理性就开始启动了。……于是，计算和核算就成为具体的合理化的典型形式。计算与核算关心的是单位产品下所包含的劳动量，而不是考虑劳动带给人的活生生的感受，即带给人的是幸福还是痛苦；不考虑它所要求的成果的性质；不考虑人们与劳动产品之间的感情和美的关系。……人们的劳动取决于一种核算功能，而不顾及他们的兴趣和爱好。"① 不难看出，高兹所批判的经济理性与法兰克福学派所批判的工具理性，尤其是哈贝马斯所批判的"认识-工具理性"如出一辙，都指向对理性的滥用和扭曲，这是用一种典型的系统化、合理化的外在于人的形式压制人类的真正理性的进程。而且这种理性出现的前提也有着相似之处，都是在人类妄图追求劳动之外、自身发展之外的附属利益时，陷入了不可自拔的境地。可以说个体的行为或单个人的力量是不足以使这种行动具有普遍价值观的，只有当整个社会或国家的统治者把这种思维方式投入意识形态之中才能造成人类整体理性的不合理化，是社会的整体力量在超出了考虑人的需要之时才扭曲成为一系列不合理的人的行为。高兹指出，在哈贝马斯看来，"经济合理性是'认识-工具合理性'的一种特殊形式，它不仅错误地把体制行为扩展到它所不能适用的行为领域，它还使得社会统一、教育和个人的社会化所依赖的关系结构'殖民化'、物化和残缺不全"②。在这样一种对人类真正理性的压制下，人类本应合理的行为变得不合理，而"计算机和机器人具有一种经济的合理性，确切地讲，它以尽可能有效地使用生产要素的经济需求为主要特征。……这种合理性的目的在于使生产要素发挥作用时更加经济化，它要求用简单的度量衡单位标准对生产要素的使用加以衡量、计算和规划。这个度量衡单位就是'单位损耗'，这种损耗本身就是劳动时间的一种功能，而劳动时间又体现在产品和用来生产产品的手段之中。从经济理性的角度看，由于所使用的手段的日益有效而在全社会范围内节省下来的工作时

---

① Gorz, *Critique of Economic Reason* (Verso, 1989), pp. 109-110.

② Gorz, *Critique of Economic Reason* (Verso, 1989), p. 107.

间构成了这样一种工作时间，它可以用来生产附加财富”[①]。高兹指出随着对经济合理性认知的改变，即把可计算作为衡量的标准的确立，人类的应然理性受到挑战。就人类的应然理性而言，它具有无限性、不可穷尽性、主动性、创造性等。但是随着市场经济的到来，随着市场操作规划的破坏与改变，人的应然理性——人的主体的能动性不得不体现为当下的实然理性，从而人类的主体性可以不依赖于主体而沦为计算机化和机器人模式，人类的理性脱离了人的主体而依靠于它物，结果必然造成人的一切价值和意义的丧失。这样，问题很明显：不基于人为主体的理性又如何把人这个主体的完成作为目的呢？所以，随着理性主体的缺失，理性的目的自然偏离了轨道。“与从事具体劳动导致的自由的丧失相比，挣钱所带来的满足更重要。赚钱成为工作的首要目的，人们不会从事任何没有经济补偿的活动。金钱取代了其他价值并且变成了资产阶级唯一的衡量尺度。”[②] 主体性的丧失导致了人的价值观、自由观的变异，自由不再是建立在对自身发展有利的方面，而是为了成就人之外的外在利益。由此人的理性的初衷在此发生改变。这样一种现代性之下的经济理性，既不能真正满足人的需要，又不能体现现代性的真实内涵，现代性在资本主义制度下发生了扭曲。许多学者从其他方面展开对资本主义政治制度造成生态危机的批判，也提供了自己关于如何才能超越这种现实的不合理性的思考，而高兹则发掘出资本与强权之间的内在关联，指出资本主义企业化的生产已经体现出最大限度地控制自然资源与最大限度地增加投资，从而使自己的生产活动以及产品在世界市场立足与形成霸权，也进一步实现对劳动力的控制。有鉴于此，高兹主张应当掀起一场解决生态危机的劳工运动，使产业工人和新左派在劳动领域和非劳动领域都获得自我实现和自我解放，从而实现对当代资本主义社会的生态学重建。

现代性应重视二重维度，即时间维度和空间维度 时间维度让我们认识到历史，意识到现代性永远是一种总体性，即这种总体性就是在不断批评、重建中一步步发展的。而空间维度给予现代性一种宽度，包容整个人类文明精神的宽度，现代性就不再是单纯的线性的飞跃式发展，而有了稳定性的特质，即在永恒的人类本体精神的追寻中、在现代

---

① Gorz, *Critique of Economic Reason* (Verso, 1989), pp. 2-3.

② Gorz, *Critique of Economic Reason* (Verso, 1989), p. 46.

性问题的批判中，以在路上的方式存在。这样看来，高兹批判经济理性，正是看到了经济理性对现代性原则的违背，才出现一系列现代性问题的后果，如人的劳动的简单化，人的欲求的升级化，人格与个性的压抑化及人的意义的虚无化，这些作为现代性的后果是不可能不出现的。现代性强调一种总体性，但总体性不等同于整体性。总体性强调全面，是各部分之间紧密联系而形成的全面之总体，而整体是系列，是系列有机排列在一起的整体。以此，在高兹看来，经济理性支配下的人看似有着整体性，但他们本质上不但因不在一个系列中而没有整体性，更因只是一部分而没有总体性，使之整体性建立在自身以外的目的上，他们作为人的真正差异被取消了，他们中的差异不再是人格上的而是物格上的。因此，随着人格被取消，作为人的以自身为目的的努力也随之被取消，人还不如机器精准，人不如机器人，人只是在物的意义上获得了总体性。可以说，这样的人作为一切活动的前提，必然同时也会带来一切活动的非人化，其中也必然包括人类以自然环境为对象进行的活动。以自然为对象的活动，在当代资本主义社会且当这一社会一定以经济理性为基本原则时，必然是对自然生态的控制、使用及破坏，必然是过度的商品积累与再生产的加剧，而这一切的根源又必然是导致生态危机、再生产危机产生的资本主义追求增长的资本逻辑。由此，这种贯彻经济理性的资本主义生产就是对自然资源的无止境消耗，而这种消耗又不可能被经济理性支配下的人自觉地察觉发现，结果当生态危机以一种比经济理性更为隐形的情形出现时，生态问题与经济增长必然纠缠在一起。现代性问题重视的时间维度与空间维度的双重关系的总体性理论并没有它预期的那样奏效。所以，对现代性的二律背反问题与经济理性问题需要一起进行反思与再批判。

经济理性沿着自己的逻辑走出了一条非理性的道路。这种经济理性由于自身的特质必然会引起生态方面的问题，这是它自身模式运用的原则所带来的必然后果。生态问题成为当今时代的一大难题，也正是由于它背后强大的经济理性作为推动力促使生态问题日益突出，所以“我们靠什么来解决生态问题”就绝不是形式化、片面化的环境的口号，而应深入挖掘其内部的推动力，从而改变助力方向，使生态问题走向良态发展。这样看来，解决或者缓解生态问题需要的不单是一系列的行动，更在于如何思考当今社会的发展方式，即对思维方式进行优化。高兹在如此反思之后提出应该用生态理性取代经济理性的价值观，用“多少是多”的反思意识实现“够了就好”的生活方式。经济理性侧重于生产的全方位开展，把生产活动看作是一切活动的基础，由于放大了生产活动的功效，导致对其他重要活动的考量的减少，人类活动的多样性在经济理性面前被消减为单一的活动。在这样一种思考模式下，生态环境当然只被作为支持以生产活动为主的附属活动的对象，致使生态活动的目的也成了单纯的经济发展，以经济增长为其优先考虑因素。生态环境自身的价值被包裹于经济活动之中，环境成为手段，再一次暴露出经济理性的单一性、片面性，对此高兹试图寻求一种相对稳定且较经济理性而不同的发展方式和思维方式，从而提出了生态理性及其用生态理性替代经济理性的思想。

二、走向生态理性：从有限发展到无限和谐的政治生态学

高兹以政治、经济、文化等综合视域审视生态危机，不断在人类理性与自然法则之间寻找突破口，使生态问题不单是环境保护、节约资源、减排节能等问题，更多是涉及人类生存环境与人类自身发展的关系问题。所以，生态问题的解决不能诉诸单向度的路径构建，而要在经济、政治、文化、社会等诸多关系中找寻何谓生态问题的真实内涵，解决人类理性与自然法则之间的冲突。高兹在经济理性为社会发展提供的有限空间中，试图重新建立一种面向无限和谐的生态理性观念，并在此基础上阐述了具备政治学与生态学双重特征的政治生态学的新意涵。

首先，是“适度”的生产方式，以生态理性的“理性”取代经济理性的“非理性”。经济理性沿着自己的逻辑走出了一条非理性的道路。经济理性单向度的经济增长与生态问题之间的纠结是它自身运行模式运用的原则所带来的必然后果，后果之一便是生态问题成为当今时代的一大难题。正是经济理性自身的发展逻辑及其所具有的推动力使生态问题日益突出，那么，靠什么来解决生态问题？靠形式化、片面化的治理方式及其口号的宣传，可以有效，但只能一时一事，而不是“风物长宜放眼量”；靠制度的不断规约，也可以见效，但仍是一时一地，而不是长效发展机制；只有靠理性自身的改变，变经济理性的非理性特点为生态理性的理性特点，即改变理性自身内在“力”的发展方向，才有可能使生态问题以生态理性为原则得以步入良性发展态势。这样看来，解决生态问题或者缓解生态危机不单靠一系列的活动、行动，更重要的在于如何思考当今时代的发展方式，及其如何进一步思考人类理

性、人类科学的优化发展等问题。因此，当高兹看到经济理性的缺陷之后，在反思的基础上试图用生态理性改变经济理性。他认为经济理性侧重于生产的全方位开展，把生产活动看作是一切活动的基础，从而放大了生产活动的功效，导致对其他重要活动考量的忽视。人类活动多样性在经济理性面前变为单一的经济与生产生活活动。生态环境被作为支持经济与生产活动的附属对象，生态自身的价值被包容于经济活动之中，环境成为手段，其自身的发展不仅停滞且被割断。在此高兹明确指出，生态理性与经济理性的背道而驰是显然的，只有遵循生态理性才能使当今社会得到相对全面且进一步的发展。当然，这里的生态理性者不等于极端主义的环保者，不等于佛教意义的"不杀生者"，不是要禁止一切利用资源的行为，而是要求"适度"，它是以最少的消耗满足最大需求的"适度"。这也是高兹倡导的"最高的"使用价值和"耐用性"。同时高兹也认识到，这样也未必能保证对资源的节约，这种新的标准也可能带来新一轮的能源浪费。所以，以最小满足最大、以最少满足最多是人类的一种理想状态，在理论上生态理性的确是经济理性的合理出路，即这样的经济理性才"经济"。

其次，是政治生态学，融合"政治"与"生态"的新意涵。为进一步对政治生态学做出解释，高兹从"人对人"的剥削关系和"人对自然"的剥削关系进行双重剖析。一方面，观察人与人相连接的生存空间，剖析发生在人与人之间的剥削关系。高兹指出，他的政治生态学的政治不是指资本主义霸权统治意义上的政治制度和统治方式，因为作为一种科学的生态学是要在政治和文化特别是文化层面加以说明的，即政治生态学亦是生态政治学，便于我们在政治和文化层面做出积极努力，以有效抵制独裁霸权主义。另一方面，注重人与自然的交互情景，将"人对自然的单向宰制"作为批判的出发点，使政治生态学能够有利地（政治地）保护自然资源，有效维护大自然的良性运转，即使自然的新陈代谢处在自然有机的循环系统中，这时的自然才是生态的，是生态学的科学所要求的生态。为此，高兹认为必须把生态学纳入政治学的范畴，揭示生态学中包含的人文意义和社会意义。以马克思"人与自然的新陈代谢"理论为介质，高兹创设出耦合生态学与政治学的政治生态学，重释"生产力"与"生产关系"的意涵，前者代表人与自然的物质交换，后者指向人与人之间的协调关系，二者共同架构起政治生态学的基本框架，在政治和生态的双重意蕴中确证人面对现存自然的自主性与超越性，以及人跨越本能的自由的可能性。

最后，是破除经济理性的行动，即生态理性的多维度展开。在“难”的意义上，即在现实的意义上，生态理性为经济理性摆脱困境创造了可能性，尽管在当下尚未看到太多的实效性，但它提出了一个重要的议题，即经济理性必须被破除。正如高兹认为的“从经济或商品理性中解放出来是可能的，但要把它变成现实必须要有行动”[①]。高兹提出这种行动可以从三个层面展开，包括意识层面、价值观层面和生活方式层面。在意识层面上，生态理性是根基性、本体性的概念，是现代人类思维方式转换的有效契机。转换的基本思路是“更多的不是更好的”，追求少是好，这种理念可以避免经济理性所带来的浪费和利润积累的恶性循环，也能使人为了追求更好的而主动、自觉地走“更少”的道路。思维转换是首要的，因为思维方式在一定意义上决定着人的价值观。高兹曾经有过这样的表述：当人们明白多少才是足够的，多并非好的，多并非能提供好的生活的时候，才会愈发清楚地知道在工资需求以外还有人的更高的需求。这时的人才有可能逃离经济生活的经济理性，而用非量化的、非工资的、非金钱的方式思考与寻求人的更本质的东西。这时，也许以市场、商品为根基的经济秩序会被动摇，会被破坏。[②]思维方式的转换必然引发价值观的改变。当人们跳出经济理性为自己制定的牢笼，看到生活生产的丰富性，这无疑是理性的一种进步。但如何稳固这种得来不易的多样性？如何在挣脱束缚的同时获得自由？高兹认为需要社会作为一个总体力量合理分配给人们以“自由”，或曰“闲暇”。如同亚里士多德的“闲暇”一样，闲暇可以创造出更多的社会财富，不仅是物质上的，更多的是文化上的、政治上的。闲暇所创造出的文化、政治又可作为一股能动的力量运用于国家的运转，这一总体性出于人的自觉而运用于人自身的发展。高兹认为，如果一个社会“所涉及的是从一个生产主义的以劳动为基础的社会向一个时间解放了社会的转折，在这一社会中，文化和社会被赋予了比经济更大的重要性，一句话，就是向‘文化社会’的社会转折”[③]。文化社会的内涵远远大于经济社会，文化社会是设想人全面发展而做出努力尝试的社会，不以非

---

① Gorz, *Critique of Economic Reason* (Verso, 1989), p. 223.

② 参见 Gorz, *Capitalism, Socialism Ecology* (Verso, 1994), p. 116.

③ Gorz, *Critique of Economic Reason* (Verso, 1989), p. 183.

理性代替理性，使人具有真正的属人的理性。所以经济理性势必要以新理性，或是现代性回归的姿态加以破除，生态理性恰好提供了合理的样式，可以在“未竟”的现代性中释放救赎经济理性的巨大力量。

三、解决生态危机的可行性路径：以文化为武器的社会政治生态运动

高兹通过对现存资本主义社会展开的批判，认定当代资本主义社会生态危机源自科学技术垄断的生产方式，和科学技术掌控下的劳动分工。解决生态危机的可行性方案则是对资本主义劳动分工下的“劳动”本质进行探索。同时，高兹认为还需对资本主义制度采取的教育模式进行反省，思考如何唤醒主体意识，达到个体自由劳动与实践的解放。高兹从劳工战略到教育本质思考的生态政治思想构建，本质上是在倡导一场以文化为武器的社会政治生态运动。

首先，以劳动分配保证个人从事劳动的权利。资本主义社会科学技术的不断发展与进步使得工具不断取代人的位置，从而在越来越多的领域实现了无人化操作，工人的工作岗位被高度的机械化所侵占。更少的人可以操作更先进的机器，更先进的机器只能剥夺与导致更少的就业机会。面对这样的情势，高兹认为需要认真思考怎样解决平等分配工作岗位的问题，认真思考“劳动得少些从而使每个人都能劳动”① 的问题。高兹认为，解决劳动斗争的根源在于平等分配工作岗位，使得每个人都能有获得工作的机会，为了避免大范围失业，哪怕缩短个人劳动量、缩减劳动时间，也要保证即便是个人做较少的劳动但仍要使得每个人都能有工作，从而避免完全由经济理性主宰所带来的“新奴隶主义”。假使多数人被排挤出经济领域的情况不断加深，那么也就不存在所谓的提升劳动者自主性、创造性的前提条件，所以大多数人依旧是被少数人所统治，依旧是由少数精英群体掌控者大多数人的工作机会与工作发展。所以使每一个劳动者都能获得平等的劳动机会（无论这些工作强度大小和工作时间的长短），需要给予的是对他们劳动的尊重与劳动权利的保障。只有这样才可以使其成为一个真正的劳动者，而获得生活发展的尊严，人们也更加能够获得自由和得到解放。与此同时，个人平等获得劳动岗位使得每个人都能从事劳动活动，这不仅有利于工人在集体性地对劳动的控制中增强主动性和创造性，同时也有利于工人自身在劳动中获

---

① Gorz, *Critique of Economic Reason* (Verso, 1989), p. 221.

得自由和解放。

其次，以劳动超越经济理性：从“付薪劳动”到“非付薪劳动”。在高兹看来，劳动是对“经济理性”与“经济人”重塑的有效、合理手段。通过对劳动本质的不断反思与认识，将人的自由发展空间不断揭示与创造出来。由此，不仅不会错误地将劳动作为生活的全部而被劳动占据，同时也不会对劳动避之不及，在这种自由的空间下，劳动不再只是一个量化的价值领域，反而成为人们生活的自主性选择，而这才是人生活的价值。高兹认为要想真正实现所有人活动的自主化，就必须对劳动本身进行彻彻底底的改造，所有左派和社会主义者们必须把废除“付薪劳动”，作为奋斗目标，因为薪资代表着对劳动者自由的限制，如果保持“付薪劳动”，劳动者将彻底丧失他的自主性，继续沦为被宰制的对象和工具。在高兹那里，“付薪劳动”代表着资本主义的存在方式，“非付薪劳动”才是社会主义的存在状态。所以高兹指出，当下的任务变成了探索一条从“付薪劳动”向“非付薪劳动”的转化道路，即努力寻找一种可以替代付薪劳动的新的劳动活动的资源及其社会对工资的新的管理模式。所以，在高兹看来这样的“非付薪劳动”将唤醒无产阶级的阶级意识，使其联合起来作为一个整体的力量去改变“付薪劳动”所塑造的资本主义劳动体质，改变“付薪劳动”作为资本主义维持统治的重要机制，使无产阶级充分正确地认识到自身的工作职业对于解放自身、实现自由发展的重要意义而不是机械地沦为资本主义制度的劳动工具。基于此，高兹强调要废除掉现有的社会政策，因为它们都是深深地植根于“付薪劳动”与资本主义制度之中。重新确立“非付薪劳动”的方案，即意味着劳动自由、灵活、解放的可能，“付薪劳动”与资本主义制度是画等号的，否定了“付薪劳动”就等于内在否定了资本主义制度，就等于朝着劳动工人的自由解放发展又迈进了一步。这样的废除“付薪劳动”与重建的“非付薪劳动”，将有助于实现人的自由解放和全面发展。

最后，以生态社会主义构想扭转系统化的日常生活：从经济理性批判到生态理性重塑。时代的发展变化带来思想的不断革新，沸沸扬扬的“五月风暴”惨淡收场使得高兹意识到要想获得真正的胜利，就必须真正实现对资本主义的全面超越，在更为广阔的视域范围内寻求革命的新生力量进一步扩大革命主体。科学技术对于资本主义生产和社会生活的全面入侵使得马克思意义上的社会矛盾，即资产阶级与无产阶级之间矛盾的尖锐性虽然有所缓和，但是并未发生本质上的改变。经济活动所带来的效果是有限度的，其发展所不可缺失的自然资源具有天然的不容改变的有限性特点，而就资本主义所展现出的未来发展趋势俨然具有不可限制性，因此资本主义发展带来的自然资源危机与生态问题，显然不可能被根除，这是一对天生的敌人，因此将不可避免地陷入僵局。对此高兹断言，我们目前所面临的问题表现最为直接的生态危机或曰自然危机的产生根源就是资本主义的生产方式，对资本的狂热追求必然导致生态危机的爆发。高兹认为一些生态学马克思主义学者单单从理论的角度去探讨生态问题显然是不够彻底的，应对这些问题背后的政治逻辑进行深入研究。想要真正解决眼前的危机，就必须跳出以往观念的壁垒，寻求真正实现“更少地生产、更好的生活”的实现路径。如何在现存社会中使人们真正理解何谓劳动，如何在劳动中找回自我，真正厘清何为劳动的本质意义，高兹看来这是解决现存危机的根本途径。要想真正克服这种异化状态，实现自我管理，必须首先获得个人自我生活的主动权，而这也是实现政治自由的先决条件。人作为自然属性、社会属性相互作用下的产物，如若不能够实现生活中的自我决定那么在社会意义上也就不存在自我决定的前提，而且这两种决定也互相作用。如果说，实现自由主义乌托邦的基础是文化重建，抛却利益驱使原则努力实现对生产和消费的恢复，让人们真正实现按劳分配、按需消费，那么无疑对生态的保护是必由之路，而在高兹的视域中到达自由乌托邦的唯一路径便是生态社会主义。在其政治生态学思想上建构起来的生态社会主义，作为一种未来社会主义、理想的社会主义并不是政治制度意义上的社会新形态，亦不需要工人阶级通过暴力或非暴力手段取得政权，完全掌握社会统治权，而是通过对经济理性的限制，控制、消除其利润增长的核心目标对于社会的破坏，以生态理性限制和统摄经济理性，努力实现对生态环境的全面保护，并且保证人在这一过程中始终可以自由、平等地发挥个人的主动性和能动性，从而真正实现个人、社会的全面解放，到达自由的乌托邦彼岸。在这一过程中，人们看似是减少了消费，好像是失去了一些对于物质的占有但是却以更少获得更好，在对自我的真实把握中更加自由，也更加明晰何为理想的生存境况，通过对劳动的自主权获得，以自主的、创造性的劳动活动重新找回自我，不仅破除了资本主义消费异化、科技异化带给人的遮蔽以及对自然生态环境的加速破坏，更能够真正地实现人与自然和谐相处，打破以往观念对于人的束缚与控制，同时也通过这样自我主体意识的觉醒使得社会朝着更为理想的状态发展，摆脱了资本主义制度看似自由解放实则无处不被抑制、压迫的人的生成困境。

借此，立足生态理性与经济理性关系，高兹以彰显生态与政治双重意涵的“政治生态学”描绘出日常生活的现代图景，并尝试复归被资本逻辑统摄、压制的文化伦理。期待以文化伦理革命再度展开人与自然的新存在形式以及具有人文意蕴的新社会关系，并在其中探索人类文明发展的可能形态。但我们需要意识到，纵使高兹强烈批判经济理性，但当他的视野从个人升入社会时，他无法想象一个理论和实践中的非一体化个体自治社会，即自治与他治的双重社会，或“双重共存”，因此不可避免地与自由存在冲突。在关于劳动的分析中，高兹看到了资本主义制度的统治性质，看到了资本主义社会的官僚化倾向，看到了资本主义国家在经济发展上的帝国主义面目，所以他想借助对劳动的重塑走向一个生态社会主义。可是他在给自己布下这道题的同时却没有找到一个牢固可靠的答案。究其根本，则在于他依旧未能对人类物质生产以及物质生产之上的劳动形态、社会矛盾、社会发展进行真正历史唯物主义的剖析，而这种趋近于生态伦理的构想只能展现出一种乌托邦式的摇摆，描绘出一种横亘于自治与他治之间的抽象自由化。

第九章　奥康纳：生态危机与经济结构的关系

马克思主义谱系中的理论要比自由主义以及其他类型的主流经济思想更有发言的机会。这是因为，马克思主义者拥有一种能够对资本主义的矛盾做出阐释的经济危机理论。

——奥康纳

詹姆斯·奥康纳（James O‘Connor，1930—2017），社会生态学家、美国激进政治经济学的代表人物、美国当代生态学马克思主义的领军人物。*Natural Causes*：*Essays in Ecological Marxism* 是奥康纳最具代表性的著作，中文译名为《自然的理由——生态学马克思主义研究》。奥康纳在其中尝试通过“自然”和“文化”维度的纳入重构历史唯物主义，在生产力与生产关系的矛盾之外引入第二对矛盾，即生产力、生产关系和生产条件之间的矛盾。《自然的理由——生态学马克思主义研究》问世之后，迅速激起学术界的热烈讨论。支持者们高度赞扬奥康纳的生态社会主义构想，一方面认为其对历史唯物主义的再构是将马克思主义与生态主义相融合的一次积极尝试，打开了生态政治哲学的理论场域；另一方面认为奥康纳通过“自然”“文化”维度的引入建构起了现代性视域下崭新的资本主义矛盾分析框架，是对马克思生态思想的一次全面挖掘和补充，并由此衍生出以生态社会主义为主要理想形态的抵抗现代资本主义的现实路径。反对者们则认为不论是“自然”“文化”维度的纳入，抑或是“生产条件”概念的提出，奥康纳的这些做法都没有严谨的逻辑推理和明晰的理论划分，其本质依然是阉割马克思无产阶级革命思想，转向妥协的资本主义改良路线。这种缺乏力量的改革措施无法洞悉生态危机的制度性本质，也无法成为当下生态理论的主要支撑，无法提出真正具有有效性和科学性生态战略。他的主要著作包括：《国家的财政危机》（*The Country's Fiscal Crisis* 1973），《企业和国家》（*Companies and Countries* 1974），《积累危机》（*The Accumulation of Crisis* 1984），《危机的意义》（*The Meaning of Crisis* 1984），《自然的理由——生态学马克思主义研究》（*Natural Causes*：*Essays in Ecological Marxism* 1998）等。

这些支持与反对交织的嘈杂之声，有力地表明奥康纳生态学马克思主义思想拥有着极高的关注度与讨论度。虽然严格说来奥康纳并非纯粹的马克思主义者，其理论架构也或多或少偏离了历史唯物主义的基本框架，但其对马克思经典文本，尤其是对马克思生态思想的全面挖掘以及改造历史唯物主义的积极尝试提供了生态研究的崭新视角。全面审视奥康纳的理论运思、剖析其理论得失，无疑有助于新时代马克思主义与生态主义的发展，也为陷入生态困境中的主体提供着克服危机的思想资源。

一、生产力与生产关系的“补缺”：生产劳动的“文化”与“自然”维度

与高兹继承法兰克福经济理性批判的路向不同，奥康纳试图在历史唯物主义的框架内纳入生态和文化意涵，在对生产力、生产关系与生产条件三者关系的探讨中对马克思主义哲学进行创新性解读。他在继承马克思“历史唯物主义的方法”基础上试图发展一种全新的“唯物主义的观念”，并对其做了概念式的定义。奥康纳认为：“它面对的审视对象是历史的延续、变迁及转型的过程，即世俗性的社会物质生活过程以及令人可敬又可谓的社会和政治动荡、革命以及反革命的过程。唯物主义的观念就是用来研究历史变迁中的延续性以及历史延续中的变化与转型的一种方法。”① 接着奥康纳指认传统历史唯物主义的理论缺失：“历史唯物主义事实上只给自然系统保留了极少的理论空间，而把主要的内容放在了人类系统上面。在历史唯物主义的经典阐述中，决定物质生产和自然界之间关系的，主要是生产方式，或者说对劳动者的剥削方式，而不是自然环境的状况和生态的发展过程。……自然界之本真的自主运作性，作为一种既能有助于又能限制人类活动的力量，在该理论中却越来越被遗忘或者被置于边缘的地位。”② 这就决定唯物主义理论必须将自己理论的内涵扩展到物质自然界上。在上述指认的基础上，奥康纳进一步具体分析了历史唯物主义理论的内在缺失，并开始了对历史唯物主义的重建工作。

奥康纳首先以历史唯物主义的动态与变化视野梳理了“自然”“环境”与“生态学”三个概念。根据《韦伯斯特新世界词典》的记载，“自然”这一概念在历史上先后出现多种不同含义，分别为：“一个事物的基本性质”或“本质”；“一种命运或即将降临的东西”；“种类”或“类型”；“物质世界的整体”；“人的初始状态”和“自然景观”。奥康纳认为“自然”概念的演化史与西欧资本主义发展史是相互吻合的，其背后暗含着西欧资本主义发展史中表征出来的人与自然的二元对立和试图克服二元对立而渴望建构二者的统一。接着，奥康纳又考

---

① 詹姆斯·奥康纳：《自然的理由——生态学马克思主义研究》，唐正东等译，南京：南京大学出版社，2003 年，第 51 页。

② 詹姆斯·奥康纳：《自然的理由——生态学马克思主义研究》，唐正东等译，南京：南京大学出版社，2003 年，第 7 页。

察了“环境”概念在《牛津英语词典》中的定义：“一个人或一个社区能够在其中生活、工作、发展等的氛围或条件，尤其是指自然条件，或者是指某件事情存在着或正在起着作用；影响动植物生活的外在条件。再者，与生命之可能性维度相关的自然条件。”① 这些定义中的关键词是“条件”，意思是作为其他事物存在的前提或能够促成其实现自身的某种前提，因此应该在自然界是人类社会存在和发展的前提意义上看待自然界。但是“条件”本身不是一成不变的，我们不能无度地索取“资源”，这也警告我们对自然界的认识、开采和利用也在改变着自然界的存在状态。最后，奥康纳考察了“生态学”概念在《牛津英语词典》中的解释，是“生物学的一个分支，它研究的是生物之间的相互关系以及生物与它们所生活于其中的周围环境之间的关系：它研究的是具有一个特定栖息地或属于一个特定种类的生物”②。这个定义的核心概念是“相互关系”，这也说明人类在研究生态问题的时候，不应只关注自然本身，而且应该关注人与环境之间的“相互关系”，探寻如何在这对辩证关系之间寻找对立统一。

奥康纳运用“历史唯物主义的观念”梳理了“自然”“环境”“生态学”三个概念的演化史、资本主义社会环境的生成史，并以芝加哥和洛杉矶为例加以佐证，表明自然界的历史和与人类社会的发展史之间是相互影响、相互决定、相辅相成、密不可分的，而且二者都发展成为对方内涵的重要组成部分，成为理解对方丰富内涵的重要维度。但是奥康纳同时指出在马克思的视野中，人类活动是这对对立统一关系中的主动方，起着“协调”“整合”“改变”的作用，人类活动给这一过程提供“动力”。在马克思主义理论体系中，劳动以及物质资料生产活动是唯物史观的核心，它在与物质资料生产活动中所结成的社会关系——与生产关系一道，共同构成了推动人类社会发展的根本动力。奥康纳认为虽然在马克思的思路中“物质生活”是个双向过程，但更应重视技术关系和社会关系。马克思由于过分强调生产力与生产关系这对矛盾运动对历史的推动作用，特别是强调生产力是科学技术历史积累的结果而“起决定性作用”，使得“马克思主义理论中存在着一种有时被称为‘技术

① 詹姆斯·奥康纳：《自然的理由——生态学马克思主义研究》，唐正东等译，南京：南京大学出版社，2003 年，第 39 页。

② 詹姆斯·奥康纳：《自然的理由——生态学马克思主义研究》，唐正东等译，南京：南京大学出版社，2003 年，第 40 页。

决定论’的理论倾向”①。这也是马克思主义常常遭到质疑的地方。奥康纳进一步指出，生产关系由于受到“各种文化实践、技术和工艺水平、生产工具和生产对象的发展水平、维持劳动价格稳定的能力、阶级的力量等因素”② 的多元影响，因此其也具有历史积累性，“文化”和“自然”因素都参与和影响生产方式的历史变迁，生产关系也应该受到与生产力同样的重视。生产力和生产关系都同时受到文化和自然因素的影响，反过来，文化和自然也都同时受到生产力与生产关系，即生产方式的影响。所以，我们以往只重视在社会历史领域对人类文化史的研究中引入唯物史观，事实上对自然史的发现和研究也应该重视社会技术条件的发展与应用，劳动分工的组织和形式以及社会资本、财产和权力关系的分配等因素的影响和制约作用。即是说，经由“劳动”的串联和改造，人类的文化史和自然的发展史都在发生着前所未有的变化，这些因素之间存在着“调节与反调节的关系”。③

奥康纳发现了劳动、文化、自然三者在历史发展过程中的交互关系。在这个意义上，他明确指出：“人类通过改造、破坏或者其他方式作用于他们所置身于其中的环境，反过来会对他们自身构成什么样的影响，以及环境通过各种不同的方式限制或允许人类的活动，这反过来会对环境自身产生什么样的作用？这一问题以一种三位一体的形式，即自然、劳动（劳动工具、劳动活动等等）、文化三者组合在一起的形式凸显了出来。”④ 这是奥康纳一个重要的核心范畴，基于此，奥康纳深化了以往人们只关注劳动与人类文化史之间的互相联系而轻视自然因素重要价值的认识。虽然“自然”“劳动”“文化”共同构成人类存在的基础，但三者间的关系不尽相同。首先，社会劳动处于物质性的临界面的地位，一方面串联着人类的社会历史文化领域，受历史文化水平的制约，另一方面又联系着自然界，因为自然界是社会劳动认识和改造的对

---

① 詹姆斯·奥康纳：《自然的理由——生态学马克思主义研究》，唐正东等译，南京：南京大学出版社，2003 年，第 64 页。

② 詹姆斯·奥康纳：《自然的理由——生态学马克思主义研究》，唐正东等译，南京：南京大学出版社，2003 年，第 72 页。

③ 詹姆斯·奥康纳：《自然的理由——生态学马克思主义研究》，唐正东等译，南京：南京大学出版社，2003 年，第 63 页。

④ 詹姆斯·奥康纳：《自然的理由——生态学马克思主义研究》，唐正东等译，南京：南京大学出版社，2003 年，第 88 页。

象，所以社会劳动在人类历史与自然界之间起着调节作用。其次，人类特有的文化传统、文化实践、社会组织关系、财产与权利分配形式以及人类的主观认识等因素也直接影响着人类从事何种生产方式对自然进行开采和利用，也就间接影响着自然界的存在状态；最后，自然界的重要意义也不能忽视，它影响着地域人口的分布、风俗习惯的形成、主要劳动方式的选取以及社会关系的展开等。奥康纳以马克思主义的唯物主义为思想方法，重新考察人类文化史和自然史，并通过社会劳动将文化与自然因素相互联系，构筑起“自然、劳动、文化”三位一体的生态观。

奥康纳强调历史唯物主义的自然维度和文化维度，其目的是建立人类历史和自然界的生态关系，克服传统历史唯物主义的技术决定论的理论倾向，并为他把历史唯物主义理论的批判向度引向由资本主义制度所引发的自然的异化和生态危机中去奠定理论基础，也为他建构生态学马克思主义理论体系奠定基础。

二、双重矛盾下的资本主义生态危机

奥康纳指出，传统的历史唯物主义理论更注重揭示资本主义生产力和生产关系的矛盾，以及由这一矛盾所导致资本的生产过剩而形成的经济危机，从而探寻社会主义的可能实现途径。与此不同，生态学马克思主义则更加注重揭示资本主义生产力和生产关系同其生产条件的矛盾，以及由此而导致资本的生产不足而形成的经济危机和生态危机。也就是说，生态学马克思主义把理论的重点转换到对资本主义社会的生态批判上。

奥康纳对“危机”本身做了历史学意义上的考察，从“危机”概念最早在希腊式的定义中被理解为是对某种疾病的发展过程的强烈主观判断或有争议性的痼疾，到“危机”意识进入人们的意识领域，再到“全球生态危机”的意识产生，这一观念的核心领域现在已经开始转向经济领域和生态领域。“危机”范畴更为重要的内涵应该是“转折点”以及“被决定的时刻”，也就是说它除了是一个科学范畴，更是一个政治和意识形态范畴。在这个意义上，我们认为奥康纳提出的矛盾与危机理论是有价值的，其价值在于我们并不是在末世哀悼的意义上看待“危机”，而是一方面要对“危机”有清醒的理论认识，而重要的是我们将其看作某个转折点——或许是人类从自取灭亡的生态危机向自我救赎的生态重建的转折点，在这个关键点上，人类愿意做出某种政治和意识形态方面的具体行动。奥康纳指出，我们没有人能够逃脱危机所带来的恐慌和结局，所以人人都应该为避免危机、扭转危机做出贡献，“我们每一个人都应该成为一名环境主义的（以及社会和政治方面的）战士，并积极投身到为实现一个具有生态理性及生态情感的世界而进行的斗争中去”①。

奥康纳的生态危机理论是以他对生产条件的认识为基础的。奥康纳通过自己的分析认为，不管从哪个角度说，对生产条件的认识阐释都不能忽视外在自然界这一个客观存在的事实，也不能忽视劳动力这一既是客观又是主观的存在事实，还不能忽视公共的基础设施和空间场所既表达政治和市场需求又独立的配置地理资源的交叉领域的事实。因此，生产条件不应被理解为马克思意义上只具有“客观性”和“物质性”的“决定论的模式”，而应该是主体与客体“历史”的统一。正是在对生产条件进行理论反思的基础上，奥康纳认为经典马克思主义的危机理论由于对生产条件的认识不足，而仅仅考察了生产方式内部的矛盾，所以经典马克思主义危机理论的出发点是资本主义生产力和生产关系之间的矛盾，其社会转型理论也更多关注生产力与生产关系如何同步和解，体现为价值和剩余价值的生产与实现之间的平衡，被称为资本主义的第一重矛盾。奥康纳肯定了“这种阐释为一种‘生态学马克思主义’的理论提供了出发点”②，但奥康纳基于自己对资本主义社会矛盾和危机的认识与理解，得出资本主义危机又发展出“资本主义生产关系（及生产力），与资本主义生产的条件，或者说‘社会再生产的资本主义关系及力量’之间的矛盾”的结论③，这被称为资本主义的第二重矛盾。奥康纳进一步对资本主义的第二重矛盾做出了详尽表述，认为它有两方面的表现：一是“资本主义化的自然界”，虽然自然属性存在早于资本，不是以商品的状态被创造出来，但在资本主义条件下，“资本主义化的自然界”却被当作一种商品（在土地的意义上）出售，长此以往人们在对待生态时便生发出一种资本意识，越发追求其作为商品意义上

---

① 詹姆斯·奥康纳：《自然的理由——生态学马克思主义研究》，唐正东等译，南京：南京大学出版社，2003年，第227页。

② 詹姆斯·奥康纳：《自然的理由——生态学马克思主义研究》，唐正东等译，南京：南京大学出版社，2003年，第253页。

③ 詹姆斯·奥康纳：《自然的理由——生态学马克思主义研究》，唐正东等译，南京：南京大学出版社，2003年，第257页。

的交换价值而逐渐忘却其自身所具有的使用价值；二是资本主义社会条件下由于人们不断刺激生产以追求利润，将“增长第一”作为主流价值观，但支持资本主义发展的生产条件的供应却是有限的，所以二者之间存在着不可调和的矛盾。“一方面，资本主义是一种经济发展的自我扩张系统，其目的是无限增长，或者说钱滚钱。利润既是资本进行扩张的手段，又是其扩张的目的。……另一方面，自然界却是无法进行自我扩张的。”① 所以，“从根本上说，资本主义对劳动力、土地或人民以及自然界的剥夺是无止境的”②。如果说资本主义社会的第一重矛盾是资本的“相对过剩”，即由于资本主义的发展建立在对剩余价值的追求中，资本以尽快出卖商品为目的，新的资本投资可能会比新的消费需求发展得更快，使未来有可能出现供给严重大于需求的隐忧；那么由于生产条件的损耗而制约生产的进一步发展的第二重矛盾则被看作是资本的“相对不足”，即资本发展和扩张的过程中由于对自身的社会及环境条件的损害，因而造成资本再生产过程中成本和花销增加，进而威胁到资本获得利润的能力，这是对经济发展的潜在威胁。奥康纳不是用第二重矛盾理论取代第一重矛盾理论，而是认为现今资本主义社会同时存在双重矛盾。“资本的生产过剩与资本的生产不足这两个过程并不是相互排斥的，它们可以相互弥补或相互补偿，并以此而给资本主义的发展创造出一种相对稳定的外表”③，但在这个“稳定外表”的幻象之下却存在着信用危机、债务危机以及可能会爆发的一场金融体制的危机。社会的不安定、政治的不稳定、地区间的非理性竞争、保护主义和战争等事件此起彼伏，因此“资本主义是一个充满危机的制度”④。

奥康纳运用马克思主义的社会矛盾分析方法，发展了马克思主义的社会危机学说，推导出人类社会终将超越资本主义社会的历史局限性而发展到社会主义社会的结论。而分析现实社会主义实践所产生的偏差和造成生态问题的原因，从而把社会主义与绿色激进思潮和生态运动有机

---

① 詹姆斯·奥康纳：《自然的理由——生态学马克思主义研究》，唐正东等译，南京：南京大学出版社，2003 年，第 16 页。

② 詹姆斯·奥康纳：《自然的理由——生态学马克思主义研究》，唐正东等译，南京：南京大学出版社，2003 年，第 236 页。

③ 詹姆斯·奥康纳：《自然的理由——生态学马克思主义研究》，唐正东等译，南京：南京大学出版社，2003 年，第 253—254 页。

④ 詹姆斯·奥康纳：《自然的理由——生态学马克思主义研究》，唐正东等译，南京：南京大学出版社，2003 年，第 261 页。

地结合起来，实现奥康纳所谓的生态社会主义理论，正是他理论的目的和归宿。

三、"混合型"社会主义实践对生态困境的调试

围绕"人类发展的合理模式"话题，生态马克思主义者们进行着喋喋不休的争论。奥康纳以资本主义生产方式为切入，借助马克思主义基本方法揭示资本主义的固有矛盾。他总结世界社会主义运动的低迷现状，认为社会主义运动失败的原因在于实践者们对马克思主义理论理解和运用上存在偏差。由此，他强调以生产方式为基点联结社会主义与生态主义，架构出科学的生态社会主义模型。

(一) 生产条件导向下的"混合"社会主义实践

奥康纳提到的"混合"实际上就是在社会主义运动和社会主义实践的经济领域纳入生态视域，具体来说就是以生态保护为前提，在经济发展中充分考虑生产力、生产关系和生产条件等因素，将这些重要的变量控制在与生态运转周期以及可持续发展相适应的范围内，由此营造出以稳定为特征的，人与自然和谐发展的社会形态。奥康纳尝试建构区别于传统社会主义实践的"混合"模型，这与他对马克思主义的理解息息相关。一方面，奥康纳认为马克思在历史唯物主义的阐述中没有重视生产条件，以及生产条件对生产方式的能动作用。其希望突破马克思对生产条件做出的"外在的或自然的、一般的或公共的以及个体的条件"[①] 的定义，将更加广阔的、一般性的内涵赋予"生产条件"概念，即生产条件是"自然、城市空间与基础设施、社区以及劳动力"等的综合体系。[②] 另一方面，奥康纳认为马克思并未透视到生产条件与实践指向的关联性，即没有尝试通过控制生产条件的变量来助力社会主义制度发展和保持社会主义制度优势。他指出在科技与资本、解构与多元共谋的今天，生产条件已经更多地与民主问题、正义问题、公平问题交织在一起，这种社会斗争已经区别于传统的存在于阶级之间的暴力斗争，转变为一种同生产条件的商品化所展开的"社会"斗争，或者同

① 詹姆斯·奥康纳：《自然的理由——生态学马克思主义研究》，唐正东等译，南京：南京大学出版社，2003年，第486页。

② 詹姆斯·奥康纳：《自然的理由——生态学马克思主义研究》，唐正东等译，南京：南京大学出版社，2003年，第486页。

已经商品化了的生产条件的独特的资本主义重构方式所展开的社会斗争。借此，奥康纳认为生产条件已经成为当下社会斗争不可取代的关键因素，其内含的生态意蕴使得生态条件与生产条件互为前提，这决定了以生产条件为先导的社会斗争势必建构出科学的、生态友好型的可持续发展道路。

以利润为主导的资本主义破坏了与自然环境相适应的特定生产条件，割裂了自身发展与生态保护之间的有机联结，并源源不断地对人类社会产生消极影响。这些消极影响不仅造成了生产领域的生产资料短缺，也以计算化、量化、商品化的物性思维阻碍着精神领域的健康发展。正如奥康纳所反复强调的，市场的作用不可能完成对于生产条件的量化，更不可能对于生产条件的获取方式做出有效的影响，作为相对客观的生产条件而言，市场的作用仅仅体现在生产资料经过劳动实践的改造后，进入交换环节时能否实现自身价值做出的影响，而资本主义制度下的制度组织形式对于生产条件的掌控也仅仅是局限在自身的领土范围以内，在无法形成世界范围内生产条件市场的情况下，依靠原有的市场机制显然不可能解决生产条件遭受破坏的问题。奥康纳将生产条件作为剖析资本主义制度性缺陷的关键所在，以此洞见资本主义内在的不可持续性；也将生产条件作为建构生态社会的主要内容，以此抵抗非生态性、非正义性的资本主义扩张。也正是在对生产条件的优先考量之下，奥康纳提出“混合型”的社会主义模型，以此保障生态社会主义在实践维度的稳步推行。

（二）官僚管理方式中对个体差异性的保留

奥康纳认为生态社会主义是解决生态问题与社会问题相交织的人类危机的必然出路，因此对生态社会主义的实现抱有绝对的信心。在生态社会主义的建设方针中，奥康纳则借鉴合理化社会中的官僚管理方式，认为这种以制度为依托的明确的职能分工使得主体的行为得到限制和规范，这能够帮助生态社会主义制定具有预见性、组织性的运行模式和管理方法。

奥康纳指出，官僚管理模式因明确的层级分工在现代社会取得了广泛的认可与运用，这种颇具组织性和指向性的职能分配使得主体在划定的范围内明晰自身职责，提升自身技能，大大提高了社会系统的运转效率，这一优势无疑具有跨越时空的借鉴意义。将分配与分工的权力赋予系统而非个体，既避免了传统社会形式中僭越或专制的情景，在细致的组织以及成员划分中将社会的工作、责任、规划落实到具体的人事中，又促进个体对个人职责以及社会整体规划的了解，保障了社会主义实现高效、有序的运转。与此同时，奥康纳也注意到马克思以及西方马克思主义着重批判的，伴随现代官僚管理方式而泛滥的工具理性。他强调需要警惕在模式化生产生活中对个体自主性、创造性本质的压抑，必须在借鉴高效管理方式的同时注重个体的特殊性，确保系统运行的包容性与开放性，尤其强调要尊重体制内个体的差异性，保障个体的自由发展。

总的看来，奥康纳对历史唯物主义的重构具有如下的特点：以建立历史唯物主义和生态学二者之间的有机联系为出发点；以文化和自然因素的引入建立起人类社会与文化、与自然生态系统的辩证联系；以创造“能将文化和自然的主题与传统马克思主义的劳动或物质生产的范畴融合在一起的方法论模式”为目的。[①] 通过对这一方法论模式的探求，在保留传统历史唯物主义核心概念“劳动”的基础上，建构了一种劳动、文化和自然三位一体的生态学马克思主义的历史观。但我们仍须看到奥康纳实证主义的资本主义分析以及生态社会主义建构，实质上是一种不涉及资本主义制度性根本以及资本主义基本矛盾的社会改良。与此同时他又将生态危机解决的实践推进依托于毫无力度的国际合作，这无疑使其生态理论以及现代性生态危机的解决途径陷入空谈，使其以生态指向重建历史唯物主义的理论图景染上或深或浅的乌托邦色彩。

---

① 詹姆斯·奥康纳：《自然的理由——生态学马克思主义研究》，唐正东等译，南京：南京大学出版社，2003年，第59页。

第十章　福斯特：马克思主义的生态学阐释

社会主义社会的支配力量不是追逐利润而是满足人民的真正需要和社会生态可持续发展的要求。

——福斯特

约翰·贝拉米·福斯特（John Bellamy Foster，1958—　），北美著名的生态学马克思主义理论家，美国俄勒冈大学社会学教授，《每月评论》（*Monthly Review*）主编，研究方向为资本主义政治经济学和经济危机、生态环境与生态危机、马克思主义理论。作为一个有主见有理想的青年，福斯特经常参加反战和环境运动。20 世纪 70 年代，福斯特迁往加拿大多伦多，在约克大学系统学习政治学课程。取得博士学位之后，于 1985 年正式开启了自己在长青州立大学的教师生涯。

作为当代生态学马克思主义的代表人物，福斯特生态研究的特点在于借鉴马克思主义历史性、整体性的视野，形成囊括政治、经济、文化、生态等多元维度的综合性社会理论，开拓了当下的资本主义批判语境。20 世纪 80 年代后期，福斯特一方面通过深挖马克思主义经典文本，重解马克思生态思想；另一方面借鉴马克思生态学哲学思想与思维方式，推进生态主义与马克思主义的有机结合，改变传统生态学“人类中心主义”与“生态中心主义”的两极分化。由此，福斯特聚焦生态危机与资本主义危机的关联，改造经典马克思主义的唯物主义传统，以一条崭新的中间路线回答了“‘人类主宰自然’还是‘自然主宰人类’？”的问题，架构出系统的生态唯物主义与生态辩证法理论的新形态，同时强调了一个可持续的、社会主义的替代方案。

作为一名多产的学者，福斯特成果颇丰，既包括 20 世纪下半叶先后发表的《经济衰退：在垄断资本主义下积累的问题》（*The Faltering Economy: The Problem of Accumulation Under Monopoly Capitalism*），《垄断资本主义的理论：马克思的政治经济学分析》（*The Theory of Monopoly Capitalism: An Elaboration of Marxian Political Economy*），《历史的防御：马克思和后现代议程》（*In Defense of History: Marxism and the Postmodern Agenda*），《脆弱星球：一段短暂的环境经济史》（*The Vulnerable Planet: A Short Economic History of the Environment*）等等；也包括新世纪之后的《马克思的生态学：唯物主义和自然》（*Marx's Ecology: Materialism and Nature*），《反对资本主义的生态学》（*Ecology Against Capitalism*），《最大的经济危机：原因和结果》（*The Great Financial Crisis: Causes and Consequences*），以及《垄断资本主义的理论：马克思的政治经济学分析》再版新版本（*The Theory of Monopoly Capitalism: An Elaboration of Marxian Political Economy*）。这些丰硕的成果立体化展陈了福斯特庞博的生态学观点及社会学观点。

一、马克思唯物主义中的生态学："人与自然的新陈代谢"

福斯特在自身生态学理论的阐述中与奥康纳有着相似之处，他们都尝试对马克思的经典理论进行生态主义的改造。但相较奥康纳基于对马克思主义技术决定论的解读而进行的"引进式"的重建，福斯特则采取了一种"文本式"的挖掘，试图在马克思主义的范围内开拓出一条生态主义的思想路向。

福斯特旗帜鲜明地反对西方理论家对马克思主义理论中是否蕴含生态思想的否定回答，认为这一误解根源于西方绿色理论总是将唯物主义与技术决定论等同。这种割裂生态与科技的二元论既无法准确把握生态学思维的诞生与发展同近代科学技术以及唯物主义的交织问题，也无法理解马克思唯物主义哲学的独特性，其结果是"人类中心主义"与"生态中心"主义无休止的抽象争论。福斯特指出，人类与生态之间的有机联系正是以作为马克思唯物主义核心的"物质交换"为中介与纽带，"不仅在于这种唯物主义强调物质——生产条件这个社会前提，以及这些条件如何限制人类自由和可能性，而且还因为，在马克思那里，至少是在恩格斯那里，这种唯物主义从来没有忽视过这些物质条件与自然历史之间的必然联系，也就是与唯物主义自然观的必然联系"①。福斯特强调，马克思正是基于17世纪科学革命对19世纪环境影响的系统研究，以哲学为理论形态对自身生态学说进行隐晦表达。福斯特也继承这种研究逻辑与叙述范式，在现代科学与唯物主义共同架构起的流变场域中解析马克思的生态理论观点与生态思想内涵。

福斯特以文本为切入，对马克思由哲学转向政治经济学研究的阶段进行了系统考察，并系统论述了《1844年经济学哲学手稿》在内的四部著作中所蕴含的生态学思想。其一，《1844年经济学哲学手稿》中不仅对黑格尔哲学进行了清算，更提出了人与自然关系的三重观点：首先，创造性提出"异化劳动"概念，其中不仅包含人与劳动、人与人之间的异化，也包含着人与自然之间的异化，从而"展示自然主义、人本主义和唯物主义的一致性"。② 其次，强调自然的历史性特征，"人类

① 约翰·贝拉米·福斯特：《马克思的生态学：唯物主义与自然》，刘仁胜等译，北京：高等教育出版社，2006年，第22页。

② 约翰·贝拉米·福斯特：《马克思的生态学：唯物主义与自然》，刘仁胜等译，北京：高等教育出版社，2006年，第87页。

同自然的关系不仅能可以通过生产来调节，而且可以通过更加直接的生产工具（它们本身也是人类通过生产活动改造自然的产物）来调节——这使得人类能够通过各种方式改造自然。……根据这种观点，人类在很大程度上是通过生活资料的生产而产生了与自然的历史性联系。自然因此而对人类呈现出实践的意义，因为自然作为一种生命活动的结果，也就是生产生活资料的一种结果"[①]。最后，拒绝在思辨层面解决异化问题，坚持认为"只有在实践的王国中，在人类历史中，才能发现解决人类对自然异化的方案"[②]。基于上述论述，福斯特认为，马克思的唯物主义不仅以其对客观物质世界的认识为基本前提，也以自然历史与人类历史的辩证关系为基本立场。其二，《费尔巴哈的提纲》中马克思与以费尔巴哈为代表的旧唯物主义划清界限，引入"实践"的范畴，在对现实性以及主体实践能动性的呼吁中将"唯物主义思想的关注点从自然转向历史——没有否定前者在本体论上的优先性。马克思确实把他的唯物主义历史观看作是建立在唯物主义自然观的基础之上的，并且它们共同构建了自然历史（在它所具有的培根哲学的意义上，自然历史也包括人类生产）的王国。然而，在他的社会批判中，他强调的重点却几乎都是人类的历史发展，而不是自然本身更加广泛的进化过程"[③]，即马克思依然承认自然的第一性，但强调作为研究的自然应该是"人化"的自然，重要的是聚焦人与自然之间以物质变换为主要中介的相互作用。其三，《德意志意识形态》中一方面确立代表客观世界的自然是人类社会生存和发展的必要前提，另一方面提出要以实践的、历史的、现实的人取代费尔巴哈以人本主义为内涵的抽象的人，实际上反对了脱离现实性的抽象语境中历史、实践与自然的分离，强调实践是人与人以及人与自然关系生成所必不可少的条件。其四，《共产党宣言》以客观辩证的视野审视资本主义，既有对资产阶级所创造的巨大生产力与物质财富的肯定，也深刻解析逐利本性下资本主义社会对无产阶级和自然的无节制剥削，由此指证资本主义制度必将带来不可避免的生

---

① 约翰·贝拉米·福斯特：《马克思的生态学：唯物主义与自然》，刘仁胜等译，北京：高等教育出版社，2006年，第82页。

② 约翰·贝拉米·福斯特：《马克思的生态学：唯物主义与自然》，刘仁胜等译，北京：高等教育出版社，2006年，第88页。

③ 约翰·贝拉米·福斯特：《马克思的生态学：唯物主义与自然》，刘仁胜等译，北京：高等教育出版社，2006年，第126页。

态危机与社会危机。实际上，马克思恩格斯克服了那种面对生态危机与生态困境，持不应干预自然的束手无策的“伤感主义”，呼吁以积极主动的姿态建立人与人、人与自然间和谐的可持续性关系。福斯特不满部分学者对马克思恩格斯的指摘，通过马恩经典文本中生态思想的挖掘为马克思恩格斯做辩护。他指出，虽然马克思恩格斯未直接指向资本主义的生态矛盾，但他们对科学技术的肯定基于尊重自然规律的前提，而共产主义社会也是超越资本主义，实现人类社会与自然社会异化的双重克服，保证人与自然和谐发展的理想模型。借此，马克思主义始终张开着生态主义的理论空间，并未形成资本主义批判中的生态“空场”。

二、马克思唯物主义生态学的“自然科学”前置及“物质变换断裂”的自然观

在对马克思唯物主义生态学进行系统阐述之前，福斯特以达尔文、摩尔根、李比希为例，系统考察了近代自然科学对生态思维方式形成的影响。

其一，达尔文通过提出“自然选择”将变化的思想引入自然史领域，撼动了神学创世的目的论观点，打破了物种间存在不可逾越的屏障的教条。福斯特考察了达尔文进化论对马克思思想的影响。他指出，在达尔文“物竞天择”“自然选择”的思想影响下，恩斯特·海克尔 1866 年出版《普通有机形态学》一书，正式创造了“生态学”（ecology）一词，并将其定义为以有机物相互关系为对象的研究，这意味着生态学思维的初步形成。马克思恩格斯将达尔文的《物种起源》看作一部划时代的著作，不仅肯定进化论在自然领域给予神学思想的致命打击，更认为达尔文为物质世界提供了“自然-历史”的二元观点，将自然历史与人类历史，以及唯物主义的自然观与历史观紧密相连。正是在达尔文的启发下，马克思恩格斯试图将进化论的思想引入人类历史领域。但鉴于自然史与人类史的区别，马克思恩格斯没有采取直接引用的方式，而是开始着手建立“劳动”为基础的人类进化理论。达尔文研究的是非人类创造的自然进化的历史，以动植物在生活中以先天性、生理性的器官的形成与发展为主要内容。马克思恩格斯研究的则是人类创造的社会发展史，以生产技术和生产工具的形成与发展为主要内容。通过生产技术和劳动工具的区分，马克思透视到作为人本质的劳动，以“自然-历史”框架为之后人类与自然的社会物质变换理论提供了前置性基础。而

《劳动在从猿到人的转变中的作用》和《反杜林论》等著作则进一步发展了马克思的劳动理论，即不仅将劳动看作人类和人类社会发展的重要中介，也将其视为了解人与自然关系的必要环节。

其二，摩尔根为代表的人类学家通过考古挖掘得出“人与猿源于同一祖先”的结论，引发人类起源领域中进化论的应用，促进人类学的巨大发展。摩尔根在《古代社会》一书中以建立在一定物质条件基础上的“生产技术”为依据将人类社会区分为“蒙昧时代”“野蛮时代”和“文明时代”三个阶段，建构出人类社会发展的一般理论。福斯特认为，马克思一方面肯定摩尔根以“生产技术”为依据关注到通过生产与再生产而连接起来的人与自然之间的生态关系；另一方面质疑摩尔根“人类已经实现对食物的绝对控制”的论断，认为资本主义社会并未消除生态问题，资本主义社会中人类与自然之间物质变换矛盾的解决必须诉诸社会制度的更迭，主张必须使人们建立正确的关于人与自然关系的生态认知，汲取更多的相关知识。这些认识与反思推动了马克思在历史唯物主义的创设中纳入人类起源的发展视域以及人与自然交换的动态视域。

其三，李比希对资本主义掠夺式农业的批判促使马克思提出人和自然之间“物质变换断裂”的思想。福斯特将马克思对农业的分析与19世纪欧洲第二次农业革命以及李比希农业化学紧密相连。李比希开辟农业化学的先河，提出许多对后世影响深远的学说，而作为其理论核心的归还定律，同时也是构成马克思“物质变换断裂”理论的主要思想来源。李比希将土地比喻为机器，认为只有将消耗掉的养分进行补偿才能保持土地的肥力，同时指出资本主义制度下的农业生产者都以产出最大化为根本追求，却避免归还土壤中的养分。虽然李比希对资本主义农业生产的批判失之偏颇，却触及资本主义生产的掠夺性本质。李比希农业化学对资本主义制度的批判促使马克思开始系统性审视以牺牲生态环境为代价的、破坏性的资本主义生产，逐渐明晰资本主义逐利本质必然中断人与自然之间良性的物质转换。

马克思强调人与自然的交互关系，认为人类在依赖自身的前提下通过实践劳动，在人与自然的相互作用中创造与发展人类历史。马克思用“新陈代谢”指涉人与自然之间物质与能量的交换，而在资本主义制度下特殊的生产方式破坏了人与自然之间新陈代谢的应然状态，出现“物质变换断裂”，阻碍人类社会的可持续发展。福斯特认为“物质变换断裂”首先体现为资本主义城乡敌对分工所导致的断裂。以城乡为单位进行的人口布局是资本主义工业化发展的必要前提，然而这种人口组织方式服务于利润最大化的制度性要求，并不能以科学、理性的物质生产形式满足个体发展的真正需求。在毫无节制的资源消耗与掠夺中，资本主义农业生产彻底失去可持续性，并进一步导致人与自然之间新陈代谢运转的断裂。实际上，马克思已经在其论述中提出了可持续性问题。其次，马克思认为资本主义生产和后代的需要之间存在着必然矛盾。“从一个较高级的社会经济形态的角度来看，个别人对土地的私有权，和一个人对另一个的私有权一样，是十分荒谬的。甚至整个社会，一个民族、以至一切同时存在的社会加在一起，都不是土地的所有者。他们只是土地的占有者，土地的利用者，并且他们必须象好家长那样，把土地改良传给后代。”① 资产阶级将土地看作自然对资本的馈赠，在这种观点下资本主义开展一系列破坏生态、损害后代人利益的生产活动。其根源在于资本主义商品关系片面追求交换价值的实现，无视使用价值，隐去了自然在使用价值层面对生产发展的贡献，只作为服务于利润最大化资本主义生产的被动性存在。马克思劳动价值论则肯定自然界是财富创造的基础，也肯定人类劳动具有赋予自然崭新存在的特殊功能。最后，马克思关于未来社会的设想是建立在对资本主义社会生态异化进行揭露和批判的基础上的。马克思指出资本主义制度“寻求交换价值(也就是利润)，而不是为真正的、普遍的、自然的需要而服务，这种需要对生产来说才是目标、目的。由此而引起的极端两极分化——一方面是财富的无限增长；另一方面是异化的、被剥削的、没有尊严的生存，这种生存是对大多数人的否定——形成了一种像断层线一样贯穿于资本主义体系中的矛盾”②。福斯特认为正是这一资本主义制度性、本质性的矛盾决定了资本主义社会中人与自然关系的断裂。而这种异化的人与自然存在形态只能通过一系列关系性变革进行重塑，而不会自行消亡。比如通过更加合理的人口布局和分工或运用科学、高效的手段调节人与自然间的能量交换，以此保证人与自然的和谐交互。

① 《马克思恩格斯全集》第25卷，北京：人民出版社，1974年，第875页。

② 约翰·贝拉米·福斯特：《马克思的生态学：唯物主义与自然》，刘仁胜等译，北京：高等教育出版社，2006年，第193页。

三、生态政治的战略：制度变革与生态道德价值观的建立

福斯特从文本学阐释系统阐发了马克思唯物主义哲学的生态内涵，并以此为根据揭示出资本主义制度的反生态本性，在此基础上以个体道德与社会正义为切入，论述克服当代生态问题的可行性道路。

福斯特首先指认了资本主义制度和生态相对立的本性。但与将生态危机归咎于西方文化的“控制自然”的价值观不同，福斯特认为资本主义的反生态性质应当从其制度的本质中寻找。在他看来，资本主义以利润追求和财富积累为根本目标所组织的资本主义生产势必引发生态问题。一方面，资本主义无限扩张的本性与生态环境的有限性相冲突。一旦资本主义的扩张停滞，资本流通就会随之中断，而这种扩张的必然性恰恰与生态的有限性产生矛盾，地球生态系统的有限性决定了人类不可能进行无节制的自然干预行为。这样一来资本主义与自然必然发生根本性的矛盾冲突。另一方面，在利润逻辑的主导下，资本主义实行的社会政策与社会实践必然具有与生态环境相悖的非正义性。因为这些可持续的政策“与冷酷的资本需要短期回报的本质是格格不入的。资本需要在可以预见的时间内回收，并且确保要有足够的利润抵消风险，并证明好于其他投资机会。……这样一来，资本主义投资商在投资决策中短期行为的痼疾便成为影响环境的致命因素”①。即福斯特直接指认了资本主义生产方式与生态之间不可弥合的罅隙，这种无限扩张的全球性的“踏轮磨坊的生产方式”，以类似于金字塔的阶级分配维持着占人口极少数的精英阶层的剥削统治。福斯特从技术层面对此种结构进行审视，认为基于追求利润的需要，企业会投入大量的资金用于生产技术的提升和生产规模的扩大，以此保证自身在企业竞争中的优势地位。然而资本主义生产方式更多依赖于资金密集型和能源密集型产业，即是说资本主义总是倾向于更快、更多地投入原料，更快、更多地倾倒废料，由此带来超越自然承受限度生产循环。如何克服当前的生态困境？福斯特从制度和价值观两个层面给出了自己的答案。

第一，福斯特进一步发展马克思的“物质变换断裂”思想，提出科学技术的进步与生态环境的破坏是资本主义制度统摄下的同一历史进

---

① 约翰·贝拉米·福斯特：《生态危机与资本主义》，耿建新等译，上海：上海译文出版社，2006 年，第 3—4 页。

程，二者交织为资本主义社会发展的现代图景。资本主义生产方式对利润和回报的片面追求决定了其将生产规模扩大、经济总量提升放于首位的无视生态有限性、毫无节制的经济行为。“要想遏制世界环境危机日益恶化的趋势，在全球范围内仅仅解决生产、销售、技术和增长等基本问题是无法实现的。这类问题提出的越多，就愈加明确地说明资本主义在生态、经济、政治和道德方面是不可持续的，因而必须取而代之。”① 问题的关键在于如何找一条具有现实性的可替代性道路。对此，福斯特做出了自己的回答，主张应从生态政治战略的转换入手，尤其需要重视环保主义者与工人阶级的联合。资产阶级长期以来利用分化策略离间环保主义者与工人阶级，造成二者的相互敌视，使得环保运动与工人运动彼此分离，两项事业均无法取得实质进展，反而承受着资本主义制度下生态危机的高昂成本。福斯特强调，当前亟须找寻环保主义者与工人阶级之间的共同点，建立牢固的二者同盟。从社会层面看，要在保护自然可持续发展和维护工人生存权利的呼声中保持张力，消除彼此成见，联合制止资产阶级滥用自然的行为；从政治层面看，必须将环境革命与社会革命结合，形成建立在国家权力与公民权利合作机制之上的激进的革命力量，以此破除国家与资本的共谋，以囊括生态与社会双重正义的生态社会主义取代资本主义的异化统治。

第二，福斯特从个体道德和社会正义两个方面论述了生态道德对于解决环境问题的重要作用。个体道德方面，自 15 世纪资本主义与现代性互相伴生，以“支配自然”为核心的价值观就成为社会发展的主流。技术对自然的支配被等同于自由，而环境保护则被视为对自由的干涉。上帝死了，但“人类中心主义”的价值观却将人奉上神坛。对理性的盲目崇拜以及科学技术的高速发展使得人类在谋求自身发展的过程中任意掠夺自然，形成人对自然的单向宰制，并由此引发了危及全人类生存的生态危机。福斯特强调必须建立新的社会价值观——土地伦理，引导人与自然关系的重塑。美国学者利奥波德在著作《沙乡年鉴》中提出“土地伦理”的概念，以增加生态共同体的“完整、稳定和美”作为判断行为善恶的标准，发出了异于利己主义的生态之声。社会正义方面，资本主义生产方式在需要与欲求中倾向于后者，不以人类生存与发

① 约翰·贝拉米·福斯特：《生态危机与资本主义》，耿建新等译，上海：上海译文出版社，2006 年，第 61 页。

展而以资本利益最大化为目的，不仅对自然有限性置若罔闻，更借不平等国际关系肆意掠夺第三世界国家的自然资源。由此，福斯特指认资本主义制度及其生产方式面对自然与社会的双重不正义。环境运动应该构筑一种以人为本、尊重自然的社会新形态，以取代资本主义。“只有承认所谓‘环境公平’（结合环境关注和社会公平），环境运动才能避免与那些从社会角度坚决反对资本主义生产方式的个人阶层相脱离。……只有承认环境的敌人不是人类（不论作为个体还是集体），而是我们所在的特定历史阶段的经济和社会秩序，我们才能够为拯救地球而进行真正意义上的道德革命寻找充分的共同基础。”① 申言之，福斯特强调制度层面变革与价值观层面重塑的双轨并行，二者缺一不可。

福斯特通过对马克思主义经典文本的再释，挖掘出长期被西方生态学家忽略、否认的马克思主义生态思想，以历史唯物主义历史观、自然观的重现绘制出系统的资本主义社会生态批判图景，揭示资本主义制度资本逻辑统摄下的反生态本性。区别于其他学者，福斯特在生态战略问题上重新纳入阶级视域，认为跨阶级的生态实践语境是不具可行性的，必须以环保主义者与工人阶级的联盟为物质载体，实现生态运动与社会主义运动融合，在“红绿”交织的情景中释放超越资本主义现状的可能性。但福斯特的生态理论中仍有值得商榷之处，例如：一方面，他将超越阶级的社会变革赋予环保组织和环保行动，然而这种基于环保意识的联合与抗争难以在现实层面获得动摇资本主义根基的实质进展；另一方面，他呼吁的生态伦理作为一种文化思潮难以与资本逻辑进行对抗，在如何使生态正义从理论到实践的路向建构中依然陷于经院化的困境，缺乏政治经济学维度的审视。这种寄希望于道德革命而避开具体的路径、组织、策略的生态建构，只能是一种提供有限参鉴的理想图绘。

---

① 约翰·贝拉米·福斯特：《生态危机与资本主义》，耿建新等译，上海：上海译文出版社，2006年，第43页。

第十一章　佩珀：建构一种生态社会主义模式

马克思主义确实以一种有意义的尽管是含蓄的方式包含了足够的生态学的观点。

——佩珀

戴维·佩珀（David Pepper，1940—　），英国牛津布鲁克斯大学教授，主要研究领域是生态社会主义和环境政治理论。佩珀作为20世纪90年代生态学马克思主义、生态社会主义的晚近时期代表人物，其思想更具时代特征性、实践操作性和思想指向性。佩珀坚持马克思主义的历史分析、社会分析方法，对生态危机根源进行深入剖析，并描绘他所构想的未来生态社会主义社会的蓝图。1993年，佩珀出版代表作《生态社会主义：从深生态学到社会正义》，在其中阐发了历史唯物主义的生态意蕴，并由此批判西方传统生态理论对历史唯物主义的无端诘难。除此之外，佩珀还明确提出生态社会主义的概念，从政治、经济、文化的多元视角审视传统生态理论、生态帝国主义以及资本主义生态危机，以系统、整体的理论形态建构起了自己的生态学马克思主义。其相关著作还有：《现代环境主义的根基》《现代环境主义：导论》《环境主义：地理学与环境中的批判性概念》《生态社会主义：从深生态学到社会正义》等。

佩珀的生态社会主义思想既不同于生态主义，又与生态学马克思主义保持着差异，更与经典马克思主义的社会主义思想相区别。佩珀始终将资本主义视作生态危机的制度性根源，将社会主义视为克服生态危机的可行性道路，这种浓厚的历史唯物主义色彩使其在当下生态学马克思主义大军中占据着独特的席位。具体而言，佩珀在文本中直接阐明马克思主义在生态运动中的指导性地位，始终坚持马克思主义聚焦生产方式的分析方法，始终贯彻改造世界的实践主旨，始终肯定人在生态运动中的积极性与主动性，始终容纳世界视野，尝试在生态主义与马克思主义的区别与综合中全景展陈资本主义的现代性图景，助力以资本主义为批判对象、以社会主义为现实旨归的现代性批判理论与现代化实践。

一、历史唯物主义：人类中心主义与生态中心主义之外的第三条道路

作为典型的当代生态中心主义者，佩珀既与其他生态理论家一样有着对马克思主义的重视与挖掘、对生态建设的重视与呼吁，但也有着自身特色的“异”。这种“异”彰显为在生态学资源的汲取中对马克思主义进行创新性的理解与诠释，尤其是“温和人类中心主义”的提出，在人类中心主义与生态中心主义的二元对立中以及对人类中心主义的“弱化”中建基起具有独特性的生态社会主义体系。

以生态主义为主要代表的西方绿色理论把历史唯物主义理论同生态

学对立起来。在他们看来，一方面，马克思的劳动价值理论没有赋予自然资源任何的存在价值，因而也没有考虑建立在以可耗竭资源基础上的经济可能会耗尽生产资料的问题；另一方面，马克思恩格斯在利用和思考应如何对待自然问题时，过分强调了生产的作用和生产力的无限发展。因此，历史唯物主义不仅没有扎根于生态学，而且总是专注于人类如何改变自然，忽视自然对人类的制约。针对西方绿色思潮的上述诘难，佩珀明确肯定马克思主义不是生态中心论，但是马克思主义和生态学绝不是对立的，恰恰是有益于生态中心论的，“马克思主义确实以一种有意义的——尽管大都是含蓄的——方式包含了足够的生态学观点”[①]。佩珀反对将生态问题归咎于个体的责任与道德，认为以唯物主义和历史性为基本表征的马克思主义已经洞见到了生态危机的本质。在佩珀看来，马克思主义探究生态问题的优越性主要彰显在以下几个方面：其一，重视生态问题产生的历史背景。马克思将生态问题精准定位为伴随资本主义工业化、城市化而出现的现代性问题。这种历史性、现实性的审视暴露出囿于个体价值观以及个人生活方式的传统绿色思想的局限性，凸显出组织和制度变革在生态问题中不可忽视的重要地位。其二，洞悉人与自然关系的动态网络。佩珀极力反对西方生态学家将生态主义与马克思主义对立。他指出，马克思反对将人与自然关系理解为变动不居的僵化存在，强调应该以辩证的、发展的、联系的立场探索世界的规律。虽然自然问题并未在马克思的著作中以明线的方式贯穿始终，但马克思总是在物质生产、政治法律、文化道德相交织的时代背景与社会结构中谈及人与自然的辩证关系。其三，指认自然相对于人的多元价值。佩珀认为虽然马克思从主体出发将自然的功能定义为“工具价值”，但这种“工具价值”并非局限于物质领域的、单向的价值。作为既外在于人，又与人的生存、发展密不可分的存在，自然的价值也辐射科学技术、道德伦理和审美艺术等领域，全面而深入地影响着人类发展的进程。在此基础上，佩珀深入挖掘马克思主义的生态内涵，并将历史唯物主义的生态意蕴划分为以下四个方面。

首先，历史唯物主义理论分析人类社会历史方法所蕴含的生态内涵。佩珀认为马克思始终将物质生活作为社会历史研究的出发点和落脚

---

① 戴维·佩珀：《生态社会主义：从深生态学到社会正义》，刘颖译，济南：山东大学出版社，2005 年，第 91 页。

点，这正是马克思历史唯物主义与将历史进步归结于观念的唯心主义的根本区别。佩珀又一一回应了绿色理论家们将马克思主义视为经济决定论的无端发难。佩珀认为这种对马克思主义的误读主要源自两方面，一是将马克思主义经济基础与上层建筑的辩证关系解读为因果关系，二是将马克思主义历史观的辩证发展解读为实证主义的线性发展。马克思主义历史观是在横向与纵向渐次展开的辩证过程，也是多元多维的有机系统。在回应部分西方绿色理论学家的质疑后，佩珀进一步阐述马克思主义社会历史方法的生态内涵：其一，物质生产是历史唯物主义的基原性场域，生态问题的审视与解决也需要突破纯粹精神的框架，即“如果我们想改变社会以及社会——自然之间的关系，我们就必须寻求不仅在人们的思想中——他们的见解或哲学观即他们的‘社会意识形态’，而且也在他们的物质与经济生活中的改变”[①]。其二，经济基础与上层建筑的辩证视野突破了传统生态路径的价值观偏好，提供了物质与精神兼备的分析系统。其三，在前面两点的基础上力证物质生产是人类历史发展的前提性条件，亦是生态问题的前提性保障，只有“直到人们在物质上提供充分的保障时，人们才会创造一个生态健康的社会”[②]。

其次，历史唯物主义理论对资本主义社会的分析包含了生态批判的内容。“应该责备的不仅仅是个性‘贪婪’的垄断者或消费者，而且是这种生产方式本身：处在生产力金字塔之上的构成资本主义的生产关系。”[③] 前面提到，区别于西方生态主义将生态危机根源放置于个体道德与价值观框架，马克思找寻到生态问题的物质性根源，认为利润逻辑主导的资本主义生产方式势必发展出与生态相悖的、毫无节制的破坏性发展道路。“在自由市场中，资源保护、再循环和污染控制由于提高生产率和使剩余价值最大化的动力而受到阻碍。很明显，这些行为将导致更多的成本，而对企业来说有利的是使收益内在化、成本外在化，也就是说，让社会作为一个整体支付它们。”[④] 马克思通过揭示资本主义逐

---

① 戴维·佩珀：《生态社会主义：从深生态学到社会正义》，刘颖译，济南：山东大学出版社，2005年，第101页。

② 戴维·佩珀：《生态社会主义：从深生态学到社会正义》，刘颖译，济南：山东大学出版社，2005年，第110页。

③ 戴维·佩珀：《生态社会主义：从深生态学到社会正义》，刘颖译，济南：山东大学出版社，2005年，第133页。

④ 戴维·佩珀：《生态社会主义：从深生态学到社会正义》，刘颖译，济南：山东大学出版社，2005年，第135页。

利本性，以及基于利润和竞争逻辑组织起来的具体的资本扩张战略，批驳资本主义制度本身蕴含的不可持续性。在追求无限物质增长的动力驱使下，资本主义不仅让自然，也让发展中国家甚至其子孙后代承受自身无节制发展——无限开采、扩张、污染——的生态恶果。“西方资本主义就逐渐地通过掠夺第三世界的财富而维持和‘改善了’它自身并成为世界的羡慕目标。因而，它新发现的‘绿色’将能通过使不太具有特权地区成为毁坏树木与土壤的有毒废物倾倒地而实现。”[①] 从制度本质到现实实践，马克思细数了资本主义的生态恶行，指出资本主义就是应当对当前生态困境负起责任的真凶。

再次，马克思关于人类社会和自然关系的辩证法是解决当代人和自然关系危机的科学方法。佩珀认为，长期以来生态中心主义与人类中心主义喋喋不休的争论构成了生态理论两极分化的二分图景。而马克思反对以孤立、静止的观点看待自然与人类关系，提出二者不仅共生共存，也在以劳动为介质的积极交互中彼此作用、彼此制约。由此，马克思关于自然与人的辩证视野有效耦合了技术中心论与生态中心论的鸿沟。而这种相互联系的、发展的立场也确证马克思主义以独具特色的、有机的一元论创设出了分析和解决生态问题的科学方法。

最后，马克思阐发了一种生态自然观和道德观，这主要体现在如下几个方面：其一，马克思强调“合作”形式中的自然价值。马克思既反对科技中心论者将自然当作纯粹的工具性对象而对之进行控制和剥削，也反对生态中心主义者对待自然彻底的非使用价值立场。马克思所理解的自然的工具价值并非一种任意的、单向的控制性关系，而是以尊重客观规律为前提的合作性关系，既包含物质生产的实用主义价值，也囊括审美、艺术等精神价值，即“自然只能通过遵从它的规律来利用。因而，‘支配’并不意味着打破一个异己的意愿，而是通过合作能够驾驭自然”[②]。其二，马克思以承认自然的界限为人类解放的前提。普遍的人的立场是马克思主义永不动摇的理论指向，但马克思不再将“解放”定义为旧哲学意义上个体主观性的无限扩张，而是遵从现实机制与客观规律，接受自然承载力限定的解放。这样一来，解放不再代表思辨

---

① 戴维·佩珀：《生态社会主义：从深生态学到社会正义》，刘颖译，济南：山东大学出版社，2005 年，第 140 页。

② 戴维·佩珀：《生态社会主义：从深生态学到社会正义》，刘颖译，济南：山东大学出版社，2005 年，第 167 页。

领域的绝对性，而是以客观性、现实性为前提，有序进行的物质世界改造。其三，马克思设想的共产主义社会蕴含着一种新的“以人为本”的生态道德观。马克思反对物质与精神、人与自然的二元立场，以辩证统一的视野创设出物质与精神并行、人与自然共生的一元论，“通过以生产力发展为中介的面向所有人的文化、娱乐和创造性，个体的能力得以充分展现”①。尊重自然的客观规律和发挥人的主观能动性同等重要，二者共同开拓出更高形态的社会形态。这实际上体现着一种既容纳生态意蕴，又关乎全人类命运的新人本主义价值观。而建立在这种新的价值观基础上的共产主义社会将克服阶级社会里人“与自身，与其他人，与精神的、艺术的以及自然的疏离。……这种自我实现将发展符号性交流能力、理性、创造性、基于个人愿望的选择能力、感知的培育以及和谐的社会与‘自然’关系”②。

佩珀阐发历史唯物主义理论生态内涵的目的：一方面在于回应西方生态主义绿色思潮对历史唯物主义的诘难，表明历史唯物主义理论和生态学的一致性；另一方面在于力图以历史唯物主义理论为基础，创立一种不同于西方生态主义政治思潮的生态学马克思主义理论，以此指导当代西方的生态运动，最终建立生态社会主义。

二、温和的人类中心主义

佩珀继承格伦德曼的生态路线，以马克思主义为指导耦合生态中心主义与人类中心主义的罅隙，建立起与传统生态思想、后现代生态思想相区别的“温和”的人类中心主义。“这是一种有益于自然的‘弱’人类中心主义，而不是一种把非人世界仅仅作为实现目标手段的、可避免的‘强’人类中心主义”，“生态社会主义的人类中心主义是一种长期的集体的人类中心主义，而不是新古典经济学的短期的个人主义的人类中心主义。”③ 即通过对自然的“支配”从而提高生产力，最终保障所有人的基本物质需要。对于生态价值观问题，西方存在两种对立的观

---

① 戴维·佩珀：《生态社会主义：从深生态学到社会正义》，刘颖译，济南：山东大学出版社，2005 年，第 179 页。

② 戴维·佩珀：《生态社会主义：从深生态学到社会正义》，刘颖译，济南：山东大学出版社，2005 年，第 180—181 页。

③ 戴维·佩珀：《生态社会主义：从深生态学到社会正义》，刘颖译，济南：山东大学出版社，2005 年，第 41、340 页。

点：生态中心主义主张“自然价值论”和“自然权利论”，技术中心主义主张“人类中心论”。佩珀超越了生态中心主义和技术中心主义意义上的人类中心主义片面性，主张“弱”人类中心主义。在生态学马克思主义理论中，佩珀是鲜明地为弱人类中心主义辩护的论者，这与之前的理论家如高兹、莱斯等的观点殊异。相较于前辈们对人类中心主义的忽略态度，佩珀关于生态社会主义的论述不仅明确为弱人类中心主义价值观辩护，还详细阐述了其人类中心主义价值观的内涵以及从生态中心主义价值观转向人类中心主义价值观的必要性。这正是其生态社会主义思想的独特之处。

接续诺顿等人关于人类中心主义的探讨，佩珀突出“重返人类中心主义”的口号，并在这种探讨中展示出自身的与众不同。首先，佩珀强调，对生态危机的反思与对人与自然共生共存的探寻，必然要以服务于人的生存发展利益为出发点。人与自然的存在要坚持将人类社会历史进步与自然生态的保护性发展作为合理目标与理想旨趣。但真正实现这一目标理想的核心力量是推动历史发展的人本身。所以考虑生态环境问题，实现人与自然的共享发展问题，归根结底依然是如何对待人自身的问题。佩珀一方面明确指出，“人类不可能不是人类中心论的，人类只能从人类意识的视角去观察自然”①，一方面又强调，不应当像在资本主义那种技术宰制下的“强人类中心主义”进攻自然，而应当审慎保护与调节人与自然的和谐、可持续发展。其次，佩珀坚持人类作为自然存在物本身是一种受动性存在，这内在要求人要尊重自然规律，同时人运用科学技术又能够产生对自然的工具价值，只不过这一工具性价值的释放需要借助美学、道德、伦理、文化因素的调和释放出和谐的效用，使工具主义能够生发出一种生态意识，而不再简单地沦为一种操纵与进攻自然的手段。最后，佩珀同样把生态危机的出路瞄向“共产主义”社会，坚持通过生态社会主义的方案走向人与自然和谐共生的共产主义。在他看来，共产主义是人对自然的合理利用，是人与自然的和谐相处，是均衡地考量人与自然共同发展，而不是为了人类的利益竭泽而渔、以自然为壑，“是一种有益于自然的‘弱’人类中心主义，而不是

---

① 戴维·佩珀：《生态社会主义：从深生态学到社会正义》，刘颖译，济南：山东大学出版社，2005 年，第 41 页。

把非人世界仅仅作为实现目标的手段的、可避免的‘强’人类中心主义”[①]。基于此，佩珀提出了独具特色的生态社会主义理论，并将这种带有“弱人类中心主义”的生态理论构筑在生态经济、生态政治、生态文化的三座基石之上。

从生态经济来看，要在人类理性的指导下建构起社会主义模式的、倡导生态理性的经济制度。佩珀认为，资本增值逻辑的发展与利润导向的生产模式只关注如何更有效地从自然中索取资源，从劳动力中压榨剩余价值，从不断追加与扩大再生产中创造利润，而并不关注生态环境遭到破坏，自然资源面临枯竭，物种多样性走向毁灭等问题，“资本主义制度不但需要通货膨胀、萧条、供需不平衡、环境退化等危机存在，而且，它们还是这一制度不可避免的结果”[②]。资本主义制度对人类理性造就的科技中心主义，及其工具理性的运用只能证明它是一种强人类中心主义，一种带有毁灭倾向又函矢相攻的人类中心主义。而这种理性模式并不是双赢的，是不可能实现人与自然共生共存的。基于此，佩珀认为必须建构起以温和人类中心主义为基础的、以生态理性为导向的、坚持生态经济的社会主义生产方式。在社会主义制度下的经济发展与生态建设、生产发展与消费行为、科技运用与环境保护都能够有效调节与合理发展。从生产资料公有制的确立来看，经济发展对资源的开发利用将保持在合理的限度之内，是在人类理性的调节中进行最高效的生产分配，而不是在利润的疯狂追逐中走向一种趋之若鹜的生产。正是因为这样的生产方式与生产资料所有制，科技运用也得到有意识的调节，兼顾社会发展、人的需求与自然资源的平衡，不会矫枉过正地走向技术中心主义与工具理性主义。在这些条件下，对自然资源的开发以及对生产发展的投入便会形成一种节约意识。通过调节生产方式来一方面降低对资源的投入，一方面增强产品本身的耐用性，变得既经济又环保。所以资本主义制度下消费异化的盲目冲动在生态社会主义模式中便不再具有生发的根基，消费模式与消费意识的改善在温和人类中心主义的引领下开启与自然的互惠互利的共生模式。

---

① 戴维·佩珀：《生态社会主义：从深生态学到社会正义》，刘颖译，济南：山东大学出版社，2005 年，第 41 页。

② 戴维·佩珀：《生态社会主义：从深生态学到社会正义》，刘颖译，济南：山东大学出版社，2005 年，第 121 页。

从生态政治来看，佩珀认为应该用坚持温和人类中心主义的社会主义制度代替贯彻强人类中心主义的资本主义制度。现实世界的生态危机一再证明，资本主义制度从根底上是反生态的，并没有尊重自然的合理存在，遑论保护其发展。资本主义在高额利润与剩余价值的牵引下所形成的是一种暴殄天物式的发展模式，自然世界的存在在资本主义制度中只能沦为一种服务性地位。所谓的自然的内在价值、生态理论，都抵不过强人类中心主义的理性神话，在理性主义之上的资本主义社会里，一切人类之外的生命存在都将遭到攻伐与践踏。所以佩珀反对资本主义制度对理性的过分发挥与运用，认为资本主义制度根本不会释放启蒙理想所期许的自由平等的美好承诺，不可能兑现理性之于世界的充满光明的美好生活期待，而只能将人类理性引向罪恶或战争的歧途。所以摒弃这种强人类中心主义的资本主义制度，选择尊重自然、保护自然，与自然共生共存的温和人类中心主义生态伦理观，坚持走生态政治路线的社会主义制度，是建设生态社会主义必然的政治选择。只有这样，人类与自然才能摆脱资本主义制度以邻为壑式的生态危机转嫁的发展困境，才能走出生态帝国主义与生态殖民主义的怪圈，跳出生态危机频繁迭出的恶性循环。只有社会主义制度能够坚持理性地、友好地、可持续发展地建构人与自然、人与人、人与自身的健康生态关系。所以社会主义制度是通向生态社会主义的生态政治选择与生态政治之路。

从生态文化来看，佩珀坚持在生态社会主义中培育出生态健康、绿色发展、人与自然和谐共生的生态价值观。这种价值观将人与自然的友好互利作为基础，将多样性的环保活动作为条件，将人的自由全面发展作为目标。佩珀认为，生态文化首先是尊重自然、提倡环保的，但归根结底是为保障人的生存发展，即是人本主义的，不能把人与自然的关系倒退进神秘主义的困境，任何这样的企图都是生态文化严厉拒斥的。要在生态社会主义培育起这样的价值观氛围，就要对人本身进行充分的宣传教育。通过温和人类中心主义的引导，明晰人的利益与自然利益的一致性而非单向度；通过“示范生活”的塑形，引领社会走向一种绿色健康的生活模式；通过不断提升的“生态教育”，在生产生活等各个环节中改进民众环保意识，提升社会整体素质，以此培育起整个社会的完整的、健康的、生态的人格素养。可以说，生态社会主义在观念层面十分注重生态文化的宣传教育，这样的生态文化以理性的有效运用与合理发挥展示出人类对待自然的友好姿态。在温和人类中心主义的价值引领中提升精神文化境界，是物质生活与精神生活、物质世界与精神世界的双重发展、全面进步。

三、建构生态社会主义的途径与方案

从马克思历史唯物主义出发，生态社会主义的勾勒就不再仅仅是一种幻想，就不能像生态中心主义那样因为过分注重自然内在价值而突出自然地位，放弃国家与社会的建设，退回无政府主义与乌托邦思想之中；也不能像绿色分子那样以一种激进的姿态走向后现代主义，彻底选择一条只粉碎、不建设的空想之路。所以佩珀在其著作中明确宣称，"生态社会主义立足于的马克思主义理论的重要目的是促进'实践应用'"[①]，理想的生态健康的社会应当是在踏踏实实的实践中构筑起来的，而不是凭借某种理论幻想走进各种主义的空中楼阁或在对现实妥协中选择一种文明倒退之路。

（一）从告别乌托邦理论到创建生态现实主义

努力使生态中心主义的关切成为现实，是佩珀思想始终致力于解决的理论难题和实践难题。佩珀指出，绿色分子及其生态中心主义思想资源虽值得吸取借鉴，但其内在本质的乌托邦性质决定了其应当接受马克思主义的指引而走向实践建构的现实方案，即建构真正具有实践可能性的现实主义的生态社会主义。

首先，工人阶级作为主体力量的历史性地位。工人阶级作为建设生态运动的主体力量被无政府主义者所否弃，这是佩珀重新确立无产阶级历史主体地位的批判起点。佩珀认为，从马克思主义的科学理论出发，个体与社会的关系需要被放置在关系维度上进行考察。个体被生活环境影响而陷入的异化状态不能从单个存在出发去寻找解决的路径，而是要在其所处的社会关系总和与生活环境中寻找答案——"解放作为一种社会动物的个人的计划必须与其他人一起来完成。"[②] 对此，佩珀反对无政府主义提倡的个人主义的生活方式改变与价值观变革（这在根本上无法形成社会层面的集体性力量，形成有规模、有影响力的生态运

---

① 戴维·佩珀：《生态社会主义：从深生态学到社会正义》，刘颖译，济南：山东大学出版社，2005年，第358页。

② 戴维·佩珀：《生态社会主义：从深生态学到社会正义》，刘颖译，济南：山东大学出版社，2005年，第18页。

动)，并提出借助议会政治、团体运动等带有集体性的传统革命运动来完成。生态运动的开启与推进需要把个体力量聚合起来，释放无产阶级作为一个阶级的整体作用。所以面对无政府主义者担任起生态运动的领导角色时，佩珀给出了这样的回答："在讨论激进的生态社会主义变革中的代理人和行为者时，我坚持认为（世界）无产阶级的持续重要性。"①

其次，劳动分工的实施与开启工人阶级教育。为避免绿色分子的乌托邦困境，佩珀进一步指出依据马克思主义走向现实主义，应该从解决劳动分工难题开始，即需要一个"国际劳动分工的规模经济的纲领"。绿色社会主义应该重视工联主义和基尔特社会的传统，尤其像工会等以劳工为基础的组织来对抗资本的全球范围的权力，并将社会主义和生态健康作为先进经济的结构性特征来探寻。当这样的探讨进入实践层面时，的确会在社会经济发展方面造成一定的混乱，或者出现灾难，而最大的混乱是由劳动分工的难题所致，基于此，佩珀认为解决我们面临的环境困境，不仅应该解决劳动分工的难题，而且应该分析实践中的生态社会主义，从中获得教益。具体来说，佩珀关于在实践中形成生态社会主义并从中获得的教义：选择性生产、工会、共同体、城市自治主义以及选择性社会和经济制度存在着怠惰和革命性缺失等缺陷，在无法实现彻底推翻资本主义的情况下，它们应该得到支持，因为它们代表了与现存经济和社会制度不相容的一面，通过与现存制度的斗争能够促进产生一个新的社会主义所需要的因素。可见，佩珀关于生态社会主义的思想坚持在马克思主义的指导下扎根现实，并从实践中的生态社会主义方案加以比较、获取教益，不仅超越乌托邦式的生态社会主义，也有别于其他生态学马克思主义的生态社会主义。除此之外，佩珀主张对无产阶级进行教育，这种教育充分体现在对环境改善等方面。佩珀指出，对无产阶级进行生态教育是必要的，但是不能把这种教育导向技术中心主义或生态中心主义的教育理念，其中隐含着的宰制行为与后现代主义倾向容易滑向对无产阶级的蔑视与放弃。当然更重要的是，对无产阶级的教育不能离开其所处的生活环境与物质基础，而是要从无产阶级最真实的生存处境出发，从他的经济基础出发来实现有效的环境教育与理念变革。

---

① 戴维·佩珀：《生态社会主义：从深生态学到社会正义》，刘颖译，济南：山东大学出版社，2005年，（第一版前言）第3页。

坚持历史唯物主义的科学真理以实现对无产阶级的教育与教化，是佩珀极其重视的思想理论点位，亦可见卢卡奇对无产阶级进行启智的思想痕迹。

最后，阶级斗争的推进与非暴力方式的融合。无政府主义者坚持认为不需要通过革命暴力的方式来实现生态社会主义建设，对无产阶级采取蔑视与放弃的态度，对国家采取避而不谈的姿态，这些都是佩珀坚决反对的。这些行为在佩珀看来就是空想而不切实际的——“试图暴力地击溃资本主义可能不会奏效，因而，国家必须以某种为所有人服务的方式被接受并解放出来。”[①] 对此，佩珀提出应当站在马克思主义的立场上坚持无产阶级的革命性策略，同时根据时代变化辅之以必要的非暴力斗争。即对待资本主义制度及其生态危机，无产阶级仍然承担着建设生态社会主义的主体角色，无产阶级与资产阶级的关系决定了对环境污染的解决与生存权利的捍卫必然通过无产阶级的罢工与非暴力相结合的方式来推进与完成。佩珀指出，在工人阶级的领导下以非暴力的方式向生态社会主义过渡，可以借助以下几种方式，建构起生态社会主义的可能形式或理想模式。第一种方案是卢卡斯模型。这种模型是以工会为基础，在维护工人利益与生态利益的前提下，致力于建构起人类利益与生态利益相协调的共同体。新技术的运用将劳动力从劳动密集型产业运作模式中充分解放出来，不再承担繁重的工业生产，而是致力于开发新的能源与科技水平提升，以此改进过去的异化的生产方式与组织模式，甚至改进遭到反噬的生态关系。所以佩珀认为，卢卡斯计划的生产模式在工会领导、生产过程改进、清洁资源开发利用、环保意识提升等方面为建构生态社会主义提供了可供参考的理性模型，因为“它包含着这个计划如何与生态主义相容的原则”[②]。第二种方案是城市自治社会主义。他们与生态运动的支持者紧密合作，推动地方环境的有效改善。这种行动旨在实现两个最重要的目标，即经济与自然相协调，生态经济的稳定发展，以及在民主管理模式下创建一个城市共同体。第三种方案是合作社。佩珀对合作社的信任不仅有理论的佐证，更有实践上的案例支撑。

---

① 戴维·佩珀：《生态社会主义：从深生态学到社会正义》，刘颖译，济南：山东大学出版社，2005 年，第 357 页。

② 戴维·佩珀：《生态社会主义：从深生态学到社会正义》，刘颖译，济南：山东大学出版社，2005 年，第 362 页。

他强调，“从理论上说，合作社是一个社会主义纲领的一部分”①。这一理论来源于他对马克思主义关于合作社的论证，从而认为它在处理生产关系、财富分配、释放劳动者潜能、保护与改善环境、实现人的解放等方面具有重要意义。从实践来说，佩珀举出了英国与西班牙的例子加以佐证。英国对工人运动的调查与对合作社的分析在一定程度上证实了“合作社是全国水平上社会主义所有制的平台”②，西班牙蒙德拉贡合作社采取“工会领导下的劳动者”措施，这些合作社的管理措施与实践方案，既充分照顾了工人阶级的福利，又关照到了自然生态的发展权益，同样体现了社会主义的发展原则。基于此，佩珀认为可以参照合作社的模式建构起生态社会主义的理想模型。

（二）从“激进变革”到“社会变革”的转换

激进方案在现实中的破产证明了需要通过革命性的社会变革方案走向生态社会主义的建设。佩珀通过对生态中心主义与绿色分子的分析，强调坚持无产阶级的历史性领导地位，通过集体主义的方式采取传统政治策略而不是新马克思主义的新政治方案，以此指出生态社会主义的历史唯物主义根基，而不是生态中心主义的乌托邦性或新马克思主义的后现代主义。

佩珀努力将生态运动引入激进的生态政治变革中，同时根据目前资本主义社会发展的新变化，在坚持激进的社会变革道路走不通的过程中逐渐找到了革命性的社会变革方案。与此同时，佩珀也肯定了中间性的改良措施，并提出了在马克思主义理论的指导下吸收借鉴的方法。即他主张利用现实的矛盾推进社会变革。佩珀认为，对于如何实现从资本主义到社会主义的社会性变革，要时刻立足于现实，并认真关切以下几点关键性要素：其一，无产阶级是实现革命性变革的关键性力量。无产阶级依然是推动资本主义制度变革、引领生态运动、建设生态社会主义的历史主体。无产阶级的整体力量在资本主义生态危机愈演愈烈的当下更加充分地展现出来。其二，经济状况和唯物主义在历史和社会变革中起关键性作用。要时刻立足于马克思辩证唯物主义与历史唯物主义来分析

① 戴维·佩珀：《生态社会主义：从深生态学到社会正义》，刘颖译，济南：山东大学出版社，2005年，第368页。

② 戴维·佩珀：《生态社会主义：从深生态学到社会正义》，刘颖译，济南：山东大学出版社，2005年，第368页。

人、自然关系与社会经济发展，在历史发展规律与人类文明规律中找到生态社会主义的建设方案。其三，以人类中心主义为指导推动社会变革。生态社会主义对自然生态的保护最终是要服务于人类利益，不可能将自然的神秘感再次提升出来“赋魅”，而是将人的地位彰显出来，对自然的崇拜进行祛魅。但需要注意的是，在社会范围内重新分配这种社会公正问题所面临的困境、绿色运动在产生激进变革的失败，以及现有的分析环境困境的理论受意识形态影响无法发出有力量的声音，这些因素都意味着要求人们转向一种假定的社会——社会主义——的努力是徒劳的，而那些听起来可实现的、可落实的行动纲领无非是对现存社会的经济、政治范式的适应，根本威胁不到资本主义的可持续性。所以对于从革命性纲领通往生态社会主义的现实道路，依然是漫长而坎坷的。

佩珀根据资本主义和社会主义的新变化以及二者力量对比的变化，强调以马克思主义为指导改变资本主义制度，超越生态中心主义与技术中心主义意义上的人类中心主义价值观，改造生态中心主义的思想，使其逐渐减少被乌托邦思想、无政府主义与后现代主义的影响，接受马克思历史唯物主义的指导，以发展生产力为基础，努力看清无产阶级的历史主体作用，在集体主义的方式中推动实现社会结构和价值观的双重变革，进而建构生态社会主义理论与实践。但佩珀的思想依然受到西方马克思主义、西方政治哲学等思潮的影响，追寻非暴力的绿色战略，淡化资本主义社会中存在的阶级矛盾与经济矛盾，由此拉开了与历史唯物主义以及科学社会主义的距离。虽然他提出以满足人类需求为指向的适度的经济发展，但在具体的实践开展中对生产所有制的界定模糊，对非暴力伦理以及基于伦理的自觉联合抱有幻想，导致其依然无法跳出囿于资本主义框架内诉诸改良的理论窠臼，脱离了马克思主义注重实践、改造现实的基本精神。

第五专题　女性主义马克思主义

人类自我意识的觉醒伴随着女性自我意识的解放而成为与现代性相交织的时代问题。两个世纪之前，空想社会主义者夏尔·傅里叶（Charles Fourier）就已经提出 Feminism（女性主义）概念，并用其指代女性群体所从事的社会理论和政治运动。资本主义上升时期，知识分子女性开始争取经济、政治、文化、宗教及婚姻等领域的自主权；启蒙思想崛起的 17 至 18 世纪，女性萌发追求自身权利的个人意识；工业革命爆发的 19 世纪，女性主义演变为一种遍及西方世界的社会思潮；进入 20 世纪，女性主义也相类似地从思潮转变为席卷全球的社会运动，成为女性和弱势群体表达诉求、争取权利的一种解放途径。它与马克思主义一样有着相似的现代性境遇中的被压迫立场以及推翻现存宰制的解放诉求。“我们应当提出女性主义问题，但要试图给出马克思主义的回答”，在审视现代性的理论与实践的共同呼应下，马克思主义与女性主义的结合成为人类追寻更为全面、自由发展的必然趋势，女性主义马克思主义应运而生。

一、女性主义马克思主义的理论出场

学界一般将女性主义分为自由女性主义、激进女性主义和马克思主义女性主义。20 世纪下半叶，以自由女性主义与激进女性主义为代表的传统女性主义理论在实践中逐渐式微，展露出难以有效分析性别压迫、提出可行性解放路径的理论局限。女性主义者们开始将目光投向马克思主义，希望既以性别为切入，审视马克思主义理论，开启更为广阔的“跨性的”（transsexual）资本主义批判视域；又以历史唯物主义的阶级分析方法为依托，从更为深刻的政治经济学角度剖析性别剥削的根源，从资本主义与父权制双重批判的“二元制”视域架构出以“性别分工”“家庭”为核心的女性主义马克思主义体系。

(一) 妇女解放运动的现实驱动

理论发展都有其生长的独特现实土壤。18世纪的法国大革命是女性主义事业的启蒙事件，自那时起围绕权力问题的女性主义研究和女性主义运动便浩浩荡荡开启了自己的历史进程。总体看，女性主义历经三次浪潮。第一次浪潮发生在18世纪末至20世纪初，是一场女性争取与男性平等的政治权利的社会政治运动。第二次发生在20世纪五六十年代，这一时期英国新左派势力壮大，美国的黑人民权运动高涨，但是参与其中的女性逐渐意识到自身在政治运动中并没有被公平对待，她们往往被分配到为男性领导人端茶送水、打字复印等具有传统女性特质的工作岗位上。这种政治运动内部的性别主义倾向引发了那些希望为组织做出实质工作的女性的不满，于是在欧洲和美国发生了一系列争取两性平等的社会政治运动，掀起了女性主义运动的第二次浪潮。第三次浪潮发生在20世纪六七十年代，与前两次浪潮不同，第三次浪潮没有依赖于启蒙认识论的前提，反而是结合后现代思潮，在全球资本主义不断发展的新时期下融合第一、二次女性主义浪潮，并与当代社会批判理论相结合，形成包括青年女性主义、有色人种女性主义、后殖民女性主义、生态女性主义等形形色色的女性主义思潮。女性主义的马克思主义，便是女性主义第三次浪潮中备受关注的独特一支。

(二) 民主、平等的主体自觉

自宗教改革开始，西方自由、民主的思想逐渐形成，在自由、民主观念所带来的主体觉醒中，人们逐渐摆脱自然和宗教的单向宰制，开始在理性与科学的发展中确证独属于人类的存在价值。但与西方自由、民主观念以及民主政治如火如荼的发展截然相反，女性的生存困境却并未从根本上得到改变。在资本逻辑的主导下，西方社会长期将女性的生育，以及与生育相伴随的家庭劳动排除在公共领域和价值体系之外。女性成为保证资本运转、劳动力更新的后备环节，成为男性的附属物。一方面，女性价值被局限在家务劳动、生育的私领域，得不到社会承认；另一方面，生育、家务劳动等被打上性别化的标签，被定义为只应由女性从事的活动。在这种恶性循环下，女性既在实际生活中从事着公私两个领域的繁重劳动，又日益游离在社会价值体系的边缘。在此情况下，女性将争取自身权利的目标和途径指向了民主政治，她们在指出现有民主体系实现性别形式平等而无法实现性别事实平等的同时呼吁更加多元、包容的民主政治，包括女性在物质生产资料的占有、平等的就业机会、女性价值的肯定、女性文化的建设等要求上，提出更好地解决女性问题是现代文明、现代化道路建设和发展的应有之义。

（三）马克思主义的思想引领

马克思恩格斯在《共产党宣言》等早期著作中就已经提及女性的压迫与解放问题，恩格斯在《家庭、私有制和国家起源》中更是将女性的被压迫史与私有制、国家起源相结合，进行了详细的历史梳理与揭批。这种以家庭、私有制为切入点，从政治经济学视域对女性问题进行解剖的研究方式无疑为陷于改良主义、文化批判，而在实践维度式微的女性主义指明了一条新的方向。女性主义者们认为女性被囿于家庭，所从事的家务活动被资本视为市场和货币经济之外的工作，具有使用价值而不具有交换价值。而事实上，女性不论是作为工资更为低廉的后备劳动大军，还是作为家庭领域家务劳动和生育活动的主要承担者，都是剩余价值生产的关键环节。女性在社会中的劣势地位依然根源自资本逻辑，女性的性别化劳动不能直接迎合资本逻辑的需求，无法实现社会化，这实际上依然是商品与市场关系中的权力探讨。资本主义条件下服务于资本逻辑与资本增值的劳动合理化剥夺了人们自身对劳动的占有，使劳动逐渐成为奴役人而非确证人本质的异化存在。因此，要改变女性的弱势地位就要在社会劳动中进行革命，既需要女性积极从事社会劳动，又需要解除公私领域的划分，承认女性在原有私领域中的劳动付出。

二、女性主义马克思主义的基本理路

女性主义马克思主义既是当代女性主义流派中的独特支流，也是国外马克思主义、西方现代性批判理论的最新发展和新生力量。一般说来，学界对女性主义马克思主义有两种理解：其一是将女性主义马克思主义视为女性主义者为适应妇女运动和妇女理论的发展而运用了一些马克思主义的概念和主张，形成兼有女性主义与马克思主义特点的新型妇女解放体系；其二则认为女性主义马克思主义只是以性别视域对马克思主义进行了新的阐释和运用，其本身就是一种马克思主义。但不论在理论定位上有何差异，女性主义马克思主义既借助马克思主义的观点、方法，结合社会发展的现实对自身理论进行充分的调试与发展，在对既存概念和男性话语方式的质疑中发扬着马克思主义的批判精神，又在历史和现实的论域中将作为解放主体的女性从抽象的理性形象转变为以实践（主要是革命的、改革的实践）介入现实的真正主体。从个体到群体，从抽象到实践，从“他者”到“自我”，随着对女性问题的不断深化，女性主义马克思主义的基本理路逐渐清晰。

（一）针对资本逻辑的资本主义批判

同马克思主义一样，女性主义的马克思主义也将造成女性被剥削地位的动因归结于资本逻辑，以及资本主义生产社会化和私人占有之间的基本矛盾。认为这种资本积聚的模式下多元化的社会格局被逐渐单一的权力结构所替代，而这种统摄社会的资本主义权力将女性排斥在生产活动之外，将女性固定在作为再生产环节的家庭领域。这种不公正的性别分工既使女性成为劳动力再生产的关键环节，又让女性作为最容易失业的劳动后备军在经济危机或其他特殊时期保障着低廉的劳动力供给。置身风险、经受剥削、不被肯定，女性成为保证剩余价值生产与增值的最大牺牲品。女性被资本逻辑所排斥的窘迫境况决定了其政治上的劣势地位。资本主义社会似乎给予女性在法律上与男性的同等权利，但在实际生活中，女性在经济领域和政治领域依然遭受着比男性更多的限制，多数女性依然被鼓励扮演家庭妇女的角色，但其在家庭中所付出的劳动却始终不被资本主义生产关系和公共价值体系承认。与此同时，资本主义制度生长出与资本逻辑相适应的整体化的、本质化的意识形态，资本主义与男性霸权相结合，成为唯一的话语方式和言说主体，将女性和非资本主义划分为“他者”或“非主流的”，使人们普遍接受这种强大-弱小的附庸与压制关系，使被奴役的“他者”失去认识剥削本质，聚集反抗力量的变革倾向。

纵然后工业时代的资本主义发展加剧着实践与理论领域的多元化、碎片化倾向，但女性主义批判理论对资本逻辑的普遍关注以及对马克思生产理论与阶级方法的借鉴却从未消失，反而成为女性主义交叉性视域（Intersectionality）生成的基础语境。20 世纪七八十年代的黑人女权运动，为拓展当时的有色人种女性主义马克思主义和传统女性主义只关注阶级和性别压迫的批判理路，引入了个体层面的微观视野，即关注种族、信仰等因素带来的压迫，交叉性理论应运而生。这种以资本主义为批判对象、宏观与微观并重，同时重视差异性的交叉性观念在后现代女性主义中得到了进一步的发展，也成为今天女性主义马克思主义揭批性别剥削的基本样态。申言之，女性主义马克思主义在对性别压迫进行剖析的过程中重视对压迫系统的结构性分析，尤其关注压迫系统自身交织的多元因素，希望以交叉视野克服双系统论或统一论的局限性，具体说来，既重视资本主义条件下由种族、宗教、性别取向等因素造成的具体的性别剥削表征，又继承马克思主义的再生产理论与阶级分析的方法，将后现代女性主义离散的理论形态加以整合。

（二）针对霸权文化的父权制批判

在关注资本主义对女性施行经济、政治维度压迫的同时，女性主义马克思主义者们也注意到文化和思维方式对两性的禁制，认为这种以文化和意识形态为主要形式的父权制，以一种更为隐蔽却更为深刻的方式对女性实施着剥削。他们反对父权制起源于生物性差异的说法，认为父权制是文化建构的结构，是一种以传统两性的家庭结构为基础的具有阶级性、历史性的意识形态。父权制的核心是维持男性的统治地位与话语权力，从根本上将女性排除在经济、政治为代表的公共领域之外，在保障男性财产权的前提下，又保障了男性通过财产权的获得进一步掌控女性的生育权甚至自由权，强化男性与女性之间“中心-依附”的二元关系。这种分析方式揭示了横向上超越阶级，纵向上超越历史的男性压迫，解析了这种将女性曲解为“第二性”的不公正的权力关系并非出自真理或正义，而是男性为保证自身权威刻意制造出来的虚假幻象。女性主体力量的释放与获得，需要打破以“理性”为特征的同质性二元对立的思维方式、逻辑方式和文化方式。

源自资本主义的性别剥削本身就是多维多元的，既禁锢于资本逻辑主导的政治经济模型，也归顺于男性霸权决定的文化伦理结构。所以反抗性别剥削的性别理论也应该是涉及经济、政治、文化、思维等多领域，全方位展开的不断生成、发展的资本主义批判图景。女性主义马克思主义始终在马克思主义的立场上以开放性、动态性的发展样态积极吸纳思想资源。一方面将批判的矛头直指代表政治、经济剥削和父权制文化剥削的资本主义制度，强调在政治经济学视域，尤其在再生产问题的把捉上摹画女性生活的真实面貌，在生产力与生产关系矛盾运动的历史生成中探索性别问题的根源与探索解决剥削的现实路径；另一方面也在现代性发展的语境中聚焦从事非物质生产的新主体、新生产与新剥削形态中的新异化等新兴论域，以现代性与女性主义的双重视角审视和开拓马克思主义以阶级与生产为核心的历史唯物主义，在充分的现实性批判中实现人类性的女性立场、文化批判与政治经济学批判。

通过对资本主义与父权制霸权双重批判，女性主义马克思主义既架构起自身理论的基本样态，也有效回应了如何组建有效的女性主义联盟的现实问题。传统女性主义马克思主义者重视马克思主义经典理论的阶级学说，将女性视为“奴隶的奴隶”，是无产阶级的一部分。他们一方面认为资本主义与父权制内在地交织在一起，二者都是伴随私有制产生与发展的产物。父权制的土壤中生长出了资本主义，而资本主义本身需要依靠父权制的婚姻与家庭结构进行运转，其本质就是一种父权制，这无不确证着女性身处于马克思所指证的资本主义剥削体系之中。另一方面认为女性基于自身经验和自发的社会运动所产生的女性行动和女性意识无法整合为科学的理论指导或者具有破坏性的社会革命，必须将自身视作无产阶级的一部分，与工人阶级联合，以实现社会主义为斗争目标，积极参与无产阶级运动，才能找到实现女性解放的现实道路。在多元矛盾的碰撞与多元理论的交织中，当代女性主义马克思主义者开拓出更为广泛的斗争联盟，他们将合作范围进一步扩展到以女性少数群体、知识分子、难民等为主体的激进左翼群体中。既强调在社会运动的潮流中将女性主义运动发展为充满活力的群众性运动，实现生态、政治、性别取向等问题的联姻，构筑综合性、变革性的政治共同体；又强调应制定女性主义自身在个人、家庭、政治、社会各领域相统一的政治策略。这使得女性主义马克思主义既能在马克思主义理论的基础上有力阐释当下的社会结构与权力运行，也能有力指导女性主义实践运动，促使女性主义马克思主义从理想的图景刻画走向真正的现实解放。

三、莉丝·沃格尔的思想遗产

20 世纪 60 年代至今，女性主义马克思主义历经高潮、沉寂再到复兴的曲折历程。其中，女性主义第二次浪潮无疑有着非凡的意义，它不仅是女性主义马克思主义的诞生期，也是形成其理论形态与核心议题的关键期。时至今日，这一时期的现实运动和理论观点依然对女性马克思主义的发展发挥着至关重要的支援性作用。莉丝·沃格尔是其中的典型代表，在著作《马克思主义与女性受压迫：趋向统一的理论》中她通过对马克思女性主义思想的挖掘，以再生产理论为介质、以家务劳动为核心，架构起女性主义马克思主义的分析框架和整体视野，尝试以历史唯物主义的纳入解析女性主义的被剥削现状，破解传统女性主义难以有效深入和开拓的现实困境。新世纪以来，越来越多的女性主义者发现声势浩大的后现代主义在彻底解构的呼声中并未找寻到实现女性解放的现实道路，符号批判无法替代物质批判。以南希·弗雷泽为代表的女性主义者则尝试再度纳入马克思主义的宏大视野，承认社会经济、政治结构对女性问题的本源性塑造。其核心议题无疑承继着以家庭、劳动、再生产为核心的对资本主义和父权制的二元审视，与沃格尔跨越时空地呼应。女性主义在后现代主导的承认政治与文化政治所造就的实践鸿沟中重提对资本主义的制度性揭批，指向着女性主义与马克思主义再度交融的有效性与可能性，也力证着沃格尔的思想遗产依然为女性主义马克思主义的发展源源不断地提供着分析范式、思想资源、理论框架与实践路向。

（一）家务劳动：再生产框架中的性别分工

通过对马克思恩格斯经典文本的挖掘，沃格尔认为马克思主义虽然在早期文本中就开始重视女性问题和女性解放，但却未能形成前后连贯的女性主义体系，甚至存在着相互矛盾之处，因此只能对女性主义事业提供极其有限的指导。借此，正如卢卡奇将异化分析的切入点放置于物化现象，沃格尔则将性别剥削的核心赋予家务劳动，认为这一被马克思主义忽略的私领域不仅是资本主义和父权制压迫的交叉地带，也是性别与阶级矛盾的集中之所。她指出家务劳动是再生产领域中的重要环节，也是资本得以循环和积累的必要前提，既提供产业工人的生活必需品，也推进劳动力的代际更新。尤其是两性分工所造成的雇佣劳动和家务劳动的清晰界分，使得这种家务劳动相对缩减“可能既创造了相对剩余价值，也创造了绝对剩余价值”①。但资本主义所推行的雇佣劳动形式将家务劳动从生产与再生产体系剥离，将其束缚在不被社会承认的家庭领域。这种父权制的两性权威控制和资本主义非个人的控制系统相互结合，造成一系列的性别剥削图景。如，一方面社会生产的公领域与家庭生活的私领域划分逐渐清晰，两性公私领域的分配逐渐固化，相当数

---

① 莉丝·沃格尔：《马克思主义与女性受压迫：趋向统一的理论》，虞晖译，北京：高等教育出版社，2009年，第153页。

量的女性因生育或传统观念等而困囿于家庭之中，沦为得不到社会认可的免费劳动力；另一方面，伴随资本主义的发展女性逐渐获得了参与社会生产的机会，但由于两性的生理差异，女性承担着公私领域运转的双重责任，在双倍付出中却得不到相应的物质供给和社会认可。在工资劳动和家务劳动的对立中，女性往往疲于两种劳动形式的转换，被迫做出二选一的抉择。

沃格尔将女性问题放置在再生产理论中进行探讨，既通过历史唯物主义的运用将传统性别分析深入生产环节和制度层面，又通过经典文本的挖掘释放出马克思主义女性主义的理论空间。这种基源自两种生产的性别分析框架时至今日依然对女性主义思潮产生着重大的影响，尤其以家务劳动为核心绘制出资本主义与父权制的共谋，不仅为女性问题揭示出了更为立体、深刻的霸权形象，更为马克思主义与女性主义的有机融合铺设了道路，熔铸成更为强大批判性力量。

（二）家务工资：现代女性的新异化困境

在揭示资本主义两性分工的前提下，沃格尔进一步阐释了资本主义为何造成两性的职能分化，以及何以造成两性的职能分化。“另一方面，必要劳动的家庭部分，与实现剩余劳动的舞台——雇佣劳动分离开来。”“在积累过程中，雇佣劳动与家务劳动之间的对立日益尖锐。”[①] 她认为追求利润最大化的资本主义实际上将自身的必要劳动划分为社会中的工资劳动和家庭中的无薪劳动两个部分。一方面，资本主义为减少自身生产与再生产环节的支付，不在社会劳动的范围承认作为生产、延续剩余劳动力必要场域的家务劳动，原本应由社会系统认可、组织和反馈的家务劳动被分散到家庭单位，塑造为情感纽带之中的自愿行为。另一方面，在公私领域的对立中，为保证工资劳动的连续性、提升剩余价值生产效率，资本主义倾向于通过性别职能的分配将两性固化在不同的领域，以此减少工资劳动与家务劳动转换中的剩余时间消耗。在清晰、封闭的界分中，工资劳动和家务劳动的对立日臻明显。然而，如若在现有资本主义的社会结构中将雇佣制度复刻到家庭领域，使得家务劳动获得工资，又将造成新的困境。在家务劳动未被社会化的前提下，家务工资的支付使得雇佣的剥削关系完成从公领域到私领域的衍

---

① 莉丝·沃格尔：《马克思主义与女性受压迫：趋向统一的理论》，虞晖译，北京：高等教育出版社，2009年，第152页。

生。除此之外，私领域是经济关系、意识形态、心理结构等多重因素创设的空间，缺乏类似公领域的全面、细致的劳动制度，也难以像工人阶级一样形成目标一致、利益相同的女性联盟，雇佣关系下更容易将异化和剥削合理化，甚至进一步在程度和范围上加剧女性的生存困境。

沃格尔在现代化、全球化的语境中将女性主义研究发展为更为前沿、多元的批判理论，既纳入资本主义批判的一般性，又保留女性主义问题的特殊性，在异化主题之下找到了后现代多样性、多元性与马克思主义宏观性、整体性的联结点。这种普遍性与特殊性兼具的辩证视野奠定了马克思主义女性主义批判分析的基本范式，即既对资本主义秩序有着政治经济维度的整全性认知，又借鉴后现代主义对异化现状的碎片性理解，通过对现代霸权资本主义因素与非资本主义因素的双向分析，发出女性主义批判理论的时代强音。

（三）社会主义变革：重塑资本主义-父权制的二元结构

对以家务劳动为主要征候的女性异化现状进行系统分析之后，沃格尔在改造再生产理论的基础上提出了女性主义的解放路径。其一，再释社会再生产理论。“简言之，社会主义者在劳动力再生产领域（像其他领域一样）的具体需求，必须进行具体分析。进行这种分析的首要条件，是社会主义者必须抛弃苛严的意识形态观点：工人阶级家庭是永恒不变的，是劳动力维持和更新的唯一社会单位，并总是应受经济援助的家庭工资的接受者。”① 沃格尔指出马克思虽然没有直接建立起完整的女性主义体系，但却提供了女性问题的分析框架——社会再生产理论。劳动和生产领域是传统女性主义在剖析剥削根源和异化现状时一向忽略的维度。沃格尔认为，女性身处的资本主义-父权制的二元权力结构是由意识形态与政治经济等多重因素形成的剥削空间，对其的指认与剖析不仅需要揭示男性权威对女性心理与意识的入侵，更要从经济和政治维度揭批与资本共谋的系统性霸权。具体说来，需要以承认两性不可弥合的性别差异为前提，在社会再生产的分析框架中强调女性对劳动更新所起到的无可替代的作用，进而证实不被认可的家务劳动、生育劳动是社会再生产的关键环节。落实到社会层面上，则需要重划公私领域的界限，将原本属于私领域的家务劳动推行到社会范围内，成为社会化的行

① 莉丝·沃格尔：《马克思主义与女性受压迫：趋向统一的理论》，虞晖译，北京：高等教育出版社，2009 年，第 157 页。

为，从而帮助女性逃离以家庭为单位、以家务劳动为主要内容的父权制系统。其二，通过对劳动力价值和再生产环节的澄明，确定社会主义变革为女性解放的现实路向。资本主义在利润主导下为维持剩余价值的最大生产，通过工资劳动和家务劳动的对立固化两性角色。虽然各阶级女性具体的生存境况略有差异，但不论是作为“资本牺牲品”还是作为“奴隶的奴隶”，在追求资本积累的现代制度下女性始终不同程度地暴露在高于男性的风险和剥削之中。从这一点上看，对女性的剥削和对无产阶级的剥削统一于资本主义的逐利进程，是资本主义自身无法克服的制度性局限的必然结果。家务劳动的社会化不仅需要打破传统家庭的性别观念，更需要全方位的政策扶持，如营造互利互助的社会氛围，支持家务劳动的社会化进程以及鼓励女性参与社会生产等。而这些政策取向无疑与资本主义的追求高效、高产的逐利本性相悖，申言之，资本主义框架内的福利政策与制度改良无法动摇资本主义-父权制的二元结构，只能通过实施资本主义制度的替代性战略实现对其剥削网络的彻底革新。借此，女性主义者不仅要纳入马克思主义社会再生产理论，实现对现实剥削的深入分析，也要与阶级运动相结合，实现女性主义事业的实质性推进。

沃格尔不仅在理论层面将马克思主义与女性主义有机联结，也在实践层面尝试建构女性主义与无产阶级的联盟。沃格尔对社会主义红色基因的引入创设出女性主义批判理论的基本路向，使得之后的女性主义者在面对女性不可避免的生育问题，以及资本主义-父权制二元霸权结构时，既强调女性要实现跨阶级、种族、民族、性向的团结，又强调要在资本主义制度性局限的指认和替代性道路的探索中推进女性主义事业；既要以意识形态的革命赋予女性自主意识，又要以政治经济革命推翻资本主义制度，获得抵抗现代霸权资本权威与男性权威的现实力量。在主体意识和组织意识、文化伦理与政治经济的有机统合中，使得女性能以个体身份思考问题，也能以群体身份凝结力量；在阶级与性别的整合下以综合性的理论建构为女性主义研究注入活力，以否定—批判—超越的发展轨迹为女性主义事业开拓疆域。鲜活的、感性的、现实的、批判的女性主义体系更加立体化地展现在世人面前。

虽然女性主义马克思主义的思想议题颇多且观点各异，但马克思主义始终是女性主义马克思主义进行现实分析和路向建构的基础底色；更广泛的女性发展与女性解放始终是女性主义马克思主义的价值取向；资本主义-父权制的二元结构批判成为女性主义马克思主义的基本批判框架。他们一方面致力于性别分工视域下的资本主义经济、政治分析以及解构父权制本质主义思想的文化意识形态分析，另一方面也致力于对资本主义和父权制关联性关系的再度审视和把握，以及对马克思主义与女性主义、阶级分析与性别分析的再度融合。对此，这一专题选取凯瑟琳·麦金农、南希·弗雷泽、朱迪斯·巴特勒三位当下女性主义的典型代表，从法学、政治与哲学领域，从改良到激进，从马克思主义与女性主义的融合到对本质主义的解构，力图展陈百花齐放的女性主义马克思主义的当代图景。

第十二章　麦金农：女性主义的捍卫者

性之于女性主义，恰如劳动之于马克思主义：大多是自己的，然而又大多被剥夺。

——麦金农

凯瑟琳·麦金农（Catharine A. MacKinnon，1946— ），20世纪70年代第二女权主义浪潮的中心人物，领袖级的女性主义学者、活动家、性别平等议题的理论家。任教于美国密歇根大学法学院，为伊丽莎白·郎法学讲席教授，常年担任哈佛法学院詹姆斯·安米思访问讲席教授。她先后在史密斯学院获文学学士学位，耶鲁法学院获法学博士学位，并在耶鲁大学修读了政治学博士学位。曾在耶鲁、哈佛、芝加哥、斯坦福、巴塞尔、奥斯古法学院、哥伦比亚大学等大学任教，除此之外，她在斯坦福大学进修学院度过一年的时光。麦金农在进行广泛理论研究的同时，积极投身妇女运动，为立即平等组织（一个致力于促进全球范围内的妇女平权运动的非政府组织）和国际反贩卖妇女联盟（CATW）工作，并自2008年11月以来担任国际刑事法院检察官有关性别问题的特别顾问。

麦金农主要致力于国际和宪法框架下的男女平等问题研究。她率先提出"性骚扰"以及"对女性的暴力"这两个法律议题，竭力反对色情出版物，并作为一个著名的行动家，从女性的角度对法律施加影响。由此开创了对于性骚扰行为的法律追责理论，并与德沃金一道创立了淫秽作品作为对民事权利侵犯的法令。同时麦金农特别强调，女权运动需要理论指导，而能够指导女权实践运动的一流理论，一定是哲学与政治哲学的思维方式与思想理论。她指证了建立一流理论对立法变革和社会运动的关键作用，这些真正的理论将从根本上以哲学方式推动我们所期盼的事业得以实现。麦金农大部分重要的学术成果诞生于20世纪第二波女权运动浪潮之间，包括《工作女性的性骚扰》（*Sexual Harassment of Working Women*，1979），《未修正的女性主义》（*Feminist Unmodified*，1987），《迈向女性主义的国家理论》（*Toward a Feminist Theory of the State*，1989），《言词而已》（*Only Words*，1993），《妇女是人吗?》（*Are Women Human?*，2007）和《性别平等》（*Sex Equality*，2001、2007）。2014年，麦金农被授予"露丝·巴德·金斯伯格终生成就奖"。女性主义马克思主义者认为，她的获奖不仅是女权主义的一次胜利，也是步入新世纪的世界吟诵给那个年代为女权主义事业奉献自我的先驱们的赞歌。

一、理论检视：对马克思主义与女性主义的反思

马克思主义与女性主义之间的张力一直存在。前者基于阶级立场进

行社会分析与社会革命，认为过分强调性别立场会模糊女性群体中的阶级划分，女性境况是历史的，也是不共享的，女性主义的权益已经容纳于社会主义事业之中。后者则指责马克思主义者在理论与实践上的男性主义倾向，认为其阶级立场回避社会中两性的经验差异问题，使得女性失去整体性，甚至在无产阶级实践中忽略与贬低女性在行动与情感上的积极作用。马克思主义认为劳动过程形塑着社会，阶级是基于劳动形式的组织划分，资产阶级通过资本的占有掌控无产阶级的劳动权，进而侵占剩余劳动，获得社会统治权与高额利润。麦金农则指出，女性主义与马克思主义有着相似的社会形成论证，即女性主义同无产阶级一样丧失了自我的权利，即性别的权利。在资本主义社会不公正的组织划分中，女性同无产阶级一样成为社会系统里的弱势群体，社会从关系构建的维度既分裂为资产阶级与无产阶级，也分裂为男性与女性。“恰如劳动之于马克思主义，对于女性主义来说，性被社会所构建，同时也构建着社会；是一种普遍的行为，可又具有历史的特定性，既有物质的又有精神的含义。”[①] 共同对权力关系进行探讨，尤其是对少做多得的不平等社会关系与社会分配的探讨，使得马克思主义与女性主义获得了问题聚焦于理论建构上的关联性与共通性。在此基础上，麦金农进一步发问，“某种程度上，它们的形式和行为互相类似，社会性别可能是它们的共性吗？在富翁的富有和贫妇的贫穷之间存在着关联吗？在一些阶级对其他阶级的权力和所有男性对所有女性的权力之间存在着关联吗？在少数人统治多数人的事实和那些少数人一直是男性的事实之间有关联吗？”[②]

第一，麦金农对现有的女性主义者、社会主义者以及对女性主义与马克思主义进行综合尝试的社会主义女性主义者做出批判性分析。她指出，自由主义的女性主义者是“寄生虫的寄生虫”，他们的理论与实践造成了阶级空场，一旦得到资本主义和男性方面的一点点让步，如选举权、继承权，便会消融自己解放斗争中仅存的斗争性。而社会主义者，如卢森堡，则只聚焦作为“奴隶的奴隶”的无产阶级女性，在理论与实践中造成了性别空场，未关注到阶级区分基础上仍保留的女性群

---

① 凯瑟琳·A. 麦金农：《迈向女性主义的国家理论》，曲广娣译，北京：中国政法大学出版社，2007年，第4页。

② 凯瑟琳·A. 麦金农：《迈向女性主义的国家理论》，曲广娣译，北京：中国政法大学出版社，2007年，第6页。

体的共性。社会主义女性主义者无疑是综合马克思主义与女性主义方面的典范，他们将女性主义关注的论题与马克思主义的分析框架嫁接在一起，形成了以“家庭”“家务劳动”“性别分工”“生育”“社会化”等为核心的社会主义女性主义体系。但社会主义女性主义在理论阐述和实践推进中，始终在马克思主义与女性主义的权衡中倾向于前者，将女性解放简化为一个社会等级或是上层建筑的一部分，将女性理论固化为关于家庭的理论，在具体的性别分析与性别实践中以阶级立场对其进行整合和替代。“无论关于女性主义的贡献是怎样的感觉敏锐，或对女性的利益怎样地有同情心，这些尝试基本上是使女性主义扮演马克思主义运动的角色。更普遍的是，女性被简化为一些其他的范畴，如‘女工人’，然后又将其扩及所有女性。或者，如近来的情况反映的，女性变成‘家庭’，似乎这种单一的对女性进行定义和限制的形式——而后又以阶级加以划分——可以假定为是对女性坚强意志的严酷考验。”[①] 麦金农认为，当前的研究中，女性主义往往不被当做独立的社会问题和理论研究对待，在此状况下，需要呼吁更多基于其自身概念的理论分析。

第二，麦金农批判了经典马克思主义在阶级分析基础之上的两性论断。麦金农一方面将马克思的性别理论定义为自然/社会（nature/history）的划分。其一，麦金农指出马克思将性别分工视为一种自然分化。马克思在《德意志意识形态》中指出伴随生产力、人口以及需求的增长，劳动分工产生，并且经由两性分工逐渐转向基于体质、需求或应对突发事件能力等差异的更为复杂的分工。借助马克思异化劳动的相关论述，麦金农认为性别问题由此与“异化”所表征的劳工问题相区别，获得了社会性压迫之外的生物性根源性特征，“并在整个经济变革过程中一以贯之”。[②] 这种自发性的论断无疑将性别分工与自然紧密联系，女性角色的单一性与被剥削性也似乎被自然“天然”所限定，性别解放的道路也在自然性的强调中一定程度消解了女性的自主性。这样一来，那些创造性的、革命性的举措，似乎只能由男性主体承担和实现，造成男性与主体同一、女性与客体同一的社会群体二元现状。其二，麦金农指出马克思在女性问题的揭示上有道德批判的倾向。她认

---

① 凯瑟琳·A. 麦金农：《迈向女性主义的国家理论》，曲广娣译，北京：中国政法大学出版社，2007 年，第 17—18 页。

② 凯瑟琳·A. 麦金农：《迈向女性主义的国家理论》，曲广娣译，北京：中国政法大学出版社，2007 年，第 23 页。

为，马克思在理论分析与建构中以物质生产为基点，以政治经济分析为主要方法，如在性别剥削的揭露中，也提出“物种关系本身，男性和女性的关系等等，都变成交易的对象！女性被作为商品交换”，但却未在论述中阐明将女性作为商品的买卖者，抑或是女性被作为商品交换的买卖过程。这种基于政治经济维度分析女性问题的环节的空缺，使得马克思最终将性别问题落回道德批判。“在矿井禁止使用妇女和儿童（10 岁以下）以前，资本认为，在煤矿和其他矿井使用裸体的妇女和少女，而且往往让她们同男子混在一起的做法，是完全符合它的道德规范的，尤其是它的总账的，所以直到禁止使用妇女和儿童之后，资本才采用机器。”① 这种男性被剥削的剥削问题与女性被剥削的道德问题混在一起，成为马克思揭批资本主义丑恶性与伪善性的有力证据。他进一步证明，唯有推翻资产阶级统治，以社会主义取代资本主义，才能使两性以自由而普遍的人的形象获得全面自由的发展。其三，麦金农指出马克思将女性角色通过女性工人的角色得以反映，却始终将其作为无产阶级的例外存在。马克思被女性主义广泛接受的一个观点是，承认女性比男性更容易遭受剥削，因而认为女性更倾向于是无产阶级。然而，麦金农同时指认，马克思将获得工作机会的女性置于无产阶级的对立面。“机器使儿童和妇女以压倒的多数加入结合劳动人员中，终于打破了男工在工场手工业时期仍在进行的对资本专制的反抗。”② 女性不仅因生理差异被劳动分工划分到从事无偿家务劳动和繁育后代的家庭领域，又因生物因素被视作相较于男性更乖顺的存在；在家庭之外的公共领域因其顺从性，即既因其更低的薪水需求成为男性工人从业的有力竞争者，又因其对待资产阶级统治和自身被剥削命运的消极态度成为无产阶级内部革命性的消解力量。由此，麦金农认为，虽然马克思确证了女性的悲惨境遇，也一定程度肯定了女性作为革命力量的可能性，但在马克思主义的社会分析框架中，女性始终作为一种区别于先进性、批判性的无产阶级的“例外”存在，“无论人们怎么看待马克思对妇女问题的论述，他首要的失败和最好的辩护是，他仅是顺便提及妇女问题”③，而在组织问题的划分与建设中依然暗含着趋向男性的性别因素。

---

① 《资本论》第 1 卷，北京：人民出版社，2004 年，第 452 页。

② 《资本论》第 1 卷，北京：人民出版社，2004 年，第 463 页。

③ 凯瑟琳·A. 麦金农：《迈向女性主义的国家理论》，曲广娣译，北京：中国政法大学出版社，2007 年，第 30 页。

另一方面，麦金农将恩格斯的性别理论定义为对“私密/公共”（private/public）的划分。他提出，恩格斯与将女性从生物学意义上进行分析的马克思不同，恩格斯的著作《家庭、私有制和国家起源》是马克思主义从社会维度进行女性主义研究的经典尝试。其一，恩格斯认为被压迫的女性地位的根源在于阶级社会中特殊的家庭形式。恩格斯运用人类学的观点将社会分为不断进化的各异形态，而资本主义制度下女性被分配到资产阶级家庭与无产阶级家庭之中。女性的受剥削地位与私有财产的出现、阶级分化、国家的产生彼此一致、相互需要，女性弱势的经济地位也成为不平等的家庭结构与不平等的社会结构的连接点。私有制条件下的阶级社会将资本奉为圭臬，而不断降低女性生育的功能与地位。如此一来，资本主义社会通过家庭与社会的公私领域划分，在将女性囿于私领域的同时，将女性在私领域的付出视为低等级的和“理所应当”的。虽然女性的从属地位早于资产阶级的经济秩序，但显而易见的是，恩格斯将女性的剥削归咎于可变的整体性的社会关系之中，将女性的解放与资本主义社会关系的变革以及社会主义的实现相等同。麦金农对恩格斯将女性主义观点放置于其阶级分析的理论框架深感不满，认为恩格斯对女性处境的相关论述是基于其客观主义色彩的唯物主义立场，而非出自对女性地位的真情实感的同情，所以恩格斯的女性主义理论是以男性统治为假设的前提下才能成立的。“在被解释的意义上，他不仅确实（而且必须）假定男性的统治。他的观点仅在男性占支配地位的特征被假定的情况下才会起作用，仅当性别划分的控制任务以及男性统治之下的男性和女性的性（sexuality）的性质被预先假定的情况下，这一观点才会与时俱进。”[①] 恩格斯始终为社会主义正名而努力，其将性别不平等的根源与家庭、私有制和国家的起源相联系，是一种基于存在而展开论述的“是什么”的目的论解释，“不幸的是，性别平等不应这样被解释”[②]。其二，恩格斯认为女性不构成阶级，女性工人的角色通过家庭主妇的角色得以反映。恩格斯指出，性别分工并不内含着歧视或剥削的成分，而是单纯依据男女生理差异而在两性间进行的劳动的划分。男女之间事实的“对抗性”（antagonism）是随着经济上的阶级分化而

---

① 凯瑟琳·A. 麦金农：《迈向女性主义的国家理论》，曲广娣译，北京：中国政法大学出版社，2007年，第32页。

② 凯瑟琳·A. 麦金农：《迈向女性主义的国家理论》，曲广娣译，北京：中国政法大学出版社，2007年，第33页。

诞生的。虽然男性占主导的资本主义家庭以组织结构的形式回应和支持着资本主义的经济发展和社会生产，但依然不能将两性间的冲突与阶级冲突等同。作为文化或社会形式的父权制社会依然无法取代阶级分化基础上的阶级社会的决定性地位，女性解放依然是阶级斗争和无产阶级解放的应有之义。麦金农认为恩格斯的女性定义与女性解放道路的指证具有局限性，即恩格斯在性别分析中完全复制阶级分析的理路与框架。纵然像恩格斯所设想的，消除了资本主义私有制条件下家庭与社会公私领域的划分，女性就能进入公共领域、获得就业机会，但这并不能确保女性权利的真正获得。其根源在于，女性职能与地位的确证始终是基于性别而非劳动。这种基于男性统治事实而建构的理论在揭示男性统治的诞生与揭示社会性别方面稍有建树，却无法触及性别剥削中既与阶级结构相关又超越阶级结构的特殊性，忽略了女性群体置于家庭生育与公共生产两难境地的跨越阶级的同一性。事实上，两性关系对女性阶级地位的影响比女性自身从事劳动生产对阶级地位的影响要深远得多。所以，麦金农认为，恩格斯这种仅仅基于阶级对性别问题进行分析的理论样式在某种程度上阻碍了人们对两性关系进行客观和总体的把握。

麦金农强调，马克思恩格斯都是在一种被称作“辩证物力论”（dialectical dynamism）[①] 的框架内进行性别分析，以一种实证的、目的论式的静态框架将女性问题具象化、固定化。这种社会解释的方法在目的论的驱使下形成单向的、因果论式的基调，只能建构出基于他们经验的想象中的事实，没能找寻到现实中作为主客统一的主体，也没能将历史看作主体介入的不断生成的历史。由此，麦金农提出在综合视域下对马克思主义与女性主义进行有机融合的理论尝试。

二、综合路向：对马克思主义与女性主义的嫁接

麦金农指出，通过对马克思主义文本与实践的解读与理解不断加深，女性主义已经由马克思主义思想内部的隶属形式发展为与马克思主义并行甚至某种程度上有所突破的理论形态。为回应女性主义的挑战与质疑，有必要采用综合的方式对女性主义与马克思主义进行调和，使得

---

① “辩证物力论”概念出自麦金农《迈向女性主义的国家理论》一书，将马克思恩格斯的理论视为一种静态的、实证的唯物主义。她认为在这种框架之中女性问题被具化为一种自然决定的问题。

二者的理论在相互碰撞中生发出彼此渗透的交融性特征。麦金农认为，正是作为核心的“家庭”概念，一方面以与市场对立的、温情脉脉的独立空间以及男性暴力统治的场域的不同意涵，将指向性别关系的女性理论与指向生产的马克思主义既相区别又相联系；另一方面又在家庭论域的具体单位、形式、地点、动力的不同侧重上区分马克思主义与女性主义相综合的三种路向：并论与瓦解（equate and collapse），导源与隶属（derive and subordinate），替代矛盾（substitute contradictions）。①

在“并论与瓦解”的路向中，女性主义与马克思主义相等同，女性主义被视为依然遵循阶级视域，无独特性与差异性的成为马克思主义的理论子集。麦金农指出，在这一框架中，女性问题被完全归纳和类比进阶级分析之中。女性的境遇被归结于资本，女性的解放被寄托于社会主义。她以列宁和卢森堡关于女性的论述作为分析对象，批判道：“没有批评妻子和母亲的传统角色，却把他看做为资本所滥用——而不是把女性看做在这些角色中和被这些角色所滥用。”② 这种将女性问题刻板化、简单化地归结于资本以及阶级矛盾的方法使得一些马克思主义者在面对女性问题时仅仅考虑政治经济分析的单一维度，忽略女性问题所隐含的文化和意识形态领域空间。麦金农借用尼兰的话总结道：“非女性主义者的社会主义者缺乏的是广度，非社会主义者的女性主义者缺乏的是战略”。③ 女性主义者要借助马克思主义总体性批判的视野，避免理论和指导思想的外在化，不能忽略社会主义为女性解放视野所做成的努力与贡献；同时，马克思主义者不能将女性问题简单化，需肯定女性问题的复杂性、独特性与重要性，充分调动作为无产阶级半数队伍的无产阶级女性的积极性。

“导源与隶属”是承认女性状况中一些个别情况的有效性，但依然将性别问题视为阶级问题的从属，视为马克思主义的从属，将两性压迫定义为阶级分析之下一个具有特殊性的部分。在女性主义与马克思主义的关系审视中，隶属关系取代了等同关系。麦金农认为，这一观点的支

---

① 凯瑟琳·A. 麦金农：《迈向女性主义的国家理论》，曲广娣译，北京：中国政法大学出版社，2007年，第87页。

② 凯瑟琳·A. 麦金农：《迈向女性主义的国家理论》，曲广娣译，北京：中国政法大学出版社，2007年，第89页。

③ 凯瑟琳·A. 麦金农：《迈向女性主义的国家理论》，曲广娣译，北京：中国政法大学出版社，2007年，第90页。

持者大都承继恩格斯，即认为女性从属男性的剥削关系，是由阶级统治导致的。这与正统社会主义者先信奉社会主义，而后才是妇女解放的基本意志有关。女性主义理论或女性主义运动的有效性评析，也以是否有利于社会主义运动为根本依据。麦金农又论及作为这一方法的发展者，菲德尔·卡斯特罗等在民族解放中以更加灵活多变的眼光审视女性问题，但依然没有改变“以控制生产方式为目的的革命斗争”[①] 的基本前提。值得一提的是，麦金农还指出“导源与隶属”方法的两种新形式——“交叉”（intersection）与“隔离但平等”策略。前者将“女工人”视作作为矢量的女性问题与阶级问题相交叉的结点，女性问题的重视与解决可以为社会主义的发展建设提供良好的理论与组织基础；后者将女性问题的出现指向一种独特的社会动力，与纯粹同资本交融的阶级学说相区别。但不论何种程度对女性问题本身的独特性予以肯定，抑或是针对女性问题所作出的分析方法的扩充，其都没能跳出简化为社会主义革命的变革体系。在承认女性问题复杂性、重要性的前提下，也未能在马克思主义论域内对男性权力进行体系性的剖析与追溯，“隔离但平等”依然预示着不平等。

“替代矛盾”显然是对马克思主义与女性主义的视域进行了交叉运用，也是麦金农给予赞扬的“一种深远的迁就融合的趋向”[②]。在这一路向中，双方肯定彼此理论的有效性，并在现实问题的理论研究中灵活、交叉地运用性别分析和阶级分析。例如将女性问题视作社会关系的范畴，运用马克思主义视域进行审视，抑或是将女性生育视为第二生产的范畴，进行女性问题的唯物主义思考。她尤其称赞“家务工资”的观点，认为是当前“最具想象力和最复杂的综合性尝试”[③]。如果将家庭视为一个工业体系，那么女性在这种家庭工业体系中并没有获得与付出劳动相等值的产品分配，其经济价值没有得到充分实现。家庭中的女性得到物质财富的多少、家庭地位的高低与家务劳动的付出并不成正比，即是说，女性生存所需的物质基础与自身毫无关系，女性实际处于

---

① 凯瑟琳·A. 麦金农：《迈向女性主义的国家理论》，曲广娣译，北京：中国政法大学出版社，2007 年，第 91 页。

② 凯瑟琳·A. 麦金农：《迈向女性主义的国家理论》，曲广娣译，北京：中国政法大学出版社，2007 年，第 92 页。

③ 凯瑟琳·A. 麦金农：《迈向女性主义的国家理论》，曲广娣译，北京：中国政法大学出版社，2007 年，第 93 页。

与无产阶级同样甚至更为困窘的环境中。“家务工资”的提出为过去关于“女性在家中的劳动是否为劳动”的争论提供了一个可供参考的答案。不论是伊利·泽拉特斯基提出的女性是不是无产阶级，是否直接地对抗资本，还是洛特·费米奈尔提出的家务劳动是奴隶劳动，女性属于无产阶级的一部分，两者都对马克思主义理论关于经济、社会、观念的范畴进行了某种程度的补充和改造。这些现代理论以“家务工资”为焦点，在马克思主义的论域内，以女性主义为基础进行分析。异于先在式或内含式的设定，对马克思主义两种生产以及历史唯物主义的再度讨论，使得女性主义以更加平等的形态与马克思主义交织共存。为女性主义理论的分析提供一种总体性的社会视野，为女性被排除在劳动之外的价值予以正名。但“家务工资制”的实现也存在不容小觑的困难。一方面，女性主义者认为“家务工资制”的施行虽然承认女性的家务劳动，但也使得女性的家庭主妇形象合法化，妻子与丈夫的关系在工资制的介入下制度化为员工与老板的关系。女性会在合理化中更加轻易地被束缚于家庭，在不自觉的“自主状态”下失去进入公共领域的机会。“家务工资制”并不能从实质上解决一种跨阶级的女性客体化趋势。另一方面，马克思主义者认为家务劳动并非马克思主义意义上从事剩余价值生产的劳动，所以“家务工资制”的施行不论从两性关系上给予了多大的进步与补充，都不能触及资本剥削的本质逻辑，也就不会动摇根源于资本主义制度的两性剥削的结构关系。

虽然“家务工资”依然具有无法克服的局限，但它所代表的现代性视域下对女性主义与马克思主义加以综合的理论尝试，既保留了马克思主义的唯物主义基础以及阶级分析框架，保留工资、劳动思想观点，又在新条件、新视域下为马克思主义生产和权力关系做出了新注解。“家务工资”成为女性与无产阶级连接的纽带，似乎是一种现代工资制度。在这种制度下，女性被纳入资本主义生产与再生产的体系，女性所代表的新型被剥削阶层出现，以女性经验的独特视角丰富了社会剥削的深刻内涵以及社会解放的可能路径，开辟出性别与阶级融合的分析视域与革命路向，不失为一种可供借鉴的现代性场域内的共时性批判。“家务工资的讨论从而开启了价值批判问题；依据性别和范围进行的劳动及其分工问题；关于性别和阶级的社会秩序的意义、结构和内在动力的观念的问题；以及用以动员迈向被整体构想的社会改革的政治权力的资源和策略问题等。”[1]

三、方法探索：从阶级分析法到性别分析法

在对马克思主义与女性主义的综合性尝试进行评析的基础上，麦金农进一步指出，女性的边缘地位是根深蒂固且普遍的，纵然在马克思主义中也是一样。要改变从男性认知中定义女性，以及从社会主义事业中解放女性的从属地位，就必须避免现有的规制；就如同马克思主义从总体上运用辩证唯物主义一样，麦金农提出需要建构出女性主义自身的方法。建构女性主义问题研究方法的第一步，是通过“意识觉醒”（consciousness raising）唤醒作为被剥削者的女性的主体性与反抗性；第二步，则是在意识觉醒基础上，完成由阶级分析到性别分析的方法论转向。

第一步，女性主义的认识论——意识觉醒。女性主义是基于性别剥削事实的理论，更确切地说是“把女性社会经验的意义加以集体地和批判地重构，如同女性经历了一样。”[2] 麦金农认为，关于“精神与事物”（thought and thing）关系上的分歧，是马克思主义与女性主义的最大差别。对女性压迫的社会现实，就是精神与物质的集合，正如同国家是暴力与意识形态的统一体一样。女性主义所选取的意识觉醒方法，并非一种完全主观的自我思想的抽象，而是一种基于对真实存在把捉的集合的社会存在，这样一来，对意识的追求就从抽象观念的幻想（传统西方哲学意义上）变为了政治实践不可或缺的部分。“女性主义把理论自身，即把对社会生活加以真实分析的追求，变成了对意识的追求，并且把对不平等的分析变成了对其自己的结论的批判性接受。”[3] 在麦金农所指认的女性主义“认知方式”（way of seeing）的形成上，不得不提到将意识觉醒发展为分析方法、组织模式和政治实践的关键中介——意识觉醒小组。意识觉醒小组是20世纪六七十年代在大学、社区等公共场合自发兴起的组织，“许多小组专注于年龄、婚姻状况、职业、教育、

---

[1] 凯瑟琳·A. 麦金农：《迈向女性主义的国家理论》，曲广娣译，北京：中国政法大学出版社，2007年，第96页。

[2] 凯瑟琳·A. 麦金农：《迈向女性主义的国家理论》，曲广娣译. 北京：中国政法大学出版社，2007年，第118页。

[3] 凯瑟琳·A. 麦金农：《迈向女性主义的国家理论》，曲广娣译. 北京：中国政法大学出版社，2007年，第118页。

能力、性别、种族和种族划分、阶级或政治观点上的差异性。有些则在同一个基础上专注于一致性。"[1] 小组希望从差异性的细节中达到情感和认知的共通。通过每一位女性成员对自身女性经验的叙述，进行广泛的讨论和对比，在女性角色由沉默者向言说者的转变下揭示男性社会中"做女性"的意义，从而在不言而喻中针对女性现状达成基于同一意见的商谈程序，即如何有效反抗将女性压迫地位视为常态以及另一群体生存系统的必要条件的现实，是一个组织问题而非个人问题。意识觉醒小组在使女性被压抑的意识明晰起来的同时，也在全女性（all-women）的语境中使被男性区隔的女性加以整合。在纷繁女性经验与女性形象的呈现中，在对"作为一个女性"的内涵加以描绘、审视、批判、重塑的进程中，女性的自我观点出现了——女性作为谁存活于世？怎样存活于世？在成员中分享，使女性被制度化剥夺地位的现实世界逐渐展现，基于情感的集体知识逐渐建构，从而创造新生活的勇气逐渐点燃。她们的经验"超越了经验主义把女性看做是社会不平等的受害者的见解。它建立了一个经验意义上的观念，即涉及女性如何沦落到此以及这种状况是可以改变的观念"[2]。这样一来，对于受剥夺而导致经济状况极端恶劣的女性，意识的作用就得到有力的澄明。意识觉醒作为女性主义认识世界的方法，一方面断言了女性能够认知，使女性在自我经验的基础上确证男性权力存在的"真实性"（real）和"不合理性"（irrationality），在对作为真实与错觉集合体的对象把握上，对抗男性权力，在已知世界的祛魅中以女性为主体探寻女性是什么的问题；另一方面断言了女性能够改变，通过自我意识把捉女性现状，进而在认知基础上获取介入生活的途径，并以此将女性意义以恢复、重组和建构，实现女性对真正平等的可能性想象。批判性、建构性的女性主义基于意识觉醒的循环、生成的新"范式"（paradigm）取代了封闭的男性范式，被奉为真理的男性中心主义就此打破。

第二步，女性主义的方法论——性别分析法。麦金农认为男性的统治是"性别化"（sexual）的，而女性主义聚焦男性统治下社会性别的固化和普遍化的性别理论正是滋长于意识觉醒理论。麦金农指出，长期

---

① 凯瑟琳·A. 麦金农：《迈向女性主义的国家理论》，曲广娣译. 北京：中国政法大学出版社，2007 年，第 119 页。

② 凯瑟琳·A. 麦金农：《迈向女性主义的国家理论》，曲广娣译，北京：中国政法大学出版社，2007 年，第 127 页。

被视作抱怨和松散问题汇总的女性主义，必须提出自己有效的、总体性的研究方法，达到分析而非描摹女性的境况。在此需求的指引下，她以马克思主义的阶级分析法为蓝本，以意识觉醒为前提，提出性别分析的方法论。麦金农区分了“性”（sex）与“性别”（gender），前者代表基于基因所产生的生理差异，后者则是社会和文化建构的结果。在马克思主义看来，阶级是生产关系与所有制的产物，是基于生产方式的阶级分化、历史阶段中的阶级共存以及具体组织中阶级变化所统一的产物，法律则是资产阶级意志的体现，是资产阶级对无产阶级施行统治，并使阶级统治合理化的工具。女权主义者从马克思的阶级理论中受到启发，从艾利斯·杨开始，就将性别分工与阶级范畴提高到一定程度，将受男性压迫的女性与受资产阶级压迫的无产阶级相类比，在吸收阶级分析方法的过程中，形成了独特的性别分析法。麦金农强调，在西方马克思主义中存在着两种不同的方法，一种是以卢卡奇为代表的马克思主义者，他们在社会形塑的意义上定义社会分析、思想理论等概念，认为任何理论或多或少都受意识形态的影响和决定，不存在完全客观的理论体系；另一种是以阿尔都塞为代表的马克思主义者，他们强调不应营造理论的语境，因为真正的科学应当彻底排除意识形态所带来的偏颇。以麦金农为代表的女性主义者在理论建构中倾向于前者的同时，更在法律的透视中与马克思的经典文本相结合，都将其看作某种意识形态凝结的产物。他们借鉴马克思主义者对资产阶级法律以形式平等掩盖事实不平等的论断，认为资本主义社会的法律不仅体现为资产阶级性质，也具有男性性别特征。法律为男性所制定、运用和解释，以合理化的形式维护男性在性、生育等领域的统治地位。由此，看似中立、公正的法律实际偏向了男性，成为男性主导的权力体系的重要环节，也使得男性的绝对主体地位以合理合法的形式渗透到资本主义国家的顶层设计、社会秩序、文化创造等各个领域。在与马克思主义的共鸣上，麦金农无疑是以马克思主义为模板的女权主义法学的典型代表。她以“性”的概念替代了马克思理论中的“劳动”概念，认为同资产阶级以资本的占有夺取无产阶级的劳动一样，男性在其长久主导社会秩序与话语建构的过程中也剥夺了女性的性事。在父权制社会中，性从人性的本能或欲望的需求变为权力的形式，而包裹在作为权力的性之外的，是被装扮为自然秩序的文化塑造的“社会性别”（gender）。通过经验的审视、性权力的揭示，还原出被情欲阉割、为文化塑造的女性形象，在认知的获得和意识的觉醒中，获取反抗现实的女性力量。“女性主义的研究是要揭示并主张女性经验是有效的，因为其重要内容是女性经验的不被承认。”[①] 在这种分析框架下，女性主义的分析跳出了男性社会中“虚假意志”营造的女性获利的假象，以及传统女性主义对女性停留于现象的描述和揭示，进一步发展了女性主义理论中批判性的“不可能性”，打开了理论形态与政治实践双重维度的崭新空间。《迈向女性主义的国家理论》是麦金农的集大成之作，她不仅在其中详细叙述了女性主义与马克思主义长久以来的交织与碰撞，阐述了自身基于女性意识觉醒的基本方法的女性主义理论，还在对马克思主义理论视域与方法的继承中将自身的女性主义理论建构为正视社会运行机制的动态分析、反抗西方现代国家现实秩序、指证产生新规则的实践主体的统治理论。女性意识的觉醒不仅是抽象理性的获得，而且是在基于女性经历、女性经验，在认识固有的男性主导的社会状况这些条件下，而系统、整体地批判女性所面临的共同境遇的过程。在对以法律为代表的物质与精神相碰撞的产物时，女性既能冲破男性赋予的有限的视域，明晰自身在男性规训下不完整的存在，也能在日益完善的认知中获得反抗不平等的意识和力量，使作为被剥削群体的自在的女性成为推翻不平等禁制的自为的革命集体。

麦金农在对既有分析框架的排斥中，在马克思主义的指引下，继承和发展了女性主义的性别分析法，即基于女性独特的生存方式、社会感知、文化语境、认知情感，创设出一种不区分主客体的分析方法。在“意识觉醒暗含式地和分析式地继续中”，将日常生活的细节与性别立场的坚定整合为分析的主要内容，展陈为个体经验—集体现实—性别政治—国家理论的体系架构以描绘迈向女性主义的统治理论。

四、未来图绘：迈向女性主义的统治理论

“社会性别是划分权力的社会系统，也因此是一个政治系统。”[②] 在对马克思主义的国家理论进行回溯的过程中，麦金农一针见血地指出，男性与女性的关系也应是政治的，女性主义缺乏自己的国家理论，而法律是女性主义建构自身国家理论的关键环节。女性主义对国家

① 凯瑟琳·A. 麦金农：《迈向女性主义的国家理论》，曲广娣译，北京：中国政法大学出版社，2007年，第159页。

② 凯瑟琳·A. 麦金农：《迈向女性主义的国家理论》，曲广娣译，北京：中国政法大学出版社，2007年，第230页。

和社会关系的理论的缺乏正是因为自身法学理论的缺乏，女性主义需要在性别化的社会场域内对法律的本质，法律与社会关系以及作为权力行使工具的法律功能做出理解与阐释。

麦金农明确指出，缺乏体系性理论的女性主义在实践层面实际彷徨于自由主义国家理论与左派（马克思主义）国家理论之间。前者将法律视为无实体的绝对理性，将国家视为相互冲突的利益间保持中立的仲裁者；后者将法律视为统治阶级意志的体现，将国家视为阶级压迫和统治的工具。麦金农认为，这种二元的国家理论使得女性在面对国家问题上没有多余的选择，要么将女性置于国家无所不能的"强国家"，要么置于摒弃国家的"无国家状态"，要么是一切要么是零（everything or nothing）。这同样使女性群体在对待国家的问题上被分裂，遗留下堕胎、色情文艺、强奸、家暴等成为难以解决的问题。与男性之间表现为奴役、侵犯甚至灭绝的经济层面的剥削不同，两性之间的剥削往往在私密领域发生，这种剥削虽然优先于法律，无时不在、无处不在，却不以国家的形式出现。这种前提下，自由主义和马克思主义的国家观都无法解释国家与女性之间的关系，那么留给女性主义的问题是：什么是女性眼中的国家？以及什么是认同女性的国家？

什么是女性眼中的国家？在女性主义的意义上，国家是具有男性特征的国家。从形式上看，法治是现代国家的基本形式，"法律一直渴望成为一门关于规则的科学和有规则的科学，即一门把突发事件的特殊性也包含进去的具有内在的普遍性的科学，是对社会规律性和规则的调整和预测，它追求法典化"①。也就是说法治国家的运行立场是客观性的，这种客观性是男性主体在长久的社会发展中所选取的认识社会的观点集合，以及治理社会的最优方法。这种男性主体对社会加以反映的观点在社会发展中以制度化的形式取得了自身的合法性与合理性，男性的选择成为无选择的选择，男性的映射成为客观的映射。更为重要的是，在男性权力的运行中法律作为有效的中介将男性权力与科学知识、现代国家相联系。再从立法上看，男性掌握了国家顶层结构的设计权，预设了自身立法的中立性，这种中立性的真实性却无从考证，也无从质疑。男性统治者将自身认定的中立、客观、合法的男性间权力关系

---

① 凯瑟琳·A. 麦金农：《迈向女性主义的国家理论》，曲广娣译，北京：中国政法大学出版社，2007年，第233页。

套用于男女之间，以此达到形式上的性别平等。社会性别被排除在法律制定的框架之外，法律从本质上来说是无性别的（主要是指排斥女性的）。男性奠定男性社会的策略逐渐清晰起来：首先，通过实际权力的掌握建构不平等的现实社会；其次，以自身权益的保护为前提设计法律和制度；最后，依据凝结自身意志的法律规制延伸出配套的社会规范，使男性权力进一步隐蔽化、合理化。由此一来，男性立场不仅彰显为作为客观性的标准，更成为具有形式合理性的法学。法律在实质上是性别不平等的法律，不论它在表面展现的多么客观完善，都不会真正实现性别平等。从司法上看，麦金农在这一点的论述中提到“消极自由”[①] 的概念，认为在工人阶级反抗资本家，尤其是在维护女性工人权利的一些案件中，强调女性天生的脆弱性与依赖性。麦金农反思道：“这些所谓的特殊的保护是会帮助女性还是会伤害女性还是不确定的。”[②] 这些案件的判决虽然从结果上为处于经济劣势的女性带来一些好处，但却在意识形态上固化了女性的附属地位，是一场反对资本主义的胜利，但也是一场反对性别歧视的失败。这种司法的中立实质上是“司法能动主义”（judicial activism），模糊了女性身处的实际境遇和性别剥削问题，它在不动摇权力分配的框架内进行批判，而只要超出现有的权力结构，司法的批判就沦为形式的批判而非实质的批判。男性创制出看似平等的规则体系，却是以统治的立场观察女性的生存。从立法到司法，现代国家在社会运行的每一环节都保障着男性优先的权力，以剥削事实影响、决定着法理关系，以法理关系掩盖、巩固着剥削事实。“男性权力是制度化的。它是强制的、合法的、认识论的，它就是政权（regime）。”[③]

什么是认同女性的国家？麦金农在还原法律和国家男性立场的基础上揭露了暴力与权威相互依存的以现代国家的形式存在的男性权力结构与权力运行。在法理学的支撑下，男性统治成为无形的、合法的，男性特征成为社会特征，那么女性还能否将虚假现实还原为客体化思想，将

---

① “消极自由”的概念指，赋予某人自己决定自己做什么事，成为其能成为的人，不受他人干涉的权利。

② 凯瑟琳·A. 麦金农：《迈向女性主义的国家理论》，曲广娣译，北京：中国政法大学出版社，2007 年，第 238—239 页。

③ 凯瑟琳·A. 麦金农：《迈向女性主义的国家理论》，曲广娣译，北京：中国政法大学出版社，2007 年，第 245 页。

同意还原为强迫？麦金农的回答是肯定的。已取得整体性和封闭性形式的男性统治，需要接受体系之外的别样观点的对抗，在激烈碰撞中退却现有的统治，在退却中找寻蕴含光明的裂痕。意识觉醒是麦金农一以贯之的基础性方式，它依据但不仅仅依据经验揭示的方式揭批个人背后的政治、顺从背后的统治，在恢复个体意志的基础上也整合被压迫群体。但问题是如何使这种意识觉醒从个体层面扩展到国家层面？首先，正视作为社会集中表达的法律。麦金农吸收马克思主义的国家理论，认为国家权力的批判与建构都需要在现有社会秩序的框架内才能获得有效性，所以现代女性的解放必须借助法律中介，才能在更为广阔的国家和社会层面获得承认及保障。这一方面需要女性透视自己处于不平等境遇，并在意识觉醒的基础上将这种代表女性集体的不平等现状讲述出来。明晰这种不平等大多源自“法律和社会之间的交界面”[1]，将同一/差异的法律还原为统治/从属的法律，认识到这些自身经历过并且正在经历的不平等是女性解放事业中应该予以拒斥和排除的。通过对现有法律的男性特质的揭露，在乌托邦幻想与现存秩序辩护的二元困境中找寻到一条批判、改造作为男性权力衍生的法律的变革道路。在甄别虚假平等与现实不平等中，识别到女性解放的真正问题，找寻到一条可行的现实路向。其次，建立具体的、特定的替代方案。“主流的平等法律是抽象，这种方法就是具体的，主流的平等法律具有虚假的普适性，这种方法是特定的。其目标不是创造溯及和设陷（trap）现状的法律范畴，而是通过法律对抗女性状况上的不平等并予以改变。”[2] 这一方法的提出就是通过将剥削限定为差异性的法律予以揭示，还剥削以本来面貌并加以去除。比如，性虐待的现实在凝结男性意志的现代法律中被视为一种针对性的、个例性的现象。其背后则隐藏着基于男性的需求与欲望而被认可的性别不平等，它的一般形式是去人性化和客体化，极端形式则是性暴力。这种以女性为对象，以男性为主体的对剥削行为的纵容，在现代法律中被轻描淡写地视为“差异”，映射出女性群体对男性群体的整体性从属。建立替代方案的第一步，是主张女性作为具体的实在。作为女性个体所遭受的性虐待、歧视、强奸、暴力都在合法的语境下发

---

① 凯瑟琳·A. 麦金农：《迈向女性主义的国家理论》，曲广娣译，北京：中国政法大学出版社，2007 年，第 354 页。

② 凯瑟琳·A. 麦金农：《迈向女性主义的国家理论》，曲广娣译，北京：中国政法大学出版社，2007 年，第 356 页。

生，女性不平等的现实遭遇展现出这个特殊历史语境不予承认的性别剥削，同时厘定性别剥削的产生是制度性的、历史性的。第二步，承认男性对女性的权力形式具体体现为法律中的个人权利。法律上规约的男性权利实际是一种男性权力，是制度层面所决定的男性掌握资源和统治的优等性。真正性别平等的法律，消灭的将不只是作为权利的男性优势，而且是作为权力的本质上的权力分配与社会结构的重组。反歧视的法律将不局限于种族、雇佣领域，以性别为基础的歧视也将由于以社会性别为基础而作为一种可控告的违法行为（例如代孕、卖淫等）。由此，法律不再预设自己是绝对中立的仲裁者，或宣称公民无所不包的平等已经实现；法律将基于社会事实，体现社会关系，在反映社会样态中不断推进自身的平等事业，从而真实性取代虚假性，以此剥除国家和法律的男性特征，恢复女人以人的本来面貌，恢复作为工具性存在的政治结构的本质。

在法律中介之下，关于女性解放、女性自由的问题不再是萦绕在两性之间喋喋不休的道德问题，而变为一种可以参与并加以改变的政治实践和社会运动。这种看似完全女性主义立场的法律之诞生，虽然不能代表彻底的客观性与公正性，却能在现有不公正的性别统治中为女性主义者打开思路，揭露以女性牺牲为代价的虚假合法性。“善恶之间无尽的道德争论，无论是保守的还是自由的，无论是文雅的还是蛮横的，无论黑暗、抑制和压制之暴力还是光明、解放和宽容之暴力，都将为政治争论所取代，这是一种废除主义者的争论，它关注：女性是人还是不是？明显地，答案由要求重复适用的、关于性别平等的法律授权来提供。”① 与此同时，女性主义法学作为一种尚在萌芽、发展的理论，依然必须以女性主义实践层面的勃勃生机推动自身与世界的连接。

麦金农以探究性别不平等、社会分工为基本立场，以女性解放为基本指向，在性别视域下尝试对女性主义和马克思主义进行新一轮整合。以麦金农为代表的女权主义者在马克思主义理论模板的支撑下，在与女性运动的交织与发展中彰显出马克思主义的强大生命力，彰显出马克思主义理论与实践相呼应的辩证立场、批判精神，将不平等的矛头不仅指向作为形式不平等的法律，更捕捉到背后更为深刻的不平等的阶级根

① 凯瑟琳·A. 麦金农：《迈向女性主义的国家理论》，曲广娣译，北京：中国政法大学出版社，2007 年，第 362 页。

源、社会根源。但在这种尝试中，尤其在对马克思主义的分析和批判中，也出现理论上的偏向甚至谬误。如，不以整体性眼光审视，而以马克思恩格斯某些著作中的词句为依据，将马克思主义的女性主义观点视作生物性的或道义性的；无视历史唯物主义观点下对家庭、私有制和国家间相互交织的历史性、社会性关系的科学阐发，将马克思主义基于物质生产、社会矛盾的辩证运动而架构的历史唯物主义视为实证主义，忽略马克思主义论述中以实践性为主要特征的人的存在。又如，在阶级分析法的借鉴中以两性矛盾取代阶级矛盾，弱化私有制的根源性作用，这种分析视域无疑是对性别压迫问题的再一次私有化，在失去社会总体性考察的同时也失去实现女性真正解放的有效路径，依然未能跳出女性主义陷于激进空想和改良主义的困境。

第十三章　弗雷泽：三元结构的性别正义论

资本主义社会包含不同于（并依赖于）“政治”或政治秩序的“经济”；包含不同于（并依赖于）“社会再生产”领域的“经济生产”领域；包含一套不同于（并依赖于）剥夺性背景关系的剥削性关系；包含一种人类活动的社会历史领域，它不同于（并依赖于）非人自然的假定的非历史性物质基础。

——弗雷泽

南茜·弗雷泽（Nancy Fraser，1947—　），美国社会研究新学院哲学与政治学系（Departments of Philosophy and Politics New School for Social Research）教授，当代著名政治哲学家，法兰克福学派社会批判理论第三代代表人物，美国新女性主义马克思主义的领军人物。弗雷泽与德国法兰克福研究所所长霍耐特同属西方“1968年”一代人，由于新世纪以来在承认理论上的争论，她对批判理论的杰出贡献被广泛认可，成为与霍耐特具有同等影响力与理论地位的法兰克福学派批判理论在美国支脉上的第三代代表人物而声望很高。近年来，继哈贝马斯和霍耐特之后，弗雷泽主持筹办批判理论学派的主要学术组织“哲学与社会科学”年会，是该会议七人领导小组的核心成员。弗雷泽的哲学思想与政治思想具有激进主义传统，与其硕士、博士均就读于具有左翼传统的纽约城市大学有关。

弗雷泽家族与中国有一定渊源。她的姐姐嫁给了著名的美国左派、把毕生献给中国人民革命事业的阳早（Sid Engst，1918—2003，美籍农业专家）、寒春（Joan Hinton，1921—2010，参与过曼哈顿计划的美国女核物理学家）夫妇的大儿子阳和平（Fred Engst）。弗雷泽曾于1992年，与辛顿（Hinton）家族的一批人在阳早、寒春的带领下对中国进行了一个月的访问，参观了北京、上海、延安、西安、洛阳等地，与中国学者展开对话，受到中方热情接待，她对中国经济政治文化的发展留下深刻印象，指出“我在那个时候感受到，我在见证一个正在形成中的划时代的转变”①。弗雷泽著作的中译本主要汇集于包括《再分配，还是承认？——一个政治哲学对话》《正义的尺度》《正义的中断：对“后社会主义”状况的批判性反思》《伤害+侮辱》在内的“今日西方批判理论丛书”系列著作中。在丛书序言中她表示：“首先，在学术层面上，我希望促进中美学界就如何在后冷战时期复兴批判理论形成对话。第二，在个人层面上，我希望我以另外的方式继续延续我的家族长期以来与中国的联系。”②

弗雷泽运用多元主义方法审视当代全球化资本主义的正义问题，在与霍耐特的“承认一元论”辩论的过程中指明，基于承认的文化政治与基于再分配的社会政治的普遍分离，是“后社会主义”无法在自我确证中寻找到彻底的解放方案的理论困境根源。因此，当代批判理论的

---

①　南茜·弗雷泽：《正义的中断：对“后社会主义”状况的批判性反思》，于海青译，上海：上海人民出版社，2008年，第2页。

②　南茜·弗雷泽：《正义的中断：对“后社会主义”状况的批判性反思》，于海青译，上海：上海人民出版社，2008年，第1页。

任务在于建构起一个以关系性原则维系要素间功能的正义理论体系，突破经济、政治、文化之间彼此对立的单元理解范式，从多元主义立场出发，基于平等参与的原则，建构包括经济主义的“再分配”、文化主义的“承认”以及具有政治性内涵的“代表权”三者在内的正义范畴。在关于正义概念的探讨中，弗雷泽以性别平等、性别正义为主要切入口，将女性解放问题置于当代全球化资本主义的理论批判与历史质询中，通过具象的性别公平问题解读其关于正义理论的三维批判及与之相应的三元结构，形成弗雷泽关于女性主义的独特构想。

一、“二价集体”的正义困境

20 世纪 70 年代以来，人们的政治意识、权利意识愈发凸显，对利益的诉求愈加多元，尤其在西方社会乃至当今世界范围内掀起各式各样、形形色色、流派繁杂的新社会运动，如：反战运动、环境保护运动、消费者运动、女权运动、性少数平权运动、黑人运动等等。这些运动主要以利益群体权利诉求为运动宗旨，对平等权、自由权、环境权、生存权、发展权、和平权等各个方面提出政治要求，希图政治体制的完善，促进公平合理、自由平等、和谐美好的社会关系与社会秩序的形成。女性主义运动以及女性主义的马克思主义思潮就是其中之一。参与者围绕性别平等与性别正义问题展开理论反思与批判对话，站在不同立场对社会中存在的性别不公进行深刻批判，其中，弗雷泽是重要的女性主义的马克思主义代表人物、领军人物。

弗雷泽分析社会集体的两类集体模式——适应正义再分配模式和适应承认模式，认为前者是以社会政治经济结构为根据划分历史集体的一种极端概念，比如马克思主义基于剥削关系得出的工人阶级概念；后者则是植根于社会的文化价值结构划分的另一个极端概念，比如同性恋权利运动基于异性恋主义主导的性别关系歧视得出的同性恋主义概念。在费雷泽看来，两种模式是社会集体这一概念性光谱的两端，光谱的中间还存在着既包含被剥削阶级特征，又包含受蔑视的性别关系特征的混合模式，弗雷泽将之称为“二价集体”，即“它们是依据社会的政治经济结构以及文化价值结构区分的集体”①。并举例强调性别就是一个典型

---

① 南茜・弗雷泽：《正义的中断：对“后社会主义”状况的批判性反思》，于海青译，上海：上海人民出版社，2008 年，第 21 页。

的“二价集体”。“二价集体”遭受的不公是双维混合的，既在经济领域遭受剥削，也在文化领域遭受蔑视与歧视，必然导致在政治领域遭受不公。而造成“二价集体”遭受正义困境的原因，与资本主义制度脱不了干系。

（一）经济制度的不正义

弗雷泽指出：“资本主义社会中的性别压迫根源于让社会再生产从属于利润生产的制度。”[①] 在弗雷泽看来，资本主义社会中的性别压迫、性别不平等问题在根源上需要追溯到劳动分工、劳动报酬的分配不公上。性别不平等并非源自于资本主义生产方式，在资本主义社会以前的传统社会就早已存在。但是，以追求利润为目的的资本主义为性别不平等增补了制度的保障。在由利润衡量的工业生产中，非利润生产的社会再生产劳动只能处于利润生产劳动的从属地位，这样一来，劳动分工的价值地位也就有了主从关系、高低之别、贵贱之分。在性别分工上有两方面体现：一方面，从有无劳动报酬的角度进行的劳动分工导致性别不公。在资本主义社会，女性所从事的诸如生育、抚养子女、照料家庭、维系亲朋关系等方面的劳动被视为非生产性的社会再生产劳动，虽然其对于付薪的生产性劳动、剩余价值积累是绝对必要的，甚至是前提基础性的，但是社会再生产劳动在以利润、货币、工资为劳动价值衡量标尺与计量单位的工业生产体系中，只能居于从属地位。女性被要求从事非利润生产的社会再生产劳动，为男性从事利润生产劳动提供无偿服务。由于前者的利润贡献值低而被视为工业生产体系中的从属部分，在性别关系中也使得女性居于从属于男性的不平等地位。弗雷泽指出：在这个金钱是权力之首要媒介的社会里，由女性所从事的无报酬的社会再生产工作的事实揭示了一个问题，即那些从事社会再生产工作的女性在社会结构上屈从于那些挣现金工资的男性[②]。另一方面，从劳动报酬获取量的角度进行的劳动分工也是造成性别不公的重要一点。随着资本主义的发展，女性大规模以雇佣劳动的形式进入生产领域，通过劳动力市场参与社会化大生产。然而，随之产生的却是更大程度的剥削与压迫。因为，女性主要作为廉价劳动力被市场所需，从事不稳定、收入不高的兼

---

① 南茜·弗雷泽：《女性主义宣言》，蓝江译，《国外理论动态》2019年第7期。

② 南茜·弗雷泽：《马克思隐秘之地的背后：一个扩展的资本主义概念》，宋建丽译，《国外社会科学》2015年第3期。

职工作或零工，往往承担的是劳动报酬相对较低的工作，比如服务业、护理业、制造业，而男性从事的则是具有固定收入与高报酬的职业性、技术性、生产性等工作。在这种情况下，女性不仅在生产领域遭受剩余价值的剥削，还在社会再生产领域继续遭受男性无偿占有家庭劳动服务的压迫，受到双重剥削与压迫。在经济全球化的今天，当新自由主义盛行时，资本主义对廉价女性劳动力的需求反而使女性的劳动压力成倍加剧，不仅由于实际工资水平降低、工作保障减少，而且所形成的夫妻共同为工资而工作的家庭规范日益加重女性的工作负担。弹性化的劳动模式使女性兼职多份工作成为常态，劳动时间、地点的零碎分散，恶化了劳动条件与环境，而这种劳动的选择又被普遍理解为劳动者的自主自愿。因此，出现了女性越被劳动力市场所需求，其被剥削的程度越深、生活质量越堪忧、家庭地位与社会地位越低微的悖谬现象。可见，资本主义雇佣劳动制度为正义再分配结构中的性别不平等提供了合法性确证与制度性保障。

（二）文化模式的不正义

性别不公不仅在政治经济维度上得到资本主义制度的庇护，也在文化价值方面受到资本主义社会文化价值结构的规约。在弗雷泽看来，社会上普遍存在对女性的伤害行为，包括家庭暴力、性侵犯、性剥削，日常生活中的性骚扰、性别歧视，媒体对女性采取的平凡化、贬抑性的刻板描述与宣传等。这些伤害行为的常态化、普遍化、制度化，在社会中形成针对女性的性别蔑视与性别贬值的价值取向，先入为主地判断女性比男性能力差、素质低、竞争力弱，适合当家庭主妇、不适宜职场等，使女性边缘化。弗雷泽称这些伤害是一种公开承认的不正义，尤其是大男子主义的社会风气，使得仅仅基于性别特征突出男性的社会价值与社会地位，使性别歧视获得社会文化价值的合法性确证。弗雷泽指出："性别非正义的一个主要特征是大男子主义，即赋予男性特征以特权的权威性规范建构。与之相伴而生的是文化上的性别歧视，即代码为'阴性的'事物——典型的是（但却不只是）女性——普遍遭遇贬值和蔑视。"① 这种社会文化价值方面的性别非正义是一种错误承认，没有以平等原则承认性别差异，从而形成男性中心主义的社会文化规范或文化模

① 南茜·弗雷泽：《正义的中断：对"后社会主义"状况的批判性反思》，于海青译，上海：上海人民出版社，2008年，第22页。

式。当然，它不单是纯粹的“上层建筑”的问题，而与政治经济关联密切。资本主义雇佣劳动制度对女性劳动力的双重剥削、利润生产性劳动相对于非生产性的社会再生产劳动的主宰地位，使女性在价值贡献值的比较中，被动地处于边缘地位、从属地位，进一步导致其在话语权、法权等方面都无法实质性享受与男性相当的充分而全面的平等保护。资本主义从文化结构和价值规范方面再次成为性别不公的制度保护伞。

（三）政治身份的不正义

作为“二价集体”，女性所遭受的性别歧视既有政治经济的一面，也有文化价值的一面，二者之间虽然彼此独立，但也彼此相关，“这两个方面并非完全相互分离。确切地说，它们纠结在一起，从而辩证地强化了彼此的存在”[①]。经济从属和文化从属的恶性循环同时意味着女性在经济弱势的基础上遭受政治不公，被限制了话语权和平等参与政治的机会，造成了再分配与承认共谋的政治身份的不正义。资本主义标榜着“人人生而平等”的政治准则，高扬着“自由平等博爱”的政治宣言，但在政治决策规则、参政议政资格等政治参与起点处制造不公。弗雷泽将这种政治不公称为“错误代表权”，表征为“普通政治错误代表权”和“错误建构”两个层级。前者主要适用于西方资本主义国家内部范围，后者则是在跨文化视野下认识女性受压迫与全球化新自由主义的关系。在弗雷泽看来，正义问题的政治边界通常是领土国家，在资本主义国家内部，女性参政议政的权利并未像政治宣言和政治准则那样得到实质性落实，资本主义政党政治的选举制度与体系是排挤女性、否定女性及数量上占少数的人群的政治参与机会的。虽然通过立法将女性包含在政治共同体内，但在民主商谈与政治决策过程中，女性由于人数较少，很难提高自身的发言权、话语权及政治影响力，很难通过合法的民主程序达到利益诉求，因而经常被男性充斥的政坛淹没，陷于隐身处境。实际上，这违背了资本主义国家的政治准则，形成了形式民主、形式平等与实质民主、实质平等之间的鸿沟。更深一层级，随着经济全球化日益深入，新自由主义的扩张，正义的政治边界受到普遍关注。弗雷泽提出：“政治空间被分割为独立的领土国家时是否剥夺了某

---

① 南茜·弗雷泽：《正义的中断：对“后社会主义”状况的批判性反思》，于海青译，上海：上海人民出版社，2008 年，第 23 页。

些人平等地与他人一起讨论共同关注的问题的机会呢?”① 在她看来，基于领土国界的政治空间分割使性别歧视日益成为一个全球性的跨国界、跨文化问题。以领土国家为政治边界的“政治共同体”将国界之外的弱势女性群体排除在外，非公民居民无法得到平等的政治权利，尤其是参政权。弗雷泽认为这是一种政治共同体的“错误建构”，使得男性中心主义的价值观念以及女性遭受剥削压迫的政治不公不仅限于某个区域，而且是随着新自由主义全球化的扩张而全面铺展，蔓延为普遍的基于“错误承认”而形成的政治身份或参政资格确证差异。换言之，使女性边缘化、排除女性、限制女性参政议政资格等维护男性威权与男性中心主义的政治，正在随着全球化的深入形成跨国的政治联盟。这也进一步扩大了形式平等与实质平等之间的鸿沟，资本主义的政治宣言不过成为政治不公的一块遮羞布。

弗雷泽通过对性别这一“二价集体”的解读，从政治经济维度和文化价值维度揭示了女性所面临的阶级剥削、性别蔑视、性别压迫的正义困境，指出女性在政治参与中处于弱势地位的经济根源、文化基源，揭批了资本主义对性别不公的制度化支持。虽然弗雷泽主要分析的是再分配不公和错误承认两方面，但其出发点与落脚点无疑是强调女性在政治领域遭受到实质性不平等的事实，尤其是强调女性平等参与政治的机会与可能性被遏制、被剥夺。因此，弗雷泽对资本主义社会普遍存在的女性对男性的经济依赖现象、女性从属于男性的男性中心主义价值观、女性相对于男性的次要地位等性别不公、不正义问题，形成经济、文化、政治三重维度的控诉。

二、反抗不正义制度的斗争途径

基于对资本主义社会性别不公的三重维度批判，弗雷泽也提出了面向正义的女性主义构想。她从私人领域、公共领域来思考实现性别平等与正义的理想状态及通向这种理想状态的主要途径，认为最终实现性别公平应包括七个原则：反贫困原则、反剥削原则、收入平等原则、休闲

---

① 南希·弗雷泽:《正义的主体：国家公民、全球人类或跨国风险共同体?》，古青译，《国外理论动态》2010 年第 1 期。

时间平等原则、平等尊重原则、反边缘化原则、反大男子主义原则。[①] 而家庭模式、社会结构、政治组织形式等各个方面需要在整体的、系统的转变中，将这些原则进行落实。

（一）家庭：通向普遍性照顾者模式

家庭通常是私人领域最主要的社会关系空间，作为社会的基本组成单位，家庭模式反映并影响整个社会的经济条件、政治生态与文化环境。弗雷泽归类并对比了当前女性主义者所提出的两种理想化家庭模式，通过辩证分析与批判，提出“通向普遍性照顾者模式”的方案。首先，弗雷泽将当前多数美国女性主义者和自由主义者的主张称为“普遍化家计负担者模式”，“它旨在主要通过促进女性就业来实现性别平等。其要旨在于，使女性能够通过自己赚取的工资来供养自己及其家庭。总之，家计负担者的角色普遍化了，从而女性也能够成为作为工作者的公民（citizen-worker）”[②]。这一模式主要改变女性的无酬家务劳动状况，使女性从承担无偿家务劳动的“天职”中解放出来，进入劳动力市场，并获得同男性一样从事全职、高薪、稳定、长期的工作，依照收入水平与社会保险的福利分配，在家庭中享有同男性相同的家计负担者身份。这一模式的实现需要普遍地促使女性具有就业的渴望，以及男性接受女性的新角色。同时，需要将家务劳动市场化、公共化，雇用市场上的劳动力承担家务劳动，付给从事替代服务的雇佣劳动以薪酬。如此一来，工作者公民成为男性与女性的单一标准，通过劳动力市场准入的方式平等地为女性提供工作机会与工作岗位，改变旧的家庭工资理想型夫妻模式（如“男主外，女主内”），从而实现社会公平。对此，弗雷泽分析认为，该模式在反贫困、反剥削、促进收入平等等方面具有积极意义，能够实现一定程度上的性别正义。但是，这一模式的本质是使女性按传统的男性主导的生产生活方式与价值模式改变自己，使自己适应现有的市场体系，以阶级扩充与吸纳的方式弱化性别差异的不公。对此，弗雷泽批判地指出该模式在反大男子主义方面收效甚微，由于诸如分娩、子女养育、家庭应急处理等工作具有不可替代性，因此也无法有

---

① 南茜·弗雷泽：《正义的中断：对“后社会主义”状况的批判性反思》，于海青译，上海：上海人民出版社，2008年，第47—50页。

② 南茜·弗雷泽：《正义的中断：对“后社会主义”状况的批判性反思》，于海青译，上海：上海人民出版社，2008年，第53—54页。

效实现女性在休闲时间上的平等。所以，该模式“并不能实现充分的性别公平”①。

与之相对，弗雷泽总结多数西欧女性主义者和社会民主主义者的主张则表现为“照顾者平等模式”。在该模式下，“它的目标是主要通过支持非正式家务劳动来促进性别公平。其要旨在于，使承担重要家务责任的女性能够通过家务劳动或家务劳动加兼职工作的方式来供养自己及其家庭。（不承担重要家务责任的女性可以通过就业来供养自己）其目标不是为了使女性生活得与男性一样，而是为了‘使差异无须付出代价’”②。与家计负担者模式根本上的不同之处在于，照顾者平等模式肯定家务劳动的内在价值，并不认为家务劳动是进入劳动力市场求职就业的前提阻碍。因此，该模式强调为家务劳动赋值，将分娩、子女养育、非正式家务劳动等内容提升到与正式有酬劳动的平等的地位，提倡女性将家务劳动与兼职工作结合起来，要求社会福利救济对家务劳动和劳动就业一视同仁。在此过程中，需要政府出台相应的照顾者津贴计划或政策，为必要的家务劳动补贴足额的费用；同时也需要面向家庭照顾者进行二次职业培训，使之能够适应新的劳动力市场需求与劳动技能要求，不被偶然的家务照顾妨碍再就业；还需要工厂为之提供灵活就业、弹性工作的便利，配套支持女性在工作者与照顾者之间的身份切换，给予其平等再就业的保障。除此以外，还需要政府和社会具有足够的公共基金为家庭照顾者提供津贴扶持等。弗雷泽评价认为，照顾者平等模式在反贫困、反剥削、休闲时间平等、尊重性别平等、反大男子主义等方面都有一定的成效，有助于促进性别公平。但是，在收入平等与反边缘化方面具有明显的弊端与缺陷，虽然该模式在家庭中减少了妻子对丈夫的经济依赖，但津贴加工资的体系在劳动市场上形成一条“妈妈路线”（mommy track），“即一个灵活的、非连续性的全职和/或兼职工作市场”，比之全职工作，这一路线的薪酬大大低于家计负担者路线的工作。③ 同时，家务劳动与全职工作同工同酬的方案更加固了前者属于女

① 南茜·弗雷泽：《正义的中断：对“后社会主义”状况的批判性反思》，于海青译，上海：上海人民出版社，2008 年，第 58 页。

② 南茜·弗雷泽：《正义的中断：对“后社会主义”状况的批判性反思》，于海青译，上海：上海人民出版社，2008 年，第 58 页。

③ 南茜·弗雷泽：《正义的中断：对“后社会主义”状况的批判性反思》，于海青译，上海：上海人民出版社，2008 年，第 61 页。

性的社会刻板印象，强化了家务劳动的性别分工，也不一定能够确保作为照顾者的公民与作为工作者的公民具有同等尊严和平等地位，无法根本解决女性在参政议政方面的边缘化现象。因此，“照顾者平等模式改善了那些承担主要护理责任的女性的命运，但对于这些女性以及其他女性而言，它并没有实现充分的性别公平”①。

基于对以上两种模式的分析，弗雷泽提出通向“普遍性照顾者模式”的替代方案。她认为，两种模式都是后工业福利国家的乌托邦设想，虽然要求政治经济进行能够促进性别平等的公共性重构，但结果都无法根本地、充分地改变性别不公。不过，这两种模式在实现性别公平的原则上也各有利弊，因此，她认为可以寻找到一个将二者结合起来的第三种替代性方案，即所谓“普遍性照顾者模式”。“第三种可能性是使男性更像现在的多数女性，也就是说更像那些从事主要家务劳动的人。”② 该模式主要要求消除家计负担工作与家务劳动之间的性别代码，即解构以往关于男性垄断家计负担工作、女性被要求包办家务劳动的刻板印象与社会规范，使男性同女性一样也将从事家务劳动视为“天职”。弗雷泽认为，普遍化家计负担者模式旨在要求女性向男性标准靠拢，即女性男性化，是一种“工人主义”主张；而照顾者平等模式在家庭事务上又呈现一种个人主义的特征，旨在使女性的差异无须付出代价。二者都没有改变男性主导的社会秩序与市场体系。而普遍化照顾者模式则要求男性做出改变，平等地承担以往被社会指定为女性固有的家务劳动，并且政府与社会要出台配套政策与规范，在福利救济、社会保险体系、工厂与企业模式上适应与覆盖废除性别文化代码的劳动分工和社会组织结构。该模式意味着一些支持性的家务劳动可以市场化，被社会所分担，另一些非正式的家务劳动也将得到公共支持，得到公共福利与社会保障。可见，弗雷泽要求既从政治经济层面重构基于性别分工的生产秩序，又从文化价值层面解构性别差异的文化代码，要求社会整体作出女性主义的公共政策、制度、规范的调整，克服与改变普遍存在的“搭便车现象”，使男性与女性之间不存在经济依赖与家务依赖的相互对立，家计负担与家务劳动的分工不再按性别划分，即其所谓“在后工

---

① 南茜·弗雷泽：《正义的中断：对“后社会主义”状况的批判性反思》，于海青译，上海：上海人民出版社，2008 年，第 62 页。

② 南茜·弗雷泽：《正义的中断：对“后社会主义”状况的批判性反思》，于海青译，上海：上海人民出版社，2008 年，第 64 页。

业福利国家中实现性别公平需要解构性别”[1]。她设想这样一个社会世界：“其中公民生活是指把工资收入、家务劳动、社群行为、政治参与以及参加有组织的市民社会生活的结合起来，同时也留下一些娱乐时间。”[2] 并明确指出这种世界不可能立刻实现，但必须按此设想发展社会的政治经济文化，因为它是“唯一可以想象的、拥有真正性别公平的后工业世界”[3]，除此别无他法。

（二）公共领域：平等、多样性和多元主义

性别不公是社会不公的表征，促进性别平等不是通过家庭私人领域单方面的改善就能实现的，更需要整个社会形成开放平等、尊重差异、包容多元的社会风气与价值体系。而且，西方资本主义社会中通常盛行这样一种政治传统，即将家庭这一私人领域视为进入公共领域的前过程，个人的经济财产状况、家庭地位是其参与公共事务管理的资格条件。弗雷泽正是基于此才反复强调女性以及社会上的弱势群体在平等参与政治的机会与可能性上明显遭受着不公平的现状，批判两种女性主义的家庭模式构想在解决参政平等问题上的乏善可陈。因此，女性的解放也需要重构公共领域来为通向普遍性照顾者模式的确立打开局面。

弗雷泽主要通过批判以哈贝马斯为代表的“自由主义模式的资产阶级公共领域”思想，阐释她自己所主张的具有参与平等、承认多样性、多元主义特征的公共领域构想。她认为哈贝马斯把资产阶级公共领域理想化了，后者把公共领域定义为建基于“私人”出于“公共关怀”与“共同利益”而组织起来商谈公共事务的政治空间。弗雷泽总结哈贝马斯所描述的公共领域思想有四个假设：假设社会平等不是政治民主的必要条件；假设单一综合性的公共领域总是优越于多元公共领域的结合；假设公共领域不必要出现与“私人”有关的利益与议题；假设一个运行中的民主公共领域需要市民社会和国家之间的彻底分离。[4] 针对这四

① 南茜·弗雷泽：《正义的中断：对“后社会主义”状况的批判性反思》，于海青译，上海：上海人民出版社，2008年，第66页。

② 南茜·弗雷泽：《正义的中断：对“后社会主义”状况的批判性反思》，于海青译，上海：上海人民出版社，2008年，第66页。

③ 南茜·弗雷泽：《正义的中断：对“后社会主义”状况的批判性反思》，于海青译，上海：上海人民出版社，2008年，第66页。

④ 南茜·弗雷泽：《正义的中断：对“后社会主义”状况的批判性反思》，于海青译，上海：上海人民出版社，2008年，第81—82页。

个假设内隐的资产阶级自由主义特征，弗雷泽批判哈贝马斯所代表的公共领域思想形式上似乎是平等的，但实质上则是处处体现资产阶级属性、大男子主义价值、白人至上主义特征的特定概念，不利于实现政治的参与平等和社会正义，更不利于解决性别公平、种族平等问题。由此弗雷泽阐明自己关于公共领域的主要主张。

首先，公共领域应保证参与平等，不设身份资格前提限制。资产阶级公共领域宣称对所有人公开以及所有人都能进入，强调的是排除地位差异。一方面，从经验事实来看，这一政治宣言并未落实，西方社会中处于从属地位的群体仍然被排除在政治参与之外，女性因性别的从属性地位仍然难以获得正式政治参与的平等机会，男性中也有因财产的限制而被排斥的现象。另一方面，从理论观点来看，在其中起作用的是“排除”一词，它带来的问题是处于不平等地位的群体仍然可以在商谈民主中被忽视。换言之，排除地位差异不等于消灭地位差异。公共领域中的话语权往往掌握在统治阶层手里，而商谈民主在将“我”转化为“我们”的过程中，掩盖了统治阶层的控制形式，淹没了差异性，回避并忽视了社会不平等的普遍存在，剥夺了弱势群体的话语空间，在形式上对话者“似乎”和“仿佛”彼此平等，但实质上增加了政治参与的不平等。弗雷泽指出：“在商谈中排除社会不平等，是指在这些不平等仍然存在的时候却像是不存在一样被排除了。就此而言，这并没有促进参与平等。相反，这种排除通常对社会中的统治群体有利，而对从属群体不利。”[①] 因此，“消灭体系性的社会不平等是参与平等的必要条件。这不是说每个人必须拥有完全相同的收入，而是说需要一种大致的平等，这种平等与体系产生的统治与从属关系相矛盾”[②]。在弗雷泽看来，不能通过政治宣言或理论说辞以形式平等、形式民主掩盖社会不平等的普遍存在，也不能放任社会不平等的弥散，而应促进实质性社会平等的实现，从而达到政治民主。

其次，不同公共领域之间应是平等互动、多元共存的关系，而不是单一综合性公共领域的规范化统一。弗雷泽认为，目前所处的资本主义社会仍然是一个阶层化社会，受制度性框架和从属性结构关系的规

---

① 南茜·弗雷泽：《正义的中断：对“后社会主义”状况的批判性反思》，于海青译，上海：上海人民出版社，2008年，第84页。

② 南茜·弗雷泽：《正义的中断：对“后社会主义”状况的批判性反思》，于海青译，上海：上海人民出版社，2008年，第85页。

约，阶层化社会不可能实现商谈政治的完全平等参与。社会普遍存在着不同利益群体的不同诉求、不同价值共同体的共同存在、以身份认同结成社会组织等。这意味着“不仅总是存在着多元的竞争性公共领域，而且资产阶级公共领域与其他公共领域之间的关系也总是相互冲突的”①。因此，保证政治的参与平等不仅在公共领域内要求实质性的社会平等，而且在公共领域之间要承认多元存在。弗雷泽认为，像哈贝马斯那样宣称和强调资产阶级公共领域是唯一的公共舞台的思想，显然是不利于多元承认与参与平等的。单一性、综合性、唯一性的公共领域模式只能加剧统治群体对从属群体的控制，“从属群体的成员将没有他们自己之间的商谈其需要、目标和战略的舞台。他们没有（可以说）不受统治群体监督的、完成交往过程的空间。在这种情势下，他们更不可能‘找到合适的代言人或语言来表达他们的想法’，更可能‘保留其不成熟的想法’。这种综合性的公共领域，将使他们更不能表达和捍卫自己的利益”②。对此，弗雷泽赞同下层反公共领域（subaltern counterplublics）的反抗话语与行动，认为女性主义的妇女创造诸如“性别歧视”“两班倒”“性骚扰”“婚内、约会和熟识者强奸”等新术语重塑了女性的需求和认同，一定程度上挽回女性在正式公共领域的劣势。③

最后，公共领域应包容文化多样性，倡导多元主义的价值取向，而不是排他性的话语同化场域。弗雷泽指出：“公共领域不只是话语舆论形成的舞台；而且，它们也是社会认同形成和演出的舞台。”④ 在她看来，公共领域是特定文化制度中的公共空间，公共领域是社会风气与文化价值的表现场所，人们在公共领域中表达自己、发表意见，在对话中寻找文化认同、获得社会认同。反过来，社会文化价值结构对公共领域也有着规约作用。在一个大男子主义为价值取向的社会氛围中，不可能容许从属群体在公共领域占有一席之地。因此，“只有假设存在多元的公共舞台，具有不同价值和风格的群体能够参与其中，平等主义的、多

---

① 南茜·弗雷泽：《正义的中断：对“后社会主义”状况的批判性反思》，于海青译，上海：上海人民出版社，2008年，第80页。

② 南茜·弗雷泽：《正义的中断：对“后社会主义”状况的批判性反思》，于海青译，上海：上海人民出版社，2008年，第86页。

③ 南茜·弗雷泽：《正义的中断：对“后社会主义”状况的批判性反思》，于海青译，上海：上海人民出版社，2008年，第87页。

④ 南茜·弗雷泽：《正义的中断：对“后社会主义”状况的批判性反思》，于海青译，上海：上海人民出版社，2008年，第89页。

元文化的社会理想才有意义”[1]。此外，公共领域也是一个公开的、公共的对话空间，主要参与方式是公开发表意见。如果公共领域是单一综合性的，那么它势必以话语同化作为参与公共事务探讨的一个前提条件，反映出的是文化价值的一元化以及对某群体特权的默认。弗雷泽指出哈贝马斯所主张的公共领域思想在排斥与“私人”有关的利益和议题方面将“公共事务”狭隘化、特权化了。她认为，作为一种政治话语，对“私人”和“公共”两个术语的界定及其彼此关系对平等参与的实现非常重要，它们是一种“文化分类”和“修辞标签”。那种将“私人”与“公共”对立开来，对参与公共领域有前提条件的主张，以及那种先入为主地认为商谈必须或必定是关于共同利益的商谈的观点，都是一种话语同化、话语霸权的表征。“并不存在一个自然赋予的先验的边界。那些作为共同关注的事务，恰恰是经过话语论辩才确定的。”[2] 不允许或限制在公共领域谈论和商谈任何所谓属于私人领域的利益诉求与议题，显然阻隔了可能成为公共问题、共同利益的起初具有私人属性的诉求，封堵了意见表达的话语通道，造成话语权和参政权的不平等。因此，公共领域始终应该具有无界限和开放的特征，尊重文化多样性、承认文化认同的复杂性，否定男权主义意识形态的“私人”标签，真正将社会平等、文化多样性、参与民主结合起来，减少特定民主形式的局限性，使公共舆论在后资本主义社会产生并增强实践效力。

（三）女性主义的前景：通向一种可信的激进民主

在弗雷泽的分析中可见，她强调平等参与是反抗不正义的政治前提。那么如何实现平等参与？如何确保所有人能够获得平等参与的机会？弗雷泽指出当代的“激进民主”对这一问题给出了独具特色的答案。但是，在女性主义的理论演进史上，关于激进民主的认识与女性主义的前景有不同的关注和声音，弗雷泽通过回溯20世纪70年代以来的女性主义理论进程，提出通向一种可信的激进民主前景，即“今天的民主既需要经济再分配，也需要多元文化承认”[3]。

---

① 南茜·弗雷泽：《正义的中断：对“后社会主义”状况的批判性反思》，于海青译，上海：上海人民出版社，2008年，第89页。

② 南茜·弗雷泽：《正义的中断：对“后社会主义”状况的批判性反思》，于海青译，上海：上海人民出版社，2008年，第92页。

③ 南茜·弗雷泽：《正义的中断：对“后社会主义”状况的批判性反思》，于海青译，上海：上海人民出版社，2008年，第183页。

弗雷泽回溯第二波美国女性主义的争论史，总结出三个理论阶段：20世纪60年代到80年代中期，是关注“性别差异”的第一阶段，“主张平等的女性主义者”强调降低性别差异的重要性，认为性别差异是导致女性遭受伤害和性别不公的源头，因此提倡性别差异最小化，女性投入社会生产和社会劳动中去，以同样的尺度衡量女性和男性；“主张差异的女性主义者”则批判前者将女性纳入男性事务的自我贬低行为，强调承认性别差异、“性别认同”的重要性，认为大男子主义是性别歧视的罪魁祸首。20世纪80年代中期到90年代初期，关注点内转为“女性间的差异”，一些诸如女同性恋者、有色人种女性主义者、贫困的工人阶级女性认为主流女性主义没有关注到她们在阶级、种族、族群方面的平等政治需求，模糊了女性间的重要差异，“错误地将一些女性的境况和一些女性的身份形象普遍化，并不能促进女性的团结”[①]，反而压制了不同女性群体的多元危险、多元归属、多元身份的现实情况。20世纪90年代后，关注点再次外转，变为“相互交叉的多元差异”，形成了“反本质主义”和“多元文化主义”的激进民主路向的对垒。弗雷泽认为二者是第一阶段的当代延伸。“反本质主义”否定、怀疑一切建构形式，认为所有认同都是压制性的，所有差异都具排他性，“女性”的身份、地位、特征等都是被话语建构的结果，因而要颠覆性别差异以及与之相伴而生的性别认同，最终形成弗雷泽称之为“反本质主义的解构版本”。“多元文化主义”则是肯定性的，认为所有认同都应受到承认、所有差异都值得肯定，从文化多样性的角度认识性别差异，因而不加批判地赞同任何差异，“往往将身份认同实质化，认为这是一种特定的积极的关系，而非被建构的关系。因此，它往往形成文化割裂，将一些群体与另一些群体分离开来，而忽视这些群体的相互交叉，限制跨群体的交互作用和相互关联”[②]，最终形成弗雷泽称之为“文化多元主义的多元主义版本”。“反本质主义的解构版本”最终将解构一切差异与认同，使任何差异与认同都失去存在的合法性，而“文化多元主义的多元主义版本”则片面承认任何差异与认同，因此，弗雷泽称后者是前者的镜像。易言之，二者殊途同归，最终使激进民主的解放

---

① 南茜·弗雷泽：《正义的中断：对“后社会主义”状况的批判性反思》，于海青译，上海：上海人民出版社，2008年，第189页。

② 南茜·弗雷泽：《正义的中断：对“后社会主义”状况的批判性反思》，于海青译，上海：上海人民出版社，2008年，第196页。

之路陷于自我悖谬的两难境地。

究其根源，弗雷泽指出："它们都没有将认同和差异的文化政治与正义和平等的社会政治结合起来。也就是说，它们都没有把为承认进行的斗争与为再分配进行的斗争联系起来。它们都没有意识到这一结合的关键：只有在社会平等的基础上，文化差异才能被自由地阐释，才能被民主地调停。"[①] 因此，弗雷泽认为女性主义应该走向一种可信的激进民主，既要考虑性别劳动分工导致的经济不平等，又要兼顾大男子主义价值观念的错误承认，将社会政治与文化政治结合起来，避免两者的分裂，转变思维方式，批判片面狭隘地夸大平等或差异这两者的任何一面，这是一种用极端的、单一的、封闭的综合性要求一方吸纳另一方的一元思维。换言之，可信的激进民主必须有效调和、辩证分析平等与差异之间的关系，兼顾政治经济与文化价值两个层面，以保证平等参与作为政治前提与基本原则，从而推动社会正义的实现。弗雷泽用三个命题阐释可信的激进民主模式，这个版本需要并允许我们"将文化差异问题与社会平等问题重新结合起来"；"将承认的反本质主义文化政治与再分配的平等主义社会政治联系起来"；"通过质疑其与不平等的关系，来对不同差异的价值做出规范性的判断"。[②] 为此，通向一种可信的激进民主的战斗口号是"没有再分配就没有承认"[③]。

三、建构"再分配—承认—代表权"三元结构范式

弗雷泽从理论上分析说明了反抗不正义制度在家庭私人领域、公共领域的斗争形式与目标样态，背后支撑其探索解放道路或绘制女性主义理想社会图谱的根据，从理论范式的深层次而言在于其试图构建的理念模型——"再分配—承认—代表权"三元结构范式。对性别不正义问题的关注与分析，也是弗雷泽基于三元结构范式而聚焦"后社会主义"正义境遇的典型案例。

通过与霍耐特围绕承认理论的精微而精深的论战，以及对第二波女

---

① 南茜·弗雷泽：《正义的中断：对"后社会主义"状况的批判性反思》，于海青译，上海：上海人民出版社，2008年，第197页。

② 南茜·弗雷泽：《正义的中断：对"后社会主义"状况的批判性反思》，于海青译，上海：上海人民出版社，2008年，第198—199页。

③ 南茜·弗雷泽：《正义的中断：对"后社会主义"状况的批判性反思》，于海青译，上海：上海人民出版社，2008年，第199页。

性主义浪潮的历史回溯与批判性反思，弗雷泽总能找到所谓经济主义批判与承认理论的中心主义、本质主义、普遍主义的“一元”表征，由此她剖析了“一元论”背后二元分裂思维的结构性根源，批判了二元分裂范式的局限性。对此，弗雷泽强调根除“一元论”的偏见及其实质性二元分裂思维的结构范型，在关系中寻找再分配与承认之间两相结合的线索或模式。在弗雷泽看来，反映平等参与原则的代表权政治是连接再分配与承认的政治基石。由此，弗雷泽实际建构起了一个三元结构：以代表权政治为基础，实现再分配与承认之间彼此包含、相互补充、互为内外。

(一) 包含再分配正义的承认范式

弗雷泽洞悉到“二战”后正义问题的转向。她认为在福利国家的全盛时期，人们普遍肯定“凯恩斯-威斯特伐利亚框架”的合理性，在关于正义的思考中重视框架内的分配问题。但伴随多元主义和新社会运动的兴起，人们在对规范性的普遍质疑中逐渐将正义的中心转移到承认问题上。申言之，弗雷泽对20世纪90年代以来的“后社会主义”社会做出“时代诊断”，指出社会运动体现为文化价值共同体或社会亚文化群体诉诸身份承认的新特征，并称之为当代“文化转型”。这一时期，人们普遍关注的是社会不正义的错误承认根源，认为实现身份承认是一切社会公平问题的根本解决途径。其中最具代表性的批判理论家是霍耐特。弗雷泽指出，霍耐特的“承认一元论”将承认视为一个自我实现的问题，用承认吸纳一切，包括造成社会不平等的另一个维度即政治经济结构的再分配。弗雷泽批判霍耐特强调主体间性的伦理一元论夸大了错误承认对社会不正义的影响范围，忽视且模糊了再分配不正义的维度。正如女性遭受性别不公的原因不只是大男子主义的错误承认，还有在劳动分工中的阶级剥削。因此，弗雷泽始终强调将承认政治与再分配政治结合起来，避免把群体间差异本质化，避免单一化概念和一元论范式。她一方面强调将承认视为一个正义问题而非纯粹的自我实现问题的必要性，另一方面突出强调重视制度化规范的危害。“被错误承认不如说是被制度化的文化价值模式所建构，以这些方式阻碍人作为同等的人参与社会生活。”① 错误承认是通过公共制度被广泛传播并最终形成

① 南茜·弗雷泽、阿克塞尔·霍耐特：《再分配，还是承认：一个政治哲学对话》，周穗明译，上海：上海人民出版社，2009年，第23页。

的一种制度化的文化价值模式，这是一种身份模式，虽然每个承认诉求都有其适宜性，但仅仅以承认的身份模式追寻社会正义也会导致群体的身份固定化的本质主义危险。比如在女性主义的主张中通过对“女性身份”的概念化固定规约，要求群体成员成为女性的“正确类型”等类似地把身份诉求转化为某种“政治正确”的现象，依然压抑了差异个体的平等权利。因而，在弗雷泽看来，关键是承认什么，基于什么来克服错误承认。承认的核心是承认人们享有平等参与社会互动、作为平等主体进行政治行动和公共事务商谈管理的完全资格，而不仅限于对群体价值与群体存在的文化承认。而克服错误承认的主要方式在于去制度化，因为正是文化价值的制度化导致了身份等级、地位等级的存在，以及由此产生的不正义，而不单纯是由心理学、话语表达方面的社会认同、文化认同因素所致。在弗雷泽的主张中，承认的合理模式应是“旨在将阻碍参与平等的文化价值模式去制度化（deinstitutionalize），并用培育参与平等的模式取代之”①。

（二）包含身份承认的再分配范式

弗雷泽批判“承认一元论”在伦理规范中弱化再分配不公的独立性，同样也批判再分配范式对身份承认的忽略。西方资本主义社会的不正义不仅存在于由文化价值模式制度化导致的身份等级制，而且存在于经济机制制度化导致的阶级等级制。与霍耐特代表的“承认一元论”相对，托德·季特林（Todd Gitlin）和理查德·罗蒂（Richard Rorty）代表的左派的经济主义观点，把所有社会不公的归因都放在了经济问题方面，认为文化诉求在本质上是倒退的或超结构的。这种用分配正义囊括一切，全盘拒斥承认或再分配的观点同样是不可取的。弗雷泽反复强调分配和承认的维度彼此相互作用，虽各有侧重、彼此独立，但二者也相互纠缠、相互扭结、彼此交叉。错误承认的身份服从或身份等级制具有政治经济分配不公的内因或基础，而阶级不公的归因也少不了文化价值结构的错置。“固然，阶级不公正的终极因素是资本主义社会的经济结构。但是因而产生的伤害包括错误承认和分配不公；而源自作为经济

---

① 南茜·弗雷泽、阿克塞尔·霍耐特：《再分配，还是承认：一个政治哲学对话》，周穗明译，上海：上海人民出版社，2009 年，第 23—24 页。

结构的副产品的身份伤害，可能后来已经发展了它们自己的生命力。”① 因此，实现社会正义的目标是“发展一种能包容并协调社会正义的两方面的整合方式”②，如果从道德哲学出发就是设法找到“一个能够适应社会平等的保护性诉求和差异承认的保护性诉求的覆盖式的正义概念”③。在这一目的和任务上，弗雷泽认为“后结构主义的反二元论”并没能发挥实质作用。在她看来，以朱迪斯·巴特勒（Judith Butler）、艾利斯·扬（Iris Young）为代表的解构主义的观点，虽然也反对经济秩序和文化秩序之间的“二歧的”（dichotomizing）划分，但她们的思想把身份与阶级的独立性都抹杀了，解构一切差异的存在，笼统而粗简地将不正义划归到资本主义压迫体系中，这种没有具体的概念武器和简化资本主义社会现实的复杂性的做法，不可能实际推进为承认而斗争与为再分配而斗争相结合的理论工作与政治行动。对于经济主义、文化主义和“后结构主义的反二元论”都无法胜任的任务，弗雷泽指出两种二元论的解答方式。第一个方式是“实质的二元论”，“它把再分配和承认视为两个不同的‘正义范围’，附属于两个不同的社会领域。前者属于社会的经济领域，生产关系。后者属于文化领域，承认关系。当我们思考诸如劳动市场的结构这样的经济问题时，我们应当采取分配正义的立场，关注经济结构和制度对社会参与者的相关经济地位的影响。相反，当我们思考文化问题，例如女性性别对音乐电视的表现时，我们应当采取承认的立场，关注制度化的文化价值形式对社会参与者的相关立场的影响”④。但在弗雷泽看来，“实质的二元论”依然是不充分的，它只是描述与再现了现代资本主义的制度差异，无法撼动与挑战文化政治与社会政治的分裂的格局。而另一种方式——“观点的二元论”作为一种可能性的途径具有很多优点，“在这里，再分配和承认并不对应于两个独立存在的社会领域，经济和文化。然而，它们构成两种

① 南茜·弗雷泽、阿克塞尔·霍耐特：《再分配，还是承认：一个政治哲学对话》，周穗明译，上海：上海人民出版社，2009年，第18页。

② 南茜·弗雷泽、阿克塞尔·霍耐特：《再分配，还是承认：一个政治哲学对话》，周穗明译，上海：上海人民出版社，2009年，第20页。

③ 南茜·弗雷泽、阿克塞尔·霍耐特：《再分配，还是承认：一个政治哲学对话》，周穗明译，上海：上海人民出版社，2009年，第21页。

④ 南茜·弗雷泽、阿克塞尔·霍耐特：《再分配，还是承认：一个政治哲学对话》，周穗明译，上海：上海人民出版社，2009年，第48—49页。

可能被假定与任何领域有关的分析观点。而且，这些观点能够被批判性地展开，反对那种意识形态的特性。人们可以使用承认观点去辨识通常被视为再分配经济政策的文化维度”①。“观点的二元论”既辨别分配与承认，也分析它们之间的关系，同时不把一方简单地简化为另一方的“亚种”，也不把两者“二歧化”，模糊它们之间的交叉重叠。因此，“观点的二元论”是弗雷泽所认可的一种弥合承认与再分配的概念工具。

以女性问题为例，“当我们涉及那些接近理想范型的被剥削的工人阶级社会群体时，我们面对需要再分配矫正的分配不公。所需要的是一种再分配的政治。当我们涉及那些接近受轻视性别的理想范型的社会群体时，相反，我们面对错误承认的不公正。这里所需要的是一种承认的政治”②。女性是典型的具有二维社会差异的“二价集体”，其中，任何一维都无法单独反映与解决“二价集体”遭受分配不公和错误承认的双重痛苦。“在形式上这些不公正在哪里皆不是另一种不公正的间接结果，但是两种不公正在哪里都是原生的和同源的。”③ 因此，“唯有在那种经济（和其他地方）内精确地矫正‘女性的’文化贬值的方式，才能传递认真的再分配和真正的承认”④。正义的概念必须在观点上区分阶级和身份、经济和文化、分配不公和错误承认之间的区别与联系，并保持概念的开放性，保证平等参与的实现，同时在解释当前政治危机的过程中克服政治分裂。

（三）平等参与的代表权政治建制

弗雷泽起初主要是从上述两种范式关系中二维重构正义概念或正义范式的，以此矫治与性别不公类似的不正义问题。她主要强调融合两种对不公正的矫正方式，一种是其所谓马克思主义范式下对不公正采取的政治经济矫正方式，即“采取废除阶级结构的激进模式”⑤，无产阶级

① 南茜·弗雷泽、阿克塞尔·霍耐特：《再分配，还是承认：一个政治哲学对话》，周穗明译，上海：上海人民出版社，2009 年，第 50 页。

② 南茜·弗雷泽、阿克塞尔·霍耐特：《再分配，还是承认：一个政治哲学对话》，周穗明译，上海：上海人民出版社，2009 年，第 14—15 页。

③ 南茜·弗雷泽、阿克塞尔·霍耐特：《再分配，还是承认：一个政治哲学对话》，周穗明译，上海：上海人民出版社，2009 年，第 15 页。

④ 南茜·弗雷泽、阿克塞尔·霍耐特：《再分配，还是承认：一个政治哲学对话》，周穗明译，上海：上海人民出版社，2009 年，第 52 页。

⑤ 南茜·弗雷泽、阿克塞尔·霍耐特：《再分配，还是承认：一个政治哲学对话》，周穗明译，上海：上海人民出版社，2009 年，第 13 页。

废除作为一个阶级的自身，成为一个特殊的群体被承认；另一种是以霍耐特承认理论为代表的文化价值观矫正方式，即对身份差异的文化价值模式去制度化，代之以同等尊重的模式。由此，弗雷泽提出："再分配的范式不但能够包含阶级中心的政治倾向，例如新政自由主义（New Deal liberalism）、社会民主主义和社会主义，而且能够包括寻求矫正性别和人种-种族不公正的社会经济转型和改革的那些女性主义和反种族主义的形式。因此，它比常规意义上的阶级政治更宽泛。同样地，承认的范式不但能包含以重新评价被不公正地贬低的身份为目标的运动，例如文化女性主义、黑人文化民族主义和同性恋身份政治，而且包括各种拒绝传统身份政治的'基础主义'的解构趋势，例如同性恋政治、批判的'种族'政治和解构的女性主义。它比常规意义上的身份政治更宽泛。"① 在她提出当前政治危机体现为社会政治与文化政治之间的分裂，正义在政治经济和文化价值的光谱两极撕扯下中断时，她集中关注的是经济与文化两个维度如何在理念上回归彼此交叉、相互嵌构的范式。但是，其最终形成的二维正义观被指责为不全面的而遭到了理论质疑与批判。L. 费尔德曼指出其正义重构理论缺失政治维度，认为需要"把一种关于不正义的具体政治形式的论述包含在内"，并对弗雷泽最初的二元正义理论进行"三元"框架的政治维度填充，以针对流浪者的政策问题强调当代的不正义形式包括分配不公、拒绝承认和政治排除三方面。②

对这一批评及其观点，弗雷泽发表《在全球化世界中重构正义》一文给予肯定和采纳。这也促使她进一步引入政治维度重新考量全球化时代正义问题的致因与诉求，提出重建代表权正义的观点。代表权正义主要针对政治共同体的架构方式提出前提性质疑及平等性诉求。弗雷泽指出"错误代表权"的深层表现是在威斯特伐利亚体系下以国界为政治资格认证的"错误建构"。随着全球化日益深入，许多正义问题已经不限于领土国家内部的制度不公，而具有跨国界、跨文化的特征，原来建基于民族国家或领土国家的法律法规和政策制度，尤其体现为再分配正义和身份承认的相关诉求，已经无法满足社会对正义的需求和期待。同时，正义的语境发生了根本性的变化，"政治的"不只是由行政机

① 南茜·弗雷泽、阿克塞尔·霍耐特：《再分配，还是承认：一个政治哲学对话》，周穗明译，上海：上海人民出版社，2009 年，第 9 页。

② 贺羡：《"一元三维"正义论——南茜·弗雷泽的正义理论研究》，北京：人民出版社，2015 年，第 80 页。

构、立法机构等领土国家职能机关或部门的官方控制的“官方政治”，而且是公共围绕某一共同关心的话题展开广泛对话并形成公共舆论的一种“话语政治”。因此，全球化中的代表权诉求不可被忽略，它应该在一个新的能够满足跨国政治空间承诺的正义框架，从而更大程度地扫清平等参与的政治障碍。通过对女性主义构想的历史回溯，弗雷泽强调这第三重维度对女性实现性别公平的重要性：“代表权不仅是一个确保构成性政治共同体中妇女平等政治声音的问题。此外，它还需要对不能适当地包括在已建立的政治组织内部的正义进行重构性讨论。因此，在争辩错误建构的过程中，跨国女性主义正将性别正义重新改装为第三个维度问题，在其中，再分配、承认与代表权都必须整合到一个得到平衡的方法中。”① 在这一向平衡的三维整合的正义诉求道路上，女性需要并可以通过跨国性的国际机构在跨国政治空间承诺中完成促进性别公平的三个任务：“第一，女性主义者必须与其他进步力量一起，创立跨国层面上的平等的、性别敏感的社会福利保护。第二，他们必须与同盟者一起，将再分配政策与平等、性别敏感的承认政治整合到一起，这种承认政治给欧洲文化多元性带来正义。最后，他们必须在没有使国内的边界变得坚硬的情况下做到这一切，确保跨国欧洲不成为堡垒欧洲，以免在一个更广阔的尺度上复制错误建构的不公正。”② 仍然以女性主义为切入口，弗雷泽再次阐明了引入代表权维度后对正义概念的正确理解方式。实际上，她建构起了“再分配—承认—代表权”的“三元结构”正义论，并以此特别关涉实现性别公平的女性问题，形成“三元结构”的性别正义论。

还需强调一点的是，在“三元结构”正义论中，其基本原则或核心是参与平等。弗雷泽反复指明“我的概念的规范化核心是参与平等的概念”③。参与平等始终是弗雷泽关于社会正义的基本前提与政治要义。弗雷泽对承认范式与再分配范式做出的包容性与兼顾性相结合的修正最终体现着对平等参与的基本要求和实现平等要求的基本原则。弗雷泽指

---

① 南茜·弗雷泽：《正义的尺度：全球化世界中政治空间的再认识》，欧阳英译，上海：上海人民出版社，2009年，第132页。

② 南茜·弗雷泽：《正义的尺度：全球化世界中政治空间的再认识》，欧阳英译，上海：上海人民出版社，2009年，第132—133页。

③ 南茜·弗雷泽、阿克塞尔·霍耐特：《再分配，还是承认：一个政治哲学对话》，周穗明译，上海：上海人民出版社，2009年，第28页。

出："关于承认诉求价值的公平的民主协商，需要对于所有现实的和可能的商谈者的参与平等。参与平等反过来需要公正的分配和相互的承认。因此，这一说明中存在一个不可避免的循环：承认诉求只能在参与平等的条件下得以证明，这一条件包括相互的承认。"[①] 而她在关于代表权正义这一第三维度的引入中，也强调出发点是在全球化新正义语境中对"平等政治声音"的确保。弗雷泽直接将"正义的最一般含义"赋予参与平等，认为所有人平等地拥有参与社会生活的权力，消除人们作为平等主体参与社会生活的制度性障碍是实现社会正义的第一步，其内涵的关于主体平等的激进阐释也正是社会正义的根本指向。所以，在经济方面，不仅要剔除按财产认定政治资格的不合理制度，而且要减免因经济结构、财政政策等导致的再分配不正义，使社会成员不会因分配不公和再分配不公而失去平等参与社会公共事务的权利；在文化方面，要取消身份等级制的存在，改变错误承认的文化价值模式，使社会成员不因社会刻板印象或身份特征、文化标签无法作为平等伙伴与他人平等互动；在政治方面，变革错误代表权的错误建构，赋予社会成员以平等话语权，使人们不因先入为主的政策规范与政治程序阻碍平等参与的权利与平等互动的机会。弗雷泽在规范上的参与平等原则，在社会批判上的经济、文化、政治三重维度，有的人也称之为"一元三维"正义论。[②] 当将参与平等原则视为政治性原则，强调其政治语境时，我们看到，弗雷泽关于正义的阐释是"三元结构"范式的，参与平等由代表权反映与承载，同再分配和承认一起，三者彼此独立、各有侧重，但相互交叉、相互挂嵌、相互联动，形成整体性、一体化的正义推动力量，因此可称其为"三元结构"的正义论。

总的来看，弗雷泽的正义理论具有多方启示也有其理论局限。她站在女性主义立场上，通过对女性问题的正义诊断，批判资本主义制度，提出社会正义实现的女性主义构想和政治哲学出路。她所强调的推翻资本主义剥削制度、克服性别化的劳动分工、资本主义社会大男子主义文化价值模式去制度化、纠正错误承认的文化规范、重构代表权的政治框架、秉持并实现参与平等原则、促进女性主义运动走向联合等方

---

① 南茜·弗雷泽、阿克塞尔·霍耐特：《再分配，还是承认：一个政治哲学对话》，周穗明译，上海：上海人民出版社，2009 年，第 34—35 页。

② 贺羡：《"一元三维"正义论——南茜·弗雷泽的正义理论研究》，北京：人民出版社，2015 年，第 88 页。

面，对深入理解和探索女性解放、社会正义的归因与道路都有重要的理论启示。然而，其思想也存在一些可以商榷之处。比如，在全球化日甚的今天，关于法律适用的政治边界问题或政治空间分割问题，“凯恩斯-威斯特伐利亚框架”是否应该被完全否定，弗雷泽是否夸大了其欲重构的跨文化、跨民族、跨国界的后威斯特伐利亚框架在纠偏错误代表权方面的实效性？该设想是否能够在现实中胜任满足确保日益复杂的具有更加多样性、多元性相互交织身份的社会成员参与平等的诉求的任务？为性别公平而设的通向普遍性照顾者模式的理想，在关于女性解放的出路上，某种意义上要求男性女性化的方案是否有确切的实施通道？这一系列弗雷泽基于女性主义立场展开的正义方案及其构想，在复杂多变的具体情况下仍然有待考察。此外，从理论特质上来看，弗雷泽的正义理论始终是在政治哲学的大论域下展开的，对再分配不公、错误承认、错误代表权的分析批判也是从政治哲学的范式中寻求解决方案。比如，没有深入政治经济学批判的深度对性别化劳动分工的剥削实质展开剩余价值理论的深入剖析，只是揭示了性别分工和家务劳动无偿性带来的对女性劳动者二次剥削的现象，使之所提出的解放路径不得不要求文化价值批判的介入，即强调承认家务劳动价值和女性劳动价值对改变再分配不公的不可或缺性。而在实现社会正义的斗争方式上，弗雷泽重构代表权的政治框架、赞赏按身份承认组成不同群体的新社会运动、对参与平等原则的质性规定等，反映出其政治哲学论域中对政治哲学“元”意义的忠实。这与马克思主义基于生产力与生产关系、经济基础与上层建筑矛盾运动是推动社会历史发展的根本动力这一基本原理，在关于阶级斗争、无产阶级夺取政权、建设共产主义新世界等基本原则方法上有根本差别。因此，虽然弗雷泽自称是马克思主义者，但其基本的分析框架与解放方案构想都非马克思主义的，所以，关于现实的真正实现正义的可行路径，弗雷泽坦言：“我们离有一个令人信服的答案还差得很远。”①

---

① 南茜·弗雷泽：《正义的尺度：全球化世界中政治空间的再认识》，欧阳英译，上海：上海人民出版社，2009 年，第 180 页。

第十四章　巴特勒：性别理论的颠覆者

于是，性别便成了一种协商、一种斗争、一种处理历史约束和创造新现实的方法。但我们被“女孩化”（girled）时，我们就进入了一个长期建立起来的“女孩界”（a realm of girldom）——一系列有时相互冲突的惯例，在社会中确立了“女孩性”（girlness）。我们并不“只是”选择了它，它也不“只是”强加于我们，但这种现实可以，而且确实在改变。

——巴特勒

朱迪斯·巴特勒（Judith Butler，1956—　），犹太裔美国人，当代最著名的后现代主义思想家之一，在性别研究、政治哲学、文学等领域成果颇丰。巴特勒素习欧陆现代哲学，如黑格尔、马克思、海德格尔、克尔凯郭尔、梅洛-庞蒂以及现象学、法兰克福学派等。于1984年在耶鲁大学获得博士学位，目前就任加州大学伯克利分校修辞学和比较文学教授和修辞学系主任，约翰霍普金斯大学人文学科教授。在长期的游学生涯中，巴特勒逐渐完成了学术上的转向，即一种后结构主义转向——尤其是“福柯转向”，从对主体问题的关注转向了对性别身份的思考乃至颠覆。1990年，巴特勒成名之作《性别麻烦：女性主义与身份的颠覆》（以下简称《性别麻烦》）正式发表，其中她提出了关于性别“角色扮演”的“性别述行论”，这一理论不仅成为酷儿理论的关键观点，也使巴特勒一跃成为全球最热门的女性主义者之一。

作为女性主义理论家，巴特勒的核心思想具有关注主体和后结构主义的双重特征。一方面，巴特勒的理论吸收德国古典哲学、现象学、法兰克福学派批判理论以及当代法国思想理论，对主体构成问题做出深入剖析，认为从根本上来讲，女性主义理论需要重新构造女性的主体。基于此，她将主体问题放到特定的性别领域做延展性阐发。另一方面，作为后结构主义思想家，巴特勒强调对同一性概念的拒绝，认为拒绝中蕴含着自由的可能性与多样性，指出身体的性别特征是社会历史过程中外在的文化符号累加的结果，由此对先在的主体进行反驳。进入新世纪之后，巴特勒将自身解构性的批判理论与权力分析应用到政治领域，反对生产同一性的政治，倡导激进的民主政治。代表著作有：《性别麻烦》（*Gender Trouble*）、《身体之重：论“性别”的话语界限》（*Bodies That Matter: On the Discursive Limits of 'Sex'*）、《脆弱不安的生命：哀悼与暴力的力量》（*Precious Life: The Power of Mourning and Violence*）、《战争的框架》（*Frames of War*）、《一触即发的话语：操演行为的政治》（*Excitable Speech: A Politics of the Performative*）及《权力的精神世界：服从的理论》（*The Psychic Life of Power: Theories in Subjection*）。

一、还原身体：以建构性权力瓦解sex/gender二元结构

巴特勒最具影响力的著作《性别麻烦》出版于1990年，已成为女性主义哲学、性别研究和酷儿理论的里程碑式文本。《性别麻烦》探索了主体、身份和权力之间的关系，对“构建女性类别作为一个连贯和稳

定的主题”提出了质疑，并在此基础之上提出性别述行理论，定位了颠覆权力条款的可能性。在1999年版的序言中巴特勒提到，当她写《性别麻烦》时仍将自身的文本视为女性主义本身的一部分，尽管她发现自己反对某些形式的女性主义，这些女性主义将性别的意义局限于传统的男子气概和女性气质的概念上。用她自己的话来说，她将法国的后结构主义与“美国的性别理论和女性主义的政治思想”结合在一起，实现了“一种特别的女性主义重组”。

第一，通过解决女性主义中的“普遍性”开启性别问题。巴特勒批评作为普遍范畴的以及作为女性主义理论基础的女性概念，认为这种规范和排他性的实践未能实现女性主义追求女性政治代表的承诺。支持单一女性类别的普遍主义倾向是对女性主义政治的限制，理由是这个主题是通过它的表现产生的，而不是在她们之前存在的，它作为语言的规范功能主观设定甚至扭曲，从而得出一个被广泛遵循的“什么是女性”的普遍意志。因此，她强烈谴责对身份和镇压的普遍主义方法作为女性主义政治的基础，认为这是一种“殖民的认识论策略”。她写道，“女性身份的统一性和男性主义的压迫”是一个全球化的假设，使女性的类别成为规范性和排他性，并拒绝构建女性的“文化、社会和政治交叉点的多样性”。这种对普遍主义的否定，在1999年版的序言中得到了巴特勒自己的承认。她提到，在撰写《性别麻烦》时看到了“排他性”的普遍性，但后来逐渐意识到这个词本身所具有的非实质性与开放性所彰显出的“战略用途”。在此基础上她进一步意识到所有的基础都是有条件的，她主张一种普遍性的概念，即一种非先验的、向未来开放的，以争议和偶然为主要特征的无限可能。由此，她提出了“系谱的女性主义”思想，将注意力转向权力的监管效应，认为性别主体是在约束和代理之间矛盾的相互作用中产生的。巴特勒认为，在《性别麻烦》中自己提出了一种拒绝预设的形而上学的实体（substance），跳出传统性别假设的性别理论，“我的论点是，并不一定要有一个‘行为背后的行为者’，‘行为者’反而是以不一而足的各种方式在行为里、通过行为被建构的”①。性别主体并非被权力决定抑或由先在的“我”获取存在的合理性，而是被权力构成，在权力持续性建构与影响中形成一种与传统

① 朱迪斯·巴特勒：《性别麻烦：女性主义与身份的颠覆》，宋素凤译，上海：上海三联书店，2009年，第186页。

女性主义二元框架相区别的不确定的、动态的身份概念。

第二，通过权力分析揭示性别的建构性。一般意义上，sex 和 gender 分别代表了生理性别与社会性别，后者是文化建构的产物，前者则是基因决定的生理特征。巴特勒认为，长久以来这种生理性别与社会性别的二分使得一方面割裂二者联系，承认两性间存在不可弥合的差异，另一方面在建构性的视域彻底将身体和性别的问题排除在外，不能突破消除差异或保留差异的传统两性平等思路。巴特勒引入黑格尔哲学、福柯谱系学以及梅洛-庞蒂现象学的相关理论，指出第二次女性主义浪潮在聚焦社会性别，提出“政治和语言”再现、建构的论域时也预设了一种本质主义的主体形成的前提——被权力操纵的话语系统所肯定。巴特勒认为，第二代女性主义者指认社会性别的文化性、建构性，指出女人总是在这种社会性别指引下“变成女人”的同时，已经预设出一个作为实体存在的女性。暗含着以前文化形态存在的性别的二分，未能对操纵性别的权力进行彻底揭示与解构。生理性别与社会性别不是毫不相关的两个领域，社会性别作为话语/文化的工具，以目的性的中介形式存在，并将生理性别设定为形而上学意义上本质性、基础性的概念。换句话说，“自然的生理性别”依然是话语和权力的产物。正是在《性别麻烦》中，巴特勒引入她著名的性别表现理论——性别是通过话语强制重复表现物质行为来构建的，而性别的表现性构建带来了通过颠覆行为进行转变的可能性。在 1999 年《性别麻烦》的序言中，巴特勒承认，她发现很难精确定义“表现性”，原因是她对表现性可能意味着什么的看法不仅回应了一些批评性意见，还因为很多人接受了它，给了它自己的公式。她解释说，性别的表现是一种“金属感”，其中“对性别领域的描述本身，决不是先于或者是能够与它的规范性运作的问题分开的”①。性别表现性理论的重点“不在颂扬装扮，把它当做一种正确的、模仿的性别表达（即使对不时发生的贬低装扮的情形予以反抗是很重要的），而在说明自然化的性别认识对真实构成了一种先发制人的、暴力的限制”②。

第三，通过性别述行论反抗性别霸权文化。受拉康主体生成观影

---

① 朱迪斯·巴特勒：《性别麻烦：女性主义与身份的颠覆》，宋素凤译，上海：上海三联书店，2009 年，第 15 页。

② 朱迪斯·巴特勒：《性别麻烦：女性主义与身份的颠覆》，宋素凤译，上海：上海三联书店，2009 年，第 17 页。

响，即主体并非自动生成，而是受某个名称询唤的结果，巴特勒在语言和精神分析的层面尝试打破女性主义的二元困境，提出性别述行理论。性别不再是 being 所意指的静态、固化的标签，而是 becoming 所代表的不断生成、建构的结果。通过指认传统性别理论的实体形而上学的局限以及揭示生理性别/社会性别体系背后的权力建构，指明基于性别身份的文化预设的虚构性，对性化身体进行祛魅。一方面，传统“男性”和“女性”的概念，都是以表征化的形象引导身体接受塑造，生产符合异性恋霸权体系的两性身体；另一方面，通过标准量化，使得异性恋霸权社会的主体资格仅仅在已塑造的身体中进行分配整合。传统女性主义将“女性”身体先于女性“身体”，实际上致力于“唯名论”的理论体系的形成，以类“男性霸权”的方式将“女性”概念及“女性主义”体系同质化。文化可理解性的标准产生了“特定性别的禁令”。虽然主体是通过规范产生的，但它不是由它们决定的，但矛盾的是，“‘能动性’要从那个重复当中发生变异的可能性里去寻找”。[①] 重复的做法既构成了身份，又“呈现出质疑它们的内在可能性”。因此，巴特勒试图以“身体”“行为”为核心，建构“唯实论”的女性主义。她从话语与戏仿维度进行系统的话语-性别批判。从话语维度，巴特勒接受福柯对现有的知识基础、被认可的秩序形态以及时空的关联性阐释，将话语作为主体的概念，主体则被视为受言语操控的动态生成的主体，以语言的认识论对宏大的现代性叙事作拆解；从戏仿维度，巴特勒将述行过程投射入行为场域，进一步揭示模仿对象的社会历史特征，从女性到人类整体，从身体到主体生成，击碎“性别”“身体”的前文化形态的同时，给予主体自我建构的意指空间。一方面生物决定的肉体偶然性被摒弃，生理性别/社会性别二元身份的瓦解伴随着男/女身份的瓦解，基于性别差异的性压迫也将不复存在；另一方面不再以作为普遍性规范的性别差异作为身份的划分，个体独特性代替群类，包容代替同化，构成多元化的社会图景。

二、颠覆身份：解除禁制的赤裸生命

巴特勒在早期集中对传统女性主义、性别化问题和异性恋霸权等问

---

① 朱迪斯·巴特勒：《性别麻烦：女性主义与身份的颠覆》，宋素凤译，上海：上海三联书店，2009 年，第 189 页。

题进行思考。性别述行理论将身份视作重复操演下的历史产物，操演的重复性与仪式性不断建构和强化性别的所谓“本质”，使其变为固定的同一身份。重复的性别操演试图使其不断趋近理想典范，但它仍是人为的产物、行为的结果，更准确地说是异性恋规范框架内为服务其生殖目的而以实践建构的假象。但随后，巴特勒不满足在女性主义中流传的建构性的话语，而否认作为稳定参照物的先于话语存在的“性别”。在《性别问题》所提出的性别、身份、操演理论的基础之上，巴特勒希望就霸权政治以及异性恋霸权主义等问题进行深入探讨。

其一，打破权力规训下的虚假身份。在《性别麻烦》中，巴特勒以颠覆思维、流动视角和动态过程重构性别谱系。“性别”与“身份”不过是权力、话语建构中重塑身体的“操演”产物。“生理性别/社会性别的区分暗示了生理上性别化的身体和文化上建构的性别之间的一个根本断裂。”[①] 实际上已经对规训主体的“性别”与“身份”的概念本质赋予了流动和开放的特征，使代表同一性的性别逻辑被操演的异质性、多样性、动态性过程所代替。然而巴特勒很快发现，自己的性别理论更多被应用为解释和支持性少数群体的话语，这有悖于其反对任何包括“男性”“女性”等在内的同质身份和霸权符号的理论初衷。不论是主流身份还是非主流身份，当其作为一种同质性的群体被归类和命名，相应的话语霸权也就此形成。实际上，这种各式各样的身份划分使得主体之间彼此区隔，以权力操纵下的人为划分抹杀实际存在的人性多元，使得自身所处的群体利益成为主体的唯一考量，而如何维持多元主体的共存目标则被置于边缘位置。另外，巴特勒在对女性主义理论的审视中发现，包括自己早期著作在内，所有女性主义理论的建立都是基于女性或性别视域，是基于身体经验和个体主义的方法，这种业已获得“承认”的主体不具备普遍性。因此，巴特勒在剖析权力建构的逻辑路径的基础上揭示建构与排他并存的霸权伎俩，推进身份谱系到身/份谱系的转化，将对性别霸权的批判扩大到对权力霸权的批判，其体系主要呈现在《身体之重》一书中。

权力通过“建构性解构”对身体进行镌刻，一方面制造出一系列身体应当遵循的规范幻象；另一方面规定内在思维与外在行为，在内在

---

① 朱迪斯·巴特勒：《性别麻烦：女性主义与身份的颠覆》，宋素凤译，上海：上海三联书店，2009年，第8页。

与外在、解构与重构中用权力构建“性别身体”，使之成为身体、身份、欲望的统一主体。“‘服从’意味着被权力屈从的过程，同时也是一个成为主体的过程。”[①]“在这个意义上，身体固化、轮廓与运动的构成完全是物质性的，但物质性将被重构为权力的产物，被视为权力的最重要后果。”[②]在重复的建构之后，性别作为仪式化的沉淀被自然化。身体作为权力运行的必要中介，也是反叛和抗争的必要中介。巴特勒以身体实践展开进一步说明：戏仿的移置效应既揭露了霸权思维的同一性，又否定了性别的“原初性”，揭示身份的流动性与意义改造的可能性空间。性别并非本质，而只是一种塑造身体的行为和话语实践。身体作为权力效应实施的客体出现，受权力的塑造产生带有性别风貌的身体。性别是持续反复的身体实践，由此成为一种建构意义的操演，同实践一样受制于历史。从对性别理论的探讨转向对身体物质性地再审视，而对身体解构与重构的追问则直接指向了对个体生命的关注。性别问题不止一个作为“建构性”或“前文化”的学术问题，更是与每个人休戚相关的社会问题。权力的管制规范以一种重复和征引的行为对性别进行文化构建，并最终使其以虚假的物质化的形式固定下来。她在其中聚焦作为个体的生命，人类只有接受文化规范对身体的改造与限定，“领受”性别，才能在现存秩序中获得主体地位的承认。“严格说来，领受、僭用、采用身体规范的过程不是由一个主体所经受，相反，主体，意即说话的‘我’，是通过性别领受而形成的；性别‘领受’过程与身份认同问题，以及异性恋律令用来促成某种性别化身份并排除且/或否认其他身份的话语有关。”[③]巴特勒指出霸权矩阵“建构”与“排他”共存的两条运作路径。作为霸权矩阵产物的不仅是被筛选和规范的主体身份，也是被褫夺“主体身份”的“他者”，即被权力规范、固定的不只是同一的“身份认同”，也是被排除在承认体系之外的“他者”。僵化的“认同”和“身份”作为霸权矩阵和权力运行的产物，不仅以权力意志对“主体”和“非主体”进行区分，也使认同框

---

① 朱迪斯·巴特勒：《权力的精神生活：服从的理论》，张生译，南京：江苏人民出版社，2008年，第2页。

② 朱迪斯·巴特勒：《身体之重：论“性别”的话语界限》，李钧鹏译，上海：上海三联书店，2011年，第2页。

③ 朱迪斯·巴特勒：《身体之重：论“性别”的话语界限》，李钧鹏译，上海：上海三联书店，2011年，第3页。

架内形成各类利益互斥“身份”群体，消除对框架内跨“身份”群体合作的可能性。在现代性视域下，民族、种族、宗教、阶级的划分，只停留于具体身份认同的体系确立和“主体”的人为纳入，将各类认同分割为不同的权力场域。也就是说，巴特勒以“排他性”的路径对传统权力批判进行了揭示与增补，政治场域内的解放不应诉诸对现有“身份主体”的扩充，而是通过揭示权力运行的深层逻辑解密权力对主体的规训和划分，打碎现有的身份禁制，改造话语体系与制度符号，承认在运作过程中被拒斥的“他者”。至此，巴特勒通过“物质性”视域的切入，审视权力运行的深层逻辑，展现现有“主体身份”的建构性，并指明唯有打破权力运行的身份规训，才能从权力内部打破现有的话语机制与逻辑体系，实现更大程度的身体审视与自我认知、更大范围的霸权反思与社群合作。巴特勒通过话语体系对生物性别的建构，打破生命的现有形式，释放生命潜能，追寻生命自由。

其二，话语与存在断裂下的真实面孔。巴特勒认为，在社会动荡之中，以美国为代表的在现代社会中唯一拥有“合法暴力”的国家机构纷纷借机扩张自己的权力范围和暴力效能。事实上，假借“铲除暴力，维护和平”的国家，在势力的扩张中加剧了国际暴力的广度和强度。在此背景下，巴特勒在延续建构视域与述行理论的同时，研究路向也有了更为明显的移动，展开了更为系统的政治反思和生命思考。为何在现代社会中，人们普遍将战争视作不可避免甚至合乎人性的行为？巴特勒从“表征”领域入手，通过战争中话语与图像构筑的“想象政治”，挖掘现代政治的运行逻辑与运行模式。科学技术，尤其是大众传媒，成为权力合理化战争的舆论场，这意味着在科学技术的掌控之下话语与图像在战争中发挥着构筑框架的功能性作用。它们以最直观的形式向大众传播信息，输出观念，用感性且有效的手段阐释战争的内涵，规定人类目标与非人类目标，进而定义战争在人们脑海中的性质。“然而，框架倾向于说明、修饰图像（即便是以某种极简的方式进行），甚至会对框定的历程作出自我评价。”[①] 在图像与话语构筑的战争框架之下，处于表征领域的人们接收的信息被限定，人们看待世界的思维也被限定。所以，现代国家的政治框架并非真正基于民主自由，而是合法暴

---

① 朱迪斯·巴特勒：《战争的框架》，何磊译，郑州：河南大学出版社，2016 年，第 48 页。

力的符号象征，也是权力运行和政治统治的工具。作为衡量一切政治的资本主义民主框架，实际上是以权力-战争的模型获得合法性存在以及保证现代社会正常运转的统治机制，也是代表统治阶级利益的权术工具和伪善形象。通过表征领域对人们的认知和信息进行筛选、限定，框架同时实现了对主体资格和主体本身所进行的塑造，产生各种主体理论。换言之，民主框架内的主体并非天然存在，抑或自主生成，而是被框架赋予。以国家权力的视角划定“人类”与“非人类”，“真实”与“非真实”，将实际上被主观限定的生命逐出框架之外，在“自我”与“异己”的划分下，使用战争机器排除“异己”，将合法性和暴力使用权进行垄断并将其合理化。作为生命主体的人只有在框架内才能得到承认，表征为主体，始终处于被权力选择和建构的被动状态。框架之外的生命体则只能以纯粹的生命性存在出现，暴露于饥饿、战争的死亡威胁之中。在区分“自我”与“异己”的同时，在框架内部也通过社会福利、薪资等因素对内部主体进行再划分，使得框架内部的生命实存不总是以完全的主体身份存在。

在指证资本主义框架与主体的建构性与虚假性之后，巴特勒由破到立，从性别-话语批判、权力-主体批判转向对生命政治的构建，其建构的起点就是对生命本身脆弱性（precarity）的揭示。一方面，国家以文化符号和规范性概念划分界限，通过机构和话语形式，以排他性制造出“有效生命”与“无效生命”。“这种否定真相并且拒不承认现实（derealization）的作用并非发生在影像的内部或外部，它所凭借的乃是呈现影像的特定框架。”[①] 权力者以罔顾律法的主观姿态进行权力传播和权力运行，随意褫夺生命在法律上的主体权利。被排除在框定的有效秩序范围之外的、失去公民权利的生命只能被掌权者随意践踏。另一方面，巴特勒援引列维纳斯的“面孔”概念。“面孔”不再代表真实的生命状态，而是成为当代权力机器正常运作的工具。“面孔”中的人性部分被抽离，权力机器制造出“范准面孔”，以此区分自我与他者，区别性地授予“生命”资格，以此达到社会管控的目的。“如果我们一定要用语言来说明面孔的意义，那么面孔就是让所有语言都束手无策的事物；面孔似乎是一种声音，一种剥离语义之后的语音，亦即发音的纯粹

① 朱迪斯·巴特勒：《脆弱不安的生命：哀悼与暴力的力量》，何磊、赵英男译，郑州：河南大学出版社，2016 年，第 237 页。

声音层面，这一语音根基先于一切语义，并且限制了语义的表达。”[①] 现代社会中的“面孔”是权力运行的工具和暴力战争的前提，正因如此，还“面孔”以本来面目也可以作为揭露权力运行痕迹、权力掩盖生命价值恶行的关键。前面已经提到，通过表征领域的分析与揭露，巴特勒生动地描绘出暴力运作、操控生命的过程，通过窥见表征领域的各类权力运作，明晰主体受限、受塑的被动地位。在此基础之上，巴特勒援引“面孔”“脆弱不安”“不定生活”等概念，释放被制度范准化的真正人性。人们应该认识到自己所处的充斥“不定性”的实际生活，认识到存在着政治框架之外的不被承认的空间。正如战争时期难民死亡的照片激发反战情绪，对真实生命脆弱不安现状的洞见，使得人们开始在可知可感的权力表征领域内部开始反思生命的区隔，追问生命的出现和消失。“义愤”等情绪既是人类真实情感的释放，也是对现实做出的伦理反应。人们再次获得反思和批判的能力，质疑公共领域中拥有话语权的人制造真理的资格，质疑当下权力创造出的“人”与“非人”的界限，探求标准和规训之下被抹杀的生命的真实状态，以及被隐瞒的人们所处的痛苦困境。至此，巴特勒的性别理论由“破”到“立”，从对异性恋霸权和传统女性主义框架的批判，转向了对个体生命的关注，开启建构生命政治的理论视域。

三、重构主体：诉诸伦理的人类联合

如果现有的民主框架实为权力建构和政治统治的工具，而所有的生命样态都以“赤裸”的形式暴露于“不安定”的生活之中，那么在“权力操演”与“脆弱不安”的双重阴影下，政治解放与主体自由何以可能？事实上，虽然权力将生命视为客体，但生命中的反抗与创造才是巴特勒乐此不疲的东西。随着资本主义在世界范围内的发展，全球政治越来越呈现出福柯所提及的“生命政治”的形态。严峻的经济、政治、文化、伦理处境，使得人们无差别地陷入“不安定”的生活状态。《性别麻烦》和《身体之重》中所提出的以个体为基础对身体操演的揭示与对言说权力的反抗，无法应对政治霸权。当群体而非个体陷入普遍“脆弱不安”，当人们依靠的政治程序还原为合法暴力的虚伪表象，探

---

① 朱迪斯·巴特勒：《脆弱不安的生命：哀悼与暴力的力量》，何磊、赵英男译，郑州：河南大学出版社，2016 年，第 211—212 页。

寻生命与生命之间的联系，注重个体生命与政治的关联形态便成为巴特勒的首要关切。新世纪以来，暴力与战争事件频发，“赤裸”的生命形态开始高频次地展现在人们面前，这恰恰意味着以美国为代表的第一世界特权动摇，象征着政治的可能性空间开启。既然人们已经“无差别”地陷入脆弱不堪的境地，那么要克服当前人们普遍面临的生存困境，就需要打破“自我”与“他者”的划分，从“类”的维度共同打破束缚于自身的权力与话语枷锁。

第一，相互依存的“自我”与“他者”。巴特勒提出“相互依存”的理念重申主体间伦理商谈与伦理责任的互相指认。在这方面她不仅吸收列维纳斯基于“面孔”的伦理关系，也发展了阿伦特“不可抗拒性”的社会革命理论。一方面，她在列维纳斯主体与共同体关系的视域下延续自己在《性别麻烦》中提出的“身体”与“操演”概念，强调象征人类生命的各式各样的“身体”存在，也只能存在于个人与他者互相交织的伦理关系之中。另一方面，她将身体操演与阿伦特的社会革命理论相结合，提出应以集体性取代个体性成为社会革命的基本样态，从部分人对现有秩序的“寄生”，转向普遍人对“不安定生活”的摆脱。至此，巴特勒实际上提出应对“赤裸生命”与“不安定生活”的现实路径，即以群体的身体操演突破资本主义民主框架的禁制与规训，重构国际政治的伦理路向。

长期以来，霸权秩序与政策企图以差异与区隔的强化克服生命的脆弱性，实质上却破坏了人的脆弱性带来的相互依存关系。个体生命的脆弱性促使人们探寻人与人之间的相互联系、审视人与人之间的依存状态，成为强化集体行为的天然纽带。“我探讨了暴力、脆弱与哀悼，但我还想讨论一种更为普遍的‘人类’概念：从一开始，我们就受制于他人；从一开始，甚至在个体形成之前，我们就因身体需要而受制于一些最早出现的他者。”[①] 当生命“脆弱不安”与“相互依存”的本质被公众确证，人们便开始对政治秩序和伦理问题进行积极反思，构想崭新的未来图景。人类无从避免的相互依存状态将代替日常生活、主权、民族共识成为共同体的公认基础。个体间全新构筑的伦理关系对权力场域进行不断地反思与质询，突破权力框架塑造的群体间壁垒，进而催生可

---

① 朱迪斯·巴特勒：《脆弱不安的生命：哀悼与暴力的力量》，何磊、赵英男译，郑州：河南大学出版社，2016年，第46页。

以包容各种宗教、种族、文化的多元文化氛围。为摆脱防御性的政治视角，重新探索更为良性的政治模式，巴特勒在对总体性权力机制进行反思批判的同时，也从现有秩序符号的消解走向理论建构之路，完成对个体人类与群体人类的再命名。在政治建构和伦理转向中，巴特勒将自己早期女性主义的主体立场一以贯之，尝试释放哀悼、悲伤、脆弱等精神分析术语内部所蕴藏的主体的未竟潜能，复归被权力横行的现代秩序所模糊的人类生命的固定属性与真实状态。当这种根深蒂固的脆弱与依存滋生于国家之间，将会深刻改变现有的国际秩序与政治格局。虽然这一事实不那么容易被接受，但正是生命的软弱为大众提供了活生生的人性形象，而这一生动、真实的形象必将助力主体间的连接与主体力量的释放，具有改变历史的意义。

第二，多元开放的人类命运共同体。当生命与生命以"唇齿相依"的状态向人类展开，身体与身体构成一种理想共同体的新政治的可能性也由此生成。不论是作为世界第一的美国抑或作为第三世界的国家，都无法回避暴力与战争框架下社会肌体出现的裂痕与创伤。"在绝对权力主体的妄想中，国家暴力表现得尤为明显。所谓的绝对权力主体是这样一种主体：他不可能受到他人冲击或影响，他不可能具有无法改变的脆弱特质，以此作为自身行为的条件与限制。"① 霸权预设的伦理观看似刻画了主体的全知全能，实际上对政治、话语乃至日常生活进行垄断，对人群进行区隔，在权力框架下将不正义之举合理化，罔顾现实和生命。新世纪以来，左派知识分子们纷纷探寻更为正义、人道的国际策略，以此治愈人类之殇。这其中，巴特勒创造性地指出，不论在伦理维度还是政治视阈，都需要以直面而非逃避、真诚而非抑制的态度正确地处理"失去"（loss）。非暴力的伦理呼吁承认人类的生存困境，以人的脆弱无知为基础打开人类新民主的可能性。通过主体塑形论的阐释，巴特勒重新审视了"主体""自我""他者""责任"之间的关系，以"相互依存"打破主体现存的"受制"境遇。身体与物质的双重的"脆弱"，使我们不得不厘清主体间晦涩又必然的关联性，在指认自身伦理责任的前提下，转向更为和平包容的人类社会，开启更为开放的"人类共同体"。一方面，以承认和理解"他者"为前提，这个共同体之中生

---

① 朱迪斯·巴特勒：《战争的框架》，何磊译，郑州：河南大学出版社，2016年，第294页。

命以集体而非以个体的形式出现，所有生命的纳入意味着共同的意志的形成，这种意志不再呈现为个体的需求和利益，而是以突破现有资本主义民主框架，实现所有生命实存的价值为指向的共同理想。另一方面，以克服传统社群主义对个体性的抹杀与同化为指向，这个共同体以开放多元的姿态，保证不同言语、思维之间的交往，促进主体间“召唤”与“回应”的良性循环。至此，以政治权力框架区分的“规范主体”与“非规范生命”不复存在，每一个生命都平等地存在于共同体之中。打破主体主宰式和圆满式的幻想之后，人终于能在哀悼责任，迈向人性的过程之中，在平等、自由、包容、承认、多元的伦理基础之中，不断向真正自由解放的人类主体趋近。

总的来说，巴特勒希望以非暴力场域塑造全新的国际正义和全球民主。非暴力不仅作为精神分析维度的实践与批判，也是斗争和伦理呼吁的现实形态。问题的核心不在于对主体可塑性过程中暴力条件的移除，而是主体对伦理责任的自觉承担。“为了保护他人脆弱不安的生命，我们将攻击行为转化为各类表达方式，从而保护所爱的对象。攻击倾向的暴力表达得到限制，服从于旨在尊重并呵护他人脆弱生命的召唤——爱的召唤。”① 巴特勒扬弃“主奴辩证”的主体观，纳入“他者优先”的思维。他者视域的引入并非代表对他者的迁就纵容，而是彰显主体生命的无可奈何。社会话语、秩序、框架都是探寻自我符号意义的依据，但它们纷繁复杂、变化多端，我们难以厘清，遑论掌控。而伦理责任意味着直面、理解、尊重人类生命的存在论根基——脆弱与无知。圆满、主宰式的主体论并非伦理的基础，脆弱无知看似无望，实则正是伦理的希望所在。霸权尚在、困境尚存，我们方能悟伦理之责，担主体之任，才能携手构筑合理、正义的未来。巴特勒的伦理呼吁为不同国家对国际态势的审视提供了视角和思路，为不同主体逃离霸权宰制提供了契机与启示。“若想使非暴力禁令变得合情合理，我们首先必须打破运作于感知领域中的人群划分，推翻这种不合理的不平等框架。若想使非暴力禁令免于沦为空谈，我们必须批判地审视其中的区分规范。”② 其伦理观强调对他者呼唤的回应，即在明晰生命脆弱性与无知性的前提下

① 朱迪斯·巴特勒：《战争的框架》，何磊译，郑州：河南大学出版社，2016 年，第 293 页。

② 朱迪斯·巴特勒：《战争的框架》，何磊译，郑州：河南大学出版社，2016 年，第 298 页。

加强主体间打破传统区隔的凝聚与合作，颠覆现有的权力与话语霸权，进行主体间平等、自由、民主的对话。正如巴特勒在《脆弱不安的生命》《战争的框架》两部著作中都先后提到的“文化翻译”概念，不仅停留于文字的翻译工作，更蕴含了国家、种族、民族、地区间的文化、思维、认知的碰撞，构建平等对话、平等沟通、平等交流的国际氛围。承认他者、正视他者、尊重他者，构建一荣俱荣、一损俱损的人类命运共同体，真正实现从“我”到“我们”。

从性别理论到政治构想，巴特勒始终以主体的探寻和生成为理论主线，以对霸权的反思与批判，以对脆弱处境的直视和对弱势群体的关怀为价值取向，指认了全球善治的必要性。其为构建一种能使每一个生命都享受同等权利的国际新秩序提供了重要的启发，也为建立更加公平、合理的全球治理体系，真正实现全球善治提供了独特的思想源泉。然而作为批判当代资本主义社会和意识形态的重要理论家，巴特勒兼具后现代主义与激进左翼的双重特征，也不可避免地展露二者的双重局限。一方面，作为后现代主义理论“六经注我”的集大成者，巴特勒与历史唯物主义刻意保持距离，对资本主义进行不触及经济基础、民主政治、社会制度的激烈批判。另一方面，在解放道路的探索中展露明晰的人道主义甚至神秘主义色彩，寄希望于基于人性的伦理、共感，指向的是缺乏历史性与现实性的抽象主体。拒绝一切宏大叙事的“后现代”力量难以回应以连续性、整合性为特征的现代问题，未来图景的描绘既需要对整合叙事、本质话语保持警惕，也需要注入建构的激情与责任。面对当下的世界，我们都需要跳出纯粹的理论游戏、语言游戏和伦理想象，致力于建设真正多元包容的全新国际空间，实现最有力的文化批判、最天才的理论设想、最有效的政治实践的有机统一。

第六专题　当代西方左翼的“共产主义”思想

上世纪下半叶，伴随东欧剧变和苏联解体，国际共产主义运动陷入低潮。进入新世纪，众多西方左翼学者精准捕捉到资本主义以技术范式上的后福特制、社会治理上的福利国家所掩盖的资本主义剥削本质及衍生出的资本主义危机。他们通过经验层面的新样态把脉资本主义新变化，管窥当下区别于以往资本主义社会以物质劳动为主导的社会运行新样态，以及在新时期体现出的具有某种普遍一致性的时代新面貌、新特点、新进展。他们以反映和反馈人类社会在某个时段普遍存在的现实性问题为基本立足点，提出重释共产主义理念、建构适应时代发展的共产主义新理路，以期在新时代的意蕴中释放共产主义的未竟价值，探索具有科学性与现实性的人类解放道路。共产主义在西方左翼理论中以崭新的面貌得以复兴的图景，无疑在后工业时代技术与消费交织的无边无际的喧嚣中，架构起解读当下、建构未来的可能性方案。

一、当代西方左翼思想界“共产主义复兴”发生学考察

（一）“五月风暴”：激进政治基因

1968 年 5 月，一股青年造反浪潮突然席卷整个欧洲大陆，其中以法国最为严重。第二次世界大战结束后，法国迎来三十年的黄金发展岁月，战后物质财富的迅速积累，使得国内经济飞速发展，农业社会加速向现代工业社会转型。伴随这种繁荣发展而来的还有一系列社会问题：经济发展进入滞胀期、工人阶级对自身待遇不满、消费主义盛行以及戴高乐的“帝王式总统制”，这些社会问题使人们在遭遇物质危机的同时，也遭遇严重的精神危机和政治危机。此时一大批成长于战后丰衣足食的青年学生在注重自我表达，追求生活质量提高的日常生活变革中，寻求政治参与的新途径与可能性。但是法国的大学课程和管理模式

却严重压抑学生的情感欲求。对个性解放日益强烈的追求使法国学生不满法国大学的陈规戒律，渴望用自己的力量去打碎旧的、不合理的统治秩序，建立起属于他们这个时代的新秩序、新结构。在各种矛盾集聚的情形下，法国社会局势已是“山雨欲来风满楼”，一系列学潮、游行示威、罢工运动此起彼伏地爆发。不少学生满怀热情涌上街头，学生们占领大楼，筑起街垒，展开巷战；工人们举行罢工，占领工厂矿山，扣留经理等资方人员；全国铁路及空中、海上的交通中断，生产、通信陷于停顿，整个法国社会的经济生活处于混乱状态。这便是震惊全球的“五月风暴”。

“五月风暴”使一大批青年进入学校、深入街头、步入街垒、闯入矿山，“行动一定不要是反应，而是创造”“没有什么东西叫作革命思想，只有革命行动”“前进，同志，旧世界已经被你抛在脑后”成为他们的口号。这种亢奋与激进的情况持续一月左右，在六月份趋于平缓。左翼知识分子燃起用“革命”行动实现共产主义的希望。安德烈·高兹就在著名左翼杂志《现代》（*Les Temps Modernes*）上撰文指出，“五月风暴”证明了西欧的革命是可能的。齐泽克也认为1968年真正的遗产体现在这句口号中：“让我们成为现实主义者，去要求不可能的事情。”

在这场运动中诞生和成长的一批左派青年，逐渐发展为当今西方激进左翼家族中的主要成员。如当时巴黎索邦大学学生巴迪欧是其中最重要的代表。作为法国马列主义共产主义联盟（简称“法共联［马列］”）创始人和领导人之一的巴迪欧为法共联（马列）撰写了大量的宣传手册和哲学著作。其中最著名的著作当属出版于1975年的《矛盾论》一书。与巴迪欧类似，同样作为阿尔都塞学生的朗西埃，早在“五月风暴”之前，就加入了“马列主义共产主义青年联盟”（简称“共青联［马列］”），而且成为共青联（马列）中的中坚力量。在共青联（马列）遭到法国当局解散后，其又加入“无产阶级左派”（简称“无左派”），并创办了《逻辑的造反》杂志，于1976年编辑出版《工人的话语：1830—1851》，深入研究法国工人运动史。

对于在“五月风暴”中成长起来的一代人来说，在街头进行实际的政治运动，比在书斋里“鼓捣什么革命理论”更为有用。他们深刻认识到革命实践行动的重要性，坚持理论与实践的结合，强调实现未来社会的美好追求必须诉诸真实的革命理论与实践，“五月风暴”为他们注入了激进的政治基因。

（二）东欧剧变与“共产主义复兴”

东欧剧变，是指1989年前后东欧一些社会主义国家共产党和工人党在短时间内纷纷丧失政权，社会制度随之发生根本性变化的事件。从1989年到1991年，社会主义旗帜在东欧各国和苏联像“多米诺骨牌”一样倒下，最先在波兰人民共和国出现，后来扩展到德意志民主共和国、捷克斯洛伐克、匈牙利人民共和国、保加利亚人民共和国、罗马尼亚社会主义共和国等华沙条约组织国家，最后以苏联解体告终。伴随东欧剧变，各种反马克思主义思潮甚嚣尘上，以美国为首的资本主义国家所主导的新自由主义奏响号角，席卷全球。其中最具代表性的是日裔美国学者福山1988年出版的《历史的终结及最后之人》，该书指出自由民主制度是“人类意识形态发展的终点”和“人类最后一种统治形式”，1989年的东欧革命恰恰显示了自由民主主义的胜利。福山的“历史终结论”在理论上适时地把握住了东欧剧变后资本主义社会状况及时代心理，在整个世界引起强烈震动。

面对右翼的欢呼，西方左翼的处境可谓十分尴尬。东欧社会主义的覆灭使他们对于共产主义的希望和憧憬只能深埋于心间，整个西方左翼思想界都在有意无意地回避和疏离共产主义。面对右翼的进攻，左翼内部也出现了蜕变和分化，为了适应新的生存环境，多数西方左翼开始否定过去，与传统的社会主义阵营划清界限。有的西方共产党组织蜕变为社会民主党组织，原本的社会民主党组织也纷纷淡化自己的左翼意识形态色彩，甚至特别注意与“共产主义”“社会主义”主动脱钩。英国工党提出的“第三条道路”标志着左翼的最后一丁点批判资本的激进，也随着使用新自由主义的语言和政策而不复存在。这一时期，西方左翼整体陷入较为沉寂的局面，西方共产主义运动步入低谷期，需要在理论上进行反思，并催生思想理论创新。因此，西方左翼迅速从这些事件中清醒过来，开始思考苏联社会主义失败的原因，并深化对于马克思共产主义思想的研究和探索，重新寻求走向共产主义的道路。西方左翼思想界首先在思想层面达成的基本共识是苏联社会主义的失败，仅仅是一种社会主义模式的失败，并非西方右翼所宣称的共产主义理想的终结。他们认为，东欧剧变之后，人类社会仍然处于过渡时期，但是现实的过渡问题既不是苏联、东欧如何从社会主义向资本主义的过渡，也不是资本主义向社会主义的过渡问题，而是从“历史共产主义”“现实社会主义”向“后共产主义”“新共产主义”的过渡，历史将进入“后共产主义”或“新共产主义”时代。郎西埃认为，虽然从“历史共产主义”向“后共产主义”的过渡很可能并不是人们所期待的，并且它的结果也不确定，但应当根据社会主义的思想传统为未来社会主义制定一个新的概念框架。正是在这一共识基础上，西方左翼仍然保持着对于共产主义的信心，也深知必须重新界定社会主义、共产主义的概念，而掀起关于“共产主义复兴”的讨论。例如柄谷行人感到需要对“共产主义”这一理念加以重新思考，提出重建共产主义道德形而上学的构想，他利用康德“建构性理念”和“整合性理念”，指出需要否定的是作为“建构性理念”的共产主义，而不应该连作为“整合性理念”的共产主义也否定，二者之间并不矛盾。总之，东欧剧变促使他们思考“共产主义复兴”亟待解决的问题，后冷战时代共产主义如何可能的问题，共产主义与“实存社会主义”的关系问题，对新自由主义意识形态的突破问题，实现共产主义的策略问题等，以此不断丰富他们对于共产主义的理解，形塑他们的共产主义理论基础。

整体而言，20 世纪八九十年代，东欧剧变等一系列事件的发生，以及全球资本主义的强势推进和新自由主义的迅速蔓延，使得国际共产主义运动陷入前所未有的低潮。但是，激进左翼思想家仍然坚持自己的立场，坚信无产阶级革命的可能性，坚持着他们心中的马克思主义的共产主义理想。

（三）新自由主义破产与新共产主义运动

进入 21 世纪以来，以 2008 年全球性金融危机的爆发为主要事件，复兴“共产主义”的声音逐渐高涨。2008 年金融危机是一场由美国次贷危机引发的全球性的金融危机，不同程度重创了世界上大多数的资本主义国家，使欧洲陷入“二战”以来最严重的经济衰退。西方左翼思想家普遍将这次金融危机的爆发，归因于新自由主义在西方的泛滥，导致一系列全球性金融危机、政治骚乱和恐怖主义事件相继发生。欧洲各国普遍爆发了反对新自由主义的左翼社会运动，民众的思想观念也发生向左的转变。西方左翼思想家将新自由主义置于批判的靶心，指出新自由主义及其带来的一系列社会问题表明资本主义制度不是人类社会制度形式的最优选，资本主义绝非人类社会历史的终结。

正如一些左翼学者所称，福山乌托邦必须死两回并且已经死了两回。如果柏林墙倒塌催生了福山乌托邦的话，那么，2001 年的“9·11”事件与 2008 年的金融危机标志着福山乌托邦的双重死亡。前者见证了政治乌托邦的死亡，后者则见证了经济乌托邦的死亡。在“马克思热”的大潮下，为寻求资本主义之外的另一种可能，关于共产主义的论题重新进入了西方左翼思想家的视野。阿兰·巴迪欧（Alain Badiou）、安东尼奥·奈格里（Antonio Negri）、迈克尔·哈特（Michael Hardt）、雅克·朗西埃（Jacques Rancière）、艾蒂安·巴里巴尔（Etienne Balibar）、伯特尔·奥尔曼（Bertell Ollman）、詹姆斯·劳勒（James Lawler）等一批当代西方激进左翼思想家以马克思的共产主义思想为逻辑起点，从不同角度思考全球资本主义下共产主义何以可能的问题，在当代西方思想界掀起一股新的共产主义思潮。其中，2009 年由巴迪欧等人在英国伦敦组织召开的“共产主义观念”大会是个标志性事件，标志西方左翼思想界吹响了“共产主义集结号”。2009 年 3 月 13 日至 15 日，“共产主义观念”大会在伦敦大学伯克贝克学院召开。会议计划安排在能容纳 200 人的学术厅进行，但由于听众太多，不得已三次改换场地，最后在一个能容纳千人的报告厅召开。会议的发言者是法国的阿兰·巴迪欧、雅克·朗西埃，意大利的安东尼奥·奈格里、詹尼·瓦提莫（Gianni Vattimo）、亚里桑德罗·鲁索（Alessandro Russo），美国的迈克尔·哈特、布鲁诺·波斯蒂尔斯（Bruno Bosteels）、苏珊·巴克-莫斯（Susan Buck-Morss）和科斯塔斯·杜兹纳（Costas Douzinas），英国的特里·伊格尔顿和阿尔伯托·托斯卡诺（Alberto Toscano），法国的让-吕克·南希（Jean-Luc Nancy），德国女哲学家朱迪斯·巴尔索（Judith Balso）等。与会者来自世界各地，人数达千人。伦敦“共产主义观念”大会受到舆论界的普遍关注，不仅各大学术门户网站争相报道，甚至连《金融时报》都做了长篇评论。此后，“共产主义观念”大会连续召开三届。2010 年 6 月 25 日至 27 日在德国柏林人民剧院召开第二次会议，其主题为：“共产主义观念：哲学和艺术”；2011 年 10 月 14 至 16 日，巴迪欧、齐泽克等人又在美国纽约柯伯联盟学院举行了以“共产主义：一个新的开始”为主题的国际研讨会，继续这种批判性的讨论，会议的发言者包括巴迪欧、波斯蒂尔斯、巴里巴尔、乔蒂·狄恩（Jodi Dean）、弗兰克·鲁达（Frank Ruda）等人。会上，巴里巴尔将这一波由新左派发起的以“共产主义观念”为核心的论题称为“新共产主义”，以和经典共产主义理论相区分。此后，2013 年 9 月 24 日至 10 月 2 日，巴迪欧等人又在韩国首尔庆熙大学召开了为期九天的“共产主义观念”学术会议，进一步评估和重申“共产主义观念”，有中国学者参加了此次会议。类似的会议还包括：2010 年 1 月在巴黎的“论共产主义的潜在可能性：共产主义在今天是个什么样的名字?”，2013 年 1 月在巴黎召开的“希腊症状：债务、危机和左翼危机”讨论会等，除了召开多次学术会议之外，西方左翼思想界还出版了诸多论著。主要包括由伦敦著名左翼出版社 Verso 出版的三大本“共产主义观念”大会论文集：《共产主义观念》（2010）、《共产主义观念 2》（2013）、《共产主义观念 3》（2016），阿兰·巴迪欧的《共产主义假设》、波斯蒂尔斯的《共产主义的实在性》、乔蒂·狄恩的《共产主义地平线》、鲍里斯·格罗伊斯（Boris Groys）的《共产主义附录》等。

今天，西方左翼思想界的思考让我们依然有理由相信，“一个幽灵，共产主义的幽灵”①，仍然在欧洲的上空游荡。他们的理论热情反映出共产主义本身所蕴藏的巨大潜能和吸引力，西方共产主义的寒冬期已经过去，取而代之的是“共产主义复兴的热潮”。

二、当代西方左翼思想界“共产主义复兴”的主要论题

资本主义无法自洽的基本矛盾以及由此引发的社会危机，为西方左翼思潮开辟着思想理论的生存空间。左翼思潮作为与时代息息相关的思想理论产物，虽然伴随现实需求不断发生变化，也始终指向对资本主义的审视以及对替代道路的探索。共产主义作为概念、实践、理论抑或思潮，其作为永葆活力的批判武器，成为西方左翼现实揭批、理论探索、道路建构的有力支撑。西方左翼在理论内涵和观点派系上形态各异、众说纷纭，同时也作为与保守姿态的右翼相区别的存在，与马克思主义和共产主义有着千丝万缕的联系。

（一）对资本主义的批判

资本主义是西方左翼身处其中的基本情境，也是其分析和批判的首要对象，故此，西方左翼理论，亦可以称之为西方资本主义批判理论。20 世纪下半叶，资本主义进入自身发展的黄金时期，以金融资本为主

① 《马克思恩格斯选集》第 1 卷，北京：人民出版社，2012 年，第 399 页。

要载体的资本扩展并未造成显著的矛盾激化，甚至阶级矛盾也在福利国家的政策普及中得以消退。但新世纪之后，以 2008 年金融风暴和新冠疫情暴发为节点，资本主义呈现许多新变化，西方左翼学者的理论形态也随之由偃旗息鼓或频频倒戈转向呼吁共产主义的再度复兴。英国马克思主义者哈曼将金融危机的爆发归因于资本主义条件下金融部门的过分自由和去管制化①；皮凯蒂则直接将资本主义贫富差距的缩小阐述为“源于战争以及为应对战争冲击而出台的一系列政策”②。西方左翼对资本主义变化发展的关注，形成以时代为基准，以现实为导向的重要特征。左翼学者们洞察到，在科学进步与文明发展的浪潮下，马克思主义所指明和批判的资本逻辑主导的资本主义本质在当代没有根本性移除。基于此，他们在资本主义危机的断裂与继承，历史与现实相统一的视野下，把捉资本主义新动态、新形势，追溯资本主义未曾变更的剥削内核。一方面，部分西方学者既着力从劳动特性、金融资本、技术范式、消费模式、大众文化、全球治理等不同维度，或某一要素中管窥新历史条件下资本主义的运行与发展。另一方面，部分西方学者则将资本主义视为统摄政治、经济、文化的整体性的结构，或全方位展开的权力建构系统，尝试概括新时期资本主义的整全性特征。虽然左翼学者们在研究视野上各有侧重，但其理论范式和思想路向却有着相近的趋向：一是彰显出专业化的学术角度，纳入西方哲学的形而上精神，试图以爱、数理逻辑等建构新的本体论，或在精神、审美层面对文化和美学进行重构；二是对后现代范式保留激进内核，引入断裂的历史观，强调在历史连续性中断中滋长出推翻现存秩序的新的革命可能。不论是部分或者整体，静态经验或动态生成，西方左翼学者大都将资本主义作为社会危机的根源，透视到在进步、文明的幻象中以资本逻辑为主导的资本积累和资本剥削，将资本主义视为应当予以批驳甚至取代内在矛盾的阶段性存在以及种种危机的综合体。

（二）对共产主义的探讨

自由主义的破产开启新一轮对资本主义批判的空间，而与马克思主

---

① 参见 Chris Harman，*Zombie Capitalism*：*Global Crisis and the Relevance of Marx*（Chicago：Haymarket Books，Reprint edition，2010），pp. 7-8。

② 托马斯·皮凯蒂：《21 世纪资本论》，巴曙松等译，北京：中信出版社，2014 年，第 21 页。

义联姻则成为揭批资本主义发展形势、经济危机根源的主要理论形态。在对资本主义批判的热潮中，共产主义复兴的种子悄然萌发，面对新世纪之后的机遇与挑战，左翼思潮与西方马克思主义出现合流趋势。左翼思想家们在对资本主义的洞见中重启共产主义的革命与现实的问题，希望以共产主义的复兴和发展克服资本主义无法自洽的内在矛盾。更确切地说，左翼理论家们将共产主义视为激进政治与现实革命的合理内核，在新的历史经验上推陈出新，为共产主义做出时代新注解的同时，积极探索替代资本主义的有效方案，开启共产主义发展的新征程。由此，共产主义的幽灵突破资本主义的重重围剿，再度成为西方学者探索人之解放思想的重要引领。如何从现有经验与现有理论进行对共产主义的再阐释，成为左翼学者共同聚焦的问题。总的来说，左翼理论大致形成了三个维度的理论阐述模型。其一，以主体为切入。巴迪欧将共产主义诠释为共产主义主观化的过程，认为在事件基础上共产主义的生成和主体的生成相互交织，是一幅人介入事件、把握真理，形成主体意识并追求幸福的动态图景。这种主体既是对物质和精神层面共有物的占有，也是被排斥者和被包容者之间的连续性对抗。由此呼吁这种被主流排斥的新的“无产者”，应该联合起来、投身行动，对抗资本主义霸权。其二，以非物质劳动（immaterial labor）为关切。非物质劳动是对当前资本主义在劳动领域所掀起的新变化的高度概括。哈特、奈格里认为这一概念是在工业社会经济转型下提出的，当前资本主义社会在劳动时间与非劳动时间、劳动产品类型上已经有了翻天覆地的变化，非物质劳动是一种包含政治、经济、文化的社会生活自身的生产，具有脱离资本主义发展的倾向，生产出商品客体的同时也生产出社会关系，彰显政治和生命的意义。这种解读有异于马克思《资本论》中对立足剩余价值剥削的资本主义危机阐释，而是关注非物质劳动的自主合作性，即一种活劳动的主体维度。“大众（multitude）不应该被理解为一种存在（being），而应当被理解为一种形成（making）。”[①] 这一理论阐述模型在生产自主性和主体自我建构的视域下，鼓励人们继续从事反抗现存的激进运动。其三，以平等主义为指向。左翼理论家们将平等理念视为阐释共产主义的逻辑基础。这不仅体现在理论建构中对主体生成、建构的

① Michael Hardt and Antonio Negri, *Commonweath* (Cambridge, Massachusetts: The Belknap Press of Harvard University Press, 2009), p. 123.

强调，对主体差异和规制的反抗，也体现在实践维度上不断兴起的群体联合。不论是巴迪欧将平等主义作为建立共产主义的三大公理之首，还是朗西埃对民主的绝对拒斥以达到人民的自治和自主，无不表达着保障个人从事政治、享受生活权利的美好愿景。共产主义是真正平等的实现，不再作为统治阶层意识形态的代表，而是大众自主性、连续性的操作。巴迪欧忠于事件的主体，哈特、奈格里的“诸众”、朗西埃的“无分之份”，都是为实现更大范围的平等而塑造的新的革命主体。理解主体、建构主体，以此再没有自我与他者、统治者与被统治者的区分，平等也将在我们的言、说、做中不断涌现，最终实现趋近完美的政体秩序。这种西方左翼“共产主义复兴”的图景可以说是西方反思社会主义发展以及剖析资本主义新动态的一种新样式，也是反抗资本主义的一种新尝试。

（三）对中国为代表的社会主义的研究

从理论逻辑到思想脉络，西方左翼的思想理论与经典马克思主义保持一定距离。在这种“新共产主义”的理论图景中，共产主义不再作为与物质生产、阶级斗争相关的历史必然，而是一种基于主体和革命生成的救赎性的景象。但中国作为当前社会主义实践的典型代表，依然吸引着大批左翼学者的目光。一方面，“东风西进”的“毛泽东思想”余韵犹在。如巴迪欧在“五月风暴”时坚定不移地以自己思维中的毛泽东形象作为理论展陈的基点，依然保留着毛泽东思想带给自身充满现实感和激进性的革命颜色；而德里克则对毛泽东《矛盾论》进行现代性意义上的再解读，指出现代性是一种在时间和空间中不断展开的、充满矛盾和悖论的经验。不论怎样，毛泽东思想的为人民服务宗旨、调查之风以及激进革命的姿态，为左翼运动提供着克服经验主义与教条主义的理论镜鉴。另一方面是更重要的“日新月异”的中国化马克思主义的风头正劲。“马克思主义中国化”使马克思主义理论在中国马克思主义者生生不息的传承中不断具体化、时代化。“五月风暴”前后，左翼学者就已经规模性地将中国纳入自己的研究视野。从阿尔都塞到德里克再到巴迪欧，左翼理论家们从时代现实性和理论真理性的交互维度，以独特的西方语境和西方视域剖析着中国化马克思主义的意义与价值。匈牙利工人党主席蒂尔默·久洛认为习近平新时代中国特色社会主义思想是21世纪杰出的理论成果，既切实为人民服务，也成为发展全面性战略的关键。法国左翼知识分子托尼·安德烈阿尼则以实质性和程序性的方法研究中国民主政治，认为中国在民主目标、取向和性质上比发达的资本主义国家更纯粹。美国左翼学者马丁·哈特·兰斯伯格也肯定中国特色社会主义市场经济，认为这种特殊的市场导向使中国走出了一条区别于苏联式社会主义和资本主义的崭新道路，在资本主义为主导的世界体系中发挥着中国的积极效用。纵然左翼学者对中国和社会主义的分析依然囿于资本主义立场，不论是现实分析抑或未来道路探寻都呈现“隔靴搔痒”之态，但其对中国发展的关注以及对中国模式世界意义的肯定，无疑为分析现代化发展、解决资本主义危机、推进共产主义运动提供了新的视野与思路。

西方左翼以对马克思主义的关联性、对资本主义发展的敏锐性、对社会主义动向的关切性，成为推动当前世界秩序和格局变化的重要力量，不论是涉及经济、政治、文化、社会、生态等维度的异彩纷呈的理论学说，还是囊括政治游行、示威、罢工、学术论坛的新社会运动，都以鲜明的问题意识和革命意识为时代做下注脚，既成为共产主义不竭动力与真理内核的一种印证，也成为当下人类解放运动的潺潺支流。

第十五章　巴迪欧："重新制定共产主义假说"

必须复活马克思主义，这恰恰是因为马克思主义的基本架构并未遭受任何损伤。因为马克思主义，作为共产主义政治的知识，它将继续在面对资本主义时提出替代性的现代性方案。

——巴迪欧

阿兰·巴迪欧（Alain Badiou，1937—　），西方左翼思想家的标杆，当代哲学思想界的重要代表，当代欧陆学界"新共产主义"思想领军人物。巴迪欧出生于北非法属摩洛哥拉巴特的一个富裕的殖民者家庭，曾任巴黎高等师范学院前哲学系主任、欧洲研究生院教授，现为位于瑞士的欧洲研究院（EGS）教授。在巴迪欧的人生中，一方面，乐于参与政治运动、重视数学训练的"理性的"父亲和喜爱文学的"感性的"母亲对巴迪欧产生了深刻影响，理性与感性、数学与哲学的交融形成其独特的思维方式与学术风格；另一方面，阿尔都塞作为巴迪欧在巴黎高师求学时的导师之一，是其思想形成的重要推动力。

对政治运动的热忱所形成的激进、革命的立场，无疑是巴迪欧思想理论的显著特征。20世纪六七十年代，巴迪欧积极投身于包括"五月风暴"在内的各种左翼运动与毛主义运动，逐渐在法国知识分子的激进土壤中塑造出既同苏联模式又同修正主义、实证主义的马克思主义相斗争的独特共产主义理想与战斗精神，致力于在多角度的挞伐中重新释放马克思主义的真理性内核。80年代之后，轰轰烈烈的革命运动开始退潮，巴迪欧逐渐从革命运动转回理论研究。但与向自由主义妥协并自禁于书斋的悲观主义者不同，巴迪欧直面"哲学怎么了"的不可能的可能性问题，用激进的哲学理论反抗现代资本逻辑以科学技术、大众文化对人性的吞噬；在现代与后现代的交织中反思哲学的合法性问题，致力于以真理为核心范畴的哲学的拯救、重构与复兴。巴迪欧认为，数学是我们在感性与抽象之外把握世界的唯一途径，他以此为基点开创出以数学探寻哲学的全新理路，通过数学的演绎推理阐释哲学的思维逻辑，构建出同传统哲学范式相区别的"事件、真理、主体"三位一体的数学本体论，此被命名为思辨唯物主义（speculative materialism），为传统形而上的物质概念注入新的内涵。让本体论成为可能，让哲学成为永远未竟的事业成为巴迪欧的学术使命。巴迪欧学术成果颇丰，耄耋之年仍笔耕不辍。半个多世纪以来出版了包括政论集、学术著作和文学剧本在内的大量作品。代表性著作有《存在与事件》《世纪》《哲学宣言》《柏拉图的理想国》《元政治学概述》《当前时代的色情》等。

一、资本与虚无：当代世界的真正危机

20世纪六七十年代，西方共产主义的革命气焰被新自由主义的热潮压制。面对屡遭挫折的西方共产主义运动，巴迪欧依然坚守自己的红

色信仰，在甚嚣尘上的消费主义与后工业社会中通过审视资本主义新形态，揭示被进步幻象所遮蔽的现代性危机，以此探寻欧洲社会主义革命失败的肇因，勘探真正弥合共产主义理论与现实罅隙的革命主体。巴迪欧思想理论庞杂，历经阿尔都塞主义、毛泽东思想到数学本体论的屡次转向，但始终以对既有秩序的批判和对马克思主义的弘扬为理论底色，在多元思想耦合以及自我发展的不断建构中，形成独属于巴迪欧的共产主义观念学说。

对资本主义的激烈揭批是巴迪欧理论体系从未易帜的基础论调，而这种基于现实的时代诊断和现实测度，亦成为连通巴迪欧与马克思的跨越时空的桥梁。

一方面，将现代性危机归结为资本主义发展的必然后果。面对日益数字化、平台化的资本主义社会，巴迪欧依然做出资本主义在任何意义上都不是创造性的或后现代的判断，揭示资本主义依然以资本逻辑为主导、以科学技术和大众文化为载体无孔不入地操纵着世界，其范围从生产到消费，从劳动到意识形态，从个体到国家。巴迪欧将现代性看作一种消极的事实，认为这场源发于文艺复兴的现代化进程首先结束了自然与宗教给人类带来的单向宰制，又在工业与科技的飞速发展中不断得到强化和具体化。这场铺天盖地又毫无回头可能的现代性盛宴在当下彰显出的首要危机形式，就是来自资本裹挟之下人对自我存在的忽视和怀疑。这种主观性的危机并未逃脱资本逻辑的主导，在资本主义自我发展的驱使，尤其是资本集中的驱使下，资本主义选取自由竞争与霸权扩张并行的模式，而这些侵略性的、非正义的资本运行机制在现代化的中介下通过法律规制日渐从外观上脱离野蛮的特征、套上合理性的外壳。巴迪欧大段引用马克思的原文："资产阶级在它已经取得了统治的地方把一切封建的、宗法和田园诗般的关系都破坏了……总而言之，它用公开的、无耻的、直接的、露骨的剥削代替了由宗教幻想和政治幻想掩盖着的剥削。"① 以此确证我们依然处于马克思所指明的时代，人类以及人类历史所带有人性光辉与色彩的多元图景都被资本主义中资产阶级与无产阶级、男人与女人、青年人与老年人、信徒与异教徒的二元划分所统摄。"马克思准确地分析了周期性危机的必然特征，这尤其确证了资本

---

① 《马克思恩格斯选集》第1卷，北京：人民出版社，2012年，第402—403页。

主义绝对的非理性，以及帝国主义行动和战争的必然性。"[①] 资本主义秩序决定了以金钱为准则的社会符号化，在自由与民主塑造的貌似中立、进步的模式又使得资本主义道路似乎成为实现现代化的唯一途径，现代化危机又必然是资本主义发展道路产生的结果。巴迪欧在《政治可能的黎明》中以"真矛盾"和"假矛盾"的区分提出自己关于现代性危机的独特见解，并在此基础之上提出共产主义是一项未竟的事业，具有未竟的潜能。

另一方面，共产主义是克服现代性危机唯一可行的现实道路。巴迪欧以一种历史溯源的视野审视了与资本主义发展相交织的现代化进程，认为资本主义既刻画出中立、自由、富足的美好愿景，又制造出极端、暴力、贫困的苦难现实。由此，资本主义在现代化的隐蔽下获取自身发展的可能性与合理性的同时，也创设出掩盖资本主义根本危机的虚假危机——对西方资本主义发展道路的绝对崇拜与绝对拒斥。即是说，摆在人们面前的似乎只有两条路：一是对资本主义所建构的"自由""民主"的绝对赞同，或主动或被动地被"市场计算的中立性"所裹挟；二是在对资本主义的拒斥中切断现代化进程，回到资本主义之前的传统社会。从本质上说，这两条道路展露的顺从与拒斥都是对资本主义权威的承认与妥协，是对资本主义替代性道路的无望呻吟。现有对平等的追求都陷入"向前"或是"向后"的二元处境中，然而"向前"和"向后"的矛盾是不动摇资本主义体系的一对虚假矛盾，虚假矛盾的愈演愈烈使这种不触碰危机本质的分歧演绎成一种壮观的暴力。

这种情况下亟须提出一种兼具理想性与现实性的"符号化平等主义"，以数字集成、信息编码来有效弥补不平等的现实状况，将主观权利加之于客观计算之中，以实现理想化的资源平等。巴迪欧认为，这种象征性的主观基础能将人从计算性的资本主义或走向极端的法西斯道路中拯救出来，通过规则的制定与运行达到对资源完全共享基础上的再度分配，从而实现人类的真正平等。要逃脱资本逻辑的全面宰制和否定现存的传统复归，就要进行一场彻底的文化革命，在对资本主义的揭批中彰显现代性矛盾，重新构筑和整合主体力量，这种主观性基础是且只能是马克思所说的以"自由人的联合"取代私有财产与资本竞争的共产主义观念。

---

① Alain Badiou, *The Rebirth of History* (London: Verso, 2012), pp. 11-12.

20世纪末，西方共产主义的式微与新自由主义的盛行似乎成为不可逆转的历史趋势。西方共产主义革命陷入低潮，资本主义借此机会将共产主义冠以“罪恶乌托邦”的名号，将自身“钦点”为文明进步的必然。巴迪欧以一种历史性的溯源重提共产主义观念的重要性，无疑是对资本主义所筑牢的意识形态堡垒的一次猛击。2010年，巴迪欧文集《共产主义假设》（*The Communist Hypothesis*）英文版问世，其以历史与现实呼应的动态视角审视伴随资本主义全球化而此起彼伏的政治危机与经济危机，挞伐资本主义，阐发共产主义，探索如何超越以资本主义为既定模式的现代性发展形态，开启真正符合人类本质的可能性未来。作为活跃在21世纪的左翼思想家，巴迪欧一方面积极响应着“回到共产主义”“共产主义必将到来”的呼声；一方面在新的历史条件下思考着共产主义实现的具体路径，包括新的主体、新的组织、新的形式。受后现代主义和新自由主义思潮的交叠影响，巴迪欧将共产主义实现的关键落脚于以主体连接事件与真理的三位一体模型，在观念与现实、个体与主体的再度界定中确证新的主体形式，释放新的主体效能，构建新的共产主义图景。

二、事件哲学：对共产主义的哲学解析

1985年《我们能思考政治吗？》正式出版，意味着巴迪欧思想的真正破晓。他逐渐意识到阿尔都塞所搭建的结构主义框架无法彻底解决自己对政治问题的疑惑、对危机根源的解决，在结构无法遍及的地方，巴迪欧找到了能既充分又生动展现政治问题的新概念——事件。在这本书中，巴迪欧指出辩证法的诞生之地并非固化的规则，而是偶然性张开的“例外”，主体则需在对例外的说明中建构新的力量法则。巴迪欧认为不能囿于语言之中，真理必然存在于既有话语方式之外，但又拒绝绝对偶然对在场形而上学的重构。这里必然存在着真实实在，但它并非以传统哲学所指向的感知、话语来获得，而是以数学的形式超越个体存在的偶然性，从有限走向无限。在此基础上，他建构出自己以“数学”与“事件”为双核心的新哲学，而巴迪欧的共产主义观念毫无疑问与他的新哲学交织在一起。

（一）“事件”：打破连续的断裂

事件哲学是巴迪欧在数学本体论基础上建构起来的哲学体系，也是

巴迪欧绘制共产主义蓝图、重构人类理性的基本叙事。事件概念是巴迪欧在与情势的对比下提出的，其所谓的情势结构是一种"大一"的实存，而事件则是实存机制在可再现范围内对某一情势的定性。借此，情势并非先验的，而是解释性的产物，即情势是事件发生前的平滑发展阶段，在这一阶段中任何状况都被允许发生。而巴迪欧所言的事件，是一种脱离现有逻辑、现存秩序、蕴含革命潜能的牵引装置（dispositif）。

一方面，事件凝聚着历史与当下被忽略的因素，是兆示"天启"（apocalypse）的真实。个体的局限性让人们难以对现实进行切实的把握，唯有忠于事件的我们才能在纷繁复杂的图景中规避主观主义的抽象，走向唯物主义。另一方面，事件连接着当下与未来，是连接存在与非存在之间的桥梁。它打破连续的情势，不被现有秩序所规制，在线性历史中剖开裂缝，在不可预估的偶然中开启新的可能。巴迪欧在事件的论说中更加强调事件不可能的可能的特性。因为，事件的不可能性具备双重倾向，一是将不可能变为可能，通过不被现有所认可的事件的发生释放情势之外的例外状态，使原本平滑向前的历史曲线发生褶皱与变形，以断裂打破历史接续发展，让不可能成为可能。二是不可控的偶然，事件的发生是人类不可预知的，是突变性与偶然性的结合体。他以巴黎公社和"五月风暴"为例，指出这些带有异构性的激进实践都展现出一种断裂性，这些突如其来的革命事件成为一种将不可能变为真实可能的现实平台与现实介质。巴迪欧认为无法预测的事件发生打断了同一情势的发展以及促使遵循"一"机制的新情势的诞生，带有革命性与激进性事件的发生是打破资本主义整全性统治的关键所在，也是共产主义运动中真理与主体生成的必要前提。"哲学的目的是把握真理性的事件，它们的新奇和转瞬即逝的轨迹"①，这些事件并不都有完满的结局，但其展露的共产主义内核以一种"记忆"的形态实现历史的传承，实现散落在历史不同点位的共产主义运动的互通性。所以我们需要相信事件、忠于事件，把握事件遗留下的痕迹。

（二）"真理"：超离情势的空

在西方哲学史上真理意味着"去蔽"，其探讨的是变动不居、亘古不变的事物的本质。现代哲学则在碎片化和差异化的冲刷下强调与日常

---

① Alain Badiou, *Metapolitics*, trans. Jason Barker (London · New York: Verso, 2005), p. 102.

生活息息相关的相对有效性，摒弃普遍意义的真理概念。巴迪欧意识到这种无限解构带来的困局，试图以新的理论形式与价值内核再度赋予真理普遍性以意义。在《存在与事件》《哲学宣言》中，巴迪欧提出了自己以科学、政治、艺术与爱为前提的类性程序（generic procedure）的真理。巴迪欧以数学本体论为基础，将真理定义为“类性的多”的存在，是在事件产生的“不连贯的多”中诞生的情势的“类性真理”。“真理的支持实际上是在于阐释性的介入，真理的根源是在于事件。”[①] 这表明巴迪欧始终在事件、真理与主体三者相交织的维度搭建着三者的共生关系。反对将现有的知识体系、经验性概念视作真理，而是将真理定义为依托事件产生的偶然结果、特殊意外，是历史连续性断裂向我们凸显出的打破计数唯一的无限多的形式。在这种对真实事件、历史发展的强调中，巴迪欧的真理拥有了自己的独特样态。一是动态性，以“多”代替“一”。这种动态性依然与作为巴迪欧哲学体系另外两元的事件与主体紧密联系。一方面，真理是事件的衍生物，以事件的发生作为自身存在的必要前提。它并非一种先验的、永恒的存在，而是依附于不可预测的偶然事件，在情势之外的例外状态中向我们张开。事件既是真理诞生的前提，也建构出真理存在的基本境遇。即是说，现实的发生与发展作为前提性、基础性的存在关涉真理的发生与发展，真理既是现实效应的结果，也随着现实效应不断发展变化。另一方面，真理需要主体的中介与把握。事件的发生需要主体，真理的发生也需要主体。事件与真理并非自然发生，它是主体在历史平滑线性发展中主体性不可预知的释放，也是主体对现实的积极参与。事件发生为真理的产生打开空的场域，主体则在场域之中进行一系列的能动性活动，为真理的诞生创造必要的动态条件。不可预知的事件将历史撕开裂缝，主体则在撕裂出例外状态中对这种空进行装饰和描补，由此实现真理的价值——在事件的基础上被主体所掌握。二是价值性，这种价值即是一种主体旨归性存在，也是一种作为信仰的忠诚。巴迪欧一向将政治作为哲学思考的应有之义。事件的发生不可预测，要对事件进行把握和介入必须在打开区别于“一”的空场之后以忠诚对事件进行“爱的建构”。巴迪欧以“元政治学”的概念回应马克思对“改变世界”的呼吁，以这种对政治

---

① Alain Badiou, *Being and Event*, trans. Oliver Feltham (London · New York: Continuum, 2005), p. 222.

生活积极参与的本体论哲学弥合政治哲学的纯理论批判。具体说来，巴迪欧这种类性概念认为事件的发生将使原本的情势发生变化，组成新的具有积极性的政治集合，集合中的人会因相同的目的指向凝聚成一种集体性的力量，真理也在这种并非预先设定好的行动中悄然形成。这样一来，巴迪欧的类性真理逐渐明晰，它既是一种主体忠于事件的结果，也是一种非经验性的结果，没有既定的秩序指引或概念预设，它内嵌在历史与人性的不断生成中，是事件的参与者、政治的行动者用不断前进的步伐踏出来的痕迹。

（三）"主体"：归于历史的生成

在资本逻辑统摄的现代性问题中，理论家与革命家从未停止过对主体的探寻。西方共产主义运动的低潮、红色意志的褪色使得人们开始质疑早在《共产党宣言》中就被马克思确立为资产阶级掘墓人的无产阶级形象。革命是否可能？革命主体是否存在，如何生成？要克服现代性危机、探索解放道路，就必须对一系列问题进行反思与廓清。面对新自由主义与后结构主义的冲刷，巴迪欧暴风骤雨般的革命激情以及对革命主体的探寻却并未停歇。他强调，所有问题的答案都应在不间断的革命运动中找寻，通往光明的道路也只能在前赴后继的行动中得以搭建。"在一个革命和马克思主义都陷入危机的年代，在这种迫切性之下，开展的一种政治性的书写"[①]，就此巴迪欧作为真理与事件桥梁的主体理论得以彰显。首先，主体是"存在的主体"。这是基于对后结构主义主体虚无说的反驳。巴迪欧尤其批判了曾经作为自己恩师的阿尔都塞，认为阿尔都塞在理论和实践中都表现出一种保守性，无法满足自身的政治热忱与革命冲动。尤其是阿尔都塞的主体理论，将人作为嵌入意识形态结构的无主体的主体性，这种主体的虚无化使人类从历史中隐去，成为束手无策的消极存在。巴迪欧指出主体并非空无，而是切实存在的，这一点在具体事件如法国大革命中已经得到历史确证。从存在论角度说，主体是事件的产物，而主体对事件的忠诚则是事件本身固有的逻辑。事件以及基于事件产生的类性的多的真理是偶然的、不可捕捉又转瞬即逝的，要把握真理必须有作为主体的人追寻事件的踪迹进而把握真理，并遵循类性真理的兆示。在以类性真理表达事件的同时也完成了自

---

① 蓝江：《忠实于事件本身：巴迪欧哲学思想导论》，北京：北京大学出版社，2018年，第135页。

身向主体的转换。其次，主体是稀缺的。这是基于对传统哲学主体理论的反驳。巴迪欧不赞同笛卡尔和康德赋予主体的先验性，认为这种真理自明的大写主体是不存在的。主体的存在与事件和真理息息相关，表征情势断裂的偶然性事件是主体显露不可或缺的第一个环节。事件出现之前，主体不存在。事件乍现之后，有人站出来描摹事件宛如流星划过夜空的点点痕迹，宣布它的发生，遵循事件创造的类性真理，使得情势断裂与新主体生成同时开启。也即是说，巴迪欧以巴门尼德的论说方式阐述自己的主体理论：事件发生之前主体是非存在，通过对事件的积极介入成为存在。再次，主体是真理与事件的桥梁。在主体自我生成的过程中，还发挥着缝合情势与真理的中介作用。巴迪欧以数学本体论将情势视为计数唯一的集合，事件则处于集合之外并与现有集合产生断裂，打破现有的集合结构。主体的介入使原本转瞬即逝的事件被人们认识，主体的操作在偶然性的空的位点上建构起新的情势，主体成为三元结构有机统一的基底的同时，也构成自身与事件、真理相交织的独特形态。即事件产生是新主体产生的首要前提，但诞生后的主体存在则依托于与另一要素——真理的互动。主体具有对情势的可操作性，可以通过自身搭建事件和真理间的桥梁，将既定形势计数为一，同时将偶然性下的类性真理转化为普遍性真理。事件产生了主体，“真理诱发了主体”①，在断裂性与导向性中以事件性主体和真理性主体的统一体主体形式得以展陈。

巴迪欧以由破到立的逻辑架构起自己的主体谱系，继承了马克思“人们创造自己的历史，但是他们并不是随心所欲地创造，并不是在他们自己选定的条件下创造，而是在直接碰到的、既定的、从过去继承下来的条件下创造”② 的思想理路，坚信只有在行动中才能完成革命主体的蜕变，才能真正创造历史。虽然巴迪欧在纯粹偶然的坚持下与马克思基于必然性规律的历史唯物主义相区别，但他依然在客观条件的框定中向唯物主义致敬，亦彰显出人作为辩证主体的有限性与有效性。

三、共产主义：在历史与事件中走向人的联合

基于对当代共产主义实践方法论转型的思考，巴迪欧在资本主义批

---

① Alain Badiou, *Ethics*: *An Essay on the Understanding of Evil* , trans. Peter Hallward (London · New York: Verso, 2001), p. 43.

② 《马克思恩格斯选集》第一卷，北京：人民出版社，2009 年，第 669 页。

判的语境下，以事件、真理、主体的三元结构提出了自己的共产主义学说。在《真理与事件》中，巴迪欧将共产主义划分为"以'历史'为核心范畴的马克思初创的共产主义""以'组织'为核心范畴的十月革命后的共产主义"以及"以'忠实'为核心的范畴的现代意义上的共产主义"，指证出一种复合多维的、作为联合个体中介的共产主义观念。巴迪欧的共产主义既含有政治、历史、意识形态的意涵，又铺展为事件产生、真理孕育、主体塑造的动态进程。但最重要的是，巴迪欧从未放弃过共产主义与现实世界的紧密关联，刻画"政治活动最为重要的是使民众分享知识并获得幸福"① 的柏拉图主义图景的同时，在对当代特征的把捉下力图对西方资本主义批判进行实践性的补充与建构。

（一）共产主义观念

《共产主义假设》和《共产主义理念》是学界公认研究巴迪欧共产主义思想的重要文本，巴迪欧在其中提出了作为观念形态的共产主义即"共产主义理念"（The Idea of Communism）。但巴迪欧坚称自己的共产主义观念区别于康德等人超验主义路径，是在现实语境中对共产主义本义的再度探索。"理念是在真实与象征之间进行调解的运作，它总是为个体呈现某种处于事件与事实之间的东西。"② 他认为共产主义不应只是规范性或解释性的，而是真理的过程、历史的归属和个人的主观化抽象，是社会进程和历史发展的总体运作。他改造柏拉图的"洞穴假说"，在揭示资本主义剥削的基础上将资本主义意识形态的统摄隐喻为一种"影院"，从主客二分的剥削关系演进为剥夺公众主体性。面对资本主义全面渗透的霸权，只有通过共产主义观念重新开启公众的主观化进程才能完成对现实的祛魅，将真实的社会情境与历史逻辑投射到忠于事件的主体身上，创造出滋长新情势的可能性。一方面，巴迪欧强调共产主义是与资本主义相断裂的存在，从意识形态层面的划分与批判对资本主义进行攻击。巴迪欧在《世界的逻辑》中用"民主唯物主义"指代资本主义的意识形态，认为资本主义世界的构成是规范性的身体和语言，而共产主义则是资本主义前设下的事件存在，并在此基础上开启了真理程序。在真理与事件的连接中，共产主义便不再是乌托邦式的存

---

① Badiou Alain and Alain Finkielkraut, *Confrontation* (Cambridge: Polity, 2014), p. 88.

② 阿兰·巴迪欧:《关于共产主义的理念》，王逢振译，载《马克思主义与现实》2016年第4—5期。

在，而是一种业已在此，并以政治实践不断生成的运动。它既存在于拒绝资本逻辑裹挟的抗争运动中，也存在于以集体占有为目标的联合行动中。另一方面，巴迪欧强调呼应毛泽东思想的激进性内核。虽然巴迪欧承认自己的柏拉图主义情结，但他在理论阐述中却从未忽略过实践的基础性地位。“共产主义理念，归根到底来自实践的理念（来自真实的经验），然而又不能归纳为实践。这是因为，它不是关于存在的方案，而是对发生作用的真理的揭示。”[①] 这种拉康主义与毛泽东思想的杂糅成为巴迪欧共产主义观念的一大特征。在辩证视野中审视未来与当下、理想与现实，在对抗性关系中投入现实运动、跻身政治实践、忠于激进事件，在历史境遇中以行动破旧立新，指向共产主义所代表的普遍性真理。共产主义连通真实历史，介于主体化身体与主体之间，成为一种蕴含行动的趋向真理的动态过程。

（二）个人主体化

这一概念是巴迪欧在对“观念”进行阐释时，同“真理程序”和“归属于历史”一起提出的拉康式概念。巴迪欧赞同拉康所指证的主体性在历史与技术规约之下的有限性，认为这种局限性的超越必须寄希望于一种不断主体化的过程。简言之，巴迪欧所言的真理程序与政治相连接，而彰显真理的真实政治是一种历史的断裂，以与“一”相对的“多”的形式将历史的不可能性释放。但这种转瞬即逝的事件并不具有构建共产主义的稳定性，所以需要将这种偶然性纳入历史的宏大叙事中，变为历史的象征性要素。在这些过程中，个人主体化起着至关重要的桥梁作用。巴迪欧以共产主义观念描述自己的共产主义学说，认为对于个人而言这种观念就是一种主观化的操作，将主体化政治事件的真实与历史象征之间的沟壑填平。事件提供主体生成的客观契机，同时人们也在事件制造的例外状态中发挥着主观作用，通过自己的想象与意识对事件进行命名和把握。在这一过程中类性真理也通过主体带有创造性的介入，滋长为与历史真实进程结合的象征性运动。譬如巴黎公社，无产阶级史无前例地全面摒弃了资产阶级议会制，充分发挥本阶级的能动性、创建无产阶级政权，在开创性中实现自己向主体的转化。共产主义的功能就是将政治事件在主体想象中纳入大写的历史的“一”之中。

---

① 阿兰·巴迪欧:《关于共产主义的理念》，王逢振译，载《马克思主义与现实》2016年第5期。

共产主义所表征的普遍性、真理性的"一"成为巴迪欧坚持的目标，也是巴迪欧与后结构主义相区别之所在。这体现出主体化不仅是事件与真理之间的桥梁，也是政治与历史的桥梁，是实现共产主义的必要前提。一种以主体化、真实性政治与象征性历史三元结构为前置的共产主义体系逐渐明晰。个体化不断打破先在历史所限定的可能与不可能的界域，个体主体化也在主体真理化的过程中不断趋向自我的圆满，在主体融入真理现实的过程中克服个体性的局限。主体化的操作将政治与历史间的罅隙弥合主观化作为一种永恒的过程，并不意味着在事件发生和不断向前的动态序列中抛弃对作为一维真理的共产主义的追寻，而是在不断地想象性创造中指向普遍性的大写的历史的"一"。指向共产主义而不断进行的新的创造是主体的使命所在，而在共产主义所表征的大写的历史的"一"中主体的存在与意识也将被赋予新的意义。

（三）异质性的政治力量

巴迪欧的政治逻辑与哲学脉络并非与实践全然无关，恰恰相反，政治运动、社会现实一直都是巴迪欧思想体系的主要关涉。他对主体理论的重塑实际上是在新的历史条件下探索共产主义革命主体、聚合反抗理论的尝试，是一条与宏观批判资本主义意识形态相异的共产主义意识形态建构、异质性政治力量整合的新道路。随着西方民主发展到福利国家形式，工人阶级也日益褪下革命的红色，从共产主义运动的行动主体与物质承担者变为接受资本主义规制的边缘性群体。基于此，巴迪欧尝试以左翼思想与群众运动的结合来填补当下革命主体的空缺。无产阶级不再作为工人阶级的主体群体而存在，而愈发成为多元的代称。虽然巴迪欧依然强调在经济基础层面倾覆资本主义，"政治决定只能是绝对激进的。必须取消私有制。我们这一政治共同体的任何成员都不能私自拥有住房，更不必说工作室或储藏商品的仓库了。一切都将属于集体"①。但巴迪欧更重视共产主义观念询唤下更广范围内被压迫人的联合，他一方面将勇气（courage）作为当下人最应具有的美好品质，鼓励更多的人面对资本主义的宰制时保留自身的主体性；另一方面放弃经典马克思主义以社会主义为导向的宏观预设，通过多元政治诉求的推动尽可能多地保留当下政治运动的可能性。主体是在新情势与类性真理的发展中不

---

① 阿兰·巴迪欧：《柏拉图的理想国》，曹丹红、胡蝶译，开封：河南大学出版社，2014年，第216页。

断生成的动态运动，所以在现实的政治中我们需要鼓励更多人作为政治运动的行动者，使其在继承马克思主义的革命性中释放自身的积极性。可见，巴迪欧一直自诩为马克思主义者的原因正在于其对无产阶级概念的坚持，但他已经从后现代主义的视域下将无产阶级的革命问题转向主体的生成问题，以对私有制的不满和对平等的追求淡化实质性的阶级冲突，以碎片化的异质性政治验证共产主义的可能性。在此基础上，巴迪欧提出新组织形式的现实行动。2016 年 11 月 9 日特朗普当选美国总统的当晚，巴迪欧在加州大学洛杉矶分校发表演讲，提出资本主义社会被私有制、专业化、身份政治与国家四个原则操控。对资本主义的反抗必须从打破这四个原则入手，人的自身意义以及基于人自身的联合则成为打破资本主义区隔的关键所在。简单来说，在资本主义统治下的一切机构、机制都是为其服务的权力机器，要摆脱资本主义的统治就是从对这些的反抗开始。巴迪欧虽然未能提出具体的反抗形式，但坚持认为应该以区别于传统的反抗形式中进一步介入现实的政治运动进程。

资本主义营造的“后工业”时代为人类物质生活与精神生活塑造了新的样貌，而资本逻辑统摄下的危机与控制却从未改变过它的本质。巴迪欧的共产主义学说正是在这样的前设下对资本主义主导的现代性问题进行的一次把脉，也是对哲学与共产主义出路的一次探讨。诚然，巴迪欧建立在事件哲学之上的共产主义学说带有后现代主义和思辨主义的局限。其一，他所提出的“共产主义观念”具有“类本质”特征，虽然巴迪欧着力以革命的历史事件作为基底，但依然是一个在抽象维度展开的哲学概念。其二，他将革命的推进、主体的生成和共产主义的实现看作偶然性事件的结果，这种现实层面的不稳定性与随意性取代了马克思主义基于客观规律、有迹可循的必然。实际以某种类宗教的内核作为自身共产主义理论的驱动，这种语境依然陷于后现代主义碎片化、生活化、空想化的理论窠臼。其三，他在共产主义运动的讨论中背离经典马克思主义对生产力与生产关系的基础性论说，将经济与政治维度区分开来。抛弃经典马克思主义工人阶级、物质生产、阶级矛盾、经济基础与上层建筑等关键概念，在避免经济决定论的同时走向另一个极端——等待共产主义宛如弥赛亚般突然降临。

我们必须看到巴迪欧不完全照搬后现代主义的批判性沉思，而是基于资本主义的现实运行指出以意识形态统治为表征的现代性宰制，并主张从以共产主义作为真理的新本体论的建构代替无限的解构。他基于历史事件的断裂性生成看到了资本逻辑统摄下的主体的反抗与斗争，试图将特殊事件放大为普遍存在，以个体主体化凝结具有普遍共识的主体群体，将类性真理推至普遍真理的高度。巴迪欧在审视资本主义发展的客观实践、连接资本主义线性前进中的断裂事件、挖掘与资本主义对立对抗的革命主体、重申共产主义的未竟理想中，以事件、主体、真理为思想核心，架构起忠于事件主体以生发的真理向着共产主义的美好设想前进的思想进路。所以，在资本主义制造与消解危机的善恶两面中，巴迪欧是一位哲学家，在自我革命与群体斗争的政治运动中以真知灼见揭批资本主义的隐秘行径，用共产主义的论说为资本主义危机下的现代人指明了共产主义的未竟潜能。在复兴与拯救的口号下，巴迪欧像一位举旗人，通过宣告共产主义与真理的在场激励人们再度踏上追寻自由的征程。在通向共产主义的解放道路上，巴迪欧更像是一位布道者，将心中的信念带给迷惘中的芸芸众生，为他们指明未来的方向。

第十六章 哈特、奈格里：诸众政治与“共有的共产主义”

在纯粹的概念层面，我们可以这样定义共产主义：共有之于共产主义，正如私有之于资本主义，公有之于社会主义。

——哈特、奈格里

安东尼奥·奈格里（Antonio Negri，1933—　），意大利当代著名马克思主义哲学家，1956 年毕业于帕多瓦大学哲学系，获得哲学学士学位，同年加入意大利工人社会主义党，1969 年成为帕多瓦大学政治哲学教授。奈格里的一生都致力于学术研究和政治活动，20 世纪 60 年代末到 70 年代，正值青年时代的奈格里，成为意大利工人自治运动的领导者和思想领袖。1979 年奈格里被捕入狱，后被囚禁 4 年，获释后流亡法国。从 1983 年至 1997 年，奈格里先后在法国文森大学（巴黎第八大学）和国际哲学学院任教，与德里达、福柯和德勒兹等法国著名哲学家共事。1997 年奈格里回到意大利服刑，在狱中，奈格里出版了一批有影响力的作品。

迈克尔·哈特（Michael Hardt，1961—　），生于美国华盛顿特区，1983 年在美国宾夕法尼亚州索思摩学院获理学学士学位，并于 1986 年和 1990 年分别获华盛顿大学硕士与博士学位。自 1993 年起，哈特任教于美国杜克大学，讲授文学与意大利语课程。哈特早期撰写论奈格里与德勒兹的学位论文，翻译了奈格里著作《野蛮的异端：斯宾诺莎的形而上学与政治学的力量》（*The Savage Anomaly*：*The Power of Spinoza′s Metaphysics and Politics*，1981，英译本 1991），并因此与奈格里结缘。

1994 年，哈特、奈格里合作出版了《酒神：国家形式的批判》（*Labor of Dionysus*：*A Critique of the State-Form*）。2000 年，哈特、奈格里合著的描述全球资本主义条件下政治经济新秩序的《帝国》（*Empire*）一经出版，便引起轰动，被称作为 21 世纪重写的《共产党宣言》。之后，哈特、奈格里又相继合作出版了《诸众》（*Multitude*：*War and Democracy in the Age of Empire*，2004）和《大同世界》（*Commonwealth*，2011），这两部著作与《帝国》一起，被称为批判资本主义全球化的三部曲。二人也因此迅速走红，成为活跃在西方左翼思想界乃至国际学术舞台上的学术明星。

在被称为批判资本主义全球化三部曲的《帝国》《诸众》和《大同世界》中，他们试图以生命政治学重新阐释马克思的政治经济学批判，致力于从资本主义社会内部寻找共产主义可能性。哈特曾明确表示，“马克思主义留给我们的一个重要遗产，就是让我们看到资本主义之外的替代性方案，让我们认识到这种可能是自资本主义内部诞生的，而不是自资本主义外部发生的。……我关心的是如何挑战资本主义，如何推翻资本主义社会，这并不意味着我们因此就完完全全是资本主义的他者——共产主义也是从资本主义那里来的——而是说真正的挑战是在资本主义内部推翻资本主义的能力。”[①] 此外，他们所讨论的“帝国”“诸众”“非物质劳动”“出离”以及“共有体”等重要理论话语，也成为全面审视当今资本主义状况、扩展共产主义全球视野的重要理论资源。

一、帝国：资本主义全球化的政治秩序

“在过去的几十年中，当殖民制度已被舍弃，苏联对资本主义世界的市场的障碍最终坍塌，我们已经见证了经济和文化方面交流的不可抗拒、不可扭转的全球化。伴随全球市场和生产的全球流水线的形成，全球化的秩序，一种新的规则的逻辑和结构，简单地说，一种新的主权形式正在出现。”[②] 在《帝国》中，哈特、奈格里指认，资本主义市场和生产的全球化深度重塑了全球政治经济秩序，帝国主义已经处于衰落之中甚至退出了历史的舞台，全球资本主义政治秩序进入了帝国时代。哈特、奈格里的“帝国”并不是帝国主义的一声微弱回响，也不是一个可以简单处理的范畴，而是一次根本性的变革，意味着资本主义在政治、经济、文化、社会等方面的全面转变，因此这一转变也无可争辩地成为哈特、奈格里共产主义规划的逻辑起点。

帝国时代来临最显著的表征就是主权形式从民族国家主权到帝国主权的转型。哈特、奈格里指出，每种主权的范式都支持着某一特定时期的资本运作，但都会随着资本的发展而成为进一步发展的限制。因此，每种主权形式的命运都是走向消亡，并促使新的主权形式出现。在帝国主义阶段，资本在民族国家主权的维护下，呈现出一种对外的扩张状态，倾向于依托强大的军事和政治力量超越民族国家疆域的界限向外扩张，通过统治边境界限和入侵的渠道，对外国的疆域施加压力，吸收一切外在于自身的资源来壮大自身，以寻求自身的无限增殖，并阻碍其他国家主权商品、技术、人力、资源的流通。但随着全球市场和生产的全球流水线的形成，资本的运作出现了不可抗拒、不可扭转的全球化，跨国公司、各种各样的非政府组织以及其他一系列的权力实体开始出现并进行广泛的协作，这些超国家机构越来越跨越政治的、文化的甚至是意识形态的隔阂和差异而不受政治的控制与管辖。资本运行也不再

---

① 迈克尔·哈特：《概念的革命与革命的概念》，秦兰珺译，载《马克思主义与现实》2012年第1期。

② 迈克尔·哈特、安东尼奥·奈格里：《帝国——全球化的政治秩序》，杨建国、范一亭译，南京：江苏人民出版社，2008年，第1页。

需要与任何一个单一的民族国家认同，民族国家主权反而还成了资本进一步发展的限制。哈特、奈格里敏锐地察觉到，资本主义已经进入了一个不能再用帝国主义来解释的新时代，帝国主义已经被抛进历史废弃物堆藏室之中。代替它的新的政治格局、政治秩序、主权形式已经顺应时代要求逐渐浮现在人们的眼前，这就是“帝国”。

作为新型主权的“帝国”，具有与帝国主义完全不同的特征。其一，“帝国”的基本特征就是没有固定的国家疆域和边界，没有空间的制约，它的规则就是没有限定。在奈格里和哈特眼中，帝国统治了整个“文明”的世界，没有国界可以限定它的统治权，它的内部和外部的边界已经很难再分得清了。其二，在“帝国”中，自主化的经济关系正在逐步脱离政治的控制，束缚着劳动生产和交换的传统政治权力正在失去它应有的掌控效用，相伴随的就是以民族国家权力为基石所构建的权力机器在世界市场和经济全球化中走向衰落，民族国家已经越来越少地能去限制金钱、技术、人力、商品等因素在生产和交换中的流动，“帝国”的主权超越了传统的民族国家主权，呈现出超国家的混合整体形式。其三，在“帝国”中，不存在一个或者多个权力中心，它没有权力中心，可以说，它的权力统治无处不在，存在于无限的空间之中，在根本上统治着全世界。“民族—国家正在衰落的主权和它们对经济、文化交流不断减弱的控制力，事实上是帝国主义正在降临的主要征兆之一。……通往帝国之路出现在现代帝国主义的衰落之时。”[①] 这是他们所认为的正确结论。但是奈格里和哈特还提醒我们，帝国不断超越其疆域，吸纳新的空间，不再与任何一个单一的民族国家认同，本质上就是资本的力量在不断扩张和延伸。资本的噬金本性并未改变，跨国公司等各种经济集团或各样的非政府组织都是为了利润，为了金钱。全球商品、技术、人力、资源、资本的流通不外如是，哪里有更廉价的劳动力，哪里有更便宜的原材料，哪里有更巨大的市场，哪里就会有跨国公司等各种经济组织的身影。帝国中资本的这种全球布展，意味着资本打破了各种特定机构处所的高墙，向社会的各个角落深入，资本将无时不在、无处不在。这代表着资本的统治更加牢固，它可以形成一张大网，刻入人的头脑和身体中，让资本逻辑深入人心。

---

① 迈克尔·哈特、安东尼奥·奈格里：《帝国——全球化的政治秩序》，杨建国、范一亭译，南京：江苏人民出版社，2008 年，第 2 页。

帝国时代来临的另一个表征就是劳动形式从工业劳动到非物质劳动的转型。哈特、奈格里指出，随着后福特主义的兴起，当今时代的劳动形式已经发生改变，劳动从物质形态转变为生产非物质产品的非物质形态。受拉扎拉托的启发，哈特、奈格里将这一新的劳动形式定义为“非物质劳动”。他们额外关注到拉扎拉托所没有把握到的生产和操控情感的劳动，而在《帝国》中将非物质劳动界定为以下三种类型：一是因信息网络联络在一起的工业生产中的通信交往劳动，二是分析象征、解决问题的互动式劳动，三是生产和操纵情感的劳动。首先，在如今的生产过程中信息和通信在物质性产品的生产中发挥着基础性作用，同时逐渐同物质性产品相融合而趋近非物质劳动。其次，由于劳动的内容和过程都趋向于非物质形态，相对应劳动的产品也愈发以非物质的形态呈现。因此劳动的合作不再需要外在的组织强加，其互动性与合作性就在劳动过程中。最后，非物质劳动包含劳动主体的社会活动情感存在。如娱乐工业，它的劳动产品就是一种包含了情感的产品，这种娱乐工业就致力于生产和操纵各种情感。哈特、奈格里进一步指出，“非物质劳动”还取代了工业劳动在生产上的霸权地位，用非物质生产的形式来生产的产品以及从事非物质劳动的人数都在社会中呈明显上升趋势。强调非物质劳动霸权地位的确立，并不意味着电视机、汽车这样的物质性商品的生产就消失了或者减少了，而是说这些物质性商品越来越附属于非物质因素的商品。如同 19 世纪初，工业劳动只是被少数工业发达国家有限地应用，并且只在全球劳动中占据微弱的比例。但马克思依然把这种劳动视为支配和影响其他劳动以及社会发展的主导霸权形式。虽然非物质劳动在全球劳动中没有占据数量上的完全优势，但不可否认它已经实质上获得了支配地位，其展现出的诸种特性正在逐渐影响和改变其他劳动形式以及社会发展的总趋势。

这种新的劳动形式所产生的劳动霸权，关注的焦点从劳动本身转移到了整个社会生活和人的生命范畴。首先，在非物质劳动霸权下，工人的生产与生活逐渐一体化，工作与闲暇的时间界限逐渐模糊。在工业生产条件下，工人的工作时间和闲暇时间由于工厂这一固定场所的存在而十分明确。而在非物质劳动状态下，工人的工作时间不得不延展到工人的全部生命中去。比如，一位艺术工作者，可能在地铁里、吃饭时甚至在梦里都在寻找灵感。又比如越来越多的自由职业者如作家、漫画家，他们没有严格的上下班时间，工作时间完全取决于他是否有创作灵感。其次，在非物质劳动状态下，生产与再生产的界限也越来越模糊。在工业生产中，生产的产品通常都是消耗品，对消费者来说具有专有性，由于消费的需要，商品需要不断地扩大再生产。而在非物质劳动条件下，劳动产品通常都不是消耗品，消费对象也不存在专有性。腾讯公司所开发的微信，可以供无数人共享使用，而腾讯公司只需要对微信进行定期维护，而不存在生产和再生产的区分了。最后，在非物质劳动条件下，资本对劳动者的剥削也越来越深入。在非物质劳动占统治地位的基础上，剥削不再是通过延长劳动时间或提高劳动强度以达到剥削剩余价值的目的来实现，工作时间与生活时间的融合、生产与再生产界限的模糊意味着劳动活动逐渐侵占了劳动者的全部生命空间，使劳动者每时每刻都需要处在工作状态中。

通过对帝国时代主权形式与劳动形式的分析，奈格里和哈特笔下的“帝国”权力已经达到一个前所未有的程度。为了更为准确地表达这种最新的政治秩序，哈特、奈格里还借助福柯“生命权力”概念来凸显“帝国”权力统治的深入，表明“帝国权力”已经层层包裹生命，使生命本身的生产和再生产成为权力追逐的猎物。“帝国”如同庞然巨物无法撼动，我们对之束手无策。但这并不是哈特、奈格里的最终结论，恰恰相反，他们在此处看到的希望是，在帝国内部存在着最具反抗潜能的政治主体——诸众。

二、诸众：帝国秩序下的政治主体

“非物质生产的霸权造成了劳动的更加抽象化，它也意味着劳动的更高度的社会化。这种不断地创造共性以及不同的生产方式的趋同过程减少了区分种种劳动者阶层的质的差别，因此为我们称之为‘大众’的劳工创造了一个共同政治规划的条件。”① 正如确定产业工人是马克思所处时代无产阶级的承担者一样，哈特、奈格里确定诸众是全球化时代政治主体的承担者。“产业工人阶级只是代表了无产阶级和它的革命历史中的一个片段时刻。”而“诸众赋予无产阶级概念最丰富的规定性，把资本统治下的所有劳动者和生产者都纳入其中”②。由于劳动走

① 迈克尔·哈特、安东尼奥·奈格里：《帝国与后社会主义政治》，载许纪霖主编《帝国、都市与现代性》，南京：江苏人民出版社，2015年，第35页。

② Michael Hardt and Antonio Negri, *Multitude*: *War and Democracy in the Age of Empire* (New York: The Penguin Press, 2004), p. 107.

出了工厂，劳动者的生产范围转移到没有工厂围墙的社会生活领域中，决定了“帝国”中的劳动主体不能再仅仅是传统意义上在特定时间、特定地点从事特定劳动的产业工人。鉴于此，哈特、奈格里将劳动主体的范畴宽泛化，把所有劳动直接或间接受到资本主义生产和再生产规范剥削以及屈从于资本主义生产和再生产规范的人包含其中。工厂中生产的工人、土地上劳作的农民、学校里教书的知识分子以及那些失去工作或是处于不稳定工作状态的群体，甚至包括无身份的流民等都被哈特、奈格里纳入劳动者的范围内。他们声称，代替产业工人的是一个全新的劳动者集合——“诸众”，意指所有从事非物质劳动的劳动者。但仅仅完成对“诸众”成员范围的界定并不是哈特、奈格里想要表达的重点，更为重要的问题是“诸众”为什么要反抗“帝国”？他们为什么可以承担起反抗“帝国”的任务？

（一）“诸众”为什么要反抗“帝国”

“诸众”的聚合超越原初意义的阶层划分，是不同阶级、不同产业的劳动者和非劳动者集合，都带有相似的特性即都是处于不同程度的资本剥削和压迫之下的群体，带有相同的目标即反抗资本主义的统治、追求人的自由解放，因此“诸众”的首要任务便是要反抗“帝国”。一方面，资本对共有财富的占有与生命政治劳动不平等的矛盾。哈特、奈格里从资本主义生产运行入手，揭示具有新样态的资本主义矛盾在信息化、智识化的转向下并未被消灭而是被激化的事实，从而形成以垄断专利、版权为主要形式的新剥削——“共有物价值占有”。在《诸众》一书中，哈特、奈格里用“生命政治生产”替换了他们之前使用的“非物质劳动”，意在强调这一劳动形式对社会生活全部直接参与的特点，突出其所展现的强烈的生命政治性。哈特、奈格里指出，非物质劳动实质是内在于社会之中的生命政治生产，而生命政治生产正是通过劳动的合作形式创生着各种社会关系和社会形式。在这一过程中，财富日益以共同财富的形式表现出来，例如开发出的某一款软件，必须通过共享才能创造出更大的价值。哈特、奈格里将这种在生产生命形式和社会关系的过程中共同依赖、创造并享有的财富称之为“共同性”。“我们将共同性视为社会生产的结果，这是社会交往以及再生产的前提，如知识、语言、符码、信息、感受等。”[1] 伴随信息化的快速

① 迈克尔·哈特、安东尼奥·奈格里：《大同世界》，王行坤译，北京：中国人民大学出版社，2016 年，第 2 页。

发展，共同性成为社会生产的主要产品。知识、信息、合作关系和情感等“共同性”生命政治产品无法像物质劳动那样被定量分析，并且这种生命政治产品摆脱了稀缺法则制约，在占有上体现为共有性，很难被圈定为私有财产。然而这种共有性不仅没有使人摆脱资本的奴役和剥削，反而受到更加深入的剥削和统治。在生命政治生产条件下，剥削不再是对个人或集体劳动时间计量后的剩余价值的侵占，“而是对协作性劳动生产出来的价值的占有，是对社会网络中经过循环而日益变成共有物的价值的占有”①。由于生命政治产品难以私有化的共有性质超出了资本的量的剥削范围，因此，它对共同性的剥削和占有不得不通过外在于生产过程的租金来完成。即将生命政治生产中的信息、知识、代码等具有排他性的非物质产品专利权和版权，以专利使用费和版权使用费等租金形式获取租金。资本家通过版权、专利等方式对共有之物的占有，不可避免地会导致作为劳动主体的诸众的生气、愤怒和对抗。

另一方面，资本对财富的系统管制与诸众内生需求之间的矛盾。资本主义为合理合法地占据劳动者的非物质财富，形成了多种策略交织的系统的管控机制。为了使知识、语言、符码、信息、情感等“共同性”财富可以更为彻底地作为财产被私有化并受到掌控，资本对劳动力的管控机制也不断加强和升级，在广度和深度上都有了很大的提升。哈特、奈格里列举了三种控制策略。第一种是资本通过内在或外在的策略控制生命政治的劳动形式。一方面通过各种规训和监视技术分化生产性合作的共同领域、掠夺作为生命政治生产基础的共同性，使共有生产无法顺利进行。例如，通过对初级教育进行私有化，减少中等教育预算的方式摧毁公共教育机构。通过金融体系对内在于积累起来的知识、符号、情感实践等之中的共有之物的占用和私有化，来达到对生命政治的劳动的干预和控制。第二种控制策略是根据市场灵活性的各种模态对劳动进行不同形式的组织，通过解构劳动的稳定性迫使劳动进入不稳定的劳动力市场之中，以此来控制生命政治生产需要的时间自由。第三种策略是设置移民障碍，阻碍劳动力的混合和社会各方面的融合，控制生命政治生产所需的劳动力自由流动和组合。这些管控方式的内涵就是为了造成一种普遍而持续的不安全状态，旨在不稳定劳动者的组织能力以及对抗资

① Michael Hardt and Antonio Negri, *Multitude: War and Democracy in the Age of Empire* (New York: The Penguin Press, 2004), p. 113.

本的能力，迫使劳动者屈从，接受剥削。可以说这种管控方式就是资本家对劳动阶级所采取的新型阶级斗争策略，其深层次上是对诸众主体力量的压制。但是，这样的管控策略恰恰是对绝大多数人能力的制约和创造力的遏制。众所周知，当资本对生命政治劳动和剥削的共有物进行控制与干预时，既阻碍了生产过程的进行，也使生命政治劳动像残疾人一样步履蹒跚。资本主义生产的社会性与资本主义积累的私人性之间的矛盾更加恶化，且管控策略越张牙舞爪越反衬出资本主义社会内在矛盾的剧烈。“诸众”反抗“帝国”的真实原因因此得以呈现。

（二）“诸众”为什么可以承担起反抗“帝国”的任务

在哈特、奈格里看来，诸众的潜能与共同性的扩张实质是同一过程。共同性作为社会生产的主要产品，一方面它是主体创造的共同资源，另一方面它又可以成为诸众不断壮大自身的力量。诸众的共同性生产作为一种主体的创造，是在资本的生产之外进行的，只能依靠劳动者自主进行协作，资本不能从外部对劳动进行操控，劳动者所进行的生产完全是主体性的创造行为，这样一来，生产的最终核心不是为主体去生产客体，而是主体性自身的生产。在这个意义上，诸众的生产直接具有了政治性，能逾越它与资本的关系。因为资本并不决定合作性的劳动关系，合作性的劳动关系及其活动总是拒绝资本家的命令而在生产过程中自主产生出来的。还因为随着劳动越来越要求知识和智力因素，劳动者的主体性越来越强烈，劳动不再受制于资本主义生产的规则，能够脱离固定资本的限制而进行自主的生产。哈特、奈格里引用马舍雷的话指出，“经由共同生命，我们必须理解集体创造的所有形象，这些形象能够让协作与合作发挥作用。这个网络一旦运转起来，就能够无限扩展下去。这就是为何共同生命能够逾越其所要反抗的所有体制和所有固定秩序的原因”①。因此，从共同性的生产和逾越资本的潜力来看“诸众基于共同性的扩张和在生产中的自我改造为诸众在政治领域重新自治明确了最终的方向”②。

---

① 迈克尔·哈特、安东尼奥·奈格里：《大同世界》，王行坤译，北京：中国人民大学出版社，2016年，第127页。

② 迈克尔·哈特、安东尼奥·奈格里：《大同世界》，王行坤译，北京：中国人民大学出版社，2016年，第127页。

三、“出走”：逃出现存宰制的不二途径

“诸众必须逃离家庭、企业和国家，但同时又要在他们所激发的共同性承诺的基础上重新建造。”① 资本主义社会内在矛盾的剧烈使得诸众的反抗与斗争成为哈特、奈格里关注的重点，“辨别这些新的对抗形式和它们所提供的替代方案将是我们在这项研究中的主要关注点”②。诸众将会以什么样的斗争形式去实现反抗呢？哈特、奈格里用“出走”来表示诸众斗争的新形式。

所谓“出走”，在哈特、奈格里语境中，就是拒绝加之于生产能力的制约因素，摆脱资本对生产的控制，从而改造现存的生产关系和社会关系，以达到变革资本主义的目的。出走的动力就是二人反复强调的——劳动力潜在的自主性。由于资本对生产过程控制的实际脱离，劳动者能够最大限度地利用主体的自主创造能力，建构新的生命形式，从而改造现存的生产关系和社会关系，实现变革资本主义的目的。因此，诸众的斗争不意味着必须直接使用暴力斗争，通过打碎国家机器的手段推翻旧制度的权力统治，而可以通过实现劳动力潜在的自主性这一方式脱离与资本的关系。“反对统治权力的最好武器——枪支、和平的街道游行、出走……没有武器的诸众相比武装部队要更加有效，出走比面对面的斗争更为强大。”③ 哈特、奈格里同时强调，所谓出走不代表要作为赤裸生命一无所有地离开，而是要带走所有的东西，这种东西就是共同物。对于资本来说，共同性作为当代资本积累的最新对象，不能没有共同性。正是由于资本对共同性的需要，资本的统治才会使用各种手段管控劳动者，剥夺劳动者的共有之物。正因为当代资本主义中的共同性如此重要，对共同性领域的争取也就成为诸众反抗资本统治的主要战场。“我们需要拿走我们的果实，这就意味着对共同性——我们过去劳动的成果，以及未来的自主生产和再生产的资料——进行再占有。这

---

① 迈克尔·哈特、安东尼奥·奈格里：《大同世界》，王行坤译，北京：中国人民大学出版社，2016年，第119页。

② Michael Hardt and Antonio Negri, *Labor of Dionysus* (Minneapolis: University of Minnesota Press, 1994), p. 16.

③ 迈克尔·哈特、安东尼奥·奈格里：《大同世界》，王行坤译，北京：中国人民大学出版社，2016年，第258页。

里就是战场。”[①] 从这个意义上，重新占领共同性就是诸众出走的目的和意义所在。哈特、奈格里的出走包含着两层含义，第一层含义是劳动者要从与资本形成的关系中退出，毫无疑问出走就是对资本的拒绝；第二层含义是劳动者在退出的同时还要互相之间结成新型的生产关系，进行新的生产活动，进行自身共有性的构建，“只有建基于共同性——既能够进入共同性，也能够利用共同性——的出走才有其可能”[②]。

需要进一步思考的问题是：是不是所有共同性都起着积极的促进作用，能够增强诸众的共同力量，从而有利于诸众的生命政治再生产？哈特、奈格里给出的答案是否定的。共同性有着积极形式和消极形式的区别，并不是所有共同性都是有所裨益的。积极形式的共同性会增强诸众共同行动的力量，消极形式的共同性会阻碍社会交往与协作，削弱社会生产的力量，造成共同性的腐化。因此“出走就需要一个拣选的过程，从而将共同性的有利形式最大化，将有害形式最小化，也就是说，要对抗腐化”[③]。哈特、奈格里指出，如我们所见，资本会通过各种管控和规训机制，分割并将共同性进行私有化，使得共同性本身所具有的反抗力量与诸众的主体力量被严重压制，从而将积极形式的共同性变成消极的共同性，构成共同性的腐化。同时，共同性腐化的相对独立形态也可以在统治性的社会机构中找到。在资本主义社会中，共同性的腐化形式主要在三个机构中出现：家庭、企业和国家。这三个机构都能够生产共同性，同时又能限制并腐化共同性。这就是诸众进行拣选的场地，将有利的、生成性的共同性形式与有害的、腐化的形式区分开。首先，家庭是生产共同性的最基本形式，家庭是“分享集体的社会经验、协作性劳动的组织，以及表现关爱和亲密关系的场所”[④]，即家庭为共同性的生产提供了前提。但与此同时，家庭还通过强加的等级制、排斥性、性别规范以及家庭私有制扭曲并腐化了共同性。家庭中不仅存在父

---

① 迈克尔·哈特、安东尼奥·奈格里：《大同世界》，王行坤译，北京：中国人民大学出版社，2016年，第119页。

② 迈克尔·哈特、安东尼奥·奈格里：《大同世界》，王行坤译，北京：中国人民大学出版社，2016年，第112页。

③ 迈克尔·哈特、安东尼奥·奈格里：《大同世界》，王行坤译，北京：中国人民大学出版社，2016年，第116页。

④ 迈克尔·哈特、安东尼奥·奈格里：《大同世界》，王行坤译，北京：中国人民大学出版社，2016年，第117页。

权制这样的结构（如孩子普遍听命于父亲），还存在着由性别等因素造成的不同的劳动分工（女性普遍负责家务），这都是家庭共同性腐化的主要因素。在这种情况下，家庭中共同性的生产和再生产无法在平等和自由的层面上进行。其次，企业是能够腐化共同性的典型形式，企业的腐化直接衬托了资本对共同性的剥削过程。企业中的人通过与他人的社会协作创造出共同性，但遭到企业这种资本主义本质的机构强行束缚和剥削，并且资本家还会在企业中设置等级制安排，以阻止工人们的接近，造成企业共同性被资本腐化。最后，国家是造成共同性受到腐化的最大形式。国家是创造巨大共同性的场所，现代西方国家内部的公民能够实现集体性的社会、经济、政治和文化的协商与表达。但同时，西方国家还会设置法律法规以及各种制约因素，如维护私有财产就直接导致共同性的私有化。另外国家倾向于构建人民同一体来实现自身的统治，从而排斥或者压制那些不同的身份群体，这在一定程度上造成对共同性的腐化。因此，诸众必须逃离家庭、企业和国家。哈特、奈格里还强调，尽管家庭、企业和国家是以腐化的形式关涉并动员共同性的，但也因此为诸众的出走提供了生产协作的网络、开放的财富资源等关键性条件，所以诸众必须还要在逃离的同时在有所激发的共同性希望基础上重新建造。所以，他们得出的结论是，出走的策略就是当下阶级斗争所采取的首要形式。我们要对共同性进行再占有，包括过去的劳动成果，以及未来的自主生产和再生产的资料。

四、共有体：超越帝国的理想社会

当代资本主义正在制造共同性和共有物，它是生命政治生产催生的结果，使得诸众有能力从资本中出走，生成自己的社会关系和生命形式。哈特、奈格里二人就是从这种内在于资本主义的生产形式中窥见了共产主义的契机。生命政治生产所制造的共同性，使共产主义既不能在资本私有制下得到发展，也不能在公有制的国家得到助力，只能在共有制下得到最大程度的发展。也就是说，共产主义既不能以私有立基，也不能以公有立基，它是以“共有”立基的“共有的共产主义”，是一个全新的政治空间。

在生命政治条件下，非物质劳动者要求对生产出的产品共有和自由使用。因为无论在资本主义的命令下还是在政府的调控中，生命政治生产的自主性都会受到严重抑制，生命政治生产的循环会被阻碍并腐化。因此他们反对私有的控制，反对由私有财产权、法律结构及市场力量所施加的控制，要求生产者在共有性财富世界中可以自由进入、自由使用、自由表达、自由互动。同样他们也反对公有制，反对被各企业、各机构据有，抵制各种对生产出的产品进行私有化或者公有化的那种控制性的法律和经济政策。他们的结论是生命政治生产所制造的共同性，使共产主义既不能在资本私有制下得到发展，也不能在公有制的国家得到助力，只能在共有体制下得到最大程度的发展。在共有体中，诸众拒绝代表和代表政府机构，他们相信被代表的只能是参加被动的和一般性的政治角色，因此诸众要紧密结合起来，直接参与民主决策的决定，成为民主制度的主宰，重新创造和实现民主。同时，诸众具有自我组织能力，诸众在非物质劳动的过程中将生产性的力量聚合起来变成完整的总体力量。领导这个角色即使存在，也只能存在于服务诸众的意义上，所有领导都是为诸众服务的，不存在将个人意志凌驾于诸众之上的个人领袖，也没有被个人垄断腐化变质的政党。

哈特、奈格里曾说过："我们会考察诸众的运动和实践曾经怎样、有何潜能，以便去探索未来全球民主可能呈现的社会关系和制度形式。"① 实现"全球民主"是二人所追求的目标指向。"这种民主——在这种民主中我们所有人都能通过我们的生命政治生产合作性地去创造和维护发展社会——就是我们称为'绝对'的东西。"② 这是一种绝对民主，在这种民主中劳动者不需要任何代表中介，能够直接自主地、自由地、平等地、民主地创造出共有性的社会关系，进行民主管理、民主组织、民主决策和民主分享。帝国主权和全球资本的生命权力将被消灭，政治、财产、社会、文化意识等方面的等级制不再存在，身份被抛到九霄云外，一切外在的反动现代性强制都烟消云散。哈特、奈格里强调，这是一个遵循了马克思把共产主义定义为重建"个人所有制"③ 意愿的共有体社会，这个共有体社会采用了人人民主、个个自由的社会性体制。他们认为，这才是马克思所意想达到的共产主义世界。

显然，哈特、奈格里的思想在为21世纪的资本主义安度危机进行理论揭批。他们从当今资本主义的最新变化出发，通过探究帝国机器内

① 迈克尔·哈特、安东尼奥·奈格里：《大同世界》，王行坤译，北京：中国人民大学出版社，2016年，第2页。

② Michael Hardt and Antonio Negri, *Multitude: War and Democracy in the Age of Empire* (New York: The Penguin Press, 2004), p. 351.

③ 《马克思恩格斯全集》第44卷，北京：人民出版社，2001年，第874页。

部的物质状况，揭示新的政治主体“诸众”的产生，通过分析新的社会生产形式，论证诸众的革命潜能，提出出走式的斗争战略，意图基于诸众主体的内在力量寻找自由与解放的可能。

哈特、奈格里的理论分析为我们思考当代资本主义新境况及其解放的可能提供启示。随着科学技术的更新升级和技术范式的不断更替，人们对资本主义的批判逐渐弱化，社会主义运动思潮在欧美的失败和西方经济发展的跌宕也使得一些左翼学者对马克思主义理论产生悲观情绪，抛弃马克思政治经济学批判传统，转而研究消费、信息、语言和符号等新动向。而哈特、奈格里更多关注资本主义发展的新形势，继承马克思主义的现代性批判传统，提出资本主义统治新霸权的新形式——帝国、生产领域新的劳动形式——非物质劳动、新的革命主体——诸众。在共产主义陷入低潮的情境下，他们的理论及其思想观点无疑使得马克思的思想理论再次回归到公众视野，使得马克思的政治经济学批判重新焕发时代新光，给共产主义带来生机与活力。

但我们还要清醒地看到，他们的理论体系在其实质上仍然是一种管窥蠡测的脱离现实历史性根基的表象批判，缺乏科学的理论依据。他们在资本主义现实生产中将非物质劳动推至霸权地位，却在反抗资本主义剥削中囿于非物质劳动的理论局限，避开对资本主义本质的制度批判，转而在生命政治的框架下引出全新的政治主体——诸众，而诸众之所以具有摧毁“帝国”统治的潜能，就是因为生命政治生产下的劳动者以非物质劳动生产突破资本的控制，彰显出主体性力量，具有革命的潜能。因此，哈特、奈格里的理论体系遵循的是以诸众本体为基础的自我解放逻辑。这一逻辑实际上已经否定了历史发展中的矛盾运动，否认了生产力与生产关系的内在矛盾，直接把共产主义的实现看作是只与主体相联系的范畴。当他们把共产主义实现完全寄托在主体自我解放之上时，他们就把共产主义从一定会实现的必然引向了一种或然性的形式。然而需要思考的问题是，伴随人的生命成为资本操控的对象，非物质劳动下的主体如何能逃脱资本的摆布？我们又如何保证主体能够产生不被资本所渗透的力量？这些问题都成了悬设。值得注意的是，作为当代左翼思想界“新共产主义”当红学术明星的哈特、奈格里现在仍然活跃在国际学术舞台上，他们的理论是否会发生转向或修正，对自身已悬设的问题是否会走下神坛，仍有待于我们持续的关注与深入研究。

第十七章　朗西埃：在“歧义”中生成“感知共同体”

不拥有任何份额的人——古代的穷人、第三阶级、现代的无产者——实际上只能够作为一无所有者或是作为全体。……民众并不是在各种阶级中的一个阶级。它是对共同体造成伤害的错误阶级，也因此而建立了区分正义与非正义的“共同体”。

——朗西埃

雅克·朗西埃（Jacques Rancière，1940—　），生于阿尔及尔，法国哲学家，巴黎第八大学哲学荣誉教授，曾任巴黎第八大学哲学系系主任。朗西埃同巴迪欧一样，曾是阿尔都塞的得意门生，是阿尔都塞领衔的《资本论》研究小组中的重要成员，也是阿尔都塞《读〈资本论〉》的重要合著者之一。同样与巴迪欧相似的是，朗西埃的功成名就并非因为对阿尔都塞思想的衣钵传续，而是经1968年“五月风暴”的现实运动洗礼后，在思想理论上对后者形成的反戈一击。通过理论上对阿尔都塞的“弑父”情结，朗西埃的思想与其早年的马克思主义岁月断裂，并在进一步批判马克思思想的进程中，逐渐形成独具特色的政治哲学批判与政治美学建构的理论体系。

1968年的革命运动给西方世界尤其是知识界带来普遍而深刻的思想震动与阵痛。阿尔都塞的结构主义马克思主义在实践中对无产阶级和激进团体的背叛与倒戈，造成自下而上的阶级解放运动以惨痛失败的悲剧收场。对此，一些激进学生和工人团体及西方共产党内部的左翼痛定思痛，在总结革命运动失败经验与教训的过程中形成更加激进的“左倾”倾向，在思想理论上向激进民主、激进平等主义迈进，形成“后68运动”，诸如巴迪欧、德勒兹、福柯、利奥塔等人都是“后68”时期具有声望的知识领袖。与此同时，中国的“文化大革命”受到西方新左翼的普遍关注，启发后者关于消除脑力劳动与体力劳动分工、强调知识生产领域的阶级斗争、强调以革命实践揭露阶级界线及触发集体行动的重要作用等理论根据和实践经验。新左翼在对结构主义马克思主义的反叛中，表达着对阿尔都塞为代表的视自己为意识形态领袖或精英阶层的知识分子的强烈不满情绪，愈发激进地选择破除意识形态等级制的一切理论构架，提出普遍民主与平等主义的要求。朗西埃是其中的代表之一，他通过《阿尔都塞的教谕》（1974）宣布了与阿尔都塞以及正统马克思主义的决裂。在亲身经历与目睹工人罢工的实践经验中，朗西埃意识到并坚信追求工人解放和阶级斗争的必要性，通过《工人谈话录》（1975）表达了对底层劳工历史再现的意图。循此意向，受英国历史学家、英国马克思主义代表人物E．P．汤普森的代表作《英国工人阶级的形成》影响，朗西埃近十年投身于档案研究，力图制造一个法国版的“来自下层的历史”（汤普森的观点）。通过《劳工的夜晚：19世纪法国工人的梦》（1981）及“逻辑暴动”研究小组，朗西埃以对工人历史研究为知识储备与基石，全面进入其独特的激进平等主义思想的理论建构与体系铺陈阶段，也进一步开始与马克思本人形成批判性对话。他在《无知的教师：智力解放的五堂课》（1991）中阐述“人类在智力方面是绝对平等的”基本理念；在《歧义：政治与哲学》（1995）中系统展现其关于政治哲学批判的主要思想与核心观点，表达关于社会斗争和政治“审美”的关切；《沉默的言语：论文学的矛盾》（1998）则标志其诗学政治研究的顶峰，通过廓清“艺术体制”（regime of the arts）概念，奠定其审美现代性批判的理论基础。进入21世纪后，朗西埃将更多的精力投入美学领域的理论批判、政治意蕴和哲学思考中，《美学的政治》（2004）、《文学的政治》（2004）、《词语的肉身：书写的政治》（2004）、《电影寓言》（2006）、《影像的命运》（2007）、《解放的观众》（2007）、《图像的剧场》（2007）等著作充分彰显了其从政治到美学的转向，或者更准确地说，朗西埃通过文学、电影、戏剧、图像等艺术表现形式的历史追溯与理性分析，以美学为媒介表达其政治哲学批判的主要思想。

虽然，朗西埃的思想进路大致经历从哲学到政治到诗学到美学的过程，但核心理念始终在于论证其坚定的激进民主主义、激进平等主义主张。无论从历史学、教育学、政治学、哲学、诗学、美学等任何视角切入政治批判主题，朗西埃始终强调平等原则的核心地位与前提性要义。在他看来，工人解放这一政治目标的实现途径不能寄望于任何一种蕴含等级制本质的社会秩序与意识形态规范体系，而是需要在普遍平等原则的普及中，在不断打破原有等级制“治安”秩序的“歧义”表达与斗争中，持续拓展与不断重设“感知的分享/分配”（partage du sensible）的边界和条件，使隐匿的下层人民通过公开的、多渠道的、开放的表达与表现自身，被共同体所见、所闻、所感、所接纳，不断实现主体化，不断扩充与更新感知共同体范畴，开创新的集体生活形式。这一争取平等与民主的主体化之路，应然的也实然的是一条永远在“共产主义复兴”之路上的未竟事业。

一、什么是政治？政治的哲学话语

朗西埃与阿尔都塞的决裂及其对革命失利的反思，均深入哲学方法论层面的思考，其对哲学的批判态度与对以精英知识分子和无产阶级精神领袖自居的知识权威人士的批评态度彼此呼应。经历革命风暴后的朗西埃更加坚定工人解放斗争的信念，但革命希望式微的状况也促使他追问理念根基的合法性，反思哲学与政治的关系、哲学对政治的功能作用等问题。到20世纪80年代，东欧剧变、苏联解体，以柏林墙倒塌为标志的政治社会变迁，对西方左翼形成又一轮强有力的现实冲击。新自由主义政策风生水起和罗尔斯《正义论》为代表的规范政治哲学新绘知识界图景的时代点位，表征了社会历史与思想理论在当代转型与范式变迁的过程中相互扭结，推动着社会运动的新变化、新认识、新发展。面对复杂多元的社会思潮、哲学方法论的新近主张、新思维模型，朗西埃坚守激进平等的原则，重申让“人民”发出自己声音的关键性，延续着向工人阶级解放斗争历史求证“逻辑暴动”必要性的初衷，进入政治哲学批判的现代性批判。

朗西埃指出：“‘政治哲学’这个词既不是指某种哲学的类型、领域或项目，也不是指政治对其‘内在理性’的反省。它是一种遭遇（一种争论性的遭遇）的名称，而此遭遇正是政治哲学缺乏固有根基的这个吊诡或政治丑闻显现之所在。”[①] 在他看来，政治哲学是个伪命题，哲学既不能给政治提供可靠根基，也不能有效解决政治的不确定性，反而会使政治成为“非政治”，即当哲学或依据哲学为政治进行理念构型时，都不可避免地使政治在现实生活中成为基于理论预设而对社会秩序进行稳定的维护，部分抹除或淹没了来自下层人民（démos）的民主声音，造成一种可见与不可见、可言说与不可言说、可被感知与不可被感知之间的不平等，实质上仍然构成一种控制与被控制关系的等级制系统。因此，在朗西埃看来，政治与哲学之间没有必然的相关性，以“遭遇性”重思二者之间的或然而可塑的动态关系，似乎更能还原二者的本来，廓清政治的本真样态。他主要通过对政治哲学源起的理论史回溯，归类政治哲学三种类型，以批判政治哲学的无根性、虚伪性，尤其是吊诡性：“‘政治哲学’或至少那些可以配得上此一名称、此一特定吊诡之名的哲学，或者借由以一个同等的功能代替，或者借由创造一个拟象，并透过在其否定之中操作政治的模仿，来为无分者之分的吊诡提供出路。在此等同的双重面向上确定了三大政治哲学形象，其所涉及的乃是哲学与政治的冲突，以及‘政治之实现—消除’，最后也可能是哲学本身的‘实现—消除’的吊诡。我将这三大形象分别称为：元政治

---

① 雅克·朗西埃：《歧义：政治与哲学》，刘纪蕙等译，西安：西北大学出版社，2015年，第87页。

(archi-politique)、类政治(para-politique)、与后设政治(méta-politique)。”①

首先，元政治(archi-politique)的古典理论根基在柏拉图。朗西埃认为，是柏拉图开创以自然(phusis)规约法律(nomos)，或以自然秩序规定社会规范的元政治思考模式。“柏拉图所发明的理想国或政体(la république ou la politeia)是一种在同一的体制(régime du Même)中运作的共同体，在其社会中不同部分的所有活动都一致地表达着共同体的原则与目的。政体首先是一种体制、一种生活方式、一种政治的模式，就像某个有机体的生命，受到其自身法则的规约，据其速度呼吸，并且以符合其功能与目的的生命原则，管理着各个组成部分。”② 柏拉图在《理想国》中将正义的哲学理念定为政治的真正本质，用金属的神话③安排共同体成员的社会角色与社会分工。在柏拉图的政体中，社会成员的身份是固定的，拥有智慧的哲学家位居统治者的地位，具有勇敢品质的士兵是政体的守卫者，低微的农民与工匠则承担劳作的任务，共同体正义的实现就是各个体安分守己(sophrosunè)、各司其职，每个人不需要从事多份职业，只需管好自己的事情，将分内之事做好，具有节制的美德，就能保证共同体在正义的轨道上平稳运转。柏拉图的政治理想是其理念论哲学思维的现实映射。理念是事物的普遍共相，是具象事物的本质、根据、模型，后者是它的不完满的殊相。现实事物的可感世界是可知的理念世界的映射，二者彼此分离、相互独立，后者决定并支配前者，这是自然规律、宇宙秩序。因此，理念世界的自然秩序规定了事物世界的规范，反映在个体正义与共同体正义的互通中，构成一个封闭的、完满的、特定的政体模式。在朗西埃看来，以柏拉图理想国为样板的元政治模型在当代仍以共和制的方式得以延续，虽然有其积极意义，但弊病也显而易见：一方面，通过在理念层面

---

① 雅克·朗西埃：《歧义：政治与哲学》，刘纪蕙等译，西安：西北大学出版社，2015年，第91—92页。对三种类型的汉译方式在目前有关朗西埃的文本中尚存差异，有人将之译为原型政治(archipolitics)、平行政治(parapolitics)、元政治(metapolitics)。参见让-菲利普·德兰蒂：《朗西埃：关键概念》，李三达译，重庆：重庆大学出版社，2018年，第101页。

② 雅克·朗西埃：《歧义：政治与哲学》，刘纪蕙等译，西安：西北大学出版社，2015年，第90页。

③ “金属的神话”指柏拉图借苏格拉底之口为人的社会分工或身份认证做神话之证与自然确证。金属神话主要内容是认为神在造人时混入不同的金属造成人与生俱来的差异，哲学家和统治者是被混入金子的人，守卫者是被混入银子的人，农民和工匠是被混入铜和铁的人。

预设个体的共同需求，用理念的法律形态教化人民（démos）关于在共同体规范中个体身份认同的必然性，以预设不自由的自然给定状况重新定义“自由”的形式。“人民被打散成不同的部分，而让共同体可以依据角色功能进行重建。关于个体从群居之始便会追求共同的需求，并且彼此交换服务的教化故事，一开始便完美地执行了将人民、人民的自由及其实现自由的时间与空间自城邦中排除出去的任务。”① 另一方面，通过强调身份实践或德性的实现对个体与共同体正义实现的关键性，来牺牲人民的自由以达到共同体和谐的政治哲学计划。“这预设了排除某些政治的论争性部署元素，并且以共同体法律的各种感化形式取而代之。以同样的空的德性（工匠的自知之明）取代另外一个空的身份（人民的自由），便是此一过程的核心关键。作为一种特定活动的政治被完全排除，而此一排除被视为政治的成熟。”② 显然，无论是关于自由、民主，还是平等等范畴，元政治模式都是根本违背政治的本质与本意的，它以消除政治的方式无视共同体内差异性的政治诉求。

其次，类政治（para-politique）的古典理论根基于亚里士多德。朗西埃进一步认识到是亚里士多德开启了“政治哲学”的新形态，这是一种将“政治”（la politique）聚焦于“政治领域”（le politique）③，在承认人的普遍政治本性基础上，通过吸纳政治主体，将政治的自然秩序当作组织秩序来实现的模式。在朗西埃看来，柏拉图的元政治模式是将个体完美融入共同体灵魂的典范，它预设了共同体内部的和谐状态，用理念世界与事物世界的分离、共相与殊相的同频，排除斗争的合法性甚至可能性，这种元政治模式实质上以哲学的理念方案对政治执行了控制计划，自由、平等、民主均无法找到各自的政治学意义与定位，是一种无政治的政治哲学。相反，亚里士多德则在一开始就承认人的政治本性。朗西埃指出：“政治的独特性便是中断，也就是作为人民争议性‘自由’之平等所产生的效果。那是在被召唤到共同体的法之中实现自我之

① 雅克·朗西埃：《歧义：政治与哲学》，刘纪蕙等译，西安：西北大学出版社，2015年，第93页。

② 雅克·朗西埃：《歧义：政治与哲学》，刘纪蕙等译，西安：西北大学出版社，2015年，第97页。

③ 对 la politique 和 le politique 的翻译还有“政治”和“政制”一说。朗西埃还使用 la politique 表达“宪政体制”之意。参见雅克·朗西埃：《歧义：政治与哲学》，刘纪蕙等译，西安：西北大学出版社，2015年，第100—101页。

自然的原初分裂。因为平等出现，并且执行了政治‘自然’的原初分裂——而这其实也是我们之所以能够想象政治的‘自然’条件——才有了政治。”① 在朗西埃的语境中，亚里士多德对柏拉图的部分修正在于对政治性的揭示与承认。在关于“人是政治性动物”的判断与“人皆生而平等”的主张中，亚里士多德将政治关乎平等、自由的实质揭示出来，指明共同体的正义并非固化地按部就班地执行身份定位与分工安排，而是承认所有人都可以平等参与政治生活。这样，比起柏拉图通过预设共同体和谐、消灭差异，来安排从属于共同体各组成部分的个体分有，以绘制理想共同体的模型，亚里士多德则承认差异的普遍存在，并宣称以平等原则尊重差异，将人的政治性开掘出来，即便它要冒着差异带来的斗争风险——“亚里士多德主张，即使人民会形成阻碍（这可能展现为‘富人’与‘穷人’之间的战争形式，甚至可能是平等主义的‘无—原则’效应)，也要借着将人民包含进来，而在宪政秩序中实现自然秩序。”② 当面对如何解决由差异带来的风险时，类政治采用的方式是将政治政制化，将政治置换为或纳入权力配置体系以调解政治性的内在矛盾。“类政治首先将政治思想集中于权力分配的位置与模式，而体制则借此以某种有权力者的运作来界定自身。”③ 将政治问题置换为权力问题，就使政治冲突简化为无权力的人民争夺占领权力与有权力的统治者维护权力之间的较量。对此，在朗西埃看来，一方面，亚里士多德在区分“善”的政府和“恶”的政府的过程中，以设想并赞扬一种完善政体回避了冲突，但仍将人民视为分散的、疲于劳作的群体，否认了人民作为政治主体展开权力争夺的能力，复归了柏拉图元政治模式关于精英统治的政体理念；另一方面，类政治提供了一种对共同体内部民主纷争的调和方案，即专制统治通过开明的利益让步，以民主的表象和法治的形式来确证并巩固统治权力的合法性，吸纳人民进入权力分配体系中来，并使之认同现有的权力分配方式。这样一种“将政治

---

① 雅克·朗西埃：《歧义：政治与哲学》，刘纪蕙等译，西安：西北大学出版社，2015年，第97页。

② 雅克·朗西埃：《歧义：政治与哲学》，刘纪蕙等译，西安：西北大学出版社，2015年，第99页。

③ 雅克·朗西埃：《歧义：政治与哲学》，刘纪蕙等译，西安：西北大学出版社，2015年，第99页。

议题视为权力议题、正当化权力的原则、权力分配的形式”[①] 在现代的衣钵是霍布斯的契约论。后者更进一步将人民的政治冲突与斗争主体分解为各个个人，假设“一切人反对一切人的战争”的“自然状态”，推衍出基于个人权利让渡的主权政治的合法性，使政治成为个人与国家之间的权利与义务的安排，消除了共同体内部不同集体之间的政治冲突。在朗西埃的语境中，类政治的“类”特征便体现为亚里士多德“装模做样”的民主，以及其霍布斯式“消解”“回避”的政治哲学。因此，他批判类政治，在其看来，类政治是一种类元政治，它既“非政治”，也非元政治，与元政治类似的是它同样在消解政治。

最后，后设政治（méta-politique）的理论根基是马克思。马克思实现了政治哲学的根本转向，开启以揭露政治谎言与意识形态虚假性为其动力，颠倒以往政治真理凌驾于政治之上、政治真理优先于政治之前的本质主义关系，其在处理真理与政治、词语与事物之间不断遭受的非议中动态更新的模式，是“超越性”意义上的政治终结模式。这是朗西埃对马克思政治哲学的理解。在此基础上，其进一步判断，元政治与类政治都是在假想和预设的前提下对政治进行理念规范的。元政治先入为主地认为个体受共同体制约，共同体的组成部分脱胎于共同体共相，理所应当接受并服从共同体运行法则的支配与安排；类政治承认了普遍差异的存在，但强调将民主纷争纳入所预设的良善政府的理性形式之中，驯化政治冲突。无论哪一种模式，政治始终在哲学的遐思和真理的安排下处于被操控的状态，始终体现为一种政治乌托邦。对此，后设政治强调以揭穿政治谎言为表征，它所标识的政治真理“是一种特别的真理”，“此种真理不是让真正的共同体取代政治谎言，而得以建立的善的观念、正义、神性宇宙或真平等。政治的真理便是揭露政治的假象。这正是一切政治命名与铭记和支撑它的现实之间的间距”。[②] 后设政治不仅承认普遍差异的存在，承认部分与共同体之间的“间距”，而且拒绝以掩盖、遮蔽、虚伪的手段回避民主纷争，批判用真理的建构消解政治的冲突，批判用哲学话语对“间距”进行虚假的弥合。相反，后设

---

① 雅克·朗西埃：《歧义：政治与哲学》，刘纪蕙等译，西安：西北大学出版社，2015年，第99—100页。

② 雅克·朗西埃：《歧义：政治与哲学》，刘纪蕙等译，西安：西北大学出版社，2015年，第110页。

政治强调对政治假象的彻底揭露，对“间距”的揭发。朗西埃指出，马克思针对假象的真理，发明了“意识形态”这一关键字来展开政治哲学批判。“借由发明这个用语，马克思为这个持续至今的时代发明了一个人们从未听闻的真理体制，一种真理与政治之间的崭新连结。意识形态是词语与事物之间不断遭受非议之间距的名称，是组织现代政治部署的连结与瓦解的概念操作者。”① 马克思在对意识形态虚假性的批判语境下展开意识形态的概念范畴，在批判虚假意识形态的过程中建构了崭新的意识形态体系，这是一个过程性结果。朗西埃认为正是这一具有动态特征的批判，使马克思的意识形态理论不同于元政治与类政治模式，为政治提供了新的真理体制，“意识形态让政治的场所不断地移动，直至令人眩晕的尽头：政治终结的宣告”②。而在此动态过程中，后设政治的核心或主体便是阶级。“阶级这个概念作为政治谎言的真相，在后设政治中扮演了一个核心的角色。”③ 朗西埃认为，马克思阶级斗争理论为拆穿政治谎言提供了一个“暧昧”但可靠的政治主体与政治行动可能性。传统的政治模式最大的问题在于固化或回避人与公民、劳动人民与主权人民之间的间距问题，即通过划分身份区隔或承认身份区隔来默认统治与被统治的权力结构。看似支持平等、自由、民主的政治哲学话语不过是掩饰具有专制色彩的权力结构的骗术。而后设政治则是强调通过阶级斗争不断地揭露政治谎言的真实社会运动，使政治不再立足于所谓的真理，而是立足于社会现实的真相，立足于无产阶级通过阶级斗争的政治行动向“形式民主”“资产阶级民主”抗议的实践。在冲破政治谎言的斗争中，无产阶级从隐匿的境况中突破身份的束缚，以政治主体的姿态重塑政治结构与政治生态，也在改变政治哲学话语中实现无产者的主体化。“马克思主义后设政治制定了如下的游戏规则：在藏匿于政治表象背后的真实社会体与关于政治假相的科学真理的持续宣称之中游走。”④ 易言之，无产阶级需要在意识形态批判与意识形

---

① 雅克·朗西埃：《歧义：政治与哲学》，刘纪蕙等译，西安：西北大学出版社，2015年，第114页。

② 雅克·朗西埃：《歧义：政治与哲学》，刘纪蕙等译，西安：西北大学出版社，2015年，第114页。

③ 雅克·朗西埃：《歧义：政治与哲学》，刘纪蕙等译，西安：西北大学出版社，2015年，第113页。

④ 雅克·朗西埃：《歧义：政治与哲学》，刘纪蕙等译，西安：西北大学出版社，2015年，第120—121页。

态重构之间不断展开阶级斗争这一主体化行动，最终完成消除阶级的“政治终结”。

朗西埃强调，后设政治仍需提防滑向传统政治模式吊诡式的危险，即需要避免无产阶级作为一个新的优越性阶级实体，在共同体中安排政治秩序与划定政治资格的结局。“后设政治这个字的字首的意义之一，便是意味着政治的‘超越’，但是我们也可以从这个字首的另外一个意义，亦即附属的角度加以理解。如此，后设政治便成了政治的科学附庸，其中，政治形式被化约为阶级斗争的力量，从一开始便被视为谎言的真理或幻象的真理。但是，它也可以成为一种所有主体化形式的‘政治’附属，将其不承认且只能不承认的阶级斗争，视为隐蔽的‘政治’真理。”① 对此，朗西埃依然肯定了马克思思想中关于“政治终结”的超越性可能，批判一种将马克思的“政治终结”还原为资本主义或“自由主义”形式的解读方式与应用方式，表明无产阶级按“一个不再是社会阶级的社会阶级”（出自马克思《〈黑格尔法哲学批判〉导言》）展开政治行动与阶级斗争的超越性意义。不过，在朗西埃看来，后设政治所仰仗的去阶级化的主体化运动最终目的是使政治得以终结，这一结果与前两种模式对政治的消解结果似乎并无二致，虽然路径与意义有所不同。因此，在朗西埃的反思中，哲学总是在政治之后的后见之明，而且，任何有关政治的哲学话语都可谓乌托邦的空洞言辞，无甚实质意义，只是一些田园诗般的美好词语——“时至今日，重新回到纯粹的政治与‘政治哲学’的纯粹性只会有一个意义，那就是回归到构成现代政治冲突以及哲学与政治之根本冲突那边；回归到政治与哲学的零度。那将是一首理论田园诗，试图透过哲学决定赋予共同体实现善的任务；那也是一首政治田园诗，寄望借由获得人民信任的精英所进行的开明治理实现共善。政治的‘哲学’回归与其社会学式的‘终结’，实属同一件事。”②

二、政治的危机：非政治性的“共同体”

通过对政治哲学历程的归类回溯，朗西埃从政治的起点上追问何为

---

① 雅克·朗西埃：《歧义：政治与哲学》，刘纪蕙等译，西安：西北大学出版社，2015年，第113页。

② 雅克·朗西埃：《歧义：政治与哲学》，刘纪蕙等译，西安：西北大学出版社，2015年，第121页。

政治，批判政治哲学的非政治性，论述其关于政治概念的新理解范式。朗西埃指出，政治基本上就“是根基起源的不存在，是所有社会秩序的纯粹偶然性”[①]。哲学妄图对政治进行理念的规约或根源的设定，这在朗西埃看来是政治哲学的谎言，造成政治的丑闻。“政治本身，政治作为其所遭遇的，永远都在任何人要为共同体建立根基时，就已经存在。”[②] 因此，在朗西埃的语境中，政治具有破例性、生成性、感知性、流动性等特征，而非按照自然秩序、神学圣谕规定好了的“无分者没有参与之分”[③] 的非正义的“共同体”。“政治的存在乃是因为那些无权被当成言说者的人被算入政治之中，并且使这场冲突的错误成为大家共同的关注，并据此建立了共同体。”[④] 基于对政治的重新解读，朗西埃批判西方历史迄今为止所经历的共同体模式或政治哲学模型都是非政治性的“治安”秩序，一直存在压迫与被压迫、统治与被统治的等级制序列，没有根本实现平等原则、民主行动的空间。因此，他的政治哲学批判通过“治安”与“政治”的比对，直指“治安”逻辑对本真政治的替代、错置，由此构成当下仍然表现为某种寡头制特征的政治危机。

（一）“治安”的驯服术与“政治”的正当化

基于对政治哲学思想史的回溯与批判分析，朗西埃认为以往的政治并非本真的政治，直至今日，政治仍然处于一种非政治的危机之中，需要重新认识政治概念，重新界定政治的内涵和本质。他引入“治安”(police) 概念进行对照，重建关于政治的话语语境。朗西埃认为，两种人类共在的模式——一种以柏拉图为代表的“根据每一个人如其所是的自明性给予其所应得之分”[⑤] 的逻辑，和另一种以亚里士多德为代表的“计算单一部分的持分加总，依照各身体的可见性与不可见性分配空

---

① 雅克·朗西埃：《歧义：政治与哲学》，刘纪蕙等译，西安：西北大学出版社，2015年，第30页。

② 雅克·朗西埃：《歧义：政治与哲学》，刘纪蕙等译，西安：西北大学出版社，2015年，第32页。

③ 雅克·朗西埃：《歧义：政治与哲学》，刘纪蕙等译，西安：西北大学出版社，2015年，第28页。

④ 雅克·朗西埃：《歧义：政治与哲学》，刘纪蕙等译，西安：西北大学出版社，2015年，第45页。

⑤ 雅克·朗西埃：《歧义：政治与哲学》，刘纪蕙等译，西安：西北大学出版社，2015年，第45页。

间，并且协调合于个人的存在方式、行动方式与说话方式”[①] 的逻辑——都并非本真的政治模式，而是一种“治安”秩序。他指出，在这两种逻辑当中，“政治往往被视为一组达成集体的集结或共识的程序、权力的组织、地方与角色的分配，以及正当化此一分配的体系。”[②] 因而，他“建议给予这个分配与正当化的体系另一个名称”，即“治安”(police)。正如福柯谈及的治理术，治安意味着共同体中一个特殊组织形式承担安排个体在共同体中被分配的有形现实的任务。治安既指当下政治处于一种被安排、被分配的范式特征，也指统治阶层进行统治的一种工具或方式。“治安（le policier）是连结医药、福利与文化的社会部署中的一个元素。治安被指定扮演咨询者、组织者及公共法律与秩序的代理人角色。”[③] 在朗西埃看来，治安是用以进行社会维稳的具象组织与现实工具，它不断在与个体的接触中正当化既有共同体的合法性，并驯化个体以适应并融入共同体当中。比如，“借由民调判断的公共意见与永无止境地展示现实的体制，乃是当前西方社会所采取的治安标准模式”[④]。朗西埃指出，虽然治安秩序存在多种形式，也有好坏之分，不能一概而论，但治安的本质对政治本真的遮掩始终存在。在治安秩序和治安逻辑下，面对差异，政治总是表现为依据预设或既存共同体的原则、规范及其制度的分配，用各种建制加以掩饰的正当但非正义的“共同体”形象。而“政治，首先便是一场冲突，这个冲突关乎共同舞台的存在与在此舞台上现身者的存在与性质”[⑤]。在朗西埃眼中，本真的政治源自于无权者争取政治权利的斗争，即被排除在政治之外的政治主体参与政治的这一被既有权力结构视为“错误”的存在及其显现，是为冲突与斗争提供平等抒发自我、平等诉求的场域。而在治安秩序中，政治的“错误”起源被错误的正当化置换了，治安也错误地界划

---

① 雅克·朗西埃：《歧义：政治与哲学》，刘纪蕙等译，西安：西北大学出版社，2015年，第46页。

② 雅克·朗西埃：《歧义：政治与哲学》，刘纪蕙等译，西安：西北大学出版社，2015年，第46页。

③ 雅克·朗西埃：《歧义：政治与哲学》，刘纪蕙等译，西安：西北大学出版社，2015年，第47页。

④ 雅克·朗西埃：《歧义：政治与哲学》，刘纪蕙等译，西安：西北大学出版社，2015年，第49页。

⑤ 雅克·朗西埃：《歧义：政治与哲学》，刘纪蕙等译，西安：西北大学出版社，2015年，第44页。

了“不够格的言说者的能力与政治能力之间关系的冲突”[①]。因而，治安是一种错误地表征“错误”的错误政治。

（二）“治安”的寡头制与“政治”的等级化

朗西埃认为，政治不是一种特权体制，不是依附于人们共享利益的假设而存在的。政治的存在或政治的本初是“借由让错误成为共通点的这个事实，也就是借由在单一世界中两个世界的对抗——一个他们存在的世界与一个他们不存在的世界之间的对抗、一个在他们与那些不承认他们可被当成言说者、那些算数的人们‘之间’有着共通之处的世界，与一个在彼此之间毫无共通之处的世界之间的对抗——而建立起了共同体”[②]。易言之，对于政治而言，差异、冲突、对抗、斗争是常态、前提、基础，而政治之能为政治，其本质规定在于以无前设的平等原则不断进行活动。但是，治安则是一种寻求稳定的“自上而下”的管控，它内在的透着技术管理的操控本质。治安实现的方式是进行资格划界，在管理者与被管理者、统治者与被统治者之间划界，这个界线在古代以明确的财产标准为根据，到现代社会，则在此基础上进一步用表象的、形式的法律、规章、技术专家等方式对身份资格进行隐蔽性的分裂。朗西埃指出，在治安逻辑中，“彼此之间的差异，可以借由预设共同体的原则（arkhê）与其制度的分配，亦即，实现原则的各种建制（arkhaï），而被掩饰”[③]。这些原则或“本原”具体指早在柏拉图那里就被列出的七种资格：父母之于孩子，老人之于年轻人，主人之于奴隶，贵族之于平民，强者之于弱者，有智者之于无知者，以及随机原则。在朗西埃看来，前四者基于出

---

① 雅克·朗西埃：《歧义：政治与哲学》，刘纪蕙等译，西安：西北大学出版社，2015年，第39页。

② 雅克·朗西埃：《歧义：政治与哲学》，刘纪蕙等译，西安：西北大学出版社，2015年，第45页。

③ 雅克·朗西埃：《歧义：政治与哲学》，刘纪蕙等译，西安：西北大学出版社，2015年，第52页。arkhê在希腊文中有开端、起源、宰制等多重含义，还有根基、原则、权力等引申意。朗西埃在后文中强调政治不具有特定性、既定性的原则或特征。朗西埃在此处使用法文“principe”，它的拉丁字源“principium”是arkhê的拉丁文翻译。在《十论政治》（“*Ten Theses on Politics*”）、《对民主之根》等文本中，朗西埃提及阿伦特等人对arkhê动词形式“arkhêin”的运用，后者将之放在一个“行动、领导、治理”的意涵语境下使用。朗西埃认为，如果arkhêin有“领导”“走在前头”之意，那就意味着一定有人“被领导”“走在后头”。所以，在他看来，arkhê本身就预设了优越者对于低劣者的宰制，而民主或政治主体的意义便在于打破这一逻辑或前设。此外，还有版本将arkhê译为“本原”“权威”等意，可见该词的丰富内涵对汉译的挑战。

身划界，接下来的二者基于本质划界，而最后一个相比与前六个看上去是一种例外，却最能体现出公平公正，因为只有随机原则看上去最接近表明“不是资格的资格”的平等原则。[①] 但是，最后一种资格或原则往往被忽视、被掩盖、被滥用、被粉饰。我们经常处于寡头制下，受寡头法则支配。如果在代议制政府或政体出现以前，这种寡头制是以显性的专制形式体现，那么，现代代议制则以“隐微的法律”延续着划定社会身份、规约身份功能、指示身份规则的寡头制传统。朗西埃举例说明，比如政府为自己制定法律、人民代表大部分来自某个行政管理学院、各党派通过公共工程合同欺诈融资、商人投入巨额资金拉取选票、私人传媒集团的拥有者运用公共功能或影响力将公共媒体集团据为己有等。国家寡头与经济寡头的坚固联盟垄断了公共事务，“我们生活在寡头法则的国家中，换言之，在这类国家中，寡头的权力要受限于人民主权与个人自由的双重承认”[②]。而人民通过选举、结社、集会、示威、出版自由等方式展开的所谓人民主权与个人自由仍然被限制在国家管控的范围之内，这种治安的寡头制正在消磨人的政治参与意识或行动，它实际上使社会秩序固定在等级制序列之中，并采用治安的手段“努力让治安秩序所预设和施行的不平等自然化。”[③] 治安的寡头制将政治封锁在等级制之中，政治的自由、民主、平等原则均被纳入治安逻辑，成为控制社会的工具与粉饰寡头制的表象，我们“无法想象一种政体不是某种意义上的寡头政体”[④]，如此一来，可以说，政治的危机体现为某种反政治。

(三)“治安”的知识威权与“政治”的既定化

以治安命名的等级制政治，依靠的是正当化的威权，这种威权主要通过区分身份资格和分配话语权份额来实现与保障。也就是说，治安秩序的维系与治安逻辑的铺展共同形塑治安的话语体系，使社会充斥着符合既定共同体规范的一整套知识技术性威权体系，让差异的话语无权表

---

① 参见雅克·朗西埃：《对民主之根》，李磊译，北京：中央编译出版社，2016 年，第 39—41 页。

② 雅克·朗西埃：《对民主之根》，李磊译，北京：中央编译出版社，2016 年，第77 页。

③ 让-菲利普·德兰蒂：《朗西埃：关键概念》，李三达译，重庆：重庆大学出版社，2018 年，第 80 页。

④ Raymond Aron, *Democracy and Totalitarianism*, trans. Valence Ionescu Weidenfeld and Nicolson (1968), p. 83. 转引自《对民主之根》第 76 页。

达。在这样一种话语霸权中，人们的政治份额被先入为主地区隔为可见与不可见、可听与不可听、可感与不可感、可理解与不可理解的分裂，能够被纳入共同体计量体系的都具有一定程度的政治份额，而不能被算入的都只能被标签为“无名者”而无法言说。这样的共同体政府在家庭中表现为传统的“老人统治”（gerontocracy），在学校里表现为“技术统治”（technocracy）或“知识统治”（epistemocracy）。[①] 对此，朗西埃指出，家务空间不会因权力关系作用其中而成为一个政治空间，而是当其中的成员之间不平等或不公状况成为社会共同关注并引发争论的主题时，它才具有了政治性。而对于教育来说，知识威权的方针与知识传授的模式是对教育及其价值的玷污与误解。在朗西埃看来，任何基于专业权威展开知识性传教的教育活动，都违背了智力平等的原则，它的前设是将人们划分为专家与无知者，认为后者是知识匮乏者，需要通过一种压迫结构，将知识强加给他，从而使后者接受知识并能够进行话语表达。朗西埃批判地指出，这是一种生产知识的不平等以及制造出假装拯救别人的知识量的治安手段。朗西埃在《无知的教师：智力解放的五堂课》中，借用约瑟夫·雅克托[②]的教育实验与智力平等的公理，表达政治上不应以分工、分置的方式前设参与资格或规定条件，不应将专业知识工具化来抹除所谓“无知者”对诉求和抵抗的话语表达、组织行动。否则，这种智力不平等的预设只会降低民众参与政治的热情，或造成技术专家统治的寡头制。朗西埃以法国政治制度为例指出迷信知识分子权威陋习所带给政治生活的危机，“相较于群众的激情，他们会给予专家的学识以更为优先的地位。一种共识的文化由此创制而出，这一文化批判旧的冲突，使我们习惯于冷静客观地对待短期与

① 雅克·朗西埃：《对民主之恨》，李磊译，北京：中央编译出版社，2016 年，第 48 页。

② 约瑟夫·雅克托（1770—1840），法国革命人士、教育哲学家。他 1815 年在荷兰王国统治下的鲁汶大学做法国文学讲师，面对的是不会说法语的学生，他自己也不会说当地的弗莱芒语，这种情况下，雅克托给每个学生发了一份费奈隆（Fénelon）的名著《泰勒马克》（Télémaque）的双语对照版，并要求学生想办法用弗莱芒语弄清法文原文，并使用法文撰写相关的读书报告。结果，学生们很快就做到了，且表达得非常不错。基于学生没有在得到任何解释的情况下掌握了法语的这次教育哲学实验成果，雅克托建立了一个激进的教学方法——“普遍教学法”（Universal Teaching；Enseignement universel），或“一中万有系统”（the panecastic system），即强调 everything in each，“每个人心中都包含了世上万物”，或“全心智展现”，或“智力解放方法”（method of intellectual emancipation）。朗西埃借此表达“相同的智力运作于所有的人类精神活动中”。参见菲利普·德兰蒂：《朗西埃：关键概念》，李三达译，重庆：重庆大学出版社，2018 年，第 32—33 页。

长期的社会问题，向专家们咨询解决方案，让有资格代表重大社会利益的人物和他们讨论”①。这将导致，“群众摆脱了对统治的担心，就只剩下了私人的自利热情。这些群众中的个体们，要么对公共事务毫无兴趣，放弃选举投票；要么只出于自身利益与消费者的一时性起而去参加公共事务”②。政治不是成为一个牟利的工具，就是成为一个消费的儿戏，或者按统治者意愿成为一个按部就班的作秀场所。这样的政治显然不是本真的政治，而是朗西埃所论述的治安。尤其在当下，借助于对专家知识权威的依赖，强调政治的技术性、专业性，达到共同体压迫结构的治安管控，抹除民主及其话语带来的不确定性与分歧，使政治在共同体的统一化、同质化过程中被固定下来，使治安秩序及其体系获得合法性。治安的知识权威迫使政治成为一个既定性的分配体系，失去了在“歧义”中充满活力的政治性。因为朗西埃强调政治的偶然性、潜能性、流动性特征：“一件事情能够具备政治性，必须让治安逻辑与平等逻辑遭遇，而此遭遇从来就不是事先设定好的。”③ 所以，一种既定的政治显然是非正义、无民主、不平等的治安，以知识权威对身体的规训剥夺了所谓“无知者”表达诉求与平等的话语权，吸纳与收编社会元素进入共同体同质化的计算当中，这是当代代议制政治非常典型的政治危机之一。

三、民主政治新途：不断开新感知共同体

面对治安对政治造成的种种遮蔽、种种危机，朗西埃主要通过强调政治这一概念范畴的内涵与意蕴，提出激进民主与激进平等主义的政治出路。在表达关于民主政治的主张时，我们可以看到朗西埃诗学批判、美学批判的政治学思想实质，看到他以艺术审美为媒介抒发政治观点的独特路径，或将美学与政治学相交融另辟工人解放新途径的大胆尝试。他在与后现代哲学和马克思的批判性对话中，勇敢地、自命不凡地为人民或民众抒发“歧义”，强调被共同体分配抛掷在外的“无分者之分”（无权利的权利）的裸人（bare humanity）的主体化模式及其重要意义，在所提倡的智力平等的主张下提醒民众认识到自身的话语潜能和政

---

① 雅克·朗西埃：《对民主之恨》，李磊译，北京：中央编译出版社，2016年，第79页。

② 雅克·朗西埃：《对民主之恨》，李磊译，北京：中央编译出版社，2016年，第79页。

③ 雅克·朗西埃：《歧义：政治与哲学》，刘纪蕙等译，西安：西北大学出版社，2015年，第51页。

治力量，鼓励人们自觉以平等的身份参与到要求平等的行动中去，那既可以是诗歌、绘画、小说、影视，也可以是政治等任何以语言为基础的人类活动，不断主体化自身，打破治安对身份和身体的划界、规训的固若金汤的非正义“共同体”模式，从而感知政治、彰显政治、生成政治。

（一）“错误”：感知的重新分配或感知的分享

朗西埃指出：“政治（la politique）始于人们不再试图平衡得与失，而关注如何分配共有之各部分，如何依照几何比例来协调共同体的各部分以及取得份额的资格——那些赋予人们参与共同体权利的‘价值’（axiaï）。”[①] 在进行分配的过程中，首先面临的是确认资格、划分资格的问题，不管按什么标准划分（比如已经在历史上出现过的父权、年龄、财富、武力、学识），都是对政治进行一种基于“本原”的建制安排，在起初的阶段就内含着先入为主的偏见与不平等。这种不平等的前设是感知性的分配，即在可见与不可见、可听与不可听、可感与不可感之间划出鲜明的界线，那些不被认为可感知的民众被排除在政治之外，也就是朗西埃所说治安对政治的否定——“无分者没有参与之分”，即只有被计算为组成分子者，才有其分，才有参与的资格、话语空间。对此，朗西埃通过概念澄明指出坚持“无分者之分”的平等原则对政治的本质规定意义，“我提议将政治（la politique）这个名词，保留给予治安对立的一种极为特定的活动，亦即，借由一个在定义上不存在的假设，也就是无分者之分，来打破界定组成部分与其份额或无分者的感知配置”[②]。在其看来，政治恰恰需要并体现为计算外的“错误”以及计算的错误，没有被纳入计算当中的“无分者之分”提出自己作为主体的“有分”才是政治的本初起源。“政治所揭示的，是共同体的‘组成部分’的计算，而这种计算永远是虚假的计算，一个双重计算，或是错误计算。”[③] 因此，朗西埃认为民主政治应该不断面向感知的重新分配或分享，或称“感知的再分配”（The Distribution of the

---

① 雅克·朗西埃：《歧义：政治与哲学》，刘纪蕙等译，西安：西北大学出版社，2015年，第18页。

② 雅克·朗西埃：《歧义：政治与哲学》，刘纪蕙等译，西安：西北大学出版社，2015年，第48页。

③ 雅克·朗西埃：《歧义：政治与哲学》，刘纪蕙等译，西安：西北大学出版社，2015年，第19页。

Sensible)。“这种空间与时间，可见与不可见、噪声与言说的划分与再划分，构成了我所谓的可感物的分配格局（le partage du sensible)。”[①] 一方面重新分配知觉感知，另一方面重新分配知识理解，目的是打破原有治安秩序预设的分界线、隔离带，使固定的所谓“参与资格”发生变化，不断突破既定的感知分裂、身份隔离、时空结构，不断在“错误”中寻找共通感，实现再分配的共享。“我把感性事物的分布称为感官知觉的不证自明的事实系统，它同时揭示了某些共同事物的存在，以及界定这些共同事物的各个部分和位置的界限。”[②] 有了感知先决条件的可感性，主体性能被我们看见、听见并关注到，“错误”这一主体化模式才能真正体现出其政治形态，即对平等的申诉得到感知共同体的关注。“错误（le tort）建立了政治。基本上，政治并不是阶级之间的纠纷，而是每一个阶级与自身的差异，因为混合之法则已经强加在社会体切割之上。这是任何人都可以做任何事的法则。”[③]

（二）“歧义”：平等地言说

朗西埃认为艺术审美领域是最能反映与实现感知革命的领域。因为“政治是一种重新塑造了什么可被感知的行为”，是以平等为原则所进行的活动，主要通过话语与表达来实现。而艺术审美恰恰是话语与表达的多元载体或表现形式。同时，艺术审美具有这样的预设：每一事物在向每一个人诉说的时候，每一个人都可以使用自己的语言去表达对这一事物的理解，即原则上任何人都可以使用或接触任何形式的话语来表达事物。艺术作品的呈现既非是完全受治安逻辑或客观知识秩序的管控结果，也并非纯粹的主观欲望的随意呈现，而是反映一定意义的感知结果，是对治安秩序及其知识威权所等级化的感知与意义之间固有分配关系的质疑与破坏。“政治总是一种审美行为，并不是因为政治有一种特定的审美，也不是因为审美客体有一种政治的合目的性，而是因为在任何特定的社会结构中，都存在着持续流通着的词语与图像，而其秩序则

① 雅克·朗西埃：《美学中的不满》，蓝江、李三达译，南京：南京大学出版社，2019年，第25页。

② Jacques Rancière, *The Politics of Aesthetics: The Distribution of the Sensible* (London and New York: Continuum, 2004), p. 12.

③ 雅克·朗西埃：《歧义：政治与哲学》，刘纪蕙等译，西安：西北大学出版社，2015年，第33页。

总是异见的来源。”[1] 这意味着，艺术审美可以为在等级分配中处于销声匿迹地位或被贬为噪声的“歧义”提供多种展现自身、争取话语表征的表现形式，在艺术审美领域，智力平等、身份平等、资格平等的原则最有彰显自身的空间，从中可以重新寻找到创造性的力量，彰显本真的政治。从中可见，朗西埃借“歧义”（mésentente）这一核心词来承载联结感知与意义、可感物与主体的美学政治潜能或功能。他指出：“关于歧义，我们理解为这是一种被限定的说话情境：对话之一方同时理解（entend）与不理解另一方所说的话。”[2] 歧义不是简单的矛盾或冲突，而可以理解为关于共通点出现不同意见或不同的理解范式，即对同一话语所指的分歧。朗西埃指出，歧义既不是错误认识也不是错误理解，“歧义的情况是，在争执说话内容的意义时，已经构成了话语情境之合理性（rationalité）”[3]。导致对话者彼此围绕一个词语或一个观点出现既理解又不理解的看似悖谬情况的原因，可能是看不到彼此话语所指的对象，或无法想见或有效引入有助于促进相互理解的另一个必要对象。比如，对话两者的经验背景不同，导致使用同一词语的语境与所指不同，即便互相想表达同一种内涵，却无法在话语上达成一致，或者，互相使用同一话语，却无法彼此相互理解彼此的语词语义。这样，歧义既验证又指明了政治是以平等原则为根本原则的始源。然而，无处不在的治安总是决定着某群人是否具有可理解性，总有群体被边缘化为无法理解的不可见群体，这正是朗西埃强调艺术审美蕴藏着歧义反抗潜能的政治功能与政治学意图所在。“政治活动始终都是一种表达的模式。透过建立一个在根本上极为异质的假定，亦即，无分者之分，破坏治安秩序的感知分配。”[4] 艺术的多元表现形式都可以为人们通过拒绝某种形式的社会描述（如认为女性是少数群体不应参与某些特定活动）和加强新的描述（如女性是成熟的公民）来追求平等，打破

---

① 让-菲利普·德兰蒂：《朗西埃：关键概念》，李三达译，重庆：重庆大学出版社，2018年，第125—126页。

② 雅克·朗西埃：《歧义：政治与哲学》，刘纪蕙等译，西安：西北大学出版社，2015年，第6页。

③ 雅克·朗西埃：《歧义：政治与哲学》，刘纪蕙等译，西安：西北大学出版社，2015年，第7页。

④ 雅克·朗西埃：《歧义：政治与哲学》，刘纪蕙等译，西安：西北大学出版社，2015年，第48—49页。

原有治安秩序。因此，朗西埃非常看重具有革命性质的“文学的时代”，后来明确使用的“审美体制”范畴对政治的革新作用，表征这样一个新的感知形式或被用来描述这样一个世界：体裁的法则和社会等级体系都让位给艺术的无序（disorder of art）以及民主的任意性（arbitrariness of democracy）。

（三）“主体化”：歧义共同体的不断生成

朗西埃始终将政治的主体视为下层民众，尤其是那些被视为噪声或被遮蔽的无资格、低位阶的集体，将他们视为“歧义”表达的潜能者、潜力股。“政治活动是将一个身体从原先被给定的场所中移动或改变该场所目的的任何活动。它使原本没有场所、不可见的变成可见；使那些曾经徒具喧杂噪音的场所，能够具有可被理解的论述；它让原本被视为噪音的，成为能够被理解的论述。”[①] 可见，在朗西埃看来，政治始终处于一种运动状态，处于一种打破身份边界、感知边界、资格边界、话语边界的运动之中，是共同体不断现时化（presentification）与现实化（actualization）的过程。这一过程所依靠的正是没有前设的平等原则、歧义的表达、民众的主体化。所以，真正的民主政治或民众的政治、人民的政治（politics of demos）是以平等为预设、把平等作为前提的集体行动，是与歧义的遭遇。“当平等的偶然性以人民的‘自由’打断了统治者的自然秩序，当此中断制造了特定的配置时，政治便发生了。”[②] 朗西埃始终将政治置于动态状况下，并强调歧义对共同体的生成性作用及其对主体性的依赖。或者说，朗西埃的歧义是一种内涵性与表现性的统一，它需要主体性的历史叙事，而不像后现代主义那样解构主体性。对此，朗西埃批判后现代主义的代表人物利奥塔的“歧论”（或“歧争”）（différend）概念，认为那不过是在玩语言游戏，只关心句子表达、语法结构的异质性，超历史的摒弃宏大叙事、解构主体性，结果只能是彻底的沉默。此外，歧义“也不是本雅明所谓的‘政治的美学化’所涉及的大众动员”[③]，它有真正的主体或真正的阶级作

---

① 雅克·朗西埃：《歧义：政治与哲学》，刘纪蕙等译，西安：西北大学出版社，2015年，第48页。

② 雅克·朗西埃：《歧义：政治与哲学》，刘纪蕙等译，西安：西北大学出版社，2015年，第32页。

③ 雅克·朗西埃：《美学中的不满》，蓝江、李三达译，南京：南京大学出版社，2019年，第26页。

为行动的承载以及不断主体化的过程。“所有的主体化都是去身份化/去同一化，从一个场所的自然状态中撤离出来，是任何人都可以被算入的主体空间的开启。”① 人们按其本身就是平等的出发来行动以要求被平等对待，通过集体力量进行共同体的重构或达到共通感的共识，使自己成为集体主体，使“我们是，我们存在（nos sumus，nos existimus）”。“政治主体化乃是借由指出存在同时是非存在，或者非存在同时也是存在，而创造出揭露两个逻辑之间矛盾的争议场景与吊诡场景的能力。”② 所以，朗西埃强调的是政治的动态性，是未被纳入主体范畴的个体通过集体的政治活动去暴露错误的主体化过程，也就是不断改变共同体的计算公式、打破感知边界的求得平等地位的验证平等主体身份的政治行动模式。朗西埃认为，“无产者”就是这一集体行动的一个典型代表，“‘无产者’则是主体化那些让整体与其自身有所差异的无分者”③。他们带着“无产者”的身份刻板印象，为“不是阶级的阶级”争取平等权利，重构社会经验结构，使原有关于“无产”与“有产”的政治身份前设被取消。在这里，朗西埃对无产阶级的认识具有身份政治的特征，他对人民及其解放的认识也富有着浪漫而激进的审美现代性色彩——“人民只不过是无区分而没有任何明确资格的大众——没有财富，没有美德——却自认为拥有与其他人同样的自由。”④ 朗西埃也是在批判马克思主义的过程中阐释他激进平等主义的主张。他认为，马克思主义理论也存在自身的治安陷阱，从某种程度上暗示着，只有那些能够洞察资本主义剥削及资本主义历史发展规律的人才能领导工人阶级的反抗斗争，并对下层受剥削压迫人民的解放方案与成效设立标准、做出评估。朗西埃对马克思主义经济理论以及意识形态理论的批判，矛头直指阿尔都塞的科学马克思主义以及精英知识分子的主张，但在激进化的过程中也进而批判马克思本人，认为以马克思为代表的将政治向社会学建基的主张，虽然打破了以往政治哲学以所谓的“真理”进行分配、

---

① 雅克·朗西埃：《歧义：政治与哲学》，刘纪蕙等译，西安：西北大学出版社，2015年，第56页。

② 雅克·朗西埃：《歧义：政治与哲学》，刘纪蕙等译，西安：西北大学出版社，2015年，第61页。

③ 雅克·朗西埃：《歧义：政治与哲学》，刘纪蕙等译，西安：西北大学出版社，2015年，第58—59页。

④ 雅克·朗西埃：《歧义：政治与哲学》，刘纪蕙等译，西安：西北大学出版社，2015年，第22页。

规划政治的治安逻辑，以现实的真相为政治开始的基点，但自身也具有抬高自我到“真理”承载者地位的倾向危机，因为这种“真理”即便来自面向社会真相的现实世界，但它也因话语壁垒和智力区隔而排斥那些处于真相地带却无法超拔出真理的底层民众。所以，朗西埃强调的是无产者要以“不是阶级的阶级”定位自身，调动具有普遍性意义的无产阶级为分歧利益而斗争的政治参与动力与要素，不断为共同体建立新的根基。“从政治的观点观之，无产者是人民（démos）的一种特定的发生、一种民主主体，借由建立争议性的共同体世界来证明其力量、超越所有的规则，并在无限的错误之内，普遍化不被算入者的计算这个议题。‘工人’与无产者因此都是双重过程的行动者的名称：一方面是暴露并且处理人民内部间距的民主政治行动者；另一方面则是作为后设政治中的人物，也就是被视为可以驱离政治幻象及其极端形式而成为揭露民主幻象之‘真实运动’中的行动者。”① 因此，朗西埃的激进民主政治、激进平等主义否定一切陷于安逸的被给予或被期待的哲学乌托邦或政治幻象，政治不是发生在人民身上的事情，而是人们结成集体去做的事情，尤其是下层民众，永远不能作为一个政治参观者，而应积极投身成为一个政治参与者。也许，这正是朗西埃的激进表征之一。

众所周知，朗西埃成名的原因在于其美学政治，在美学中挖掘政治功能、表达政治潜能。不过，与其说朗西埃用诗学、美学的语言表述政治平等原则的本初意涵，不如说他始终以艺术审美现代性批判的话语激励人们参与、投身于政治行动中去，参与“共产主义复兴”的思潮中去。虽然朗西埃并未直接使用“共产主义复兴”概念，但其认为治安不是政治，寡头制的等级政治不是政治，而只有民主政治才是政治，民主政治就是参与政治。“民主不是一种制度类型，也不是一种社会形式。人民的权力并不是大多数人聚合在一起的权力，也不是工人阶级的权力。它只是那些既无权统治也无权服从的人们所特有的权力。……他的权力必须成为一种政治权力。而一种政治权力则意味着无自然理由者可以统治同样无自然理由的被统治者之权力的最后证明。‘最有能者’的权力除非凭借平等之力，否则无法获得根本上的合法性。”② 所以，在

① 雅克·朗西埃：《歧义：政治与哲学》，刘纪蕙等译，西安：西北大学出版社，2015年，第118—119页。

② 雅克·朗西埃：《对民主之恨》，李磊译，北京：中央编译出版社，2016年，第49—51页。

朗西埃的话语中，他不是温和地认为政治应具有容错性、包容性特征，而是激进地强调政治本身就是“错误”“歧义”通过不同的话语方式反对既定建制的冲突、碰撞、斗争行动，是被以各种治安方式隐匿化的民众不断主体化的过程。显然，朗西埃的激进民主政治具有破例性、生成性、流动性等特征，他所期待的感知共同体、歧义共同体始终处于进行时，正义的共同体建构始终在路上，是一项未竟的事业。

然而，朗西埃美学政治学的局限性也较为明显，比如他的激进平等主义思想对个体差异及其解放潜能的夸大，瓦解了无产阶级的组织基础与历史使命，有浪漫主义、理想主义的色彩；他对社会矛盾、政治冲突的认识更多放在艺术领域的审美现代性批判上，或者从后者找寻确证其民主政治主张的合理性，脱离生产力基础与经济基础对社会发展的基本限定，脱离社会历史的基本规律，必然使他的美学政治学批判逐渐滑向他本人所批判的后现代解构主体性、解构政治的结局，成为一种无本之木、本末倒置的政治哲学批判，成为他自己努力想规避的空洞话语。

第七专题　当代空间批判理论

20世纪70年代，随着电子计算机、互联网、信息通信技术的发展，社会生产力获得了又一次变革性的提升。第三次工业革命的科技成果为社会发展带来新兴产业、新生产资料和新劳动方式，促进社会经济结构的优化升级，大大提升生产力水平，同时也深刻变革了劳动分工结构与生产方式，深刻改变了社会生存境遇和生活方式，使西方资本主义社会进入新发展期，体现出新特征，表征出新问题。随着石油危机爆发、主要资本主义国家出现“滞胀”危机，里根和撒切尔为代表推行的新自由主义政策发挥作用，资本垄断竞争向全球化、金融化、空间化特征转变。西方新左翼的空间批判理论以此为时代背景，以当代资本主义批判的地理学为理论视域，以后现代主义地理学与马克思主义理论学说相融合为价值旨趣，衍生出人文地理学、后现代地理学视域下的所谓马克思主义空间批判理论，提出对马克思历史唯物主义进行空间维度增补与地理学解读的新范式。当然其中不乏对马克思主义的误读与背离。

一、当代资本主义批判理论

经过金融自由化改革的当代资本主义，在金融资本全球化扩张及国际垄断的进程中，在世界范围内导致更加激烈多变、复杂多样的矛盾冲突，这些问题在2008年金融危机后日益凸显。西方学者清醒地认识到已经显露的和潜在的危机，主动向《资本论》和马克思政治经济学回归，反思资本主义新阶段的危机形式与探索规避危机的方法途径。

在经济层面，皮凯蒂、斯蒂格利茨等人通过实证分析，着力揭示了当代资本主义全球贫富差距进一步拉大的事实，并将危机根源归因于新自由主义体制，主张政府干预机制的回归；克里斯·哈曼等学者指出当代资本主义周期性危机越来越频繁地以金融危机的形式发生，认为其原因在于实体经济增长乏力、利润率处于持续下降的生产模式；本·阿格尔、奥康纳等人则认为生态危机取代了经济危机成为当代资本主义的主要危机形式，人与自然的紧张关系已经危及人类生命本身，从而严重影响正常的生产生活，导致这些危机的原因在于资本主义固有的资本增殖逻辑对生产力、生产关系、生产条件的全面支配地位，因而主张从改善人与自然关系的共同价值取向上形成批判资本主义的社会合力；列斐伏尔、哈维等人则从空间生产的角度指出当代资本主义在城市化、全球化进程中造成的区域间发展不平衡、区域内贫富级差化等矛盾现象，主张从空间维度重新认识当代资本主义的弹性积累及其无孔不入的灵活剥削；还有的西方左翼人士更为激进地强调将经济危机转化为政治革命，彻底颠覆资本主义社会秩序等。有关当代资本主义的问题揭示与理论批判不胜枚举，基本共识在于当代资本主义的本质没有脱离资本增殖逻辑，只是在资本扩张、资本积累、资本殖民、资本剥削的形式上表现出科技化、数字化、虚拟化、仿真性、隐蔽性等当代特征。西方学者普遍认识到，资本主义的自我调整并未有效解决其固有的内在矛盾，反而随着金融资本主义的全球化扩张，资本主义经济危机在发生频次、深重程度、危害烈度上都愈加增强。事实表明，马克思主义对资本主义内在矛盾与资本主义社会发展特殊规律的科学认识并未过时，而且其基本原理与方法对从核心本质上批判当代资本主义仍然行之有效，成为西方学者展开当代资本主义批判必然要借助和援引的重要思想资源。

在政治层面，当代资本主义危机涉及身份政治危机、生命政治危机、民粹主义危机、民主政治危机等方面。而且，当今西方社会的政治危机经常体现出偶然性、突发性、不可预测性等特征。比如，美国总统大选，尤其是特朗普的当选；英国“脱欧”公投；法国“黄背心”运动等。一系列偶发事件表明人们对当下西方民主政治的不满，也体现出西方民主制度的内在弊病。这一弊病主要表现为三个方面：一是民主的空洞性，西方民主政治难以发挥对资本市场的积极作用，在大财阀控制的政治生态中难以产生真正的民主效用，难以通过实质民主杜绝寡头政治、金钱政治，只能以形式民主现身；二是民主的虚假性，西方民主政治的空洞性使得民主只能作为形式性的存在，而无法发挥实质作用，进一步沦为特权阶层的保护伞和合法伪装；三是民主的工具性，西方的民主不仅成为政治作秀的道具，而且成为欧美国家对外输出价值观和武力冲突的伦理工具，在国际社会引发大规模的难民潮、人道主义危机。对此，西方学者主要从两个层面展开分析批判：一方面，普遍将矛头指向新自由主义模式。他们深刻揭示了新自由主义在全球造成的不公平现象，犀利地指出新自由主义全球化就是全球美国化，世界差距的扩大是新自由主义全球化和恶性竞争加剧的结果，新自由主义模式表达了资本家与高层管理人员、财务经理人联合起来强化霸权地位的霸权战略等。当代批判理论全面揭批新自由主义的强权政治、霸权野心、剥削嘴脸，从政治哲学维度提出“激进民主”“自治民主”“多元民主”等所谓激进左派的民主改革方案，在理论上构想“新共产主义”“弥赛亚共产主义”等资本主义替代性方案。虽然上述针对新自由主义的批判与诊治方案均有不同程度的局限性，但也突出反映了当代西方学者尤其是左翼人士对捕捉资本主义民主政治危机的敏锐性。另一方面，西方左翼学者从无产阶级历史身份转换的角度寻找推翻新自由主义模式的新主体力量。他们认为随着当代智能技术、信息通信技术的深入发展与普遍应用，人们的生产生活方式发生了尤为深刻的改变，无产阶级向脑力劳动、非物质劳动群体转变成为总体趋势，马克思意义上无产阶级革命的阶级主体正在消失或失去其主体地位，取而代之的是如“赛博无产阶级”“网络无产阶级”“知识工人”“认知无产阶级”等新阶级主体。据此，有些西方左翼人士抛弃了马克思主义的阶级立场与阶级逻辑，如哈特、奈格里将“诸众”作为革命主体力量，将解放运动寄望于成分含混、价值多元、信仰各异的“诸众”范畴。他们根本上解构了无产阶级，消解了无产阶级革命力量，片面强调参与式民主的可能性，而忽视了夺取阶级政权的政治现实性。

在文化层面，当代资本主义表现出消费主义危机、大众文化危机、享乐主义危机、价值认同危机等。霍克海默、阿多诺、马尔库塞等经典批判理论家对发达资本主义工业文明中的消费主义、享乐主义和大众文化危机展开了较为全面而深刻的批判，指出文化产业化、文化商品化和文化世俗化给文学艺术审美领域带来的肤浅化、表象化和低俗化的风险，以及消费主义文化价值观对人的批判精神、创造力和否定性的消解。在资本主义的文化价值体系中，采用全景式的商品形式输出、渗透同一性思维和减除一切来自受剥削群体的反抗因素，使社会成员广泛认同资本主义文化价值观，有意无意地接受或被纳入资本主义价值体系、社会再生产体系中来。当代资本主义在消磨反抗意志、削减否定潜能的文化意识形态控制方面只增无减，更在科技高速发展的当下，加持了高科技手段，以联合技术专家、大众传媒等社会角色，以及利用人工智能、区块链等先进技术手段，达到对社会文化意识形态的“全景监控”。列斐伏尔、鲍德里亚、德波、波斯特、凯尔纳等人从消费控制、符号主义、景观社会、电子媒介、技术文化等方面对当代资本主义的文化意识形态管控手段与特征进行揭示与理论批判。总体来讲，批判理论的主要路线之一是从文化功能的维度展开，揭示科技发展、技术进步对当代资本主义官僚控制的加持意义，并强调问题的根本不是科技本身，而是资本主义统治对技术理性的滥用。此外，在社会运动方面的当代批判更凸显文化批判的当代政治哲学批判转型。随着物质财富的增长、社会自由化程度的提高，文化多元化、价值多元化的特征日益明显，社会矛盾冲突更频繁地表现为价值认同的差异。因此，以价值认同、身份认同为政治诉求与目标的新社会运动层出不穷，如女权运动、种族民权运动、生态运动、学生运动、平权运动、同性恋运动、反战运动等。这些运动表达着各利益群体、亚文化群体对身份政治、生命政治、种族政治、性别政治等政治参与诉求和群体利益的要求，它们包含政治性、社会性、文化性等多重特征，本质上深嵌于其中的是文化意识形态冲突对立的危机。西方左翼人士对新社会运动青睐有加，认为这将是未来政治斗争的主体力量，将给社会进化带来积极意义。当代左翼批判理论激烈批判资本主义对社会的同质化统治，甚至多元文化主义这一曾经的工人阶级抵抗武器也被吸收进资本主义意识形态，沦为维护资本主义统治的理论工具。他们从身份政治、生命政治等微观政治、微观主体视角强调平等主义原则的实现，强调个体积极参与政治和主动要求平等、公正的权利，强调社会对多元文化价值观的平等尊重与认同，提出激进平等主义、激进民主主义等主张。在他们看来，资本主义社会的政治危机、文化危机背后存在一种排他性的二元范式，即将那些不符合资本主义意识形态的边缘群体统统排除在政治之外、价值之外。解决这一问题的方法是重构社会价值观，建立基于平等原则基础上的公正社会。当然，这些主张存在明显的局限性，正如霍布斯鲍姆等学者指出的那样，不同类型的身份认同不过是资本主义在全球化时代的各项症状的表现，是跨国资本主义的文化逻辑运作的结果，身份政治学本质上是一种虚伪的“受害者政治”，是一次在他者中介下完成的自我异化，而非对资本主义制度的反抗，是与当今“后政治”时代相匹配的文化意识形态工程。

二、空间问题与空间批判理论

当代资本主义及其危机在经济、政治、文化等领域都体现出新特征、新变化。总的来看，当代资本主义基本呈现出全球化、金融化、空间化趋势，资本积累方式倾向于利用高科技手段达到灵活性、隐蔽性的特点。同时，资本主义的自由市场经济同资产阶级统治的紧密程度得到进一步强化，资本主义文化意识形态输出及渗透正在企图吸纳现实世界与虚拟世界的每个角落，使之成为资本主义体系的受控者和认同者。在此背景下，一些学者不仅看到资本主义全球化进程中造成区域发展不平衡的问题，看到这种不平衡是一种资本主导逻辑下的人为不平衡，它甚至矛盾地共处于同一空间、同一区域下；而且还看到高速发展的信息通信技术、数字技术、虚拟技术对资本积累方式、资本空间扩张的功能作用。这些学者强调突破以往侧重于历史决定论、线性历史分析的思维方式，重视空间维度的理论审视。他们围绕资本主义的全球化、城市化进程及其构成的全球—地区关系、时间—空间结构、序列性—共存性关系等，提出城市权利、空间生产、空间正义等议题及主张，从人文地理学的角度丰拓唯物史观的视域与逻辑，为当代资本主义批判开掘地理学空间批判范式。

当代空间批判理论家们主要基于对当代资本主义工业生产方式的变化展开空间批判。当代资本主义处于“后福特主义”时期，资本主义的生产组织方式、资本积累方式都发生了不同于福特主义生产模式时期的空间化转向，体现出空间利用率的提升。

资本主义世界全面爆发“滞胀”的危机，“五月风暴”及其后各种新社会运动向福特制资本主义展开全面反叛，使福特主义的内在结构性缺陷显露无遗，意味着福特主义所提倡的通过“稳定和协调创造效率”的核心理念受到时代发展的现实冲击，逼促资本主义的新转向。这种转向表现为以灵活弹性为特征的后福特主义（Post-Fordism）生产模式。后福特主义一方面依靠冷战结束后资本主义全球化扩张新趋势进一步弥散并塑形着资本主义新模式，另一方面也进一步推动资本主义全球化的进阶，促成当代资本主义进入新发展阶段，勾绘资本主义的新时空图谱。对此，西方左翼人士围绕“弹性生产体制”“弹性积累体制”“无组织的资本主义”“跨国资本主义”“无中心化”“去规则化”等概念展开理论研究，指出后福特制资本主义在推进全球化进程中所意味的

“空间转向”，以此这些左翼理论家从空间转向的理论视域，揭示并批判了后福特制资本主义的新特点、新危机，而形成新问题的新议题。

新时空与时空范式批判　空间批判理论家在关于当代资本主义空间化转向的认识中，首先强调的是批判理论对空间维度的去蔽与敞开。他们认为，以往的批判范式过于强调时间线索、时间意识和时间逻辑，常常受限于历史决定论而无法全面把握资本主义的生产关系、社会关系全貌，往往被资本主义营造出的历史连续性蒙蔽了空间剥削的事实。他们更根本地从时间与空间的本体论关系上批判历史决定论忽视空间维度的缺陷。比如苏贾指出：“将历史决定论等同于创造一种批判的缄默，心照不宣地将空间附丽于时间，而这种时间掩盖了对社会世界可变性的诸种地理阐释，扰乱了理论话语的每一个层面，从关于存在的最抽象的本体论概念到关于经验性事件的最为具体的解释。”① 而随着后福特制资本主义“弹性生产时代”（德里克语）的到来，资本主义实现了空间转向，空间的社会关系结构也日益得到显现，弹性生产、灵活积累借助高新技术手段根本改变了人们的生产生活方式，尤其是在时空体感方面的节奏体验，比如哈维所指的“时空压缩”。这就迫切要求批判理论必须将空间维度纳入资本主义批判的视域中来，重新审视时空结构的变迁规律，来认识资本主义现代性的历史变迁与空间弥散。空间批判理论家们从现代与后现代的关系中辨析时空结构的变化特征，从人文地理学的视角重构批判范式，为把握当代资本主义新特征提供新的概念分析工具、审视视角和批判路径。

新剥削与空间生产批判　空间批判理论的主要立足点是对当代后福特制资本主义的检视与批判。他们看到资本积累与资本剥削的新表现形式，即灵活积累、弹性积累、隐性剥削。互联网、电子科技、信息通信技术等高新技术的跨越式发展，大大提升了生产力和生产效率，并降低了生产的空间条件限制，使生产空间的范围迅速扩大，生产速度极大提升。但在资本主义体系中，高新技术被资本主义吸纳和利用，成为支持弹性生产与灵活积累的工具性、技术性、媒介性支撑。哈维指出这样的资本主义“时空压缩”存在一个核心悖论：“空间障碍越不重要，资本对空间内部场所的多样性就越敏感，对各个场所以不同的方式吸引资本

① 爱德华·W. 苏贾：《后现代地理学——重申批判社会理论中的空间》，王文斌译，北京：商务印书馆，2004 年，第23 页。

的刺激就越大。结果就是造成了在一个高度一体化的全球资本流动的空间经济内部的分裂、不稳定、短暂而不平衡的发展。”① 这种不平衡的发展在资本主义全球化进程中日益彰显出全球与区域之间、区域与区域之间、区域内部的空间矛盾，因为“新的国际劳动分工”总是有利于发达资本主义国家的，资本总是流向并归于所有者。因此，空间批判理论家不遗余力地指出世界范围内贫富差距进一步拉大的客观事实及其背后空间生产与空间剥削的特质。正如列斐伏尔在《空间的生产》中指出的，20世纪创造出全球范围的新的空间，空间生产正在无休止地持续着。空间的这种新的生产方式在当代社会享用着，也按照其自身的目的更大地占有以往的空间，空间模式就这样愈发形成了。② 资本主义不仅按自己的目的生产空间来进行剥削，而且将剥削的触角延伸到自然空间的各个角落，连土地、水、空气、阳光都不放过，空间成为新的稀有物中的一种，使得疯狂的投机成为可能。③ 自然空间与人为空间、已有空间与被生产出来的空间，都以直接的或符号的、象征的形式被赋予交换价值而沦为商品。这种不平衡已经不仅限于经济社会财富的差异，而且包含着政治权利的差别。

新霸权与空间正义批判　艾哈迈德曾经指出，当代帝国主义资本具有的辩证法，一方面是对一切可以利用的地球空间进行更加深入的渗透，一方面是民族国家日益增加导致文化和意识形态领域互为矛盾的结果必然是全球规模的政治霸权急剧改组。④ 资本主义的经济垄断与政治霸权总是同步共谋、相辅相成的。后福特制资本主义在实现国际垄断、跨国垄断的过程中，政治霸权形式也有新表征，而哈维的“新帝国主义”批判、萨义德等人提出的“文化帝国主义”批判以及左派共同聚焦的“后殖民主义”批判等，从文化霸权、全球霸权、话语霸权等方面揭批当代资本主义空间扩张过程中的新霸权形式。德里克指出：“资本已经从地域的限制中解放出来、真正成了全球性的这个时候，阶级比

① 大卫·哈维：《后现代的状况：对文化变迁之缘起的探究》，阎嘉译，北京：商务印书馆，2013年，第370页。

② 参见列斐伏尔：《空间的生产》新版序言（1986），刘怀玉译，北京：中央编译出版社，2006年，第185页。

③ 参见亨利·列斐伏尔：《空间与政治》，李春译，上海：上海人民出版社，2015年，第104页。

④ 参见艾哈迈德：《文学后殖民性的政治》，郭军译，载罗钢、刘象愚主编《后殖民主义文化理论》，北京：中国社会科学出版社，1999年，第271页。

以往任何时候都更真实地成为跨国的。”① 他从全球化的角度看待阶级关系的变化，指出资产阶级与无产阶级的对立愈发有国际化二元对立的特征，主要的载体在于跨国公司。在左翼人士看来，当代资本主义的霸权形式体现出空间不公正或排他性特征和隐蔽化特征。资本主义在全球化扩张的过程中伴随着区域边缘化过程，霸权既在国际社会关系中体现为第三世界的边缘化或第三世界被纳入资本控制中的空间不公，也体现出发达国家内部不平等的形式，如在资本主义宰制下，发达资本主义社会内部存在种族歧视、性别歧视等身份空间排挤的复杂问题等。而在城市化的过程中，城市与乡村、城市内部也存在资本霸权导致的空间不正义问题，空间批判理论围绕该问题从城市结构、城市规划的角度进行了人文地理学的分析批判。此外，当代资本主义霸权的隐蔽性体现在霸权方式或手段上，主要体现为文化价值观的软性输出渗透与话语霸权方面。通过文化产业、文化商品、品牌营销、广告宣传等方式向社会灌输大众文化和消费主义理念，实现资本主义体系对社会的全面吸纳及同化意图，维持资本主义全球霸权体系。德里克指出，资本主义已经逐渐演化为一种弹性的生产概念，不仅象征着新的生产方式和组织方式，也架构出社会整体结构运行的不稳定性和矛盾性，但其同时又表征为一种描绘“现实”的话语体系，掩盖着新资本扩张形式的种种矛盾。申言之，当代资本主义的政治霸权渗透于社会生产生活的各个领域，加之弹性生产与灵活积累的经济组织方式，加剧了当代全球社会的不确定性、不稳定性、无序性等潜在风险。对此，空间批判理论从时空结构、时空社会关系进行空间生产、空间正义等问题的深入分析与空间批判范式的建构，表征国外马克思主义当代资本主义现代性批判理论的空间转向路径之开辟。

三、列斐伏尔的思想遗产

可见，空间批判理论的兴起紧密地同时代历史背景相关联，发轫于20世纪70年代，其思想资源与理论背景非常广博。但空间批判理论核心所涉的学科理论资源主要包括人文地理学、马克思主义理论、哲学、社会学，以及从社会思潮方面深受当时风起云涌的后现代主义思潮影

① 阿里弗·德里克：《弹性生产时代的马克思主义》，黄涛译，载《开放时代》1999年第1期。

响，并与之有着千丝万缕的联系。但总的来看，当代空间批判理论在批判主题、理路逻辑、现实面向等方面都有着西方马克思主义的深刻烙印，属于国外马克思主义思潮当代多元化转向、现代性批判理论空间化转向、西方资本主义批判理论政治哲学转向的重要支脉。在高新科技日益加快时空节奏、人们愈发关注时空结构的当代，空间批判理论具有鲜活的理论生命力与广阔的理论发展前景。

作为一个新兴又新颖的研究路向，空间批判理论却已经形成了自身独特的范式体系、明确的理论主题和系统的理论建构，主要以著名的空间批判“三剑客”——列斐伏尔、大卫·哈维、曼纽尔·卡斯特为代表。他们三人彼此之间存在理论线索的交集、交汇，在现实中有过面对面的接触、对话，在空间批判理论的发起与推动中也可谓同时代者。不过，就空间批判理论系统性建构及将理论视域聚焦在时空结构、时空关系问题的起点而言，不得不回溯到列斐伏尔[①]，其在批判理论的空间转向、空间社会关系问题的提出、空间批判视域及理路的开拓等方面都具有重要的开创性意义，为其后空间批判理论的深入发展提供了丰富的思想资源、奠定了坚实的理论基础。

批判理论的空间转向 关于当代资本主义新变化、新特征的空间元素理论，许多当代西方学者尤其是批判理论家都有涉及。比如曼德尔指出“当前资本主义的本质主要表现于空间发展的不平衡性”；德里克指出当代资本主义彰显出全球化和空间化的总体趋势等。但是，将空间作为重要的概念工具展开本体论研究，并开辟出空间批判路向以批判资本主义及其现代性的批判理论家当属列斐伏尔。他推动并实现了批判理论从传统的偏重于时间意识优先性或线性历史分析范式，向当代的空间维度开掘、时空并重、空间共存等特征的空间范式转向。列斐伏尔认为资本主义社会的消费主义渗透于人们日常生活的每个环节，一切能够被消费的东西都被以商品的形式明码标价，无法以实体方式呈现的可消费品也被以符号编码的方式有形化为商品，这种消费主义及其符号逻辑已经成为日常性的常态，当代资本主义处于“消费被控制的官僚社会”。他指出：“日常生活在某种意义上是一种剩余物，即它是被所有那些独特的、高级的、专业化的结构性活动挑选出来用于分析之后所生下来的

① 列斐伏尔（1901—1991），现代法国思想大师，西方学界公认的“日常生活批判理论之父”“现代法国辩证法之父”，区域社会学、城市社会学理论的重要奠基人。

‘鸡零狗碎’……而那些出于专业化与技术化考虑的各种高级活动之间也因此留下了一个‘技术真空’……”① “消费被控制的官僚社会”实质上意味着资本主义对日常生活的殖民，前资本主义时代“贫困但有风格的生活世界”被全面异化，日常生活中的一切被符号化、商品化，被纳入消费主义体系中，消费主义也日常化，成为深嵌于社会意识形态和价值观中控制日常生活的一切。列斐伏尔认为资本主义的日常生活殖民在阶级关系上主要体现为中产阶级的增多与生活优越化，消解了无产阶级的阶级地位，削减了无产阶级的阶级力量。他甚至公开指出马克思主义经典阶级理论“不合时宜”，认为工人阶级已经不再具有革命能力与革命目标。基于此，他分析认为资本主义之所以能够达到这种顽强的生命力，根源在于资本主义再生产不仅是马克思所揭示的生产环节或生产领域的生产与再生产，它向外延伸到非生产领域，即生活领域的生产与再生产。列斐伏尔扩大了资本主义再生产的范围，指出资本主义对一切社会因素实行资本管控的扩张逻辑，揭示了受消费控制而形成的日常生活异化，实质性根源在于资本主义关系的再生产。即当消费关系的再生产成为人们日常生活的不断生产时，日常生活成为资本主义生产过程赖以扩张的新领域、新空间。易言之，资本主义生产方式与统治逻辑填满了生产领域后，又实现了向生活领域的全面扩张，并最终达到对日常生活的消费控制，这即为资本主义再生产由一个空间向另一个空间扩散的表征。这样，当遇上后现代主义思潮时，列斐伏尔关于资本主义再生产的深入研究就实现了向空间批判的转向。他的空间本体论及空间批判的相关理论建构，在批判理论发展史上便意味着引领批判理论开辟出空间批判这一新向度。

空间本体论　日常生活批判理论在关于资本主义社会再生产的批判上具有独特的理论贡献，列斐伏尔曾自负地视之为自己对马克思主义社会理论的最大贡献。同时，日常生活批判理论也为列斐伏尔思想的空间转向奠定了坚实的理论基础，使其空间批判转向既是一次思想断裂，也是继往开来的一次思想延展。这次空间转向发生在“68 革命”后。革命的浪潮及其回旋式的结局给西方学者提供了重要的历史参考，加之不断出现的后现代思潮的极力差异性和个性化气质的社会风气成为时代精神的表征之一。在革命的洗礼与后现代思潮的作用下，西方左翼思想家

---

① Henri Lefebvre, *Critique of everyday life* (London: Verso, 1991), vol. Ⅰ, p. 97.

诘问传统批判理论范式本身的合法性，其理论发生重要的范式转向。在列斐伏尔这里，他敏锐捕捉到空间与社会历史关系的问题，提出反本质主义、反整体主义、主张差异化的“空间本体论”与“空间认识论”，以及解构中心主义、去中心化的“区域自治”等“空间政治学”主张，在逻辑范式上将马克思的历史辩证法“空间化”，从空间分析的马克思主义转变为马克思主义的空间化理论。[①] 列斐伏尔在《现代性的平庸与神奇》中指出：“辩证法又回到议事日程上了。只不过这已经不再是马克思的辩证法，就像马克思的辩证法不再是黑格尔的一样……今天的辩证法不再与历史性与历史性时间相关联，或者诸如‘正—反—合’或‘肯定—否定—否定之否定’之类的时段性机制有什么关系了……因此，这就出现了所谓的新的悖论式的辩证法：辩证法不再听命于时间性。因此，对历史唯物主义或对黑格尔的历史性的驳斥，已经不再对辩证法的批判奏效了。认识到空间，认识到发生了什么或在什么地方发生以及通常是指什么，这就是对辩证法的恢复……这就是从精神的空间走向社会空间的过程……在中心与边缘之间的……特殊矛盾中……在政治科学中，在城市现实的理论中，在对所有的社会的和精神过程的分析中……我们不再说什么空间的科学，而只说关于空间的生产的知识（理论）……这个最普遍的产物。”[②] 在历史、社会之外开掘出空间维度，强调空间在社会关系再生产中的基础性地位，在关于“历史—空间—社会”的“三重性辩证法”（triple dialectic）建构中，列斐伏尔为空间批判理论奠基了基本的分析范式。其后，空间批判在本体论和认识论的构型建基上，都无法回避关于历史、社会、地理，或时间、社会、空间三者之关系的澄明与厘析。关于三者关系的交代，也成为划分空间批判理论内部不同理路线索的重要参照。比如哈维更倾向于空间相对于社会历史的从属性，强调历史唯物主义的空间维度，而非反驳历史唯物主义的去空间性；而苏贾虽然指出空间是社会关系的产物，但在根本上肯定的是空间的本体论地位，这就使其空间批判更向后现代靠拢，而走向反叛历史唯物主义的道路。因此，列斐伏尔为本体论与辩证法引入空间视角，具有开创性和奠基性作用。在此意义上，列斐伏尔无愧于“现

---

① 参见刘怀玉：《现代性的平庸与神奇——列斐伏尔日常生活批判哲学的文本学解读》，北京：中央编译出版社，2006 年，第 400 页。

② 刘怀玉：《现代性的平庸与神奇——列斐伏尔日常生活批判哲学的文本学解读》，北京：中央编译出版社，2006 年，第 405 页。

代法国辩证法之父”。

空间生产与空间正义 列斐伏尔之所以担得起批判理论空间转向开创者的声名，不仅在于开辟了空间批判范式的批判道路，还在于他始终秉持批判理论面向社会现实的批判精神与批判传统。因此，列斐伏尔在理论上的空间化转向更是一种平滑的理论转向，而非陡峭的思想断裂。其社会现实面向的核心表征于他运用空间批判范式分析与批判当代资本主义的城市化、都市化、全球化问题，在关于空间的生产、空间的正义等批判主题中提出并思考城市规划合理性、区域治理公正性等问题，绘制“区域自治”“空间政治学”等解放蓝图。列斐伏尔从日常生活批判转向空间批判，其逻辑衔接线索是关于资本主义再生产关系的深度探索。以往围绕资本主义对日常生活的全面商品化的消费主义吸纳，以及资本主义再生产体系的日常化的批判理论，在其空间批判范式中被深入地概括为空间的生产——“我们的确知道资本主义获得增长的方式：占有空间，并生产空间。”① 列斐伏尔明确将空间置于社会关系中加以认识，而不是形而上地将空间理解为某种几何学、传统地理学、哲学抽象范畴的某个纯粹概念，更明确提出“空间是产物”，或更准确地说“社会空间是社会的产物”。如此一来，他进一步将空间批判的矛头直指资本主义的空间生产与空间正义问题，认为资本主义在不断生产与占有空间的过程中实现持续的资本增殖，并通过空间的政治策略，即资本主义的霸权扩张逻辑，导致空间发展不平衡、空间不正义等问题的出现。资本主义的触角延伸到自然空间与人造空间的各个角落，并且不断生产着新的可供消费、可供剥削的空间，我们所处的是一个资本主义按照其所需而生产出的资本主义空间。然而，列斐伏尔指出这个资本主义空间有其内在矛盾：“空间的主要矛盾源自私人财产造成的空间粉碎化、对可以互相交换之断片的需求，以及在前所未有的巨大尺度上处理空间的科学与技术（资讯）能力。‘中心/边缘’的矛盾来自‘全体/部分’的矛盾，因为所有的全球性构造，都导致集中的中心性的建立。”② 即资本主义对空间的无限需求与客观现实层面空间有限性之间的矛盾，这种矛盾加剧了统治者对空间的管控，体现在按统治者的需求进行空间分割与

---

① Henri Lefebvre, *The Survival of Capitalism*, *Reproduction of the Relations of Production* (London, 1978), p. 21.

② 列斐伏尔：《空间：社会产物与使用价值》，载包亚明主编《现代性与空间的生产》，上海：上海教育出版社，2003年，第51页。

抽象化的空间形塑与空间管制过程中，要求空间均质化地向符合资本主义再生产要求演化。长此以往，“差异性空间”被消磨殆尽，剩下的都是向资本权力中心靠拢的同一性的、分散的、碎片的空间，也就是列斐伏尔曾经形容日常生活异化的“鸡零狗碎”状态。显然，这样的空间在阶级的意义上是难以形成马克思所期待的联合起来的阶级集体性力量的。从空间政治的角度而言，列斐伏尔的语境下，资本主义的空间形塑与管制，使中心与边缘的矛盾以对抗性、排他性的方式吊诡地并置于同一时空中。“将群体、阶级、个体从‘都市’中排出，就是把它们从文明中排出，甚至是从社会中排出。拒绝让一个歧视性的、隔离性的组织将它们从都市的存在中排出，进入都市的权利为这种拒绝提供了合法性。这种市民的权利（如果人们愿意，也可以这样说：‘人’的权利），宣告了以隔离为基础而建立起来的与正在建立的那些中心所不可避免的危机：这些决策的中心、财富的中心、权力的中心、信息的中心、知识的中心，将那些不能分享政治特权的人们赶到了郊区。”[①] 易言之，与资本主义体系中心不一致的都被排挤到城市中心这一表征资本主义经济、政治、文化中心的空间之外，被边缘化为剩余物，以此解除威胁资本主义统治的潜在可能与潜在力量，并进一步加强统治阶级的阶级统治。对此，列斐伏尔提出社会主义的空间来与之抗衡并实现空间的解放。“社会主义空间的生产，意味了私有财产，以及国家对空间之政治性支配的终结，这又意指从支配到取用的转变，以及使用优先于交换。再者，资本主义和新资本主义的空间，乃是量化与愈形均质的空间，是一个各元素彼此可以交换因而能互换的商业化空间；是一个国家无法忍受任何抵抗与阻碍的警察空间。因此，经济空间与政治空间倾向于汇合一起，而消除所有的差异。根据一些目前的趋势，在我们能够感知的范围内，社会主义的空间将会是一个差异的空间（a space of differences）。”[②] 因此，列斐伏尔主张工人和农民运动汇合与联结起来，共同抵制消费控制的社会，重塑空间结构，使空间的交换以使用价值为目的，不断生成并保卫差异的空间，破除资本主义均质化空间的管控与蔓延。他强调要进行集体的、实际的、基层的、民主的空间管理，而不是

---

① 亨利·列斐伏尔：《空间与政治》，李春译，上海：上海人民出版社，2015 年，第 13 页。

② 列斐伏尔：《空间：社会产物与使用价值》，载包亚明主编《现代性与空间的生产》，上海：上海教育出版社，2003 年，第 55 页。

专制的、霸权的、中心化的、抽象的、消费主义的管控，从而防止空间发展不平衡、空间分配不正义导致的空间矛盾与冲突。

虽然列斐伏尔的空间批判理论处处流露着后现代的特质与风格，他在言及工人与农民的革命主体地位与社会主义空间重塑的重要性时，却又背叛了工人与农民，用"'利害关系'的各方，有所'关切'的群体"① 取代阶级群体作为空间管理的主体，不断驳斥、背离马克思主义的基本立场原则，处处体现出人本主义批判的色彩。但是，列斐伏尔在社会历史批判的空间维度挖掘、"历史、社会、空间"关系的辩证法建构、资本主义空间生产内在矛盾的探索与揭示、资本主义空间不正义问题的政治学批判、都市权利与城市规划等区域自治与空间政治主张等各个理论面向上，在关于空间批判范式的基本概念分析工具的提出与使用、空间批判理论体系的初步搭建、空间批判理论之现实性特征的路向确立、空间批判聚焦于资本主义空间与社会主义空间的特质与关系研究、空间批判的政治经济学批判与政治哲学批判思路、空间批判的马克思主义理论新嵌构等各个方面中，都为空间批判理论的发展奠定了坚实的理论基础，为其后的空间批判理论研究提供了丰富宽广的思想资源与理论视域，也为马克思主义，尤其是历史唯物主义的当代发展拓展了新的理论维度。

① 列斐伏尔：《空间：社会产物与使用价值》，载包亚明主编《现代性与空间的生产》，上海：上海教育出版社，2003年，第56页。

第十八章　哈维：历史-地理唯物主义建构

马克思关于在资本主义生产方式下的积累理论的空间维度长期被忽视了，部分原因也是马克思本人的过错，因为在他的著作里，空间维度总是不完整的并且常常只是粗略地提到。

——哈维

大卫·哈维（David Harvey，1935—　），人文地理学家、社会学家、哲学家，英美马克思主义代表人物，当代著名马克思主义地理学家，空间批判理论的标志性人物。出生于英国肯特郡，1961 年以《论肯特郡 1800—1900 年农业和乡村的变迁》一文获剑桥大学哲学博士学位。曾任英国布里斯托尔大学地理系讲师，1969 年后移居美国，任约翰霍普金斯大学地理学与环境工程系教授至今，其间于 1994 至 1995 年曾回到英国在牛津大学任教。哈维因《地理学中的解释》一书（1969）而在人文地理学中具有极其重要地位。1973 年出版的代表作《社会正义与城市》，标志哈维从实证地理学向马克思主义地理学的理论转向。围绕马克思主义地理学与空间理论研究，哈维撰有多篇代表性著作，如《资本的界限》（1981）、《城市经验》（1989）、《自然正义和差异地理学》（1996）、《希望的空间》（2000）、《资本的空间》（2001）、《新帝国主义》（2002）等，为马克思主义理论的空间批判研究做出卓越贡献。

在后现代主义思潮风起云涌的时代，哈维努力在后现代话语包裹的理论语境中捍卫马克思主义的一席之位，尤其强调马克思的思想框架与分析方法在资本主义批判方面的洞见性在资本主义激变的当代依然有效，要以总体性的视野对马克思理论进行空间地理学的当代拓展。他站在挖掘马克思主义空间维度的立脚点上，提出“重构马克思理论”的理论目标，通过批判资本主义的“弹性积累”“空间压缩”“空间修复”等问题，对马克思的《资本论》做出新时空条件下的政治经济学新解读。哈维采用“绝对空间”（absolute space）、“相对空间”（relative space）、“关系空间”（relational space）等概念，将使用价值、交换价值、价值等经典概念置于全新的“历史-地理唯物主义”范式框架之中，对全球化金融资本主义的资本积累形式、内在矛盾、危机机理做出系统全面的创新性解读，认为不能抛却“总体性”立场方法对马克思资本主义批判理论做分割式的碎片化应用，强调当代针对发达资本主义工业文明的批判不能离开对资本主义内在矛盾这一关键问题的剖析，否则“一种避开了核心矛盾的政治活动永远只能对付征候”。因此，实现了马克思主义地理学转向后的哈维，始终致力于“历史-地理唯物主义”对马克思思想的空间维度开掘与重构。其针对新自由主义、新帝国主义、新殖民主义等当代全球化金融资本主义时期的新形式、新表征，深入资本主义内在矛盾的空间批判理论中，对普遍性的利润率下降危机、时间性的金融危机、空间性的地理发展与地缘政治不平衡等危机表现形式进行整体性、批判性认识，揭示新时空条件下过度积累、资本剩余、空间剥削等问题，在重建“人民的地理学”“《共产党宣言》地理学”的口号中新解马克思主义的空间维度，成为难得少有的深入政治经济学来剖析当代全球化、城市化问题背后资本主义内在矛盾机理的当代西方马克思主义者，体现着哈维充满社会关怀与“元理论”激情的左翼激进立场。

一、历史-地理唯物主义

作为著名的马克思主义地理学家，哈维对列斐伏尔的空间理论进行了一定程度上的“左转”，即在关于马克思历史唯物主义哲学方法论的原则地位上，哈维比列斐伏尔更强调马克思唯物史观的当代价值。虽然他同列斐伏尔等空间理论家一样，要求批判理论在地理学、空间维度方面的解蔽，但是，他并不夸大空间的本体论地位，而是至少在理论话语表达上突出强调历史唯物主义的前提性和重要性，并在理论内容上表明马克思历史唯物主义本身深蕴着丰富的空间分析逻辑。因此，哈维强调的是对历史唯物主义的地理学分析视角地去蔽与开显，以此重构历史唯物主义为“历史-地理唯物主义”——“我的立场绝非论证空间性使理论处于不可能之境地。我的目标是重构理论，使空间（以及‘与自然的关系’）作为基本要素整合其中。完成这一目标的唯一途径是，特别地，把‘空间的生产’，或者更一般地，把‘自然的生产’所意味的东西加以理论化。……我相信，在此基础上，建立一种辩证的和历史的地理的唯物主义的一般理论是可能的。”[①] 哈维的历史-地理唯物主义自有其方法论局限而与唯物史观差之毫厘谬以千里，但就其从总体上基于马克思政治经济批判来分析空间、揭示必须从资本积累的动力机制来理解资本主义的空间过程等方面而言，哈维比其他空间理论家在关于马克思思想之空间解读的立脚点与深度上都略胜一筹，因而对历史唯物主义和空间批判理论的拓展都具有贡献性。正如苏贾评价道：“戴维·哈维在学术方向上的戏剧性转变，起到了开路先锋的作用，并产生了特殊的影响……历史唯物主义因此成为联结空间形式与社会进程的首选方式，也因此成为将人文地理学与阶级分析方法、对地理结果的描述与马

---

① 大卫·哈维：《正义、自然和差异地理学》，胡大平译，上海：上海人民出版社，2010年，第11页。

克思政治经济学所提供的解释结合在一起的首选路径。”①

空间的社会建构性 哈维所要建构的历史-地理唯物主义首先离不开时间、空间、社会三者关系的澄清。在哈维的理论语境中，他比空间本体论主张者们更加强调社会的基础性与建构性。“空间与时间实践在社会事务中从来都不是中立的。它们始终都表现了某种阶级的或者其他的社会内容，并且往往成为剧烈的社会斗争的焦点。”② 在他看来，时间与空间并非独立存在的物质形式，而始终是向社会呈现社会结构的社会规定性内容。人们对时间与空间的体感与体验都是对特定社会历史阶段的历史-地理景观的认知与接受。当然，社会历史对时间与空间的建构过程也不是随心所欲的，而同样受到时间-空间结构与形式的制约。因此，时间、空间、社会三者之间保持着一种唯物主义的辩证关系。易言之，人们在时间-空间的经验性体验中认识与把握社会历史的发展变迁，同样在社会历史变化发展的进程中重塑对时间-空间结构的认知判断。时间-空间或历史-地理景观是作为一种社会力量资源被不断建构与生产出来的，并在形成特定形式后反作用于人们的生产生活，嵌入人们的物质生活与精神生活中，为社会行为与社会关系提供参照系。比如，时钟时间是一种社会构造物，它在自然界并不存在，而只是在人类社会历史发展过程中，被用来计量生产生活的变动规律。但当它一经成为普遍的标准，就全面渗透到社会关系和社会再生产的各个环节，成为人们组织日常活动的基本依据。在哈维看来，时间-空间在社会历史中不断重塑的过程充分体现出当下性、具体性特征，正是社会运动及其不断再生产出的社会关系不停地形塑着时间-空间的结构，后者又反映并制约着前者的进一步变迁。“那些社会运动旨在把空间和时间从当前的物质化中解放出来，建构一种替代的社会，价值、时间和金钱在其中是按新的与完全不同的方式来理解的。各种运动——宗教的、神秘的、社会的、共产主义的、人本主义的等等——对自身的解释直接根据与金钱的力量、有关日常生活中空间和时间的理性化概念的力量的对抗。这些乌托邦式的、宗教的和共产主义的运动的历史证明了这种对抗的力量。

---

① 爱德华·苏贾：《后现代地理学》，王文斌译，北京：商务印书馆，2004 年，第 80—81 页。

② 大卫·哈维：《后现代的状况：对文化变迁之缘起的探究》，阎嘉译，北京：商务印书馆，2013 年，第 299 页。

的确，各种社会运动、街头生活和文化、艺术的和其他文化实践的多数色彩及蓬勃发展，正是起源于在资本主义霸权的条件之下反对把金钱、空间和时间物质化之变化无穷的构成。”① 因此，追踪历史-地理景观的变迁，就是在追踪人类社会历史发展的进程，认识社会运动对时间-空间结构的作用机制，从而把握人类社会历史发展的规律以及当下资本主义社会的特点与问题。但是，从中也能看到，在哈维的语境中，仿佛社会历史运动发展的目的就是重塑时间-空间结构及其物质形式。当他过于强调社会历史对空间或社会力量对历史-地理景观的形塑过程，以描绘这一景观的变化历程作为认识与把脉社会历史发展规律的核心工具时，他显然无法聚焦于马克思唯物史观所聚焦的生产力与生产关系矛盾运动这一社会历史的根本推动力，而只能停留于对时间-空间的体感，以及不断变化或革命了的空间关系与原有空间形式之间矛盾关系的经验性描述。在这一点上，哈维的历史-地理唯物主义的理论根基显然是与马克思唯物史观失之毫厘却谬以千里的。

空间的表现形式　在哈维看来，空间不是单一的、抽象的、难以捉摸、空洞无物的，相反，空间可以在与文化、知识等方面技能的结合中被感知、被理解、被表达。特定社会历史条件下的空间有特定的空间表达形式。他认为，空间的表现形式分为事实性的物质空间与表征性的空间。“物质空间无非是我们人类与客观物质之间在策略及感觉上进行相互作用的一个世界，它是经验的世界。……但我们如何去表征这个世界则完全是另外一回事，我们当然不会用一种武断的方式去构想或表征空间，而是会通过一些抽象的表达方式（如词语、图形、地图、图表、照片等）来找到关于我们周围的物质现实的适当但并非准确的表述。……这些表征性的空间是我们在这个世界上的生活方式的一部分。”② 因此，哈维在《后现代的状况》中，经常通过列举文学、艺术、科学、建筑、地理学等领域的具体实例，来说明现代主义与后现代主义在空间形式上的差别，以此指明后现代是对现代的延伸而不是断裂的观点。他大量列举如歌德的《浮士德》、普鲁斯特的《斯万之家》、乔伊斯的《都柏林人》、劳伦斯的《儿子与情人》、卓别林的《摩登时代》等文学

---

① 大卫·哈维：《后现代的状况：对文化变迁之缘起的探究》，阎嘉译，北京：商务印书馆，2013 年，第 298 页。

② David Harvey, *Space as a Keyword*, in *David Harvey: A Critical Reader*, Edited by Noel Castree and Derek Gregory (Malden, USA: Blackwell Publishing Ltd, 2006), p. 279.

作品以及马奈的绘画作品《奥林匹亚》、托马斯·本顿的壁画《力量的工具》、劳申伯格的《柿树》、毕加索作品，埃比尼泽·霍华德的“花园城市”计划、丹尼尔·伯纳姆为芝加哥世界博览会与芝加哥区域计划建造的“白色城市”、加尼尔的线性工业城市、卡米罗·瓦格纳改造“世纪末”的维也纳方案、科比西耶为巴黎提出的《明日城市》和《相似计划》、洛克菲勒中心的现代主义的纪念碑主义、特朗普大厦在建筑上对赞美个人力量的例证、菲利普·约翰逊的 AT&T 大楼的后现代主义风格、巴尔的摩美术馆这一室内购物中心典型、新奥尔良的查尔斯·穆尔的意大利披萨饼店这一后现代主义建筑经典作品……通过各个具有突出代表性的艺术作品和城市区域设计来说明现代主义与后现代主义、现代性与后现代性之间的连续性与差异性。在哈维看来，一方面，各种文学、知识、艺术手法是人们表达时间-空间体感的媒介与工具，对时空结构变化的经验性认知可以通过各种表现形式表达出来。而这种表达恰是生活在社会历史现实中的人对具体特定社会生活的切身经验事实，虽然有艺术创作的抽象性，但却在不同阶段能够真实地表达与彰显出由社会历史变迁带来的历史-地理景观的变化，以及人在其中的感受。另一方面，通过空间表现形式来深入思考社会历史的变化，把捉时代精神与时代特征，有助于对时代问题与社会历史的重新思考。哈维在对现代主义与后现代主义各种空间表现形式的比较中得出其所要强调的事实，即后现代是现代的一种延续，无论是“创造性破坏”与“破坏性创造”的悖谬特征，还是表现为“唯一可靠的东西就是不可靠性”的流动性、变化性、无根性特征，抑或是竭力张扬个性、差异性，在秩序的元叙事中努力拼贴出不合逻辑的无序、混乱之情感宣泄，处处体现出现代性与后现代性之间的联姻，而非陡峭的断裂。只不过，后现代在表达这种空间不受时间流控制的时空冲突与张力时，更为激烈罢了。而之所以会产生后现代对现代的某种反叛或断裂的错觉，在哈维看来也是社会历史发展变迁造就的。哈维指出：“如果说现代性与后现代性都从同分裂、短暂和混乱的流动的‘事实’的某种斗争中派生出了自己的美学的话，那么我会想到，非常重要的是要证实为什么这样一种事实在那么长的时间里会是现代体验如此普遍的一个方面，为什么这种体验的强度在 1970 年以来似乎已经加大到了如此强烈的地步。如果有关现代性的惟一确定的东西就是不确定性的话，那么肯定地说，我们就应当极大地关注产生了这样一种状况的各种社会力量。”① 这种社会力量在哈维看来，主要指福特制与后福特制资本主义生产组织方式的根本转变对人们的时空体感或时空体验之根本影响。正如现代主义是对特定社会生产力条件的反应一样——“出现于第一次世界大战之前的现代主义更多的是对新的生产条件（机器、工厂、都市化）、流通（新的运输和交通系统）与消费（大众市场、广告和大众时尚的崛起）的一种反应，而不是造成这些变化的开拓者。”② 哈维认为，从 20 世纪晚期的政治-经济转变方面分析弹性生产与灵活积累时期的当代资本主义的社会变化，及其带来的时间-空间结构变迁，是认识后现代状况以及后现代美学、政治学、哲学、文学等后现代主义表现形式的钥匙。

空间的社会象征意义　在哈维的语境中，社会力量或者社会关系内化在空间之中，因而一定的空间表现形式象征着一定的社会关系与社会结构。特定的社会历史塑造了特定的历史-地理景观，并通过人们的经验直观转化为人们对时间-空间结构的切身体感，以各种表达方式或表现手法彰显出来。同时，空间也具有了社会关系的象征意义，一定的空间结构与空间关系象征着一定社会历史条件下的社会关系，表征着特定时代中的社会生产生活方式与时代精神。中世纪基督教文化时期有中世纪的宗教空间概念及空间象征意义，资本主义工业文明有现代城市化进程的都市空间概念及空间象征意义，全球化资本主义时代也有全球化的空间象征标志。哈维举例说明“1871 年，巴黎公社成员们欣然地把紧迫的保卫巴黎的组织工作放在一边，而立刻摧毁旺多姆柱。这根受憎恨的圆柱象征着长久以来统治他们的外力；它是城市空间组织的象征，借由欧斯曼所建的林荫大道，把工人阶级驱离市中心，使如此众多的人口‘不敢越雷池半步’。……在 1871 年革命中构想的社会关系和日常生活的转型，带来了如公社成员大约感到的，伴随着以不同的非等级意象来重建巴黎的内部空间。”③ 伫立在巴黎旺多姆广场中央的旺多姆柱作为一个独立的空间形式，成为拿破仑军国主义和沙文主义的象征。随着旺

---

① 大卫·哈维：《后现代的状况：对文化变迁之缘起的探究》，阎嘉译，北京：商务印书馆，2013 年，第 157 页。

② 大卫·哈维：《后现代的状况：对文化变迁之缘起的探究》，阎嘉译，北京：商务印书馆，2013 年，第 35 页。

③ 大卫·哈维：《正义、自然和差异地理学》，胡大平译，上海：上海人民出版社，2010 年，第 262 页。

多姆柱的拆除，巴黎公社通过法令重塑了一个空间，重置了巴黎旺多姆广场的空间结构与空间组织形式，新的空间也象征着向往自由、解放、平等、民主的新政权形象。而随着法国资产阶级政府的恢复，旺多姆柱又被恢复。在哈维看来，空间组织构造的变迁处处体现着社会关系、社会组织形式、社会结构的历史变化。因此，对某个历史时期社会关系的理论透视与思想投射，不可忽视对空间维度的关注。空间的社会象征意义表征了空间的社会建构性。

空间的社会建构性、空间的表现形式、空间的社会象征意义，处处彰显着在人类社会历史发展进程中，空间维度的存在及其价值。而在哈维看来，马克思历史唯物主义深刻揭示了人类社会历史的客观规律，但其中所内蕴的空间意味并未受到重视，其中尤其缺少资本主义怎样生产和塑造了它自己的地理空间的理论分析。当代资本主义批判以及社会批判，亟需挖掘历史唯物主义的空间维度，将历史唯物主义升级为历史地理唯物主义，尤其是资本主义历史地理学必须成为理论化的对象，完善资本主义批判的理论视角，增补资本主义批判的概念工具。哈维致力于开掘历史-地理唯物主义的理论建构，以资本主义批判为要旨，努力为历史唯物主义的当代转型拓展理论空间与话语空间。

二、资本主义的历史-地理景观

哈维始终强调只有基于历史唯物主义视角建构空间批判理论，才能有效反思资本主义如何生产出自身的历史-地理景观。他指出："过去20年来我的主要工作就是试图准确地追踪这样一个过程，试图了解资本如何在某一点上按照它自己的面貌建造一种地理景观，但最后为了调节它自己无止境的积累动力、强大的科技变革以及剧烈的阶级斗争形式又不得不摧毁它。资本主义时代中创造性毁灭和不平衡地理发展的历史简直令人吃惊。"① 哈维是在批判资本主义主旨上建构历史-地理唯物主义，也是在历史-地理唯物主义分析框架下展开资本主义现代性批判的。他对资本主义的政治经济批判、社会批判都体现着对后福特制的全球化资本主义及其危机的现实关切与理论关注。

不平衡的地理发展与资本的限度 哈维指出，资本主义的再生产关系在自然空间中有自己的局限性，它既制造出不平衡的地理发展样

① 大卫·哈维：《希望的空间》，胡大平译，南京：南京大学出版社，2006年，第172页。

态，也受制于不平衡地理发展的限制，所以要不断地进行“空间修复”。“我们有必要认识到，领土和区域的连贯性——这在资本主义当中至少在一定程度上是可以分辨的——是资本主义主动生产出来的，而不是它被动接受的，不是一种对‘自然’和‘历史’的让步。真正说来，这种连贯性是从资本积累的时间限制向空间限制的转变中产生的。剩余价值必须在一定的期限内被生产出来并得到实现。既然需要时间来克服空间，剩余价值就同样必须在一定的地理范围内被生产出来并得到实现。”① 资本主义经过商品和货币的交换、原始积累，不断打碎、破坏、改变原有社会历史空间样貌及其对生产力发展的限制与阻碍，整合并强化具有鲜明资本主义形式特征的劳动过程、再生产关系，形成有利于资本主义发展的时间-空间结构，正如马克思恩格斯在《共产党宣言》中所指出的资产阶级“按照自己的面貌为自己创造出一个世界”②。资本积累逻辑要求剩余价值的不断生产与实现，资本积累只有在保证资本循环中才能保持持续积累的本质，这就要求剩余价值的生产必须要在一定的时空条件下高强度持续性产出。以往主要以大规模劳动生产为基础，通过剥削时间来创收的绝对剩余价值生产临界后，资本主义本质必然驱使资本索取相对剩余价值空间，这势必需要通过空间占有来克服时间限制。因此，无论是就资本原始积累而言，还是就资本主义劳动过程而言，资本主义再生产关系在空间塑形上既要求地理空间的不平衡性，也在资本积累的过程中造成不平衡的地理空间差异。在哈维看来，帝国主义、殖民主义、地理扩张和领域统治在资本主义稳定化过程中所起到的作用具有地理空间剥削导致不平衡地理发展的时空塑形特征。哈维还认为，资本主义追利本质却在自身内部遇到了限制，即不平衡的地理发展制造了空间壁垒，反而与资本主义所始终强调的普遍主义相抵触。在他看来，剩余价值的区域化“封闭”生产及稳定输出，要求生产技术、分配结构、消费方式、劳动力数量与质量、相应的基础设施等生产条件在区域内保持相互一致，长此以往就会形成区域内自身的价值规律、物质生活水平、生产生活方式、制度模式等，区域性空间由此产生。显然，资本主义社会再生产绝不希望出现封闭区域，区域性的经济体从来也不是封闭的，除了交通和通信会改变相对距离以影响区域

---

① 大卫·哈维：《资本的限度》，张寅译，北京：中信出版社，2017 年，第 637 页。

② 《马克思恩格斯文集》第 2 卷，北京：人民出版社，2009 年，第 36 页。

经济体的空间以外，只有通过区域间的投资和贸易，才能从不平等的交换中攫取利润，并把剩余资本投入利润率高的地方，否则就会严重影响资本积累的效率与可持续性。这样一来，不平衡的地理发展就对资本形成了限制，需要资本主义不断再塑再生产空间。实际上这也是资本本质内生出自我限度，即它既需要不平衡的区域差异，又要不断打破、修缮、重塑地理空间的不平衡，以维持自身。对此，哈维指出："结局是：资本主义空间经济的发展受困于相互对峙、相互矛盾的倾向。一方面，空间壁垒和区域性的区分必须被拆毁。可是达到这个目的所用的手段要求生产出新的地理差异，从而形成了有待克服的新的空间壁垒。资本主义的地理组织把这些矛盾内化到了价值形式当中。这正是资本主义无可避免地不平衡地理发展这个概念的含义。"[①] 这种不平衡在城市化进程中也通过地理上的集中与分散彰显尽致，资本主义通过城市化进程不断塑就自身所需的社会空间结构。城市发展不断从农村汲取生产要素，并通过城市化吸收剩余产品。城乡差异既是资本主义生产所需要的，也是资本循环所要打破的空间障碍。这也是为什么资本主义与城市化之间具有必然联系的原因。这种不平衡的地理发展同样表征在资本主义全球化进程中，即体现在先发地区与后发地区、发达国家与发展中国家之间。总而言之，不平衡的地理发展是资本主义维持剩余价值生产与实现、维护资本增殖逻辑的必要条件及空间策略。因为，"空间障碍的消除和'通过时间消灭空间'的斗争对于全部资本积累的动态来说都是根本性的，并且在资本过度积累危机时期更是剧烈。通过向新领域的地理扩张以及建构全新的空间关系来吸收剩余资本（有时是剩余劳动力）可以说是很显著的"[②]。可以说，哈维从解决过剩资本的角度解读资本主义的空间以及空间生产是非常重要的理论见解，也是对资本主义空间批判理论逻辑深入的重要学术贡献。

时空压缩体验与资本全球化扩张 哈维指出："既然资本主义已经成了（并将继续成为）一种革命性的生产方式，社会再生产的物质实践活动和过程在其中始终在变化，因而结果必然是时间与空间的客观品

---

① 大卫·哈维：《资本的限度》，张寅译，北京：中信出版社，2017年，第638页。

② 大卫·哈维：《正义、自然和差异地理学》，胡大平译，上海：上海人民出版社，2010年，第274页。

质及其意义也在变化。”[①] 哈维将资本主义视为社会历史变迁中的一个具体时期，认为资本主义在生产力与生产关系上代表着一个特定的社会形态及其社会历史阶段。同时，他更强调，在这一历史时期或阶段，随着社会生产力的发展和资本主义生产关系的建立，始终伴随着时空结构、时空条件，尤其是空间组织形式的形塑历程。而这一点是以往马克思主义经典作家及其追随者的理论盲点。对此，他从时空压缩的直观体感和社会体验来说明资本主义时期的生产力与生产关系带给现代人以何种生存生活方式的变革，说明当代资本主义进入弹性积累、灵活积累的后福特制时期，及其所塑时空结构的社会的、政治的、文化的意义。

首先，哈维用“时空压缩”形容随着社会生产力发展与资本主义生产关系的确立，人们现实所处境遇的流变及其对时空直观形式的真切感受所发生的“压缩”“崩塌”之体感变化。“这个词语标志着那些把空间和时间的客观品质革命化了以至于我们被迫、有时是用相当激进的方式来改变我们将世界呈现给自己的方式的各种过程。我使用‘压缩’这个词语是因为可以提出有力的事例证明：资本主义的历史具有在生活步伐方面加速的特征，而同时又克服了空间上的各种障碍，以至世界有时显得是内在地朝着我们崩溃了。”[②] 在资本主义的现代主义状况中，人们时时刻刻、随时随地感受到“时间消灭空间”和空间距离急剧缩短所带来的便捷、速变、流动、不安、焦虑等客观情境与主观情绪。一方面，现代资本主义利用大工业生产及生产工具的更新创造了具有变革性的生产力，交通、通信技术、传媒、电子科技、互联网等现代技术使空间距离急剧缩短，以往实现信息交流与贸易交换需要在路程当中花费大量的时间，现在却借助高科技手段实现了实时性、瞬时性的信息共享、信息传播，大大节省了时间，加速了人们通过信息交流达到的现实社会生活体感，大大缩短了人与人之间进行社会交往的空间距离。另一方面，资本主义开拓全球市场的决心与行动，进一步加速了世界距离的缩短。资本积累原则要求资本不断向外扩张以保证资本周转及剩余资本的增殖，因而资本主义在其发端伊始就使世界上的一切成为自身的

① 大卫·哈维：《后现代的状况：对文化变迁之缘起的探究》，阎嘉译，北京：商务印书馆，2013年，第255页。

② 大卫·哈维：《后现代的状况：对文化变迁之缘起的探究》，阎嘉译，北京：商务印书馆，2013年，第300页。

附庸。正如马克思所指出的那样，资产阶级在它已经取得统治的地方破坏一切不符合资本主义价值的封建的、宗法的、田园诗般的关系，使一切国家的生产和消费都成为世界性的，使未开化和半开化的国家从属于文明的国家，使农民的民族从属于资产阶级的民族，使东方从属于西方。哈维突出强调，当资本主义开辟出世界市场，世界地图在资本主义的商品贸易、货币交换、金钱往来、金融借贷中绘制完成时，它也使"时空压缩"更为剧烈。因为资本可以从地域性的价值剥削扩展到全球性的价值剥削，资本主义全球化将使用价值所处的绝对时空及交换关系的相对时空在全球范围内进行国际性的时空资源分配，实现全球化的关系性价值时空，实质上仍是资本主义剥削关系进行的全球"空间修复"，为的是使剩余资本实现价值。哈维在对新自由主义、新帝国主义、新殖民主义的分析批判中，始终强调资本主义的空间和时间的社会生产观念及"时空压缩"特征，说明其背后不变的是资本逐利的本质。

其次，哈维指出资本主义无论处于福特主义生产组织形式还是后福特制的灵活积累时期，都不断加剧着"时空压缩"，主要的动因在于始终不变的资本增殖逻辑。"在一般的金钱经济中，尤其是在资本主义社会里，金钱、时间和空间的相互控制形成了我们无法忽视的社会力量的一种实质性的连结系列。"① 其意在说明现代资本主义作为金钱关系社会，其时空构成方式与体验形式都为着资本增殖目的而服务与存在，资本与利润成为时间与空间变化的动力与依据。在现代社会之所以会有"时空压缩"之体感，缘由之一便在于资本主义生产方式对时空的全新占有模式的更变。经过周期性危机和世界性大战的洗礼，资本主义在新发展阶段寻到福特主义流水线式大规模生产的生产方式，这种资本主义机制的自我调节对时间与空间的现实感受产生巨大影响，导致一种以消亡时间来彰显空间结构的社会效果。哈维指出："他把任务打散，分布到空间里，为的是使生产中的效益最大化，使流动的摩擦最小化。实际上，他把空间结构的某种形式运用到了加快生产中资本周转的时间。那时，时间的加快（加速）可以依靠通过组织和分散生产的空间秩序而确立的控制。"② 可见，福特主义的生产方式一方面将通过时间流动确

---

① 大卫·哈维：《后现代的状况：对文化变迁之缘起的探究》，阎嘉译，北京：商务印书馆，2013年，第282页。

② 大卫·哈维：《后现代的状况：对文化变迁之缘起的探究》，阎嘉译，北京：商务印书馆，2013年，第332—333页。

证自身的活的劳动者视为僵死的物的存在，使个体的时间被某种确定的空间所拴锁；另一方面，作为以时间为依据的过程性的劳动本身被碎片化地切割成所谓专业化的分工，使劳动在时间流中的整全意义在空间结构的瓜分中破裂。因此，福特主义某种意义上开启了空间优于时间以决定社会存在方式的现代性体验，而这完全归咎于资本逻辑的运作与要求。同时，资本逻辑向来都是帝国主义的和殖民主义的，它对市场的需求要求对外扩张，必然引发的是资本对世界市场在地理上的空间性吞噬。自地理大发现伊始，资本主义就找到了通过空间占据而快速获利的方式，他们通过对新地域的占有而获得支配资源的主导权力，使贸易主动权掌握在自己手中，经济利益随之源源不断地落入囊中。随着资本主义生产方式在克服周期性危机中的不断自我更新与调整，资本主义发展从空间占有向空间控制转移。也就是说，在资本逻辑的作用下，资本周转要求消耗过剩的生产力，对地理场域的纯粹空间性占有已不再是其首要任务，而通过隐性方式获取区域性空间控制力成为资本周转和获利的关键。这种对空间的不同作用需求造成了福特主义向灵活积累的现实转变。哈维在分析资本主义通过时空转移而吸收过度积累时指出："空间上的转移必需吸收地理上扩展的过量资本和劳动力。……资本主义扩张到抢先占有的空间里去的方式以及在那些方面碰到的抵抗的程度，可能具有意义深远的后果。……由于资本主义跨越地球表面的逐渐移植把空间延伸进了可能出现过渡积累问题的地方，所以地理上的扩张充其量只可能是过度积累问题的一种短期解决办法。长期的后果始终肯定是加剧了的国际和地区间的竞争，以及最不发达国家和地区所遭受的最严重的后果。"① 福特主义是利用时空转移来消耗过度积累的典型，但当地理上的转移被耗尽之后，资本主义无法解决过剩劳动力与空闲生产资料并置的悖论，便陷入了新一轮的危机。此时，灵活积累对时空作用力的新模式成为资本主义自我解救的新途径，但也造成对时空的进一步压缩。灵活积累减少了劳动力的空间束缚，在对劳动力更多的自由承诺中实现剥削的目的。以地理上分散、小规模生产、追求买方市场的生产力等为标识的灵活积累，改变了以往大规模生产所需要的规划性、理性预测性的"元设计"，在变动不居、瞬息万变的条件下实现区域性，甚至点位

---

① 大卫·哈维：《后现代的状况：对文化变迁之缘起的探究》，阎嘉译，北京：商务印书馆，2013 年，第 231—232 页。

式的资本积累，一方面满足了劳动力对自我时空可调性的需求，另一方面能够在较短时间有效集聚大量财富。这种资本积累模式成为资本主义社会新的运行机制和对空间的新型管控体制，为资本主义的发展再次延续了活力与拓展了自我发展空间。它带来的时空压缩体验是前所未有的。

最后，在哈维看来，“时空压缩”助长了资本主义通过对社会意识形态控制达到长效之目的，表征为政治的美学化与文化的商品化。哈维指出：“如果可以使工人们相信空间是资本游戏的一个开放场所而对他们自己来说则是一个封闭领域的话，那么对资本家们来说一个关键的优势就增加了。”① 也就是说，重点在于让劳动力相信资本主义空间挤占与控制的必要性、合理性与有利性。要达到这一目的，统治阶级采取政治美学化的方式对大众进行政治言语上的承诺，使资本主义国家的政治舞台总会出现一些意料之外而情理之中的状况。比如，代表两个相异党派的国家首脑候选者的经济规划与政策措施如出一辙，或者政府向民众做出的经济策略与经济现状所需完全相悖，却在经济运行的现实中发挥出一定的效果……这种政治美学化的结果并非总是给人带来意外的惊喜，相反，它必然带来的是不稳定与不可测的威胁。而资本主义商品经济的普遍化对文化领域的空间侵占影响更甚。文化通俗化和大众化建立在资本增殖的需求上，资本逻辑运作要求资本对空间的占领，文化作为一个领域，在商品经济普遍化的过程中被纳入侵占的目标范围。事实也正是如此，在资本逻辑主导的社会中，文化被作为商品以各种方式生产出来，文化以消费品的身份得以传播，这一过程早已粉饰和润色上了资本主义的价值外衣，从而使受众得以在产生“愉悦感”的消费过程中认同统治阶级的价值观。消费主义的文化承载着资本主义的价值内涵，但同时也反映出资本逻辑带来的对时空体感的新改变。所有的空间都被史无前例地置于时间之先而彰显尽致。原来的空间对时间的依附关系被发展日益迅猛的电子科技水平和传播媒介通信技术所打破，通过电视电影，人们可以接受地球上任何空间的实时信息，通过日益完善的交通工具和网络，地理空间障碍在交通的时间缩短中再无可能。人们对时间的感受越来越快，达到一种“瞬间即所有”的体验，对空间则失去

---

① 大卫·哈维：《后现代的状况：对文化变迁之缘起的探究》，阎嘉译，北京：商务印书馆，2013年，第292页。

了特殊而具体的地理方位所带来的标志性认知，呈现在眼前的是一种碎片和虚幻。历史连续性被打散，在片段式的残篇中成为模仿式的“演出”。这一切都在后现代主义的文化作品中得以表达与凸显。现代资本主义的不断自我更新带来的剧烈时空压缩，即共时性的空间叠加，使现代性的自我表达愈发困难，使发轫于启蒙的现代性所内蕴的理性目标规划和预测能力失去效力而日显式微。现代性的剧烈变迁，并未迎来一个全新的社会存有形态，反而带来更严峻的矛盾格局。资本主义只是在形式机制上进行自我更新与调整，资本逻辑本质的存留必将使资本主义社会陷入新一轮的竞争冲突和周期性危机之中。也使我们无法预见未来的时间与空间是否还留有为资本主义提供自我修复的间隙与空白。

资本主义空间的特征　资本主义在世界历史中经历自身的阶段性转变，但却始终未能突破自身的限度，既无法解决不平衡地理发展对资本主义空间布展的内在张力，也无法解决时空压缩为资本主义发展带来的空间界限与不可预测性。因此，资本主义危机总是反复出现，躲不过周期性危机的规律。哈维指出资本主义危机的三种表现形式：“资本主义的危机倾向看起来仿佛可以按照顺序来设定，即从普遍性（例如利润率的下降）到时间性（金融危机），再到空间性（不平均的地理发展和地缘政治）。……它们应该被理解为危机在资本主义这个有机的统一体中的形成过程和解决过程的三个同时存在的方面。”① 易言之，哈维所总结的资本主义危机的三种表现形式，虽然在资本主义发展不同时期有所偏侧，但三种危机始终伴随着资本主义发展史而同时存在，这是资本主义空间策略受制于自身限度而致的必然结果。因此，在哈维对资本主义的地理学空间批判中可以看到，资本主义空间最大的特征在于流动性、不稳定性。“无论如何，资本主义是一种革命的生产方式，总是不安地寻找新的组织形式、新的技术、新的生活方式、新的生产和剥削模式，因此也寻找新的时空客观定义。空间关系和空间再现的周期化重组总是具有非常有力的影响。”② 因为资本主义赖以生存的条件就是要通过时空之间的不断置换、对空间的不断渗透与占有、对时间的不断侵蚀与控制，来最大程度缩短资本周转时间、最大程度实现剩余资本价值、

① 大卫·哈维：《资本的限度》，张寅译，北京：中信出版社，2017 年，第 18 页。
② 大卫·哈维：《正义、自然和差异地理学》，胡大平译，上海：上海人民出版社，2010 年，第 273 页。

最大程度获利。正如马克思所指出的那样，“资产阶级除非对生产工具，从而对生产关系，从而对全部社会关系不断地进行革命，否则就不能生存下去”①。于此，哈维非常赞同马克思的论断：“生产的不断变革，一切社会状况不停的动荡，永远的不安定和变动，这就是资产阶级时代不同于过去一切时代的地方。一切固定的僵化的关系以及与之相适应的素被尊崇的观念和见解都被消除了，一切新形成的关系等不到固定下来就陈旧了。一切等级的和固定的东西都烟消云散了，一切神圣的东西都被亵渎了。”② 在哈维对现代资本主义和后现代状况的分析思考中还可以看到，资本主义空间的流动性、不稳定性特征，却是基于资本主义对空间的理性化计算而形成的。哈维对资本主义发展的历史性追溯上及文艺复兴和启蒙，认为资本主义生产方式在思维和观念层面根本改变了传统社会对空间的直观经验性认知，而将空间知识化、理性化，表现在资本主义的交换关系和法权关系当中。资本主义阶段的空间表述方式往往借助精准的现代科学和数学方式呈现，以示空间的归属权。举例而言，在农耕文明时期，形容一块土地有多大面积，往往会形象地形容走完一周大概有一袋烟的工夫，而在具有精良科学及精密仪器的资本主义时代，必须测绘出每块土地的实际面积并用数字来表示。数字化和理性化的空间丈量，为统治阶级的空间占有和私有制基础上的阶级统治提供不可或缺的工具，在不断图绘出世界版图中，为资本主义的全球策略铺垫好空间知识基础，使资本扩张不落下任何角落，全球的贸易可以有无限的空间与缝隙。“地理知识很明显地成为军事和经济权力的至关重要的源泉时，如兰德斯揭示的那样，地图与货币之间的关系也就距之不远了。1400 年，托勒密地图传入佛罗伦萨，在那里立即被用作描绘地理空间和保存地方信息的手段，如我们今天所知，这乃是地理学知识建构中的一项根本性突破。此后才有可能在原则上把世界理解为全球性的统一单元。”③ 现代科学为把世界理解为全球性的统一体提供理性根据，地理学的发展为资本主义商业无限拓展的欲望提供重要的知识依据。对空间的科学测绘与理性计算，为资本主义的生产发展提供契机，也为资本主义的帝国主义野心提供便利。可见，资本主义空间的数

---

① 《马克思恩格斯选集》第 1 卷，北京：人民出版社，2012 年，第 403 页。

② 《马克思恩格斯选集》第 1 卷，北京：人民出版社，2012 年，第 403 页。

③ 大卫·哈维：《正义、自然和差异地理学》，胡大平译，上海：上海人民出版社，2010 年，第 272—273 页。

字化和理性化实质上意味着对空间进行同质化、普遍化、一体化的管控。但资本主义生产方式及其发展却在时空结构的塑形上导致了流动性、不稳定性的特征，又一次从空间批判的视域凸显了资本主义内在的自我矛盾，体现出资本主义空间的复杂性和悖谬性。对此，哈维始终强调对资本主义时空结构进行理论描述和批判揭示的重要性："在任何社会中，空间和时间的实践活动都充满着微妙性和复杂性。由于它们是那么密切地蕴涵在社会关系的再生产和转变的过程之中，所以必须找到某种方法去描述它们，对它们的用途作出概括。社会变迁的历史部分地表现在有关空间和时间之概念的历史之中，那些概念或许被附加了意识形态的用途。此外，改变社会的任何规划都必须把握住空间和时间概念及实践之转变的复杂棘手的问题。"[①] 因此，哈维对资本主义空间批判的一个重要缺陷在于始终从社会学、政治学、历史学层面强调对资本主义空间特征之经验描述的重要性。虽然他努力在重读《资本论》的过程中试图以政治经济学批判增强对资本主义危机的空间批判力度，但在理论性质上仍然与社会历史观及历史唯物主义方法论有相当的距离，更多地关注与强调资本主义对历史-地理景观的塑形，而弱化了其背后的根本动因在于资本关系内在的结构性矛盾。这使哈维在资本主义危机出路的探索上走向政治权力批判及乌托邦方案。

三、希望的空间

哈维难能可贵的是始终对资本主义制度持批判态度，并竭力从资本主义运行系统内部找寻资本本质的自身限度。作为新左翼的重要代表人物之一，哈维始终强调历史-地理唯物主义的任务就是要找到社会主义历史-地理景观的样态及其实现途径，以取代资本主义的历史-地理景观，从经济、政治、文化各方面形成对资本主义危机的全局性超越。哈维在其所著的《希望的空间》中提出辩证的空间乌托邦（dialectical spatial utopianism），以表达对未来没有政治权力控制的广泛民主的可能世界的希望的空间与理性的追求。

哈维从空间批判的理论视角揭批了资本主义历史-地理景观的全局性危机。哈维十分认同马克思对资本主义的政治经济学批判，他用后现

---

① 大卫·哈维：《后现代的状况：对文化变迁之缘起的探究》，阎嘉译，北京：商务印书馆，2013年，第274页。

代的话语称赞马克思为我们揭示出物质实践和意识形态双重维度并轨运行的，并不断强化的资本主义霸权。从不平衡的地理发展、时空压缩、空间和时间的社会生产观念的分析批判中，哈维强调资本主义历史-地理景观是涉及社会经济结构、政治霸权统治、文化意识形态管控等全方位的时空结构组织塑形策略的。由于主体受限于特定时空条件的制约，也即受限于特定社会再生产关系所形塑的时空结构限制，因而打破固有僵化的历史-地理发展状态和组织模式，必须借助于社会各个领域的长期而全面的斗争。这就需要确立一个统一的政治目标，以整合具有共同目标的政治力量。这也是其建构历史-地理唯物主义的主要意图所在，即将历史-地理唯物主义作为一种无所不包的反抗资本主义的话语。从空间的角度，他提出历史唯物主义的四点纲领：（1）强调差异和“他者”话语的相对独立地位，在历史唯物主义和阶级政治的总体框架中恢复种族、性别、宗教，但不要过高地估计其重要性；（2）重视形象和话语生产，把它作为分析象征秩序再生产和转型的重要方面；（3）认真对待时空问题，即地理学问题；（4）把历史地理唯物主义看做一种开放的和辩证的研究模式。[①] 显然，哈维要求在将后现代主义与历史唯物主义进行融合的过程中综合政治经济批判和意识形态批判，弥合后现代思维、强调文化批判和话语批判、对无产阶级这一革命性力量持怀疑态度的新左派，与强调时间压倒空间、固守线性历史观的传统马克思主义之间的裂隙。在将历史唯物主义进行政治战略空间化的过程中，以新的乌托邦理想统一政治目标，整合反抗资本主义的集体力量，以各个击破并最终粉碎资本积累的全球霸权意图及资本主义的地缘政治图景。以统一的乌托邦理想对现有制度及社会行为进行批判，则是一个长期而艰巨的革命过程——“我所追求的辩证乌托邦理想需要一个长期且持久的历史地理革命视角。把变革的政治实践作为辩证的和时空的乌托邦理想之显现，这是有益的。但是除非我们理解社会行动不同区域中的行为和思想是如何发生联系、如何结合，又如何彼此消融从而创造进化的社会行动总体性，否则它不会如此。”[②]

哈维通过批判两种乌托邦理想进而提出辩证的空间乌托邦。首先是

---

① 大卫·哈维：《后现代的状况：对文化变迁之缘起的探究》，阎嘉译，北京：商务印书馆，2013年，第441页。

② 大卫·哈维：《希望的空间》，胡大平译，南京：南京大学出版社，2006年，第246—247页。

对形式的乌托邦（Utopianism of form）的批判。哈维认为，形式乌托邦具有静止的形而上特征，它只能停留于对理想空间的遐思，而无法在空间乌托邦与社会变革之间架起一座现实的通路，这种乌托邦理想是脆弱的、虚幻的。哈维认为托马斯·莫尔的乌托邦理想是形式乌托邦的典型代表，在他那里，“乌托邦是一个人工制造的孤岛，它是一个孤立的、有条理地组织的且主要是封闭空间的系统（尽管在乌托邦想象中，它也与外部世界紧密相联），这个孤岛的内部空间的秩序安排严格调节着一个稳定的、不变的社会过程。大概说来，空间形态控制着时间，一个想象的地理控制着社会变革和历史的可能性”①。莫尔提出乌托邦是对英国资本主义原始积累的反叛，是对以圈地运动为标志的资本主义制度社会混乱秩序的反抗。针对资本主义私有制及其造成的社会危机，莫尔通过建构一种稳定而美好的想象的地理空间，试图以此克服具体的社会历史条件下的真实历史过程。但显然，这样一种形式化的乌托邦理想是不具任何现实性的。它既脱离了具体的当下的社会历史现实，抛弃了如货币、私有财产、剥削等导致当时社会历史的具体社会要素，又无法摆脱受限于当时历史地理境况约束的客观现实。所以，它只能是空中楼阁。在哈维看来，这种无法将空间乌托邦与社会空间进行有效结合的形式乌托邦，是违背空间与时间、地理与历史之间辩证关系的，是静止的形而上的与不切实际的乌托邦幻想，无法真正实现对资本主义空间的超越，反而深受资本主义历史-地理景观的严密控制——“实际上，多数已实现的空间形式的乌托邦是通过国家或资本积累的力量来完成的，依照这两者的规范来实施（这在新加坡和韩国与在英国、瑞典、法国或澳大利亚是一样真实的）。它要么那样，要么就游离于主流社会过程‘之外’（至少在19世纪看起来是可能的，那时美国是卡贝、罗伯特·欧文这样的乌托邦理想者和多种宗教运动的首选目标）。”②

形式的乌托邦不是真正能够推翻资本主义空间的希望的空间，接下来又生发出一种过程的乌托邦（Utopianism of process）以弥补形式的乌托邦的缺陷。哈维认为亚当·斯密在《国富论》里提出了这样一种过程的乌托邦理想：“在这个乌托邦理想中，个人的欲望、贪婪、贪心、驱力、创造力等等东西可能通过成熟市场的看不见的手被动员起来，从

① 大卫·哈维：《希望的空间》，胡大平译，南京：南京大学出版社，2006年，第155页。
② 大卫·哈维：《希望的空间》，胡大平译，南京：南京大学出版社，2006年，第168页。

而达到整体的社会利益。从这里出发，斯密和政治经济学家提出了一种排除国家干预和调节（那些保护自由市场的机构除外）并抑制垄断权力的政治方案。"① 在哈维看来，斯密将基于自由市场的经济发展过程当作一种过程乌托邦，并建构了相应的整体性社会利益。这样一种过程乌托邦理想只是改变了形式乌托邦的静止状态为过程动态，而并未从双向的辩证关系中认识到空间的开放性特征，存在着内在的逻辑漏洞。换言之，以斯密为代表的自由主义经济基础上的过程乌托邦理想，是建立在主体对客体单方面侵占、掠夺、剥削基础上的单向宰制过程，这一过程也是过程乌托邦自我毁灭的根本原因。也就是说，在哈维看来，过程乌托邦理想被它自身的空间化过程摧毁了，这就是资本主义"创造性破坏"的恶果。"因为自由市场的资本积累是在天然资源、文化历史、通信潜力、劳动力数量和质量这样一些多样化的地理区域中进行的（这种地理区域日益成为资本投资在基础设施、'人力资源'、和人工环境上的微分产物），所以它强化了生活标准和生活前景上的不平衡地理发展。富裕地区越来越富，贫穷地区越来越穷（巴尔的摩就是大城市规模上这种不平衡地理发展的一个生动例子）。嵌入在市场过程的乌托邦理想中的循环和累积的因果关系使得财富和权力在地理差异上越来越大，而并不是朝着同质性和平等性逐步发展。"②

形式的乌托邦与过程的乌托邦根本缺陷在于将空间形式的乌托邦与时间过程的乌托邦之间的辩证关系割裂开来了，因而它们事实上并非严格意义上的乌托邦范式。"因为'乌托邦'通常与某个地方相联系，这是一个既快乐又不存在的地方。地点的特性（可以被称为'地点性'）是重要的，这意味着再现并密切关注作为社会过程容器的空间形式和作为精神秩序表达的空间形式。"③ 哈维以为，真正的乌托邦范式以黑格尔和马克思为代表，是空间形式的乌托邦与时间过程的乌托邦之间的辩证有机联系以构成开放的、辩证的乌托邦理想及其历史过程。在哈维的语境中，莫尔的形式乌托邦提供的只是最终的空间形式，斯密的过程乌托邦仅仅从时间线索表达了线性历程，而黑格尔和马克思的历史辩证法具有空间形式的隐喻，前者以真正的国家状态为表征，后者以共产主义

① 大卫·哈维：《希望的空间》，胡大平译，南京：南京大学出版社，2006年，第170页。
② 大卫·哈维：《希望的空间》，胡大平译，南京：南京大学出版社，2006年，第172页。
③ 大卫·哈维：《希望的空间》，胡大平译，南京：南京大学出版社，2006年，第168页。

社会状态为表征。在二者达到各自空间乌托邦理想的路途中，都遵循着“既又”辩证法即内在矛盾运动的规律，又基于“非此即彼”辩证法即主体自主选择的作用。“马克思清楚地认识到在某一给定的地点和时间内革命或不革命的潜在后果，并在这种目的论的支配下屈从于一种更加偶然的历史演变的意义，即使阶级斗争仍然是历史的动力。”① 因此，哈维提倡的正是这样一个具有“既又”辩证法和“非此即彼”辩证法双重辩证观的辩证的时空乌托邦。“社会科学领域中的许多迹象表明空间同时间的分离虽然有时很有用，但却常常令人误解。而且如果空间和时间被当作社会构造（暗示着否认了牛顿和笛卡尔所创立的绝对时空理论），那么乌托邦理想就必须同时包含空间和时间的生产。因此，对于我称之为‘辩证乌托邦理想’的东西的探索还在继续。”② 哈维对辩证乌托邦理想的追寻之所以是一个长期而艰辛的过程，是因为他强调这一时空乌托邦具有开放性、不稳定性的特质，它始终在变化中隐喻着理想的普遍空间结构。也就是说，哈维仍然回到空间的社会建构性上来强调持久的社会关系变革对希望的空间的创造作用，认为必须通过创造新的历史-地理形式来不断打破和取缔资本积累及其政治霸权强加给我们的历史-地理图景，通过振发潜在的社会行动力量来进行总体性的社会变革。对此，哈维对实现未来的社会主义空间保持乐观态度：“无论如何，乌托邦梦想不会完全消失。它们会作为我们欲望的隐蔽能指而无处不在。从我们思想的幽深处提取它们，并把它们变成政治变革力量，这可能会招致那些欲望最终被挫败的危险。但那无疑好过屈服于新自由主义的退步乌托邦理想（以及那些给予可能性如此一种不良压力的所有利益集团）、胜过生活在畏缩和消极的忧虑之中以及根本不敢表达和追求替代欲望。”③ 但于此也不难发现，哈维从其声言的双重辩证观中出离了，他抛弃了“既又”辩证法在马克思意义上关于特定的、具体的、历史的资本主义生产关系内在的对生产力同时并生的促进与阻碍作用的历史辩证法表征，仅仅将阶级斗争视为通过政治变革而实现偶然性历史演变的“非此即彼”辩证法的应用。所以，哈维最终把希望的空间解读为一种存在于自我定义的社会集团与它所要创造的社会及自

---

① 大卫・哈维：《希望的空间》，胡大平译，南京：南京大学出版社，2006年，第169页。
② 大卫・哈维：《希望的空间》，胡大平译，南京：南京大学出版社，2006年，第177页。
③ 大卫・哈维：《希望的空间》，胡大平译，南京：南京大学出版社，2006年，第190页。

然环境之间的社会关系，他口口声声强调的现实社会关系对空间的建构作用却在最需要为变革社会现实提供强有力根据时被无视了，希望的空间最后是要凭借自我定义的社会集团以对时空乌托邦理想的自我认知与自我理解来建构。这如何还是一种历史唯物主义的方法论原则？

总体来看，哈维的理论抱负在于为地理学增补马克思主义的批判维度，为历史唯物主义增添地理学视角，进而为社会历史批判提供一个全新的理论体系和分析框架，在资本主义现代性批判主题下寻找社会主义的历史-地理解放出路。哈维在《地理学的历史与现状：历史唯物主义宣言》中鲜明指出他要完成的主要任务：（1）建立一种大众的地理学，远离偏见，反思各种真实的矛盾和冲突，同时能够打开一个新的交流和共同理解的（知识）通道。（2）建立一种应用的人民地理学，不把它归之于狭隘的和有势力的特殊利益，而是建立在其概念上的广泛的民主性之上。（3）接受科学的诚实性和非中立性之二元方法论承诺。（4）把地理学的敏感性整合到源自历史唯物主义传统的通用社会理论之中。（5）定义一种政治事业，这种事业以历史的地理的眼光关注从资本主义向社会主义的转型。① 因此，在哈维的空间批判理论中，既能看到他重读《资本论》的过程中关于资本主义商品拜物教批判的空间政治经济学解读，又能看到他在关于资本主义全球化与城市化按照自身需求塑形历史-地理景观的社会学批判，还能看到他在批判资本主义历史-地理景观的过程中寻求社会主义解放道路的政治学乌托邦理想。可以说，哈维可谓在强调差异和话语的后现代主义与强调社会历史观与方法论的马克思主义之间进行逻辑平衡，是一位以空间批判渗透并重塑历史唯物主义以开拓当代资本主义批判新理路的西方新左翼典型代表者。然而，从其历史-地理唯物主义的批判思路中我们也能鲜明认识到，其理论体系建构并不像他所设想的那样忠实于历史唯物主义的哲学方法论基底，相反却深切地与历史唯物主义原则立场相背离。一是将资本主义批判落脚于从空间建构出发的社会学批判，浅层化了马克思历史唯物主义对资本主义特殊规律的认识。从哈维过多着墨于对资本主义历史-地理图景的描绘上便能看出，他致力于资本在特定的时空点位上是如何按照自己的面貌来构建地理景观的，而不是致力于揭示生产关系的内在矛

① D. Harvey, *Space of Capital*: *Towards a Critical Geography* (Edinburgh: Edinburgh University Press Ltd, 2001), p. 120.

盾性是如何决定消费关系及交换关系的特定表现形式的；二是将历史唯物主义架空于历史学和地理学之下，以地理空间变化认识社会历史变迁。哈维从资本建构历史-地理图景的期划看待历史连续性，满足于对在资本主义发展不同时期，资本运转的不同主导方式如何形成对地理空间景观的修复调节以及对时空结构的不断塑形的观察上，而忽视了对导致这种变化的深刻本质在于生产力与生产关系的矛盾运动的认识。其对资本主义空间的分析也更多地重点关注资本如何在创造性破坏的过程中不断破旧立新地塑就自身所需的时空景观，而非丢弃了资本主义交换关系的本质内涵，即生产关系基础。三是将历史唯物主义的历史哲学政治学化，站在政治学立场上谈论辩证法思想，强调政治斗争和政治变革的发生性，弱化了对变革之现实可能性，尤其是阶级斗争的历史动力、无产阶级阶级构成与阶级力量历史变迁的科学分析。可以说，历史唯物主义所指出与强调的社会历史发展内在制约性与客观规律性在哈维的历史-地理唯物主义中渐趋消解，他声言着为历史唯物主义增补空白，却消解了历史唯物主义基本立场原则方法，确实在构建希望的空间中步入了乌托邦的空想，在毫不吝啬地向马克思历史唯物主义进行理论表白的过程中凸显了后现代主义的思维方式与理论气质。

第十九章　卡斯特：城市空间结构的资本主义批判

对城市政治的科学分析必须以对阶级关系、阶级斗争的历史性关照为开端。它应当同时被理解为剥削与反剥削的过程、社会关系再生产与转换的辩证关系，以及阶级的政治性统治与被统治阶级的替代性权力更迭。

——卡斯特

曼纽尔·卡斯特（Manuel Castells，1942—　），著名社会学家，马克思主义城市空间批判理论的代表人物之一，都市马克思主义“三剑客”之一。比起其他在和平年代具有相对平稳学术生涯的当代思想家们，卡斯特的人生经历不失传奇色彩。他出生于西班牙的一个小镇，在巴伦西亚和巴塞罗那成长，青年时代就读于巴塞罗那大学，因参加“反弗朗哥”运动，开始了人生第一次流亡。来到法国，卡斯特于1964年获巴黎大学社会学博士学位，并投身于当时著名学者阿兰·图尔纳（Alain Touraine）门下，正式开启有关城市社会学系统性研究及学术训练。其间深受阿尔都塞结构主义马克思主义影响，多次参加阿尔都塞开设的马克思主义理论研讨课，与普兰查斯是挚友。通过广泛汲取图尔纳、列斐伏尔、阿尔都塞、普兰查斯、鲍德里亚等左派思想家的思想资源，卡斯特此时形成了城市批判理论雏形。然而，他于1968年因卷入发生在巴黎的“五月风暴”，开始了第二次流亡，辗转到智利，继续深入关于城市问题的马克思主义哲学批判研究。1973年的皮诺切特（Pinochet）政变使他无法再在智利生活，被迫开始人生的第三次流亡。1979年迁居美国，被聘为加州大学伯克利分校城市和区域规划教授及社会学教授至2003年，其间担任了西欧援救中心主席以及国际研究学会执委会成员。现任洛杉矶南加州大学传播学院教授，传播技术与社会研究中心主任，社会学系及政策、规划和开发学院共聘教授。

卡斯特的传奇生涯与之理论转型有着历史与地理因素的契合，反映在他等身的著作之中。《城市社会学是否存在》（1968）、《城市社会学理论和意识形态》（1969）、《城市化的进程与社会结构》（1970）三篇论文标志其与西方传统城市社会学研究范式的决裂，形成具有结构主义色彩的城市批判理论雏形。《城市问题》一书可谓卡斯特的成名作，以此为核心，卡斯特20世纪70年代发表《城市斗争》《垄断：企业、国家和城市》《工业空间的社会》等文献作品，标志其与马克思主义哲学的密切联系，运用结构主义马克思主义的分析方法对主张社会达尔文主义和人类生态学的芝加哥学派与列斐伏尔为代表的人道主义马克思主义进行双重批判。自20世纪80年代起，卡斯特的思想向“后马克思主义”转轨，提出“马克思主义不能应对当代问题”的判断，完全离开马克思主义理论视域与思想框架，尤其表现为在革命方式上从工人阶级革命向城市动员主张的转变，以《城市、阶级和权力》与《城市与草根》两部著作为标志。1996年至1998年连续出版其标志性代表作“信息时代三部曲”:《网络社会的崛起》《认同的力量》《千年的终结》,连同《信息化城市》(1989)、《全球化经济、信息社会、城市和地方》(1999)等研究成果,一举奠定了卡斯特对信息化时代城市空间批判研究的基本方向与理路特征。沿着城市信息学的研究路向,卡斯特在新千禧年连续与同仁联袂出版《网络星系》(2001)、《网络社会》(2004)、《移动通讯和社会》(2008)、《交往权力》(2009)等力作,展开对当代全球化金融资本主义之信息体系与文化意识形态体系的“二元”城市格局与空间批判研究。

一、资本主义城市空间危机

卡斯特主要从西方资本主义社会的城市问题切入,展开其结构主义空间批判理论对资本主义的检视。他一方面借鉴了列斐伏尔、哈维等空间理论家关于空间批判的基础理论内容,如空间批判的三元辩证法、空间批判的地理学视域、空间批判的政治经济学与政治哲学思路等;另一方面,在将空间批判理论与马克思主义相结合的过程中,也具有其独特的结构主义视角,并伴随其对马克思主义理论态度由亲近到疏离的转变,而逐渐转向后现代的特征。如果说哈维一定程度上实现了将列斐伏尔空间批判理论靠近马克思历史唯物主义的“左转”效果,那么卡斯特则走了一条近乎相反的路径,在其空间批判理论中,更多会看到地理学、社会学的批判色彩,也能体会其自身思想进程的波折、反复与踌躇。

卡斯特的空间批判从具体的城市问题出发,由资本主义城市危机管窥资本主义空间布局的内在矛盾。在卡斯特看来,城市空间布局内在地反映了资本主义制度的组织策略和运行规律,及其背后的政治经济逻辑与霸权属性。抓住具象的城市空间问题,对认识当代资本主义的表现形式与本质特征具有关键性意义。

资本主义城市住宅规划问题　卡斯特认为,住宅规划“实际上是城市组织方案的具象化。它潜在地包含着我们已然确立的社会-政治逻辑,并通过与处在制度中心的政治霸权体系的链接,而进一步成为所有规划路径的组织性基础”①。从资本主义社会的城市住宅规划方案及其具体的空间布局,可以看到资本主义对社会阶层的等级化筛选、内在的

① Manuel Castells, *City*, *Class and Power* (New York: St. Matin's Press, 1978), p. 147.

政治霸权与身份排挤意图，及其背后资本积累的逐利本质。首先，营利性房地产开发模式。按劳资阶层的货币给付尺度，划分了差异性群体的住房地理位置与条件，限制了不同程度财富所有者对住房的平等选择权，形成了城市住宅板块的等级性划分。“住宅地点的分布与生产分布的一般法则相关，并且也是依照主体的社会能力所重组（regrouping）的结果，也就是说在资本主义体系之内，将依据他们的收入、专业水平、受教育程度、种族与年龄等等。因此，对城市阶层的讨论就与社会阶层体系相关，并且其中社会性距离具有强大的空间表达方式，即城市隔离。在城市隔离中，最明显的趋势就是将地区整合进高度内在一致且与它者具有高度社会性差异的区域。而后者通常具有鲜明的等级性。”① 营利性房地产开发并不会优先考虑居民的实际住房需求，不会关注居民的支付能力与地理空间需求，反而会根据区域支付能力进行住宅规划的区别性对待。而且，这种区别对待的住宅规划却以号称中立的技术性手段遮蔽差别对待的城市隔离实质，在等级划分中实现资本与权力的集聚。其次，城市内部间歇性区域重建的剥削本质。卡斯特认为，比起房地产开发对资本主义社会的空间等级化区分而言，城市内部不断进行地理景观重塑更加能够体现资本主义政治治理模式对资本逐利本质的配合。“城市化的过程因此成为对空间层次的社会动态性表达。也就是说，在以历史的形式嵌入资本主义生产方式的西方国家当中……城市扮演了政治与治理的关键角色。它不仅控制了生产以及为统治阶级提供服务的剩余价值的来源，而且还通过将地方性的功能整合进行政体系的方式，引起了相应的财产性后果。……其中，空间（交易市场）对时间的优先定位，起到了决定性的导向作用。”② 由于资本对扩大市场的要求是恒常的，资本占领市场的过程不停地要求重塑社会的地理空间，以突破原有空间壁垒对资本增殖的阻碍，实现新的空间剥削。这一过程是流变不居的，体现资本增殖对政治权力配合的刚需。而城市建设与改造恰是资本政治能够以强制方式实现空间重塑的主要途径，因而以区域性拆迁为表征之一的城市重建计划与城市改造计划隐喻了资本的空间剥削图谋，以及资本政治对消费能力较弱的边缘人口的房屋所有

---

① Manuel Castells, *The Urban Questions*: *A Marxist Approach* (London: Edward Arnod, 1977), p. 169.

② Manuel Castells, *The Urban Questions*: *A Marxist Approach* (London: Edward Arnod, 1977), pp. 44-45.

权与空间迁徙权的褫夺。“在同一地点重建先于拆除，从而在合理租金的层面，使被驱逐者重新获得住房的要求与整个城市重建事业的基础背道而驰。它要实现地区职能的转变，并引入一种强大的消费动态性（要求强大的支付能力）以及象征性的标签（与居民的社会地位相关）。”① 显然，卡斯特强调资本政治对地理空间的重塑本质是为保持资本积累的持续性。为此，与之相关的公共福利政策也始终以维护资本主义私有制为核心目的。这也构成资本主义城市规划问题的第三点，即城市住房救济政策的虚伪性。“在发达资本主义之于公共领域的干预中伴随着这样一种倾向：即对非盈利性需要予以回应的直接操作以对盈利性条件的创造为前提。而在问题解决之后，原本隶属公共领域的权力就将其交还给私人资本。未来达到这个目标，它首先必须对迫切的社会需要予以救济，也就是说，对保护性运动的创造不能简单地将其转化为关于私有住宅的补偿性需求。在更为长远的意义上，该手段必须立足于对更具盈利性的住宅的营建。”② 拆迁补偿措施的住房救济政策属于政府对市场盲目性、自发性所致恶果的宏观调控，然而在西方资本主义制度中，这一福利政策却只是剩余价值剥削的缓和之计，目的在于对社会财富的进一步攫取。可见，资本主义的城市住房规划问题核心表征的是城市空间布局处处被置于资本积累原则与资本霸权体系中，表象上的城市发展实则不断增补资本进行价值剥削的再生产空间，而虚伪的城市福利政策只是资本霸权阴谋的遮羞布，资本政治经济内在结构性矛盾一旦爆发，资本主义城市体系也将随之崩溃，资本主义社会又将进入对城市空间进行新一轮“创造性破坏”的空间布局。如此循环往复，意味着资本主义制度不从根本上克服自身的内在矛盾，就无法走出周期性危机的怪圈，城市危机更无从解决。

资本主义城市社会文化结构危机 资本主义城市规划与发展需要社会文化价值的普遍认同，这是资本主义政治经济体系必要的意识形态保障。在城市空间领域，一方面，资本主义社会经济结构确立起符合资产阶级利益的城市文化与社会风尚，反映了社会对资本主义制度的价值认同程度；另一方面，城市社会文化能否持续按资本逻辑的风向标巩固资

① Manuel Castells, *City*, *Class and Power* (New York: St. Matin's Press, 1978), p. 112.

② Manuel Castells, *The Urban Questions*: *A Marxist Approach* (London: Edward Arnod, 1977), pp. 162-163.

本主义制度，保持资本主义政权的长期有效，则需要资本及其权力对城市社会文化结构的意识形态管控。卡斯特指出："当我们谈论'城市社会'时，该议题并非囿于纯粹的空间形式。与之相反，它被所有确定的文化所定位。……换言之，这是一种价值形式以及贯穿于历史特殊性及其组织与转换之自我逻辑当中的社会关系。"① 于是，资本主义城市空间批判重要内容之一便是揭示城市社会文化结构及其问题。首先，卡斯特批判地指出后福特主义的弹性积累模式与精英政治文化的共谋。在其看来，新自由主义为主要表征的后福特主义弹性积累模式既是社会性和技术性的，也是文化性和政治性的，其主要功能作用就是对市场利润最大化原则的补充。资本弹性积累模式为精英政治文化提供技术支持与技术手段，一是通过推广弹性灵活的劳动生产形式进一步强化劳动分工的精细化程度，劳动的分散化、碎片化不仅为剩余资本提供了广阔的价值剥削空间，而且为资本主义的精英政治提供了充分便利；二是为有效防控弹性积累模式对自由市场造成的恶性竞争恶果，高效调节资本部类结构，统治阶级进行市场监管、维护市场稳定的职能成为社会共识，这为资本官僚体系按有利于统治阶级自身利益进行城市社会治理提供了幌子。因而，在卡斯特看来，后福特主义的弹性积累模式为当代资本主义的精英政治文化塑造了基本的社会关系背景与条件，巩固了西方民主制度的精英政治文化属性，并以文化意识形态渗透的方式在全社会潜移默化地形成价值认同，"文化符码已嵌入社会结构里的方式，使得持有这些符码便形同开启了通往权力结构的道路，而无需精英共谋阻拦通往其网络的大道"②。其次，卡斯特批判地指出资本主义社会中的阶群歧视与城市社会区隔文化的共谋。从资本主义大肆宣扬精英政治文化能够看到资本主义社会严重的阶级划分与阶层歧视的存在。而这种政治区别在城市空间布局中也表征明显，也直接导致城市社区隔离文化的产生。"这种全新的城市文化形态，同（资本）流动空间与地方空间夹缝内的多模态'意义—交互性'结构密切相关。它实际上是社会中已然发生断裂的各组成部分，根据碎片化的孤立社群或以自我为中心的主体，彼

---

① Manuel Castells, *The Urban Questions*: *A Marxist Approach* (London: Edward Arnod, 1977), p. 75.

② 曼纽尔·卡斯特：《网络社会的崛起》，夏铸九、王志宏等译，北京：社会科学文献出版社，2001年，第510页。

此间的并置而实现的。”① 资本主义的地理空间规划按资本积累所需进行形塑与管控，资本主义市场的自由主义原则不断促成基于文化价值认同的空间划界，随着资本主义生产的精细化，劳动力在地理、文化、宗教、语言等各个维度的多元化、分裂化趋向也不断加深，以此进一步促推资本主义地理发展的不均衡，而资本则不断从中谋利。这种发展不均衡的态势只会随着资本积聚的规律和资本价值剥削而继续加深，区隔文化的深入则为之保驾护航，“贫民窟”“富人区”的标签在财富差距逐渐拉大的客观事实面前只能成为烙印而根深蒂固。“高收入或中高收入群体从城市当中分离出来，并且建构出更加异质性的社区。从而，促使富人聚居区的空间指标远高于贫困人口聚居区的空间指标。”② 依据财富差异而形成的不同阶层的人群由此便有了自身的空间身份与地理标签，政治上的区别对待与地理上的空间区隔可以一一对应，既方便了政治精英的社会统治，但同时也显明化了精英与大众在城市政治格局中的不对等关系，加剧了两者间政治权利的张力关系，为政治冲突提供了空间政治条件。对于这一原本尖锐的阶层对立，卡斯特又看到了资本主义通过现代网络技术应用达到的和解效用。最后，卡斯特批判地指出资本结构性重组与网络虚拟文化之间的共谋。资本逻辑与资本扩张的空间限度都使其必然将触角伸向新的空间领域。随着高新技术的成熟，网络信息空间的建立，当网络虚拟空间成为资本的占有对象时，网络虚拟文化势必也成为资本主义意识形态传输的重要领地，它渗透于城市的各个角落，处处宣扬着消费主义意识形态。同时，借助信息化、数字化、互联网等当代信息通信技术手段，网络信息媒体被纳入资本政治与文化体制系统当中，成为资本主义政治操控的新的文化性介质。个体及其社会关系都成为网络虚拟文化的附庸，统治阶级的剥削本性及其政治策略在虚实之间更易获得伪装。“随着媒体领域在20世纪90年代走向多元化和分散化，媒体对政治态度和政治行为的操纵也变得更加全面。”③ 当然，网络信息技术绝非一劳永逸地解决城市政治不平等危机的灵丹妙

① Manuel Castells, “The Culture of Cities in the Information Age”, *The Castells Reader on Cities and Social Theory*, ed. Ida Susser (Massachusetts: Blackwell, 2002), p. 382.

② Manuel Castells, “The Culture of Cities in the Information Age”, *The Castells Reader on Cities and Social Theory*, ed. Ida Susser (Massachusetts: Blackwell, 2002), pp. 376-377.

③ 曼纽尔·卡斯特：《认同的力量》，曹荣湘译，北京：社会科学文献出版社，2006年，第370页。

药，它也在进一步扩大空间发展不均的层面愈发加剧着资本主义城市社会的政治区隔，加强阶级对抗属性："被信息化资本主义视为无价值且无政治利益的地区，财富和信息的流通跳过这些地区绕道而行（by passed），甚至连人们于今日世界中沟通和创新、生产与消费乃至生活的基本科技设施都被剥夺了。这个过程导致社会/区域所排除和接纳的地理分布极度不均，并使得大部分的人无法经由信息科技的全球网络累积财富、信息及力量。"①

资本主义城市全球空间布局危机　西方资本主义社会的城市空间问题随着资本主义全球化进程同样弥散至全球空间范围当中，在世界地理范围内形成国际城市空间问题。一是国际不均衡的市场秩序与国际政治格局不稳定问题。随着全球资本、货物、服务、技术和信息的流通，"一切地方和一切人都成为价值的源泉而被轻而易举地连结起来，并且他们/它们一旦丧失创造价值的市场竞争力就必然被剔除在外，那么全球生产体系就自然而然地被高价值率和高生产率的人群或地方所建构。如此一来，竞争的动态性、资源的流动性以及管理体系的灵活性就共同加剧了全球政治体系的不确定性。"② 这种不确定性、不稳定性始终以资本流动为基础与航标，国际政治格局也随着统一的资本跨区域积累的国际市场秩序变动。在城际间体现为去中心化特征的政治格局也随之延伸到国际政治格局中，造成动态化的政治不稳定性，及区域间的权利差别。二是城市社会文化价值多元化消解政治公信力，在全球范围带来民主危机。由社会经济关系及社会习俗特征构成资本主义社会的现代城市政治风貌，而在资本主义城市规划中不断地去中心化、不断地以不平等的碎片化的地理空间分布区隔化多元利益与多元价值阶群，深蕴着资本霸权阴谋，但也在不断分割城市空间疆域的过程中带来了政治危机。"城市形式和功能，则被空间与社会间的复杂关系所生产和操纵，因此它往往是存在差异的人类意识、事件、能量以及信息间的历史上关系相互作用的综合性结果。……与此同时，由于它们又被视为可替代性的价值和存在利益冲突的政治立场的具象化，故而城市结构内的一般政治制

---

① 曼纽尔·卡斯特：《千年终结》，夏铸九，黄慧琦等译，北京：社会科学文献出版社，2006年，第61页。

② Manuel Castells, *The Internet Galaxy: Reflection on the Internet, Business and Society* (New York: Oxford University Press, 2001), pp. 265-266.

度通常面临随时可能遭遇重组或挑战的危机。"[①] 多元群体间的文化价值差异在虚假民主制度中进一步强化了政治的不信任感，而以精英政治为主要取向的资本又主要以代议制民主为形式而无法从根本上改变政府的公众形象，却继续以频发政治丑闻及调动一切合法性手段来掩盖政治丑闻试图巩固与强化统治阶级的阶级统治，其在全球范围内不仅带来民主政治危机，甚至诱发与助长着极权主义与恐怖主义危机，加剧着全球政治的不稳定性。三是网络信息技术为全球空间权力布局提供虚拟技术支持，增强资本霸权的隐蔽性。"正是由于网络的全球性特征，才使得政府间创造一种共同性的全球政治空间显得尤为重要。而问题的关键在于，当它们在信息的交互性平台共享权力且在相同的管理标准层面达成共识的时候，政府自然就丧失了自身的威权，从而变成网络的附庸或一种管理性的网络政治性机构。"[②] 网络虚拟空间为资本的全球扩张提供便捷通道与新的空间，也进一步模糊了变动不居的中心-边缘城市群结构内在的空间张力。全球信息网络的易变性也进一步加剧着城市体验的虚拟感，为遮蔽资本逻辑及其霸权体系加持技术媒介与新的空间条件。

二、城市社会运动与阶级斗争策略

卡斯特对西方资本主义城市空间问题的揭批，既切中了由全球资本主义的生产体系与交换体系带来的空间不正义、空间不稳定，也从中窥见了资本主义现代城市景观所形成的空间张力及阶群冲突与社会运动的契机。"在社会主导利益已然被制度化且难以自行发生改变的今天，城市角色、意义与结构的重大更迭都倾向于是基层民众运动的结果"，也就是"城市社会运动"。[③]

集体消费危机与城市社会运动的潜能 通过对资本主义城市空间问题的揭批，卡斯特主要指出资本主义的核心矛盾与危机在于资本逻辑无法实质性地有效调节供需差异。"随着资本主义的发展，在城市结构基础上的集体消费方式通过资本的演变、生产和消费过程以及社会需求得

---

① Manuel Castells, *The City and the Grassroots: A Cross—Cultural Theory of Urban Social Movements*, (London: Edward Arnod. 1983), pp. xv-xvi.

② Manuel Castells, *The Internet Galaxy: Reflection on the Internet, Business and Society*, (New York: Oxford University Press, 2001), p. 178.

③ Manuel Castells, *The City and the Grassroots: A Cross—Cultural Theory of Urban Social Movements*, (London: Edward Arnod. 1983), p. xviii.

到了持续的增长。但是，这些用于集体消费的大多数商品的生产和管理对私有资本而言往往无利可图。……这就使我们关注到资本主义发展的主要矛盾：即资本逻辑无法满足多样化的基本消费需求。它在财富生产、分配、集体消费管理方式以及空间组织的这些服务中明确突显出这一矛盾。”① 也就是说，在资本增殖逻辑的摆布下，城市空间规划的核心是为资本剥削剩余价值的循环服务，而非为解决城市居民刚需即实际需要为基础。流通于市场中的营利性城市建设项目，主要围绕资本逐利的交换价值提供消费品，而不是基于大众集体消费的使用价值需求而主动向公共性、公益性设施投标。这就使得商品拜物教的逻辑在城市空间布局和日常生活中再度发挥了“看不见的手”的作用，带来城市日常生活异化危机。城市生活中诸如住房、教育资源、文化、交通等集体消费对象，不以公共利益为核心，而总是唯效益和利润马首是瞻，集体消费内容便丧失了与社会刚需之间的直接联系，成为满足资本增殖短期目标的媒介。而一旦供需差异达到一定临界点，必然强化社会中的劳资矛盾……“植根于阶级体系的集体消费模式及其与生产关系模式之间的结构性矛盾，在消费过程的客观社会化环节中，对劳资体系内的危机与困难的强化。”② 与此同时，资产阶级政府的宏观调控在城市空间资源再分配的调节与监管只是为统治阶级利益服务，其民主制度也只是资本逐利的伪善面具，政府职能转变为对大众的规训，资本政权的核心是对社会资源的全面掌控。因此，资产阶级政府对大众集体消费的官方干预，不仅无法解决供需矛盾，反而由于无法具体为集体消费对象提供物质供给与实质保障，而愈发加剧了供需矛盾。简言之，在卡斯特看来，只要是在资本逻辑主导之下，城市社会中以劳资矛盾为深层机理的集体消费危机难有解决之途，只会日益深化城市日常生活异化危机。“发达资本主义中表征为不断增长的消费的社会化与生产的资本逻辑及其消费方式的分配之间的矛盾，……又进一步泛化为大众集体性物质条件亟需改善的日常生活的深层危机。”③ 由于这种危机是覆盖全社会的资本主义城市空间总体性危机，一方面危机的爆发将波及社会各阶层人群，所有社会成员都被绑缚于危机体系中，不断积聚的社会矛盾成为引

---

① Manuel Castells, *City*, *Class and Power* (New York: St. Matin's Press, 1978), p. 169.

② Manuel Castells, *City*, *Class and Power* (New York: St. Matin's Press, 1978), p. 35.

③ Manuel Castells, *City*, *Class and Power* (New York: St. Matin's Press, 1978), p. 3.

爆冲突的军火库；另一方面，大众集体消费危机的根本原因在于政治不平等，其深层机理在于劳资矛盾的城市空间弥散，这意味着危机在社会阶层关系方面进一步加深阶级矛盾以及加剧城市多元利益群体间的利益摩擦与政治冲突。如此一来，便存在发动城市社会运动的契机以及城市社会运动的必要性——抵制不平衡的消费机制、抵抗不平等的社会地位、反对不合理的政治秩序。

基层多元群体的政治联盟 在卡斯特看来，以城市危机为重要表征的当代资本主义危机，其出路已不能简单笼统地用传统的泾渭分明的劳资两大阶级对立体系来解决，资本主义城市空间布局的分散性特征突出体现了当代资本主义劳资关系的区域性散点化特征，以及资本主义默许与塑造的多元群际聚居的去中心化空间特征。对于城市运动而言，比起两大阶级对立的传统阶级斗争策略，利益共同体共识基础上的政治联盟更有号召力。从反向角度来看，多元群体间的多样性与差异性在资源争夺与市场竞争关系中加剧社会冲突，倒逼集结政治联盟为反抗不合理政治秩序、恢复平等政治身份而采取集体行动。在卡斯特的语境中，星罗棋布的资本主义城市空间增设了市场竞争空间，这为剩余资本的价值实现添加了更多的新的剩余价值剥削空间。这一空间竞争策略的实施，正是基于多元群际聚居效应及其彼此间的差异性与多元性，“竞争始于具有不同利益旨趣的群体之间，并且显而易见的是，当他们处于危机中时，竞争会呈现出更加激烈的态势。正因为他们摧毁彼此，资本主义社会的压力才能够得到缓解。一旦群众在混乱的多元性中丧失了权力，他们也就丧失了表达自身的权力。而后者毋宁是其在社会利益再分配过程中讨价还价的政治资本。”① 显然，在卡斯特看来，多元群体的存在根基与价值不会因群际间差异被市场竞争机制利用而单向激烈地内耗至零，反而有可能在某个危机临界点会形成某种触底反弹。这一临界点可以预想，当他们在资本主义体系所默认的多元性中丧失了基本政治权利，比如表达自身的权利、获得政治资格的权利等，当这些基本政治权利的失去危及多元群体的政治生命与生存条件时，有可能倒逼多元群体结成政治联盟，起身反抗资本主义在物质经济、社会治理、政治利益等各层面的极端压迫与剥削，要求社会利益的重新分配以及政治资格的重

---

① Manuel Castells, *The City and the Grassroots: A Cross-Cultural Theory of Urban Social Movements* (London: Edward Arnod. 1983), pp. 171-172.

新界定。这也从一个侧面反映出资本主义城市空间布局为自身挖掘坟墓的悖谬逻辑。从正向角度来看，资本主义城市空间的多元主义基础与多元群体构成为基层多元群体的政治联盟提供客观可能性条件，而资本主义城市社会危机的潜在性与剧烈程度也为基于多元群体政治联盟的城市社会运动提供必要因素与契机。基层多元群体以多元利益诉求和多元文化价值观形成群居空间的多元布展，既能够有效整合基于共同政治目标的有生政治力量，又能有效实践协商民主调节社会阶群彼此间的多样性与差异性，通过独特又相似的生活方式、风俗习惯达成对社会运动的普遍共识，以改善多元群体自身政治处境的暂时目标与反抗资本霸权的城市社会运动总体目标的统一，在政治联盟的政治行动中相互成全。基于多元主义的协商前提，“城市运动或者汇集了城市视野内的社会阶级的多样性，或者表达了一种民众的文化子集。它们按照阶级线索而组织，并围绕仅与阶级权力有间接关系的议题而行动”①。多元群体在文化价值观、生活方式等方面有各自差异，但却共同面临着不同程度的资本剥削与压迫，他们之间的协商能够在差异之中求取政治利益的认同，从而有效组织抗议群体通过集体行动争取自己在作为资本主义空间布展中应有的平等地位与利益。事实上业已发生的相应城市社会运动，体现了基层多元群体的自治实践与政治联盟集体抗议行动的能力与信心。卡斯特对此深以为意：“社会动员产生一种与制度化的城市意义相对立的全新城市意义，并与统治阶级的逻辑、利益和价值相抗衡。如此一来，……一种具有集体意识的行动就能从根本上影响社会政治结构的变迁轨迹。”②

城市社会运动的阶级斗争策略　既然城市社会运动是必要且可能的，它的根源与动力在于资本再生产关系的内在矛盾，以及大众阶层对资本异化总体秩序及其霸权体系的抗争与反叛情绪，那么，城市社会运动势必要与马克思主义关于阶级斗争的经典研判相统合，来落实并发挥对资本逻辑及其政权的彻底反抗运动。在这一点上，卡斯特的理论态度却向右偏转。首先，他极力强调基于基层多元群体的政治联盟的城市社会运动同基于生产力与生产关系矛盾的两大阶级对立的阶级斗争有结构

---

① Manuel Castells, *The City and the Grassroots*: *A Cross-Cultural Theory of Urban Social Movements* (London: Edward Arnod. 1983), p. 68.

② Manuel Castells, *The City and the Grassroots*: *A Cross—Cultural Theory of Urban Social Movements* (London: Edward Arnod. 1983), p. 305.

性的质性差别，突出强调城市社会运动比之阶级斗争实践的优越性。他指出："社会运动作为社会转变的中介在马克思主义中是无法想象的。其中，存在社会斗争以及大众组织关于维护自身利益的斗争，但缺乏集体行动者解放自身的意识。作为第一国际的座右铭且为马克思所指认的'工人的解放只能通过工人自身得以实现'的论断，不仅与共产主义的历史性实践相矛盾，而且与马克思列宁主义相矛盾。它真实地反映了马克思恩格斯对产生于工人斗争中的新兴意识的敏锐察觉。但对这一观点的坚持，就迫使他们必须放弃社会达尔文主义以及对以生产力发展为导向的历史自然运动的自信。后者处在由资本加速的列车上，其引擎则源于无产阶级。他们从未设想到，无产阶级可能更愿意在自行车上而并非是在列车之上，并因此而拒绝承认工人阶级能以不同于其作为生产力历史发展的专门部分的方式而决定自己的命运。因此，马克思主义对现存的社会运动持模棱两可的态度：它们既是阶级斗争与反抗资本剥削的生动证明，同时又不能由自身创造历史而只能是下一阶段历史发展方案得以实现的工具。"[①] 从这一长段的引文中足见卡斯特对马克思主义基本立场原则方法的背弃。他错把历史唯物主义揭示的生产力与生产关系矛盾运动规律简单地理解为庸俗的生产决定论，并以一种唯心史观消解无产阶级阶级解放斗争的主体合法性与历史现实性。相对应地，他着力强调城市社会运动对克服所谓的马克思主义自身逻辑悖论的作用，认为城市社会运动依靠的是自发性、自治性的大众阶级，它根本上反映的是大众阶层的实际斗争需求，是社会行动者基于对存在于社会空间中的结构性矛盾之经验、产品、权利条件、价值引导而作出的真实应对举动。这一自发而自治的社会运动不受任何历史必然性束缚与制约，它是真正的自我革新、自我创造，并同时新塑社会关系结构的大众阶级的解放运动。这样一来，卡斯特实际上从理论上否认了无产阶级的阶级主体、历史主体地位，而以结构主义的思维范式绝对化多元群体组成的大众阶层自发发动的城市社会运动，把资本主义城市危机的出路乃至社会解放的路径全部寄希望于基层多元群体的政治联盟在某个历史时刻偶然发起的反叛斗争。当然，他并非没有看到这一斗争方案难以有组织地发起规模性集体反抗运动的问题，于是，他又强调政党的作用，指出"政党与运

---

① Manuel Castells, *The City and the Grassroots: A Cross-Cultural Theory of Urban Social Movements* (London: Edward Arnod. 1983), p. 299.

动相辅相成：没有运动，政党将只能发挥地下性质的煽动与谴责作用，而没有政党，运动将无法期望一种对现存国家制度的重要变革。"① 然而，他所谓的政党仍然是处于资本主义制度之下的所谓左翼政党，正向他如此这般对资本主义制度不从生产关系革新的根本性上持彻底推翻资产阶级统治的暧昧态度相同，所谓的左翼政党只要还认同资本主义的规制，还对资本主义的自我改良抱有信心，那么，他们便不可能逾越资本逻辑确立的政治限度。卡斯特虽然意识到城市社会运动的应激性特征，但却并未清醒地反思这一斗争方案在理论逻辑方面的根本缺陷，而是在一味否定马克思主义阶级斗争学说的当代性价值与历史唯物主义的决定论属性中与马克思主义分道扬镳。他一方面承认，"城市社会运动仅仅指向对城市意义的转变而无法改变社会。它们是'反应性的'，而非替代性的；它们从社会存在的深处被唤起，但无法创造出新的社会宽度"②。另一方面，他又不打算回归马克思主义的阶级斗争学说及其实践路径，认为马克思主义已经过时，不适用于其经验实证主义的研究范式及其研究对象。因而，在关于如何直面资本主义社会危机，选择一条什么道路冲破资本主义的异化网罩的问题上，卡斯特明显表现出对资本主义的暧昧态度与批判立场的游移不定。

三、网络信息体系与二元城市结构

卡斯特的城市空间批判理论框架遵循的是经验实证主义方法，着眼于现实生活中的城市空间问题及其反映的资本主义的社会危机，同哈维、苏贾等人文地理学家与后现代地理学倡议者相似，卡斯特常以西方典型城市为个案展开资本主义社会地理景观研究。卡斯特自身的流亡经历，也为其开展实证性研究提供了充分的经验积累。在其理论论著中，能够看到他对美国城市、法国城市、拉美城市等不同地域城市个案的经典分析，以此为点位架构起他的整个理论体系大厦。而在其理论生涯晚期，他所敏锐捕捉到的网络信息体系与二元城市结构危机的资本主义空间新表征，以及对这一新表征的理论批判，则是卡斯特城市空间批判理论在当代信息科技时代最典型的个案研究。

---

① Manuel Castells, *The City and the Grassroots: A Cross-Cultural Theory of Urban Social Movements* (London: Edward Arnod. 1983), pp. 215-216.

② Manuel Castells, *The City and the Grassroots: A Cross-Cultural Theory of Urban Social Movements* (London: Edward Arnod. 1983), p. 327.

网络信息体系的资本形态 信息网络是当代高新技术的核心，带动着数字化、信息化、虚拟化时代的真正降临与发展。然而在资本主义制度下，这一为人类社会带来生产力福祉的新兴科技，却不可避免地沦为资本逻辑的奴隶。卡斯特敏锐地捕捉到它对于资本再生产关系的作用："在信息主义之下。财富的生产、权力的运作与文化符码的创造变得越来越依赖社会与个人的技术能力，而信息技术正是此能力的核心。信息技术变成为有效执行社会-经济再结构过程的不可或缺的工具。特别重要的是它所扮演的角色，提供网络化（networking）的发展成为人类活动组织的动态、自我扩张（self-expanding）的形式。（p. 367）这个占主流优势的网络化逻辑转化了所有社会与经济生活的领域。"① 在资本主义制度下，网络信息空间成为辅佐资本弹性积累的虚拟场域。实体资本常常受时空条件所限，不得已延长资本周转时间而影响资本积累效率。不断增速的资本增殖要求资本的空间扩张，而实际的地缘性空间在市场份额足量后很难再吸纳新的投资。这是金融资本主义兴起的主要资本空间需求背景。而网络信息空间的技术搭建，则为以金融信贷体系为代表的虚拟资本提供充足的功能领域，也为资本扩张提供全新的价值剥削空间。"由于得力于新通信与信息技术，资本、生产和贸易的网络得以辨认全世界任何地方的价值创造泉源，并且与之扣连"②，数字化网络优化了资本弹性积累的金融体系，城市空间结构也由数字化、信息化的货币循环机制再度重塑。"世界资本体系的新空间联合了发展的信息化与工业化模式，作为一种多元的几何空间，它由连续变化的网络等级秩序的节点所形塑。……于是，统治阶级全新的城市意义就使任何经验性的意义全部缺席。生产的抽象化将成为总体，而权力的源头则依赖对整体信息网络的控制。空间消融了，城市将成为阴影。其突然兴起或消失的状况将与居民的决策被忽视的节奏相一致。当外部的经验与内部的体验被切断，构成城市意义的诸空间与文化元素将被彻底隔离，并由均质性的反馈将其转化为无始无终的符号流。"③ 通过网络信息体系的技

① 曼纽尔·卡斯特：《千年终结》，夏铸九、黄慧琦等译，北京：社会科学文献出版社，2006 年，第 321 页。

② 曼纽尔·卡斯特：《网络社会的崛起》，夏铸九、王志宏等译，北京：社会科学文献出版社，2001 年，第 156—157 页。

③ Manuel Castells, *The City and the Grassroots: A Cross-Cultural Theory of Urban Social Movements* (London: Edward Arnod. 1983), p. 314.

术中介，城市空间与网络空间能够交互替换，传统的地缘性实体空间被流动空间所替代，直观的货币价值与潜在的信息价值彼此具有对应相关性，谁能率先、精准地掌握大量信息资源，谁也将相应获得等价客观的货币价值，信息本身也成为重要的商品参与到市场交换体系中来。这意味着资本的弹性积累能够在实体空间与虚拟空间之间自由切换，大大增强了资本剥削的隐蔽性。同时，网络信息体系为资本市场增设的虚拟空间对实体空间的功能整合，也意味着权力作用场域的空间转移，只要能锁住对城市信息网络节点的掌控权，就能牢牢扼住市场命脉，从而为统治阶级的专权与霸权企图提供技术便利。

网络信息体系对二元城市结构的形塑　在卡斯特的语境中，所谓二元城市结构，主要意味着两极对立的空间格局，核心体现为资本精英集团与普罗大众阶群之间的尖锐对立。而网络信息体系则在资本逻辑制下成为造成这一二元格局的技术推手。其一，资本流向的区划与阶层两极分化。在卡斯特看来，借助网络信息技术开辟的虚拟空间，以金融信贷体系为中介的虚拟资本能够整合分散的实体经济，并覆盖整个差异性的城市空间。这样，便可以在不同城市群体之间的市场交换能力差异中寻到能够产生价值增殖的货币流，并向优势区位的资产阶级选择性集中。“这种区段化的特征乃是双重的移动：一方面，有价值的领域和人口区段连接上价值创造与财富获取的全球网络。另一方面，以网络里的价值为标准，没有价值或不再有价值的一切事物和人口便脱离了网络，最后被抛弃。”① 显然，卡斯特鲜明指出，网络信息体系在资本逻辑制下核心是为剩余价值剥削与资本价值再生产服务，一切不符合资本价值需求的社会成分都会被排除于体系之外，在受益群体上，它不是全民共享的，而成为具有等级属性的资本剔除社会异己力量的工具。因此，在社会阶层上也继续深化着两极对立的城市阶群区划，一极是强势的大量财富极权阶层，一极是被信息网络排斥在外的弱势底层民众。二者又悖谬地同处于一个网络城市空间之中，其结果只能是前者继续通过任意操控货币循环体系的具体走向来强化自身最大的经济利益，后者则或被吸收进这一集中而等级化的组织体系中继续遭受被压迫与被剥削的戕害，或者干脆被排除在外，失去在“货币-信息”体系中改变自身经济实力与

① 曼纽尔·卡斯特：《网络社会的崛起》，夏铸九、王志宏等译，北京：社会科学文献出版社，2001 年，第 156 页。

能力的机会。其二，技术排斥及其对阶层两极分化社会壁垒的维护。卡斯特强调网络信息体系在社会空间中加强技术规训的文化权力。在资本主义的网络城市空间中，主要的价值评价机制以信息或知识生产力为主要特征，即强调信息掌控能力与知识创造能力。易言之，在信息、知识已然成为商品的网络信息时代，能够有效掌握并生产信息与知识的人便能迅速适应资本主义网络信息体系，并从中获利，反之则处于不利地位。因此，在资本弹性积累模式下，“信息化的世界就能强化对脑力和体力劳动的历史性区分，并在具有极化作用的隔离性机制下，给予知识化的信息以决策性的操控功能”①。知识信息及与之相关的技术通过重组社会分工而具有了形塑社会空间的权力与推动阶群差异与价值认同的文化效力。“信息时代的权力战斗是文化的战斗”，“文化作为权力来源，以及权力作为资本来源，构成了信息时代新社会层级性的基础。”② 其三，文化价值规训与政治身份区隔。卡斯特所揭示的资本主义网络信息体系中二元城市结构的核心在于精英群体与大众阶层之间的政治身份区隔与权利不平等。网络信息体系在维护并助长了资本集中趋向与社会分工的技术性排斥过程中，也进一步通过文化权力的强化而加强了精英与大众之间的政治身份区隔。在资本主义信息网络体系中，权力主体往往是政治精英与技术精英的联盟，他们操控着整个信息网络的空间节点，安排城市信息网络空间的整体布局。他们掌握着城市居民的个体信息与市场能力，并可以通过符码化的信息技术手段任意摆布虚拟空间与实体空间在资本流通过程中的区位分工，使之发挥最大逐利效能。并且，随着信息技术范式的普及，技术精英以文化权力规训社会成员认同并接受这一新的资本生产范式与资本信息体系，以达到全面吸纳与管控社会元素唯资本增殖所用的目的。城市权力主体在资本主义信息网络技术与文化的加持作用中从传统由生产关系定义的资产阶级转向更为宽广的技术精英与政治精英联盟。卡斯特指出：“这一全新的管理—技术性阶层……并非任何传统意义上的统治阶级，它只是一种形塑市民社会的基本的同质性阶层。其功能性角色的空间链接及其在多样的特殊空间中的文化价值，为其霸权提供了可见的以及物质性的条件；与之相

---

① “The Information Mode of Development and the Restructuring of Capitalism”, *The Castells Reader on Cities and Social Theory*, ed. Ida Susser (Massachusetts: Blackwell, 2002), p. 279.

② 曼纽尔·卡斯特：《千年终结》，夏铸九、黄慧琦等译，北京：社会科学文献出版社，2006 年，第 331 页。

反，处于社会与空间碎片低端的再结构的劳动力则将自身的认同定位于作为它者的信息经验之外。……这就是二元城市的实质：既由被瓦解的片断性劳动力同被整合进当前经济结构的全新劳动元素之间的对抗。”[①] 因此，在资本信息网络中处于卡斯特谓之“决策管理者”的技术知识精英与政治精英群体和“无标签劳工”的普罗大众之间的不平等地位和尖锐对立显而易见，也使他们在资本信息网络中所处位置标识地更为清楚。前者掌握着一切财富、权力、文化资源，后者则深受资本主义网络信息体系的排挤与规训的双重压迫，在政治身份区隔中失去一切。这是二元城市结构中最为核心的两极对立。

二元城市结构危机及其克服　可见，卡斯特意欲说明网络信息技术及其体系在资本逻辑制下催生出二元城市格局，主要由不可调和的劳资矛盾、政治身份认同危机、多元文化价值区隔危机等因素共同统一于资本空间整合策略中也是其结构性结果，以精英与大众之间的尖锐对立为主要表征。卡斯特强调：“结构性的城市二元主义并非是两种社会的世界性后果，而是在社会一般体系之多样性中，为信息文化所裹挟的空间碎片化，以及由此引发的群际认同界限的尖锐对立。它是一种多维度的现实。并且，只有在结构性的二元主义由两极的辩证关系向立体的倒错关系转化的过程中，才能得以理解。”[②] 资本信息网络对社会生存空间强加干预、柔性变革，主要借助资本对虚拟与真实的混合与倒错实现自身目的，它对虚拟空间和真实空间的规划与重组，对中心-边缘模式的遮蔽与强化，对多元价值与群际聚居的默许与整合，都暗含着对资本流向的全面监管与控制，控制其朝向有利于统治阶级利益的方向集中，控制资源空间属性与区位分配向有利于精英联盟的结果进行。无论是强制的还是规训的，无论是同质的还是碎片的，都迎合着资本与劳动、虚拟与真实、政治与日常的立体倒错关系，为资本扩张与资本增殖服务。而据此形成的二元城市格局，加深了底层群众的灾难，延伸与加剧着现代城市人文景观的内在危机，使危机的多维度、现实性随着全球化进程而弥散于世界范围当中，体现在经济、政治、文化、社会、生态等各个领域，也昭示着资本主义的总体危机。同时，它也是均质性的、悖谬性

---

① “The Information Mode of Development and the Restructuring of Capitalism”, *The Castells Reader on Cities and Social Theory*, ed. Ida Susser (Massachusetts: Blackwell, 2002), p. 311.

② “The Information Mode of Development and the Restructuring of Capitalism”, *The Castells Reader on Cities and Social Theory*, ed. Ida Susser (Massachusetts: Blackwell, 2002), p. 309.

的，资本主义再生产借网络信息技术符码化而使一直存在的内在矛盾在二次虚拟化过程中进一步隐身，遮掩危机的实质；而其对多元性与差异性的空间需求与由此产生的空间壁垒的厌恶却同时同域存在，这就更加使之不断在“创造性破坏”的悖谬中自我调节、自我迷失。如此一来，对城市二元结构危机的克服，卡斯特的方案仍然是回到他所寄予厚望的那种自发自觉、自治自为的城市社会运动中去，使其空间批判理论共同指向的资本主义内在矛盾的地理学空间视角的局限性与弊端更加明显，而这也是卡斯特空间批判理论对马克思主义基本立场、原理、方法误解最深、偏离最远之处。

第二十章　苏贾："历史—地理—社会"三元辩证法

在今天，遮挡我们视线以致辨识不清诸种结果的，是空间而不是时间；表现最能发人深思而诡谲多变的理论世界的，是"地理学的创造"，而不是"历史的创造"。

——苏贾

爱德华·W. 苏贾（Edward W. Soja，又译索亚，1940—2015），著名的后现代政治地理学家和城市理论家，当代西方激进左翼社会理论的推进者，后现代都市批判研究“洛杉矶学派”领军人物，长期担任美国加州大学洛杉矶分校城市规划系教授，也在伦敦政治经济学院有教职。拥有雪城大学博士学位的苏贾，以世界领先的空间理论家而闻名，在空间构成与社会正义理论方面成就卓著。《后现代地理学》《第三空间》《后大都市》《寻求空间正义》《我的洛杉矶：从都市重组到区域城市化》等是其代表作。

相较于哈维和卡斯特对列斐伏尔空间理论的批判，苏贾则更多地接近列斐伏尔关于空间的理论主张。在关于空间生产与空间-社会关系的问题上，如果哈维可被视为走的是一条马克思主义的“左派”道路，那么苏贾则体现出更倾向于后现代主义的“右转”路向，他在列斐伏尔的“空间本体论”基础上进一步强化空间相对于历史与社会的本体论地位和意义。在空间正义与空间治理问题上，卡斯特通过对空间理论的结构主义解读，将列斐伏尔空间与城市理论向“右”偏转，认为城市问题受城市空间结构中诸要素共同作用而成，直接而公开否认马克思主义在解决城市空间问题以及当代资本主义社会问题的有效性。比之于卡斯特，苏贾在部分认同马克思主义的空间视野层面更体现出对列斐伏尔的一种传承。因此，苏贾在空间批判理论发展进程中，对列斐伏尔思想遗产及逻辑线索具有比较全面的继承与发展。但是，苏贾并未在迎合列斐伏尔空间理论基本主张中迷失自我，其关于空间本体论、空间认识论、空间价值论的思想体系，既投射出列斐伏尔的影子，也能彰显苏贾对城市空间问题的个性化的当代解读范式，使之成为当代空间批判理论重要的代表者之一。

一、空间批判：“社会-空间”辩证法

苏贾对列斐伏尔的继承发展首先体现在关于空间维度的开掘和空间之本体论地位的强调上。同列斐伏尔一样，苏贾也是结合后现代与马克思主义的空间视野而建构空间批判理论的体系框架，并在理论态度上更倾向于后现代主义，逐渐远离马克思主义基本立场原则方法。

强调批判理论空间化的重要性 苏贾关于后现代地理学的理论构建始源于他对批判理论忽视空间维度的批判，认为在当代以洛杉矶后福特主义地理景观为表现的“灵活”的资本主义积累新体系的崛起时

代，共存性、共时性比序列性、历时性更凸显时代特征，更有利于把握事物的外在变化与内在本质。"在今天，遮挡我们视线以致辨识不清诸种结果的，是空间而不是时间；表现最能发人深思而诡谲多变的理论世界的，是'地理学的创造'，而不是'历史的创造'。"① 因此，苏贾强调当下的批判理论需要从以往以时间意识为基础和线索的历史叙事框架解脱出来，为人文地理学或空间阐释学留下足够的批判余地。他认为，以往的批判理论并未给予空间维度足够的重视，相反却始终束缚于历史决定论的范式进行徒劳地修修补补，这并不益于对普遍的区域发展不平衡、国际空间劳动分工的各种重新布局等问题具有明显地理空间重构意味的当代资本主义的深刻批判。"批判社会理论的发展已围绕对历史的可变性这一断定而展开，它反对将世界的可变性加以神秘化的诸种视点和实践。因而，批判历史的话语将自己对立于抽象的和超越历史的普遍化。"② 随着当代资本主义社会的深刻变化，以及不稳定性、不确定性、灵活性、流动性的加剧，空间性失语的历史决定论无法解决日益加快且不断新生的具有空间特征的社会问题，因此，解构并重构以时间为线索的历史叙事逻辑成为批判理论当下进行空间化转向的迫切任务。苏贾借引后现代主义的理论启迪，提出融合时间连续性和空间共存性的后现代地理学的构筑，通过社会-空间辩证法的分析建构空间本体论，以能够更适应当下的资本主义特征："后现代和后福特主义地理学被界定为空间性序列最新近的产物，这种空间性可以与资本主义发展的各连续性时代复杂地关联在一起。"③

厘析空间（space）与空间性（spatiality）　在苏贾的空间本体论中，他从界定空间与空间性概念入手，指出空间本体论的理论语境："空间是一种语境假定物，而以社会为基础的空间性，是社会组织和生产人造的空间。"④ 在这一语境中，苏贾将空间视为一种理论话语的抽象概括，而将空间性放在与社会的关系中加以阐释和理解，认为空间性意指一种社会的空间，是在社会生产与再生产中不断生发的关系产物。不能将空间性与空间相混同，后者体现为被动性、静止性的语境假定物，在不同学科语境中具有不同的概念意涵，引发出几何学、物理学、

---

① 爱德华·苏贾：《后现代地理学》，王文斌译，北京：商务印书馆，2004年，第1页。
② 爱德华·苏贾：《后现代地理学》，王文斌译，北京：商务印书馆，2004年，第22页。
③ 爱德华·苏贾：《后现代地理学》，王文斌译，北京：商务印书馆，2004年，第4页。
④ 爱德华·苏贾：《后现代地理学》，王文斌译，北京：商务印书馆，2004年，第120页。

哲学的争论。而这种从一般化和抽象化的概念范畴语境解读空间，将之视为独立的空间结构或某种承载物质的“容器”形式，并非后现代地理学的旨趣。相反，在苏贾看来，空间性的具体意义具有丰富内涵与社会历史意义。而对空间性的解读和认识，应该采取一种在社会关系和空间关系之间共存性的辩证关系视角，看到空间、时间、社会，或历史、地理、社会之间的辩证关系。在此，他赞同列斐伏尔的观点指出：“自然界是被天真地赐予的语境，而堪称‘第二自然界’的空间性，是业已转换的并在社会得到具体化的空间性，缘起于人类有目的的劳动的应用。”① 这使苏贾反复强调以辩证关系的方式把握空间性，将空间性定义为一种有组织的社会产物，把空间、时间和存在的物质性综合起来，力图表明空间性既是一种社会产物或结果，又是社会生活中的一种构建力量或媒介，呼吁人们进行空间性思考而非空间思考，打破既有社会批判理论的二元论和历史决定论倾向，突出对社会-空间辩证法的理论建构。

阐释社会-空间辩证法　苏贾对社会-空间辩证法的阐释，是通过对三种空间批判理论路向的反思与诘问完成的。首先，他认为列斐伏尔和曼德尔代表第一种社会空间批判理论观点。在苏贾看来，列斐伏尔是率先揭示并明确建立起社会空间辩证关系范式的先驱，对社会-空间辩证法具有奠基性意义。“勒菲弗在前文引入的这种关键观念，已成为社会-空间辩证关系的一个基本前提：各种社会关系与各种空间关系具有辩证的交互作用，并且相互依存；社会的各种生产关系既能形成空间，又受制于空间（首先，至少我们一直坚持有组织的空间是由社会构建的）。”② 虽然苏贾同哈维和卡斯特等人一样，都意识到列斐伏尔对社会-空间辩证关系的过分强调，但是相比于后两者，苏贾对列斐伏尔的认同远远多于对他的批判，实际上是对列斐伏尔社会空间批判理论的进一步强化和发扬光大。苏贾充分肯定该观点一改传统唯物主义只将空间关系视为局限于上层建筑领域的文化表现的阐释路径，萌生出一种可以作为元理论基础的“社会-空间”辩证关系的可能性前提。尤其在关于将空间维度融入历史叙事中的后现代地理学理论创建上，苏贾不断援引列斐伏尔的基本观点来强调这一历史地理学范式的始基性意义。相比于

---

① 爱德华·苏贾：《后现代地理学》，王文斌译，北京：商务印书馆，2004年，第122页。

② 爱德华·苏贾：《后现代地理学》，王文斌译，北京：商务印书馆，2004年，第124页。

对列斐伏尔为代表的第一种理论观点的高度认同，苏贾对第二种理论观点则持反对态度，甚至是嗤之以鼻。因为持第二种理论观点的是与列斐伏尔站在对立面上的激进学者团体。苏贾指出："他们竭力维护马克思主义正统观念的某种形式，其方法是顽固地庇护'新'的城市和地区政治经济学。"① 在他看来，这些激进学者因循守旧地抱着历史决定论不放，仅仅将空间理解为一种非概念化的自然事实，认为引入空间维度的新马克思主义分析方法没有什么新意，他们以坚持传统的阶级分析方法为坚持马克思主义的根本依据，忽视或否定空间批判在社会建构性方面的重要内涵。苏贾对这种保守的所谓正统的马克思主义激进学者团体抨击社会-空间辩证法的主张同样予以抨击。第三种理论主张以哈维和卡斯特为代表，苏贾认为他们介于前两者之间，在关于社会-空间辩证法的理论态度上体现出一种若即若离的不彻底性。"坚持这一观点的学者看似正在采用近乎于勒菲弗和曼德尔所描述的理论阐述方法，至少其隐含的意义是如此。但是，当被要求表示明确的态度时，他们所维护的是凸显的没有空间的社会阶级界定方法，有时甚至转弯抹角地竭力抵制他们自己的分析所反映出的含义。"② 苏贾认为，他们貌似接受了列斐伏尔和曼德尔的空间生产理论，但在要求表明学术立场时，却倒退回没有空间生产维度的阶级分析范式中，背叛了社会-空间辩证法的范式。他举卡斯特为例，指出他在运用结构主义范式分析空间如何在历史整体中作为一个相对具有独立地位的关系性社会存在的问题时，就倒退回历史决定论。③ 通过对三种空间批判理论观点和路向的梳理，苏贾再次明确列斐伏尔开创的通过社会关系和空间关系的同存性建构社会-空间辩证法的重要意义，也说明了马克思主义与地理学进行融合以改造和重塑马克思主义唯物辩证法的重要意义。在此基础上，苏贾提出自己的见解，明晰有组织的空间与特定生产方式如何在结构整合中形成社会-空间辩证法新范式。

苏贾指出："我们使用许多不同的方法所审视、定义、阐释的，不仅是空间本身，而且还包括每一抽象层面上的空间、时间和社会存在之

---

① 爱德华·苏贾：《后现代地理学》，王文斌译，北京：商务印书馆，2004年，第125页。

② 爱德华·苏贾：《后现代地理学》，王文斌译，北京：商务印书馆，2004年，第125—126页。

③ 爱德华·苏贾：《后现代地理学》，王文斌译，北京：商务印书馆，2004年，第126页。

间各种一系列的基本关系。”① 他基于空间本体论立场进一步发展列斐伏尔的三元辩证法思想，认为空间作为一种社会建构的产物是社会形态构成不可或缺的部分。他将空间性、历史性与社会性视作理解人类存在方式的三个必然面向，强调要在本体论的构建空间、时间和社会存在三位一体的互构关系中，辩证地看待物质世界与各种关系。在《后现代地理学》中，苏贾为其“社会-空间”辩证法归纳出彼此关联并有序展开的八个核心命题：（1）空间性是一种实体化了的并能够辨识的社会产物，是在更高逻辑层次上对物质空间和心理空间的结合并超越，具有很强的包容性、开放性。（2）空间性是社会行为和社会关系的手段与结果、预先假设与具体化。（3）空间与时间是社会行为和社会关系建构的两种方式。（4）社会关系建构的具体过程会产生不可避免的各种矛盾斗争。（5）各种矛盾斗争主要缘起于生产的空间所表现出的社会活动的具体化结果和预先假设的手段的两重性。（6）具体的空间性抑或实际的人文地理是一个关于社会生产和社会再生产的斗争场所：体现为旨在维系、巩固或旨在重构、革新存在空间性的诸种社会实践。（7）无论是日常生活的惯例还是长远的历史创造，社会生活的时间性都根植于空间的偶然性，正如社会生活的空间性植根于时间的偶然性。（8）对历史和地理的唯物主义阐释不可分离地交织在一起，在理论上彼此相伴，不存在固有的孰先孰后。毋庸置疑，苏贾列举的这八个核心命题一定程度上集大成了自列斐伏尔提出空间之社会生产问题以来所有关涉社会空间认知的重大命题，并力求把空间上升为与时间、社会处于同一层面的本体论范畴来使用，使历史唯物主义包含空间性概念而走向历史地理唯物主义，使正在崛起的后现代地理学得到更为强劲的空间批判理论支撑。

二、空间建构：“第三空间”理论

苏贾在阐释社会-空间辩证法时，一方面向我们揭示了何为空间性，以及我们如何是一种空间性的存在，以解蔽批判理论传统的社会历史认知范式中的空间维度；另一方面，苏贾尤为强调的是时间、空间、社会三元辩证法整体。即在分析社会-空间的共存性辩证关系时，不能重蹈历史决定论的覆辙，用空间性遮蔽时间性，而是将历史叙事与空间

① 爱德华·苏贾：《后现代地理学》，王文斌译，北京：商务印书馆，2004 年，第 69 页。

批判进行有机融合，共同回应社会问题，推动社会发展与进步。因此，苏贾是拒斥二元论的，他在列斐伏尔的基础上进一步努力开掘历史-地理-社会或时间-空间-社会三元辩证法，强调三者之间的动态交互关系。当然，他同列斐伏尔所犯的相同错误在于夸大了空间本体论的意义，认为任何非空间化的社会关系都是抽象的："在我看来，对这复杂之物（不仅仅是社会构形的单一都市过程）的最具洞见和确定的理论把握，可以在亨利·列斐伏尔——20 世纪都市研究的代表性研究者之一——的著作中找到。……依照列斐伏尔最肯定的论证，所有社会关系，无论是关系到阶层、家庭、社团、市场，还是国家权力，只要没有特别地空间化，即没有进入物质与符号的空间关系，它们就还只是抽象的，未被奠基的。"① 因此，苏贾是最靠近列斐伏尔空间理论的空间本体论支持者，体现出鲜明的后现代主义气质。这种将空间本体论的意义突出放大的思想主张在其"第三空间"的理论建构中进一步得到鲜明凸显。

"第三空间"概念　苏贾在融合社会性、空间性、历史性三者的过程中，敏锐地发现单纯采用原有批判理论框架和概念工具是无法澄明他所要强调的空间之关系性意涵的，必须引入新的概念进一步阐明其非一元本体论的空间本体论思想。于是他引入了"第三空间"概念，"我在最广泛的意义上使用'第三空间'这一概念，以突出我认为是最有趣的一些空间和社会空间性的思考新方式，深入细致、不厌其烦，同时也伴以小心谨慎，来解释我何以出此决策。就其最宽泛意义上言，'第三空间'是一个有意识的灵活的尝试性术语，力求抓住观念、事件、外观和意义的事实上不断在变化位移的社会背景。如若你有意发明另一个术语来把握我在传达的东西，那就发明吧。我只求将以不同方式思考的激烈挑战保留下来，超越现有边界扩展你的地理想象，而不是改造它以便将陈酒注入新桶，不管以往的佳酿多么美味。"② 可见，苏贾对"第三空间"概念本身并未抱着一个思辨哲学的严格概念界定态度，而主要意图是引入这一解释工具重申其空间本体论思想，强调空间性思维的范式转型。因此，苏贾所采用的"第三空间"如其所言，要从宽泛的意义上去理解，要作为一个术语来建构和凸显一种新的空间性的思维方

---

① 爱德华·苏贾：《后大都市》，李钧等译，上海：上海教育出版社，2006 年，第 12 页。
② 爱德华·苏贾：《第三空间》，陆扬等译，上海：上海教育出版社，2005 年，第 2 页。

式，彰明批判方法空间化转向需要着重注意的侧重点，即如何在辩证关系中认识时间、空间、社会。“第三空间”既是苏贾建构空间本体论引入的一个概念工具，帮助认识空间性思维的内涵与意义，也是需要运用三元辩证法来正确认识的一个新范式载体。

“第三空间”认识论 如何对“第三空间”概念形成一个准确的理论把握，如何从“第三空间”概念的理论阐释中明晰苏贾空间批判的主旨，需从“第一空间”“第二空间”“第三空间”的比较中加以识别。苏贾指出：“这个空间故事以这样一种认识开场，这就是主流空间或地理想象，至少在过去的世纪里，首先是周旋于空间思考的一种二元模式，其一是我曾经称之为‘第一空间’视野和认识论模式，关注的主要是空间形式具象的物质性，可由经验描述的事物；其二，作为‘第二空间’，是在空间的观念之中构思而成，缘起精神或认知形式中人类空间性深思熟虑的再表征。这多多少少巧合了列斐伏尔的感知和构思空间，先者经常被认为是‘真实的’，后者则是‘想象的’。”[①] 在苏贾看来，“第一空间”是物质的、真实的、经验的，“第二空间”是想象的、构思的、认知的。比如看到鳞次栉比的楼房、杂乱无章的街道等，对地理空间中事物的排列能通过感觉器官直观地获得经验性体验，便感知到“第一空间”；当我们以“文明城市”“美好家园”等方式抽象形容一个城市空间时，对地理空间采取理念性、观念性的表达则意味着不同认知形式下的“第二空间”。苏贾认为，以往的批判范式都是在二者之间发现与分析矛盾冲突，是二元论模式，由此形成的第一空间认识论和第二空间认识论都有其结构性缺陷，不是遮蔽了空间维度，就是易陷入独断论的霸权。令苏贾感到担忧的是，如果认识不到第二空间认识论对第一空间认识论的控制，带来的结果将是现实空间关系中的权力统治秩序被隐匿，实则是现实中统治的霸权性在理论层面的一种体现。在他看来，二元论不足以识察“第二空间”的意识形态控制作用，而且批判理论往往还会陷入“第二空间”的意识形态体系中去为之辩护。基于此，他创造性地提出“第三空间”理论，以此引入一种选择性的他者来消解传统的二元论的思维束缚，建构一种反抗统治秩序的空间认识论，苏贾称之为第三空间认识论。

---

① 爱德华·苏贾：《第三空间》，陆扬等译，上海：上海教育出版社，2005 年，第 12—13 页。

"第三空间"的特征　在苏贾的建构中，"第三空间"并非简单机械地在"第一空间""第二空间"之外加入一个空间层次，或延伸出一个维度，而是对前两者在本体论和认识论上的一种修正和超越。通过引入"第三空间"，苏贾要求改变的是二元论思维范式，突破固定地、僵化地、孤立地、静止地、单一地看待社会历史与地理空间的物质形式变迁与意识形态构造，形成新的更为立体的、动态的、整合的空间认知模式。因此，他的"第三空间"具有一定的鲜明特点。首先，"第三空间"的提出是现实性的。苏贾提出"第三空间"认识论是针对20世纪70年代以来资本主义在城市化和全球化进程中彰显出的一系列新变化与新特征的都市空间的。在苏贾看来，工业资本主义或福特制资本主义的城市体现的是"地方和疆域文化的最高点"①，而后福特制资本主义所逐渐塑造的"后大都市"（Postmetroplis）则具有与以往完全不同的弹性中心、多元中心、模糊边界、拼贴空间、非官方化等新特征。这种城市化新特征或都市空间新特点，用以往的概念无法进行准确而精当的分析，"第三空间"的提出就是要现实性地描述这种都市生活的深刻变化，现实性地表达人们对后大都市的新体验、新感觉、新认知。因此，"第三空间"具有批判理论的现实性特征。其次，"第三空间"认识论是开放的。正如当代后大都市给人的空间体感以不确定性、不稳定性、流动性、更迭性、拼贴式等为主要特征一样，"第三空间"认识论也不同于以往认识论受固定僵化的普遍主义与本质主义束缚，而要求不断向新、向前地动态探索，它是认识论自我批判与自我超越的一趟旅程。"我有心称这一新的意识为'第三空间'，将它描述为空间想象'第三化'的产品，由此来启动它推陈出新的定义，这是空间思考另一种模式的创造，发端于传统二元论的物质和精神空间，然而也在范域、实质和意义上超越了这两种空间。同时是真实的又是想象的而且又是(亦此亦彼并且……)，'第三空间'的探索可被描述和刻写进通向'真实—和—想象'（或者'真实和想象'?）地方的旅程。"② 可见，苏贾在语词概念的解释上也充分彰显出开放性的特征，不以确定性的方式下定义，而以探索的方式寻找可供对话与交流的空间表征。因此，"第三空间"在现实性与开放性的交互迭代中也具有包容各种可能性的无限性

---

① 爱德华·苏贾：《后大都市》，李钧等译，上海：上海教育出版社，2006年，第194页。
② 爱德华·苏贾：《第三空间》，陆扬等译，上海：上海教育出版社，2005年，第13页。

特征。“第三空间”向一切真实的与想象的空间敞开，为空间的生成提供本体论的根基和认识论的依据。“生活世界是彻底开放的，而且是开放的彻底；生活世界无所不包，它们超越所有的学科领域，同时又以政治为中心并对战略选择很敏感；生活世界永远不能被彻底认知，然而关于它们的知识又能够引导我们在奴役中寻求变革、解放和自由。第三空间就是这种生活世界的无限构成，而理解第三空间就必须要运用三元辩证思维。”① 因此，苏贾的“第三空间”是一种本体论与认识论的融合，努力强调在思维方式上的全新转化，从旧有的二元论思维方式中跳脱出来，以“第三空间”认识论指导认知与行动，从而在解放中寻找解放的空间。

事实上，苏贾在建构“历史—地理—社会”三元辩证法过程中，虽然具有空间决定论的理论倾向，但其空间本体论并非一种单一排他性的空间本体论，而可谓是与时间本体论与社会本体论共存的空间本体论。“今天，一种第三存在维度正在挑战，在为历史性和社会性的传统联姻注入新的思考和解释模式，它并没有因此减损这些历史和社会特质的意义，或遮蔽在其实践和理论理解过程中发展起来的创造和批判想象。在我们走近‘世纪末’的时候，我们日益意识到社会、历史和空间的共时性和它们盘根错节的复杂性、它们难分难解的相互依赖性。”② 我们在苏贾的第三空间理论建构中可以看出，用突出空间的后现代地理学范式去遮蔽或替代历史创造与时间意识绝非苏贾的本意，相反，他反复强调重要的是空间性思维，要求的是思维方式的空间革命，即焦点在于具有社会历史关系的有组织的空间，而非孤立、抽象的语境化、物质化的空间。他指出：“虽然主要是一种本体论的说法，但空间性、历史性和社会性……的三元辩证法却适用于知识构成的所有层面，从本体论到认识论，从理论建构、经验分析到社会实践。”③ 在苏贾的架构中，社会性与历史性不能离开空间性而独立成章，否则便同样如失去历史和社会意义的语境化的空间一样，变得抽象、空洞、无根。因此，与其说苏贾通过第三空间理论构建起的是空间本体论，不如更准确地说，他构建起的是突出空间维度的“历史—地理—社会”三元辩

① 爱德华·苏贾：《第三空间》，陆扬等译，上海：上海教育出版社，2005年，第90页。
② 爱德华·苏贾：《第三空间》，陆扬等译，上海：上海教育出版社，2005年，第3页。
③ 爱德华·苏贾：《第三空间》，陆扬等译，上海：上海教育出版社，2005年，第91页。

证法。不过，从其阐释中也能看出，其"第三空间"认识论及其辩证法，只是对生活世界的某种描述，构不成一种深入社会运行机理与历史发展规律的科学理论。这也是苏贾将空间本体地位无限放大、将空间的开放性无限夸大所致的必然结果，反而成为其空间批判理论的一种局限性。

三、空间政治：实现空间正义

正如其他批判理论家的社会批判情怀，苏贾展开"第三空间"认识论批判及其后现代地理学的理论建构，其关涉的是当代资本主义新特征带来社会生产生活的新变化与相应产生的新问题。尤其是针对后福特制资本主义加剧全球和地区的发展不平衡，以及资本主义在后殖民主义时期的新霸权。苏贾指出："资本主义存在本身就是以地理上的不平衡发展的支撑性存在和极其重要的工具性为先决条件的。"[①] 他赞同列斐伏尔的核心就在于后者在地理空间不平衡问题上对当代资本主义形成新范式的批判。他希望"第三空间"理论及"社会-空间"辩证法的后现代地理学能够进一步担起全球化时代对资本主义不平衡问题的批判和批判理论范式的重构任务。对此，他无意于对空间理论进行抽象的概念界定和体系搭建，而经验性地以洛杉矶为个案，通过对后大都市空间特征的描述与分析，批判当代资本主义的空间不正义，寻找为空间正义而斗争的途径。

在《寻求空间正义》中，苏贾较为集中地对"空间正义"的概念、内涵、问题域等问题进行纵深化研究。需要注意的是，苏贾的"空间正义"并非要替代经济、社会或其他形式的主义，而是要激发出一种理论策略上的正义和不正义的空间。因此，苏贾的"空间正义"不是"空间中的社会正义"的简单缩写（区别于哈维注重以社会关系为基础来理解空间中的社会正义问题），而是更多地强调从地理学与空间维度来辨识与建构正义，即正义的空间性。空间性被苏贾看作是导致正义与不正义的主要结构性因素，这就告诉我们，对于空间正义的研究既要重视作为表象的空间分配平等，也要注重生产不正义结果的空间化过程，以及被生产出的空间之于经济、社会的意义。质言之，空间正义思想是对空间支配与空间压迫的一种揭批，旨在唤醒一种空间化意识并付诸社会

① 爱德华·苏贾：《后现代地理学》，王文斌译，北京：商务印书馆，2004 年，第 162 页。

运动来抵制根植于空间生产实践中的非正义现象，以此来反抗空间霸权。

城市区域正义 苏贾指出，后福特主义生产方式通过加快资本周转和消除空间障碍来实现资本积累，致使资本主义社会发达与落后地区、城市与农村、中心与边缘之间普遍显现出一种失衡状态，即“中心—边陲”的二元结构。“后大都市的外缘模糊，因为郊区无限，边界不断向外攀缘；同时，内部城区成了更为弹性的中心，并因而更具‘非官方化’和‘地下室’色彩。”① 资本聚集的地区往往占有第三空间意义上的城市中心区域，这里拥有秩序井然的交通、忻然太平的治安、充足的金融与信息和网络资源、足够宽松甚至奢侈的个体空间占有率、良好的生态保护与可持续发展能力。而第三空间意义上处于依附地位的城市边陲地区则不得不咀嚼后大都市的一切苦果，高污染、高耗能、低产出产业云集，交通拥挤，治安混乱，相关生活配套设施缺失、信息阻塞不畅、人们的生活质量相当糟糕。苏贾认为，“中心—边陲”的二元结构成为资本增殖的新途径与阶级剥削的新形式，不但不可能消除，反而作为区域非正义始终存在。

居住空间正义 苏贾对城市区域正义的关注进一步聚焦到对边陲空间居民的居住空间正义上来。他认为，居住空间正义应具备“合目的性”的空间形态和空间关系，主张各社会群体同等享受居住权利以及同等享受参与空间生产和消费的自由。但实际上，居住空间不正义却是资本主义社会的空间常态，体现于住房贫困与居住分异两方面：住房贫困意味着“居者有其屋”和“相对人道”的居住环境的缺失，苏贾以洛杉矶城市大量穷人无家可归为例阐述了这种不正义；居住分异肇因于城市空间中资本的运行，洛杉矶将渐变为高度隔离的城市，并且，这种彼此对立的具有集中性的贫富居住两极的内部都继续着居住专门化与范围划定，以确保每个人都要住在他应该住的地方，使居住空间非正义长久存在。

环境正义 苏贾特别关注由资本的区域分异、种族主义等导致的国家范围内产生的生态恶化与环境非正义问题。穷人、女性、移民者、少数民族等弱势群体是经济与社会发展所带来的环境污染的受害者，他们被迫忍受环境污染带来的恶果，更无权享受各种环境改造带来的利益。

① 爱德华·苏贾：《后大都市》，李钧等译，上海：上海教育出版社，2006 年，第 197 页。

苏贾一方面肯定积极的环境主义者在思想上和行动上所做出的贡献，另一方面批判悲观环境主义者不能从更为广阔的空间视域看待环境正义问题，过分强调物理与自然之间的因果关系，致使很多环境问题无法从根本上得以解决。苏贾提出环境正义运动可于地理学研究中受益，对研究人类怎样通过生产以及对非正义的地理资源和全球结构进行再生产而导致空间的失衡等问题的解决具有重大意义。

全球性空间正义　追求资本增殖、加速资本积累，最终结果就是摧毁空间壁垒、实现资本全球性的流动。在此过程中，生产和资本的全球空间逐渐聚集与集中，导致全球空间的重组，由此全球性空间非正义问题日益加剧。苏贾认为，资本主义生产关系由于其等级性势必在全球空间生产中孕育出中心与边陲的空间等级结构，而这种对立的空间等级结构又势必造成并加重地理的失衡状态。空间的结构和组织明确了各国家和地区在全球生产中剥削与被剥削的关系，助长了资本霸权，造成发达国家和发展中国家在空间生产格局上的不平等态势。

就上述列举的空间不正义和社会不公正问题，苏贾认为需要空间批判理论对之做出回应，以重塑空间正义为目标追寻政治斗争的新方式。在他看来，由空间批判推动的文化政治实践具有解放潜能，在重塑后大都市形象中扮演重要角色。这种文化政治实践实际上同当代新左翼的激进民主主义主张如出一辙，要求对参与性民主、公民权利和责任的自觉主动追求。只是，在空间性主张之中，融入了空间视角和地理学维度，强调区域民主新形式、解蔽区域意识的重要作用。苏贾结合对盖瑞尔德・福拉格等人的观点评析来阐述自己的主张："他们提倡对地方治理和选举规范进行激进的修正，以刺激区域意识，并以其为中心实现更大的空间和种族正义。他们更创造性的一个观点是给予都市居民多样投票权，允许任何人把他的选举权力分派给任何大都市区域、地方或其他选区。这里主要的目标是提高公众的区域相互依赖意识，并援助反对顽抗的地方主义和种族主义的斗争。"① 因此，苏贾强调空间正义运动的重要性，具象地提出了诸如建立协作制度结构、成立区域工业董事会、建立老郊区与中心城区之间的新政治联盟等区域民主的新形式。这种区域民主及区域规划的具体方案在其关于洛杉矶的个案分析中有具体而细

① 爱德华・苏贾：《后大都市》，李钧等译，上海：上海教育出版社，2006 年，第 564—565 页。

致的表达。[①] 但是，他也承认空间正义运动在政治实践影响力方面的局限性，只是再次强调这种区域意识与空间范式不能被淹没。

总的来看，苏贾虽然在进一步开掘空间批判理路与分析当代资本主义城市空间问题方面做出了新努力，提供了新的理论贡献，但仔细分析也不难发现，他并没有比列斐伏尔走得更远，甚至更多的是返归到列斐伏尔那里，复述后者的空间本体论思想。而且，在苏贾的文本及其关于后现代地理学的理论建构中，可以清晰地看到他过多着墨于对地理空间现象的经验性描述、对空间问题的直观揭示，使得其对空间批判理论重要性的强调有流于表象化、独断性、教谕式的特征，而不能从抓住资本主义生产关系对不同的空间建构形式的内在制约性上深入批判资本主义空间生产与空间不正义问题。同时，在关于资本主义空间生产的批判方面，苏贾通过指认当代资本主义的社会关系再生产过程对相对剩余价值剥削变得更加困难，以此体现资本权力的强化和霸权，从而把聚焦空间控制的新的阶级斗争视为实现空间正义的核心形式。但他所谈及的资本主义空间生产的剥削与控制结构，实际上分裂了剩余价值再生产与劳动力再生产以及整个社会关系再生产的整体过程，视社会关系再生产的剥削过程为资本主义剥削与控制的区域结构，重点突出偏侧于社会关系再生产的空间范式，却弱化了劳动力再生产及绝对剩余价值剥削对于维系资本主义生产关系的不可或缺性。因此，在苏贾的视野中，他无法与马克思站在同一理论层级和深度上认识到资本主义生产方式的内在矛盾，看不到资本主义危机或资本主义必然灭亡的根本原因在于资本主义生产方式的固有结构性矛盾，看不到这一内在矛盾的激化程度是社会关系能否突破资本主义模式的决定性因素，看不到劳动者反抗资产阶级统治是生产力与生产关系矛盾激化的现实表征，它在推动社会历史进步、向高一级社会形态进化的意义上将必然取得胜利，而非单单是边缘化群体反抗资本主义霸权统治的人道主义讨伐会取得最终胜利。所以，苏贾对资本主义社会关系再生产的空间剥削与控制的批判，及其在此基础上提出的新区域主义的追求空间正义的新反抗形式，都只停留于对资本主义生产方式的外在描摹与外在批判上，没有抓住资本主义内在结构性矛盾的本质，没有坚持唯物史观的基本原理与方法。因而其追寻实现空间正义的新抗争形式也只是一种理论假想，一个关于区域均衡发展的美好愿望。

---

① 参见爱德华·苏贾：《后现代地理学》，王文斌译，北京：商务印书馆，2004 年。

后　记

记录一些瞬时的美好，收藏一些珍贵的回忆，留下一些可供回味的片段，方为后记。

夙愿。大学教师进行教育教学、科学研究与社会工作是职责使命所在。我一直在从事西方哲学史、现代西方哲学思潮、国外马克思主义研究的教学与科研。近四十年的教研之路，也算有一些欣然可骄的成绩与突破。2009 年，我所主讲的现代西方哲学思潮课程获批国家级精品课程，其中一个重要因素是将西方马克思主义思潮置于课程内容并列于教材体系之中，成为该课程创新建设中的主要特色。在此基础上，我对现代西方哲学思潮的学理认识形成了自己的观点——黑格尔之后的“五大转向”。其中，核心解决的是如何对西方马克思主义在非理性、生存论、语言哲学、后现代理论基础上的转向作进一步理解。为回应此问题而形成的“西方马克思主义现代性批判”主题成为我带领团队展开现代西方哲学思潮研究的新视角，一举打开我们从现代西方哲学研究马克思主义的视野，也形成对西方马克思主义研究的西方哲学基源。围绕这一研究主题，在学界同仁的多方助力之下，我们逐渐确立起一定的学术根基：西方马克思主义现代性理论研究中心成为我们展开深入研究的主阵地；“国外马克思主义”课程获批国家首批线下一流本科课程，成为我们围绕“现代性批判”主题展开科研与教学一体化创新发展的重要成果标识；正在编写出版的该一流本科课程教材也将为课程体系与教材体系创新建设发展提供主要支撑。本教材的编写蓝本为“现代西方哲学思潮”课程获评国家级精品课程时使用的教材《现代西方哲学概论》，后者由北京大学出版社出版，重印三次，具有一定的认同度与影响力。而本教材再次在一流课程获批之际编写完成，不失为我们独具特色的科研与教学传统实现历史性延续的新呈现、新标志。据我们不完全统计，本教材有望成为国内高校国外马克思主义研究专业本科教学的首批教材。它也将作为我们的教育部重大攻关项目“当代西方资本主义批判理论新进展研究”（20JZD008）的阶段性研究新成果。如果说本教材有新突破的话，让我们为团队成员的坚守和努力，为共同的愿景一路实现而点赞。

感恩。有人这样说，即便生活可以坏到一定程度也会好起来的，因为它无法更坏。努力过后才会知道许多事情坚持努力就会好起来。只要努力的方向与目标正确，精彩的成果可能会迟到，但绝不会缺席。因为努力是我们的常态，努力的初衷并非追求回报，努力与回报也没有必然的因果关系。一旦努力有所回报，感恩就显得非常重要。所以，感恩伟大的时代，感恩与新时代同在。进入 21 世纪以来，我们的党和国家实施马克思主义理论及学科建设伟大工程，将马克思主义理论确立为一级学科，国外马克思主义研究为其二级学科，使我们能够基于学科平台进行教育教学与科学研究，并在思想影响力、社会影响力方面有所体现。感恩我所在学校的领导、学科的同仁将国外马克思主义研究置于马克思主义理论工程实施及一级学科建设的重要二级学科方向进行重点建设发展，并让我负责这一二级学科的建设，让我有此平台与机遇为学科建设与学术研究发光发热。感恩我的学术团队。是每一位团队成员对于学科的相尊相敬，对于专业的相知相拥，对于我的相守相伴，才使我们的国外马克思主义研究凝聚特色、构筑平台、积累成果、实现突破。这部作品是这些特色成果与突破的又一见证：见证着我们一起努力坚守、奋力攻关、合力合作；见证着我们关于法兰克福学派社会批判理论研究之硕士、博士论文的进一步提升；见证着我们关于生态学马克思主义学派研究的硕士、博士论文的进一步提升；见证着我们关于左翼政治哲学、身份政治批判、伦理政治研究的新关注；见证着我们对国外马克思主义新动向、新样态的系统化总结提升。

致谢。作品在呈现过程中特别感谢胡绪明、孙颖、苟娇等团队成员为之付出的辛劳与智慧，他们深入研究、反复考量、认真修改、孜孜不倦；特别感谢苟娇、栾青、王文静、赵小宇、赵进琦等同学在文字、文献等技术工作方面的努力付出；还要特别感谢青年教师孙颖与我多次讨论写作框架、体例布局、学说思想把握等问题，尤其在与《现代西方哲学概论》逻辑架构的系列性、一致性方面的意见甚得我意，而将夙愿实现。学校相关部门同意用学科建设经费支持作品的研究、写作及出版，需要特别提及；北京大学出版社慧眼识珠，在出版方面给予大力支持并使之尽快付梓需要特别鸣谢；团队成员在一边上课，一边录制线上课程，一边写作该作品的教育教学与科学研究过程中，所得到的学术训练，所呈现的学科背景，所挖掘的研究潜能，所形成的研究势头，必须予以点赞与致谢……感激、感念大家在努力拼搏中的成长与成熟，更要感谢我们在学习、读书、研究中的相关书籍作品，让我们获得丰厚的思想支援；与此同时收获的相关资料文献使我们拥有丰沃的思想素材。向未曾谋面的学人学者致意，向那些新近的国内外优质思想作品致敬。作品的理论效力、精神力量代表思想力之永恒，愿佳作永续常青。

韩秋红

写于 2022 年长春的春天